“双碳”目标下
煤炭企业审计实务

本书著委会◎著

中国宇航出版社
·北京·

内 容 提 要

实现碳达峰碳中和是贯彻新发展理念、构建新发展格局、推动高质量发展的内在要求。本书内容源于能源企业管理经验和内部审计实务，旨在总结和提炼碳达峰碳中和政策目标下审计实践中的经验和做法。本书内容共分十二章。第一章简单介绍了碳达峰碳中和政策的背景以及我国的碳排放情况，阐述了开展与“双碳”活动相关的内部审计的作用、目标和工作程序；第二章至第四章为战略层面下“双碳”活动的实施及内部审计；第五章至第八章介绍了煤炭能源企业与“双碳”目标实现相关的内部控制、审计重点、审计方法和程序；第九章至第十二章阐述了低碳清洁能源及循环经济、低效能资产退出、碳汇能力、碳排放及碳交易审计领域的风险识别与管控机制、审计关注的重点内容和审计实施方法等。每个章节列示了相应的政策法规和案例，为内容提供了有力的支撑。

图书在版编目（CIP）数据

“双碳”目标下煤炭企业审计实务 / 本书著委会著. -- 北京 : 中国宇航出版社, 2024.6

ISBN 978-7-5159-2384-0

Ⅰ. ①双… Ⅱ. ①本… Ⅲ. ①煤炭企业－企业集团－财务审计－研究－中国 Ⅳ. ①F426.21

中国国家版本馆CIP数据核字(2024)第087741号

策划编辑 田芳卿　**封面设计** 王晓武
责任编辑 吴媛媛　**责任校对** 谭　颖

出版发行 中国宇航出版社
社　址　北京市阜成路 8 号　邮　编　100830
（010）68768548
网　址　www.caphbook.com
经　销　新华书店
发行部　（010）68767386　（010）68371900
（010）68767382　（010）88100613（传真）
零售店　读者服务部　（010）68371105
承　印　北京厚诚则铭印刷科技有限公司

版　次　2024 年 6 月第 1 版
2024 年 6 月第 1 次印刷
规　格　787×1092
开　本　1/16
印　张　24.5
字　数　517 千字
书　号　ISBN 978-7-5159-2384-0
定　价　158.00 元

《“双碳”目标下煤炭企业审计实务》
著 委 会

前　言

实现碳达峰碳中和（以下简称“双碳”），是贯彻新发展理念、构建新发展格局、推动高质量发展的内在要求，是以习近平同志为核心的党中央统筹国内国际两个大局作出的重大战略决策。实现“双碳”目标，将改变我国长期以来大量生产、大量消耗、大量排放的生产和消费模式，加快形成绿色低碳循环发展的经济体系和清洁低碳安全高效的能源体系，有利于缓解资源环境约束，提升发展质量和竞争力。

国有企业作为推进国家现代化和保障人民共同利益的重要力量，在经济现代化、治理现代化等方面发挥着无可替代的特定作用，承载着独特使命，是解放和发展先进生产力的主力军。特别是煤炭能源企业，更要深入践行“四个革命、一个合作”能源安全新战略，增强系统观念、坚持先立后破，以实际行动助力“双碳”进程，这对于推动经济结构转型升级，形成绿色低碳产业竞争优势，实现企业高质量发展，具有重要而深远的意义。

国有企业审计部门作为防范战略转型及投资风险、督促依法治理及合规经营的重要监督力量，应全面提高政治站位、深刻领会“双碳”要求，主动作为、积极探索，通过创新开展“双碳”审计，扛起为“双碳”目标监督和服务的大旗，有效推动中央重大战略部署落实见效。

本书共包含十二章内容。第一章简单介绍了碳达峰碳中和政策的背景以及我国的碳排放情况，阐述了开展与“双碳”活动相关的内部审计的作用、目标和工作程序。第二章至第四章为战略层面的“双碳”活动实施及内部审计，具体包括战略规划审计、投资审计、碳排放预算管理审计。第五章至第八章分别介绍了露天煤矿、井下煤矿、辅助生产领域、自有燃煤电厂与“双碳”目标实现相关的内部控制、审计重点、审计方法和程序。第九章至第十二章分别阐述了低碳清洁能源及循环经济、低效能资产退出、碳汇能力、碳排放及碳交易审计领域的风险识别与管控机制，以及审计关注的重点内容和审计实施方法等。其中每个章节列示了相应的政策法规和案例，为章节提供了有力的支撑。

本书内容源于能源企业管理经验和内部审计实务，旨在总结和提炼碳达峰碳中和政策目标下审计实践中的经验和做法，同时也对一些具有前瞻性的审计工作进行了研究探索。书中总结出来的审计重点、方式方法和其他规律性做法，具有很强的实用性、操作性、针对性和创新性，对能源行业或其他企业通过审计工作推动“双碳”战略目标实现，具有一定的参考借鉴价值。

本书撰著过程中，撰著人员到多家大型能源企业集团实地调研，与单位领导、归口管理部门负责人、环境保护专家等有关人士论证和研讨，听取各方面意见，汲取降碳减排过程中的宝贵经验，在此，一并向他们表示感谢。由于作者水平有限，书中难免存在不足和纰漏之处，恳请广大读者批评指正。

本书著委会

2023 年 12 月

目 录

第 1 章

概述

1.1 “双碳”目标介绍

实现碳达峰碳中和是一场广泛而深刻的经济社会系统性变革。党的十八大以来，我国生态文明建设和生态环境保护取得历史性成就，生态环境质量持续改善，碳排放强度显著降低。但也要看到，我国发展不平衡、不充分问题依然突出，生态环境保护形势依然严峻，结构性、根源性、趋势性压力总体上尚未根本缓解，实现美丽中国建设和碳达峰碳中和目标愿景任重道远。为了实现“中国力争于 2030 年前二氧化碳排放达到峰值、2060 年前实现碳中和的目标”，作为环境污染物和碳排放主要源头之一的煤炭企业，应加大减污降碳、节能减排方面的投入，实施绿色制造工程，推广绿色设计，向绿色化、低碳化转型，实现高质量发展。

1.1.1 “双碳”目标的提出背景

地球历史源远流长，气候环境日异月殊。气候变化是人类面临的全球性问题，随着各国二氧化碳排放的增加，温室气体 [1] 猛增，破坏了自然的正常平衡，给地球上的生命系统带来了许多风险。如我国地表平均温度上升速率接近全球的 2 倍，海平面上升速度也高于全球平均水平，还有海洋生态系统破坏、海洋酸化、冰川退缩等诸多环境问题。气候变化已对我国粮食安全、水安全、生态安全、能源安全、基础设施安全以及人民生命财产安全构成了较为严重的威胁，应对气候变化刻不容缓。此外，我国作为“世界工

---

[1] 目前国际公约规定控制的温室气体有 7 种，分别是二氧化碳、甲烷、氧化亚氮、氢氟碳化物、全氟化碳、六氟化硫和三氟化氮。其中，二氧化碳是最主要的温室气体，占全球温室气体排放量的 70% 以上。

厂”，产业链日渐完善，国产制造加工能力与日俱增，同时碳排放量加速攀升，但我国油气资源相对匮乏，发展低碳经济，重塑能源体系具有重要安全意义。

基于气候变化形势日益严峻，我国从坚定发展中国家的立场到积极参与国际社会碳减排的宣示与推进，主动顺应全球绿色低碳发展潮流，积极布局碳中和，提出“二氧化碳排放力争于2030年前达到峰值，努力争取2060年前实现碳中和”等庄严的目标承诺，十五规划也将加快推动绿色低碳发展列入其中，秉承“绿水青山就是金山银山”的原则，走可持续发展之路，为构建人类命运共同体而不断努力奋斗。

【术语解释】

碳达峰：是指某一个时刻，二氧化碳排放量达到历史最高值，经历平台期然后逐步回落，是二氧化碳排放量由增转降的历史拐点（见图1-1）。

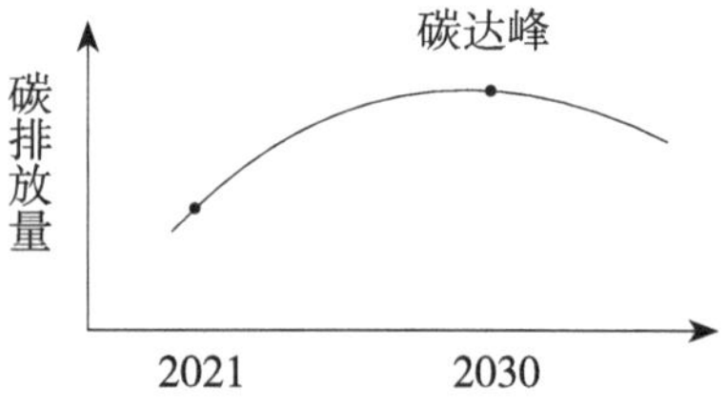

图1-1　碳达峰

碳中和：是指通过植树造林、节能减排、碳捕集、利用与封存等形式，抵消自身产生的二氧化碳或温室气体排放量，实现正负抵消，达到相对“零排放”。根据联合国政府间气候变化专门委员会《全球升温1.5℃特别报告》，碳中和即为二氧化碳的净零排放。

1.1.2　“双碳”目标主要内容

到2025年，绿色低碳循环发展的经济体系初步形成，重点行业能源利用效率大幅提升。单位国内生产总值能耗比2020年下降13.5%；单位国内生产总值二氧化碳排放量比2020年下降18%；非化石能源消费比重达到20%左右；森林覆盖率达到24.1%，森林蓄积量达到180亿立方米，为实现碳达峰碳中和奠定坚实基础。

到2030年，经济社会发展全面绿色转型取得显著成效，重点耗能行业能源利用效率达到国际先进水平。单位国内生产总值能耗大幅下降；单位国内生产总值二氧化碳排放量比2005年下降65%以上；非化石能源消费比重达到25%左右，风电、太阳能发电总装机容量达到12亿千瓦以上；森林覆盖率达到25%左右，森林蓄积量达到190亿立方米，二氧化碳排放量达到峰值并实现稳中有降。

到2060年，绿色低碳循环发展的经济体系和清洁低碳安全高效的能源体系全面建立，能源利用效率达到国际先进水平，非化石能源消费比重达到80%以上，碳中和目标顺利实现，生态文明建设取得丰硕成果，开创人与自然和谐共生新境界。

1.1.3　碳达峰碳中和发展大事记

1992 年，联合国环境与发展大会在巴西里约热内卢召开，会议通过了《联合国气候变化框架公约》，是全球首个应对气候变化的国际公约，也是国际社会开展应对气候变化合作的基本框架。

1997 年，第三次缔约方大会在日本京都召开，通过了《京都议定书》，首次明确了发达国家缔约方的量化减排目标，提出发展中国家缔约方要在可持续发展框架下开展应对气候变化的积极行动。

2015 年，第二十一次缔约方大会在巴黎召开，达成了《巴黎协定》，提出将全球平均气温上升幅度控制在低于工业化水平前 2℃以内并努力争取 1.5℃的长远目标，确立了“自下而上”的减排模式和以“国家自主贡献”为核心的制度安排。习近平主席出席大会，阐述中国主张、提出中国方案、贡献中国智慧、指引谈判方向，为《巴黎协定》的最终达成作出了历史性贡献。

2020 年 9 月 22 日，习近平主席在第七十五届联合国大会一般性辩论上郑重宣示，中国将提高国家自主贡献力度，采取更加有力的政策和措施，力争于 2030 年前二氧化碳排放达到峰值，努力争取在 2060 年前实现碳中和。

2021 年 9 月 13 日，习近平总书记在陕西榆林考察时指出，煤炭作为我国主体能源，要按照绿色低碳的发展方向，对标碳达峰碳中和目标任务，立足国情、控制总量、兜住底线，有序实现减量替代，推进煤炭消费转型升级。

2021 年 9 月 22 日，党中央、国务院印发《关于完整准确全面贯彻新发展理念做好碳达峰碳中和工作的意见》。2021 年 10 月 24 日，国务院印发《2030 年前碳达峰行动方案》。

2022 年 1 月 27 日，习近平总书记在山西考察时指出，富煤贫油少气是我国国情，要夯实国内能源生产基础，保障煤炭供应安全，统筹抓好煤炭清洁低碳发展、多元化利用、综合储运这篇大文章，加快绿色低碳技术攻关，持续推动产业结构优化升级。

1.2 碳排放情况分析

1.2.1 我国碳排放现状分析

我国目前是世界第一大碳排放国。据世界银行统计，自 2005 年开始，中国的碳排放总量超越美国，成为全球碳排放量最大的经济体。2016 年，中国碳排放总量接近美国的两倍，占世界碳排放总量的 29%。

从碳排放结构来看，供电和供热等能源使用是我国碳排放的重要主体。根据国际能源署（IEA）的数据显示，2018 年，供电、供热、供能等能源产业碳排放量占我国碳排放总量的 46.52%（见图 1-2）。其中，煤炭是能源消耗的主力军。2005—2019 年，煤炭占能源消耗比重均超过 50%，远远超过其他能源的消耗比重。不过，煤炭能源消耗比重呈下降态势，我国一次能源消费结构呈低碳化趋势。2005—2019 年煤炭消耗比重下降 14.7 个百分点（见表 1-1）。

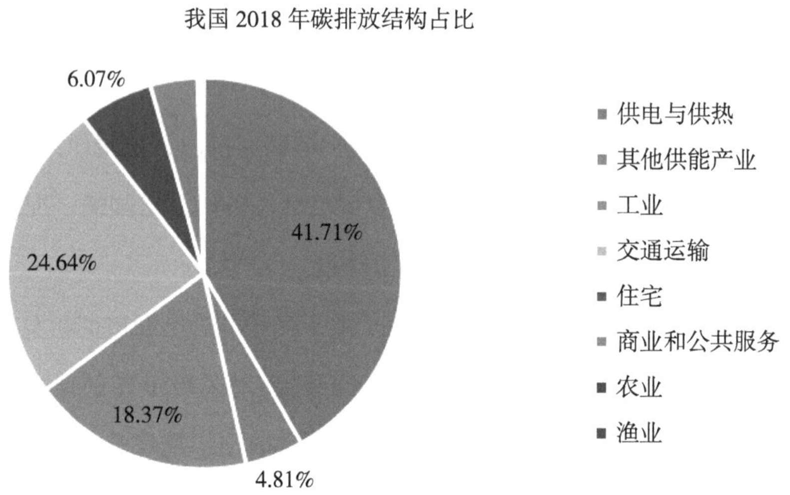

图 1-2 我国 2018 年碳排放结构

数据来源：国际能源署（IEA）

表 1-1 2005—2019 年中国各类能源占能源消耗总量比重（%）

年份	煤炭	石油	天然气	一次电力及其他能源
2005 年	72.4	17.8	2.4	7.4

（续表）

年份	煤炭	石油	天然气	一次电力及其他能源
2006 年	72.4	17.5	2.7	7.4
2007 年	72.5	17.0	3.0	7.5
2008 年	71.5	16.7	3.4	8.4
2009 年	71.6	16.4	3.5	8.5
2010 年	69.2	17.4	4.0	9.4
2011 年	70.2	16.8	4.6	8.4
2012 年	68.5	17.0	4.8	9.7
2013 年	67.4	17.1	5.3	10.2
2014 年	65.8	17.3	5.6	11.3
2015 年	63.8	18.4	5.8	12.0
2016 年	62.2	18.7	6.1	13.0
2017 年	60.6	18.9	6.9	13.6
2018 年	59.0	18.9	7.6	14.5
2019 年	57.7	18.9	8.1	15.3

数据来源:《中国统计年鉴》

随着能源结构的调整，我国二氧化碳排放增速明显降低，二氧化碳排放强度也逐步减小。根据国际能源署（IEA）的数据显示，2005—2010 年二氧化碳排放年均增速约达 8%，2011—2015 年下降至 3%，2016—2019 年进一步下降至约 1.9%；单位 GDP 二氧化碳排放量从 2005 年的 2.9吨 / 万元逐步下降到 2019 年的 1 吨 / 万元，降幅约 60%（见表 1–2）。

表 1–2　2005—2019 年中国二氧化碳排放情况

年份	二氧化碳排放量（百万吨）		单位 GDP 二氧化碳排放量（吨 / 万元）	
	WDI	IEA	WDI	IEA
2005 年	5897.0	5407.5	3.1	2.9
2006 年	6529.3	5961.8	3.0	2.7
2007 年	6697.7	6473.2	2.5	2.4
2008 年	7553.1	6669.1	2.4	2.1

（续表）

年份	二氧化碳排放量（百万吨）		单位 GDP 二氧化碳排放量（吨 / 万元）	
	WDI	IEA	WDI	IEA
2009 年	7557.8	7131.5	2.2	2.0
2010 年	8776.0	7831.0	2.1	1.9
2011 年	9733.5	8569.7	2.0	1.8
2012 年	10028.6	8818.4	1.9	1.6
2013 年	10258.0	9188.4	1.7	1.5
2014 年	10291.9	9116.3	1.6	1.4
2015 年	10145.0	9093.3	1.5	1.3
2016 年	9893.0	9054.5	1.3	1.2
2017 年	—	9245.6	—	1.1
2018 年	—	9528.2	—	1.0
2019 年	—	9809.2	—	1.0

数据来源：世界银行世界发展指标（WDI）、国际能源署（IEA）、国家统计局

总体而言，我国碳排放量仍居世界首位，随着一次能源消耗比重的降低以及其他宏观因素的影响，碳排放总量和碳排放强度呈下降态势。

1.2.2 煤炭行业碳排放现状分析

据《中国温室气体公报》显示，自 1990 年到 2020 年，中国温室气体排放量呈整体上升趋势。我国温室气体排放主要来自能源和工业产业，其中供电供热产业高达 46% 以上。而供电供热产业中煤炭供电为主要形式。煤炭发电经济便捷，但是在使用过程中低效能、高排放的特点也使其成为能源部门碳减排的“众矢之的”。

煤炭能源虽然是我国碳排放量高的主要因素，但是煤炭资源禀赋也是我国的客观实际。主张尽快淘汰煤炭、淘汰煤电的观点是不现实的，实现“双碳”目标是长期性、系统性任务，需要立足以煤为主的基本能源国情，深入推进能源革命。

煤炭类燃料是化石燃料中碳排放系数最高的燃料。单位煤炭类燃料燃烧产生的二氧化碳大于 0.75，单位石油类、天然气类化石燃料燃烧产生的二氧化碳低于 0.62，煤炭类燃料的碳排放系数超过石油和天然气碳排放系数的 0.13 以上。高煤炭消耗量、高碳排放

系数，使我国供电等能源产业碳排放量居高不下（见图 1-3）。

由于我国"富煤、贫油、少气"的资源特点，煤炭发电是我国供电行业的主要形式，而化石燃料中煤炭燃料的碳排放系数又首屈一指，成为高碳排放的"重灾区"，煤炭资源的低碳化、清洁化使用，将成为推动"双碳"战略目标实现的必经之路。

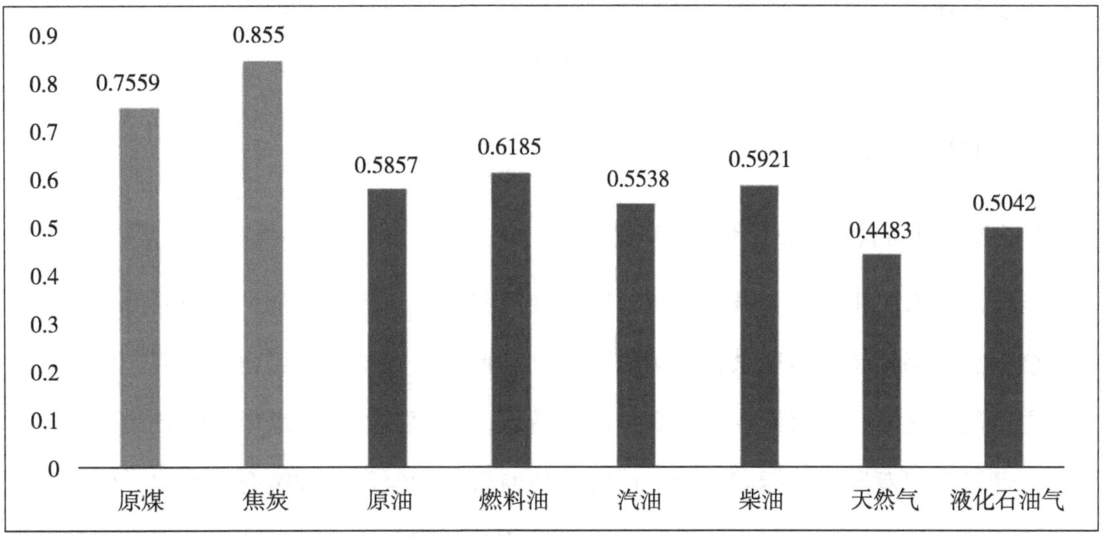

图 1-3　部分燃料碳排放系数

1.3　开展与"双碳"活动相关的内部审计的作用

1.3.1　有效防范企业风险

1. 内部审计可帮助企业防范战略转型风险

"双碳"目标下，煤炭企业面临多元化、清洁化等绿色发展之路。在新的战略目标下，战略转型的定位是否清晰，是否符合国家"双碳"目标，是否能够为企业提供新的利润增长点和长远发展动力，自身是否具备实施条件，内部审计可以从企业战略目标出发，选择合适、恰当的审计方法，对这些关键因素进行审计，识别出潜在风险，为企业决策层提出建设性意见，增强战略规划的科学性、合规性。此外，内部审计可运用大数据技术和信息化手段，将企业战略运行信息实时传送到企业内部平台上，对企业战略制定与执行的全过程进行动态监督与评价，降低战略失败风险。

2. 内部审计可帮助企业防范项目投资风险

“双碳”目标下，煤炭企业会投资一些新项目，如研发绿色开采技术、优化煤炭储备运输、开发循环经济产业、建设光伏发电产业、瓦斯综合利用等。在新的领域里，煤炭企业经验较少，投资风险较大。内部审计通过对项目的可行性研究、立项决策、招标采购、工程建设、项目验收结算等方面进行全方位跟踪审计，对项目投入运营后的经济效益进行全面评价，为公司投资决策提供科学建议。

1.3.2 提升企业管理的合规性

1. 内部审计可督促企业贯彻落实环保政策

能源行业加快建立健全绿色低碳循环发展经济体系，建立健全生态产品价值实现机制，全面贯彻落实新发展理念，必须坚决遏制高耗能、高排放项目盲目发展。煤炭作为我国主要能源之一，具有低效能、高排放的特点，亟须贯彻落实绿色环保政策。内部审计可以通过对“双碳”目标实际执行情况进行监督，确保环保政策有效落实，促进能源行业绿色可持续发展。在监督过程中，总结好的经验和做法，促进环保政策顺利落地并根据实际情况不断完善；同时，关注煤炭企业出现的新情况和新问题，深入分析原因，提出对策建议，保障经济社会平稳健康运行。

2. 内部审计可监督企业高耗能资产退出的规范性

要实现“双碳”目标，一些高能耗、高排放项目必须制止。煤炭企业中，一些落后低效、污染严重的煤矿必须退出市场。如资源枯竭、生产工艺落后、污染十分严重的煤矿，以及资源规模小、开采过程严重破坏自然资源的煤矿。煤矿退出过程中，需关注员工安置是否妥当，财务清算是否合规，而内部审计则通过加强对煤炭企业低效能资产退出的技术鉴定、审批、处置以及账务处理的监督，引导职工合理分流，并降低资产流失风险。

1.3.3 提升企业经营管理水平

1. 内部审计可督促企业改善经营管理

内部审计通过分析审计重点领域，合理制定审计计划，按照规范的审计程序和方法，对重要业务领域或高风险环节实施审计，发现企业存在的问题和管理短板，提出整改建议，推动企业建章立制，促进与“双碳”活动相关的决策审批、财务税收、业务活动、内部控制等各方面有效提升。

2. 内部审计可监督企业内部控制设计和运行的有效性

内部审计部门作为风险管理的“第三道防线”，通过监督、检查和评价，审计人员可能发现内部控制设计和运行缺陷，并分析这些缺陷给企业造成的影响程度，辨识可能存在的风险事项，提出切实可行的改进计划，并对企业有关部门改进情况进行回顾，督促企业完善内部控制制度，提高企业经营管理水平和业务层面风险控制能力。

1.4　开展与“双碳”活动相关的内部审计的目标

1. 促进“双碳”目标的落实

通过审计、评价、检查等监督手段，对“双碳”目标的落实情况进行监督，提高“双碳”战略目标执行力度，纠正偏离“双碳”目标的经营行为，提高企业“双碳”目标的执行效果，促进“双碳”目标的实现。

2. 防范风险事项的发生

发现企业“双碳”活动中存在的风险事项，完善风险管理策略，丰富企业风险数据库，对高风险领域和重要环节提出内部控制建议，指导风控部门完善业务层面的风险控制措施，提示公司层面重要风险点，防范和化解“双碳”业务领域重大风险。

3. 确保“双碳”活动的合规性

发挥合规管理“第三道防线”作用，对企业降碳减排责任履行情况进行监督，保障与“双碳”目标实现相关的业务活动的合规性，对违规经营行为提出责任追究建议，推动企业按规定程序开展责任追责，确保企业守法合规经营。

1.5　开展与“双碳”活动相关的内部审计基本工作程序

内部审计基本工作程序主要包括：制定审计计划、审前准备、审计实施、编制内部审计报告、审计整改与跟踪检查。

1.5.1 制定审计计划

企业内部审计机构根据“双碳”战略规划及年度重点工作任务，研究确定年度审计工作重点，制定本单位年度内部审计工作计划，按照规定的程序和权限批准后组织实施。

1.5.2 审前准备

（1）成立“双碳”项目审计组。内部审计机构根据经批准的审计项目组成“双碳”项目审计组，审计组成员应当具备“双碳”相关知识和审计经验，并且保持客观独立性。

（2）确定“双碳”审计重点。“双碳”审计重点的确定并不是一个孤立的阶段，随着审计不断深入，审计重点也随着重要性水平不断修正，确保所有重大方面均实现审计覆盖。初始确定“双碳”审计重点时，可将“双碳”战略规划的落实情况、涉及“双碳”的重大经营决策、涉及“双碳”业务的内部管控机制、“双碳”活动的合规性等纳入审计重点。

（3）编制项目审计实施方案。“双碳”项目审计组在实施审计前，应当充分考虑审计风险和内部管理需要，编制“双碳”项目审计方案，经审计机构负责人审批后实施。审计实施方案经过审前调查、初步评价后根据实际情况调整。

（4）送达审计通知书。“双碳”项目审计组根据企业内部审计管理制度的规定，在实施审计前一定时间内，向被审计对象送达审计通知书。

1.5.3 审计实施

1. 沟通审计要求

送达审计通知书后，“双碳”项目审计组及时与被审计对象取得联系，就审计工作条件、审计资料准备、审计工作安排、审计工作纪律等内容与其进行初步协调，确保被审计对象按要求提供审计资料，便于审前调查等工作顺利开展。同时，审计项目组对被审计对象应提出书面承诺要求，对其提供的审计资料的真实性、完整性作出书面承诺。

2. 开展审前调查

审前调查是通过了解被审计对象基本情况，确定审计范围、审计重点、审计实施方案的活动，是现场审计工作的重要基础。“双碳”项目审前调查一般通过收集资料、听取汇报、人员访谈、集中座谈、实地查看、综合分析等方法。

3. 修正“双碳”项目审计方案

完成审前调查工作后，应结合对被审计对象基本情况、重点业务经营情况、综合分析结果，修正“双碳”项目审计方案。审计方案应明确项目审计组工作目标、确定审计重点，明确审计组人员分工、工作内容和质量目标，确定现场工作时间安排，明确组内沟通交流及汇报机制等。

4. 获取审计证据，编制审计工作底稿

为保证审计工作质量，确保审计意见客观、公正，“双碳”项目审计组应当获得充分、适当的审计证据，包括电子证据和纸质证据。审计人员在实施审计过程中应按要求编制审计工作底稿，审计工作底稿应真实、完整地记录审计事项，并按企业审计管理规定执行分级复核制度。

5. 审计沟通

本书中所指的审计沟通是指审计人员与被审计对象就发现的审计问题进行的真实性确认，不包括审计组内部沟通及汇报等。审计所沟通的问题必须客观公正，实事求是，以确凿的审计证据为支撑，防止主观臆断。审计人员在沟通过程中，要把握好自己的职责权限，特别是对处理处罚事项，不能随意表态。

6. 审计评价

审计评价是“双碳”内部审计工作的一个重要环节，审计评价应遵循以下原则。

（1）系统性原则。审计评价应当对单位“双碳”活动整体情况进行系统评价，系统评价的基础为审计发现的情况以及以往审计、巡视巡察发现的重要情况。

（2）重要性原则。审计评价应当在系统评价的基础上，关注重大决策事项、高风险业务领域。应对审计发现的问题进行分类分析，针对重要问题涉及业务领域、问题性质及后果进行简要描述，以便报告阅读者能够快速精准地判断“双碳”活动的整体情况和存在问题的严重程度。

（3）客观性原则。审计评价应当准确揭示“双碳”活动中的不合规情况，如实反映单位对有关方针政策、法律法规、监管要求及决策制度部署要求的执行情况。对审计过程中未涉及、审计证据不充分、评价依据或标准不明确以及超越审计职责范围的事项，不应发表评价意见。

（4）发展性原则。审计评价应当站在发展的角度，充分考虑单位内外部环境、经营活动历史变化等因素，既要指出“双碳”活动存在的问题，也要对单位“双碳”活动过程中取得的重要业绩及工作亮点予以反映。

7. 形成意见

“双碳”审计意见，应当以突显问题价值为目标，努力提升问题质量，按照重要性原则适当控制在报告中反映的问题数量。对于审计发现的重要问题，必须在报告中客观反映，对于受问题数量控制难以在报告中反映的部分问题，可通过与被审计部门口头或书面交换意见的方式落实整改，并在审计工作底稿中予以记录反映。

审计发现问题应做到定性准确、事实清楚、要素全面、结论明确。列举的具体问题要有典型性，起到佐证总体结论的作用，根据问题性质进行深入提炼、概括、分析整理、系统归纳，使审计报告反映问题一目了然，避免问题凌乱、冗长重复、模糊不清。

8. 审计结论

内部审计应当结论明确、措施严谨、数据真实、切中要害。以法律为准绳，以内部规章制度、规范性文件为依据，深入分析审计证据，归纳、提炼审计问题，客观真实准确反映问题的实质。

1.5.4 编制内部审计报告

1. 撰写内部审计报告

在对被审计对象“双碳”活动进行客观、公正审计的基础上，审计组撰写“双碳”项目专项内部审计报告，充分披露审计发现的各项问题，分析问题产生的原因，提出相应的整改意见和审计建议。审计报告一般包括：审计基本情况、被审计对象基本情况、审计评价、审计发现的主要问题、风险事项、问题产生的主要原因分析、审计建议等。

2. 征求被审计对象意见

“双碳”项目专项内部审计报告编制完成后，应当征求被审计对象的意见。征求意见可采取书面形式，也可以采取召开交换意见会的形式。审计报告经过征求意见、修改后定稿。

1.5.5　审计整改与跟踪检查

1. 审计问题整改

被审计对象收到审计报告后，按照审计意见及时组织整改，并将整改情况在规定时间内报内部审计机构。

2. 跟踪检查

内部审计机构建立台账，对审计整改情况实行“销号”管理，对重要问题的整改落实情况，应当组织开展现场检查或跟踪审计，督促整改工作的落实。

第 2 章

"双碳"目标下的战略规划审计

【导读摘要】

围绕"双碳"目标实现的专项战略规划，是企业战略规划的重要组成部分。企业应当以总体战略纲要为引导，落实国家"2030/60 的'双碳'远景目标"和新能源战略规划，从政策分析、碳减排形势分析、能耗总量预测、替代能源发展、科技创新、淘汰落后装备等入手，结合企业资源优势，统筹煤炭开发利用，科学合理规划布局，在经济快速增长的同时努力实现碳中和，推动企业绿色发展，努力建成"生态优先，绿色发展"的绿色矿山。

2.1 战略规划业务内部控制

2.1.1 "双碳"战略规划的主要内容

立足社会经济发展需求和企业能源资源条件，根据企业制定的战略规划目标纲要，正确认识和把握碳达峰碳中和战略目标任务，处理好发展和减排、整体和局部、长期和短期的关系。"双碳"战略围绕煤炭企业转型发展、碳减排进行规划，依托科技创新和系统性变革，高效转化和循环利用煤炭资源，提升能源利用效率，推进煤炭消费替代和转型升级，推动绿色能源低碳转型。

本章所指的战略规划，除另有注明外，均指"双碳"专项战略规划。

1. 碳减排政策分析

国际形势、国家或地方节能减排方针及政策，是影响"双碳"战略规划制定的关键因素。只有及时跟踪、掌握国家或地方有关政策要求，并对其进行深入分析，才能制定出科学合理的“双碳”战略规划。

（1）国际碳减排形势分析。企业通过各种渠道广泛收集国际社会碳减排形势和动向，持续关注变化情况，作为编制“双碳”战略规划的参考依据之一。目前全球共有 38 个经济体正式提出了碳中和目标实现时间表。大部分经济体均计划在 2050 年实现碳中和，包括欧盟、美国、法国、英国、葡萄牙、瑞士、智利、日本、韩国、南非等 27 个国家和地区。少数国家计划更早实现碳中和，其中乌拉圭和马尔代夫为 2030 年，芬兰为 2035 年，冰岛和奥地利为 2040 年，瑞典为 2045 年。随着中国与全球碳交易市场的建立与成熟，国际社会在碳减排领域的积极性也在不断提升，资金将流向风能、太阳能与生物燃料等低成本领域，减少对高成本化石燃料的投资，这对煤炭企业未来发展构成巨大影响。

（2）国家层面的分析。国务院及生态环境部、国家发改委、国家能源局、自然资源部等有关部委颁布的政策，是企业制定“双碳”战略规划的重要依据，应当持续关注。如《中华人民共和国国民经济和社会发展第十四个五年规划和 2035 年远景目标纲要》《煤炭工业发展“十四五”规划》（2020 年 9 月），自然资源部发布的《煤炭行业绿色矿山建设规范》（DZ/T 0315—2018），《关于进一步加快建设煤矿产能置换工作的通知》（发改能源〔2017〕609 号），国家发展改革委、国家能源局印发的《关于提升电力系统调节能力的指导意见》（发改能源〔2018〕364 号），国家能源局综合司发布的《关于做好可再生能源发展“十四五”规划编制工作有关事项的通知》（国能综通新能〔2020〕29 号），国务院印发的《关于加快建立健全绿色低碳循环发展经济体系的指导意见》（国发〔2021〕4 号），国家发改委、国家能源局印发的《能源生产和消费革命战略（2016—2030）》，国家发改委、国家能源局印发的《能源技术革命创新行动计划（2016—2030 年）》，国家能源局《关于 2021 年风电、光伏发电开发建设有关事项的通知》等。

（3）地方政策分析。企业应当遵照各省、市制定的“双碳”有关政策以及地方性法规和标准，合理确定“双碳”目标，制定符合当地政府要求的发展规划，如内蒙古自治区能源局下发《关于实施火电灵活性改造促进新能源消纳工作的通知》，内蒙古自治区发展改革委、工信厅、能源局联合印发《关于确保完成“十四五”能耗双控目标若干保障措施》的通知（内发改环资字〔2021〕209 号），《山西省能源领域碳达峰实施方案》《关于印发陕西省碳排放权交易管理实施细则（试行）的通知》（陕环发〔2022〕22 号），《辽宁省人民政府办公厅关于加强全省高耗能、高排放项目准入管理的意见》等。

2. 优化能源结构，发展清洁能源

清洁能源也就是绿色能源，是指不排放污染物，能够直接用于生产、生活的能源，包括核能和可再生能源。开发利用水能、风能、太阳能等清洁能源，在减少二氧化碳排放量的同时，减轻了全球变暖和环境污染的问题，是煤炭企业实现低碳转型的有力举措。企业应当充分发掘新能源产业开展的有利条件，对多能互补、新能源消纳等多种场景进行梳理，统筹规划，做好新能源产业布局，扎实推进新能源产业发展。

编制“双碳”战略规划过程中，重点关注国家层面的政策引导，如《2030 年前碳达峰行动方案的通知》《“十四五”规划和 2035 年远景目标纲要》《关于做好可再生能源发展“十四五”规划编制工作有关事项的通知》《关于完整准确全面贯彻新发展理念做好碳达峰碳中和工作的意见》《工业领域碳达峰实施方案》《关于印发“十四五”节能减排工作方案》《建立健全碳达峰碳中和标准计量体系实施方案》等相关文件。

3. 提升生态碳汇能力

结合企业现状，可通过植树造林、煤矸石回填等方式，发挥森林、土壤等的固碳作用，强化矿区空间规划和管控，提升生态系统碳汇增量，降低碳“净排放量”。煤炭企业积极推进矿区生态开发，开发利用可再生能源，特别是矿区废弃土地等不易耕种土地，可通过植树造林，为煤炭行业积累大规模的碳汇。此外，企业可推进矿区山水林田湖草沙一体化保护和修复，注重综合治理、系统治理、源头治理，进一步优化矿区碳生物捕集能力。

煤炭企业可参照《中共中央国务院关于实施乡村振兴战略的意见》《“十四五”文化和旅游发展规划》中提出的实施休闲农业和乡村旅游精品工程，建设一批设施完备、功能多样的休闲观光园区、森林人家等，发展矿村共享经济、创意农业、特色文化产业，建设产业兴旺、生态宜居、民风文明、治理有效、生活富裕的新时代魅力生态矿山。

4. 发展低碳技术

低碳技术是指能减少或消除二氧化碳的清洁技术。低碳技术可涉及煤炭的清洁高效利用、可再生能源与新能源开发、传统技术的节能改造等。企业须依靠科技进步，积极采用绿色能源技术、节能减排技术，改进高耗能、高排放的传统工艺，大力降低原材料和能源的消耗，做到少投入、高产出、低污染，尽量把可能污染环境的排放物消除在生产过程中。

编制“双碳”战略规划低碳技术部分，主要任务应当包括以下 5 个方面。

（1）加快提升企业核心竞争力。围绕煤炭企业主要产业、市场和技术需求，着眼于长远发展，加大技术研发、新产品开发、知识产权保护、科技成果和“四新”成果转化力度，提高企业核心竞争力。

（2）加强创新型人才队伍建设。坚持科技创新以优化结构、提升素质为主线，以管理创新、激励机制为主导，以内部挖潜为主、吸引社会科技人才为辅，加强高水平创新型人才和高素质科技管理人才队伍建设，为企业科技创新工作提供有力的人才保障。

（3）建立合理的创新管理机制。提高重大科研合作项目中企业内部技术人员和科技创新人才的参与度，强化内部管理和制度建设。健全产、学、研相结合的创新机制和体系，充分利用科研院所、高校的科研平台，培养创新型人才。

（4）坚持做好转型升级。发展非煤产业，实现转型升级攸关煤炭企业的长远发展，科技创新必须以企业优质能源的高效利用为主线，以发挥产业链的系统优势为目的，紧紧围绕各相关产业的发展需要，支持各产业不断提高技术水平和产品附加值，促进各产业有序健康发展。

（5）加快科技成果转化及推广应用。煤炭企业通过科技创新，不断提升企业核心竞争力，应进一步加大成果转化力度，扩大成果应用范围，尽快实现从技术到效益的有效转化。

5. 培育低碳文化

文化是一个企业的灵魂，是企业综合战略规划落实执行的重要基础。煤炭企业应当从观念入手，注入低碳价值观，将“双碳”目标纳入企业文化中，将“低碳文化”上升到企业战略高度，并由其指导制定企业发展的长期规划。企业主管部门要加强对低碳文化的建立和宣传力度，使各级领导及广大员工具备相应的低碳知识，提高对低碳工作紧迫性、艰巨性认识，形成全员参与的良好氛围，培育良好的低碳文化。

【政策法规】

《中共中央 国务院关于完整准确全面贯彻新发展理念做好碳达峰碳中和工作的意见》

（中发〔2021〕36号）为完整、准确、全面贯彻新发展理念，做好碳达峰碳中和工作，提出了构建绿色低碳循环发展经济体系、提升能源利用效率、提高非化石能源消费比重、降低二氧化碳排放水平、提升生态系统碳汇能力等五个方面主要目标。实现碳达峰碳中和是一项多维、立体、系统的工程，涉及经济社会发展的方方面面，意见提出10个方面31项重点任务，明确了碳达峰碳中和工作的路线图、施工图。国务院印发《2030年前碳达峰行动方案》（国发〔2021〕23号），聚焦2030年前碳达峰目标描绘路线图，将碳达峰贯穿于经济社会发展全过程和各方面，重点实施能源绿色低碳转型行动、节能降碳增效行动、工业领域碳达峰行动、城乡建设碳达峰行动、交通运输绿色低碳行动、循环经济助力降碳行动、绿色低碳科技创新行动、碳汇能力巩固提升行动、绿色低碳全民行动、各地区梯次有序碳达峰行动等“碳达峰十大行动”。

2.1.2 “双碳”战略规划管控机制

制定企业战略规划关系着企业的生存和发展，企业各层级都应给予高度重视和大力支持，要在组织机构设置、人力资源配置、经费保障等方面提供必要的保证。

1. 战略规划组织结构

（1）股东（大）会。股东（大）会是企业战略目标制定和战略规划的决定机构，履行以下职责：确定企业“双碳”目标下的中长期发展方向和发展目标；决定企业发展战略规划。

（2）企业党委（组）。煤炭企业党委（组）是战略规划的领导机构，发挥把方向、管大局、促落实的作用，履行以下职责：前置研究讨论“双碳”目标下的中长期发展方向和发展目标；前置研究讨论企业战略规划方案；其他需党组织前置讨论的重大事项。

（3）董事会。董事会是企业战略目标和战略规划的决策机构，发挥定战略、作决策、防风险作用，主要履行以下职责：履行董事会议事程序，审议批准企业战略目标和战略规划方案；决定战略规划组织机构设置和工作职责；审议并决定企业战略规划过程中的各项重大事项。

（4）战略委员会。企业应当在董事会下设立战略委员会，协助董事会履行职责。战略委员会对董事会负责，委员会成员应当具有较强的综合素质和实践经验。比如，了解国际碳排放发展动态和国家“双碳”政策及发展趋势，具有政策敏感性和综合判断能力，掌握本省、市、地方节能环保具体要求，熟悉露天矿开采或井工煤矿生产经营运作特点等。同时，成员的任职资格和选任程序应符合有关法律法规和企业章程的规定。战略委员会主任应当由董事长担任，成员中应当有一定数量的独立董事，以保证委员会更具独立性和专业性。必要时，战略委员会还可聘请社会专业人士担任顾问，提供专业咨询意见。

战略委员会的主要职责是对企业战略规划和重大投资决策进行研究并提出建议，在涉及“双碳”目标的专项规划方面主要履行以下职责：制定企业中、长期发展目标和战略规划方案，报董事会审议；对新能源产业规划、循环经济规划、“双控”碳减排规划、碳汇发展规划等涉及“双碳”目标的专项规划进行研究并提出建议；组织企业滚动规划的编制与实施；对战略执行情况进行检查与考核；在重大战略性事项方面，为经理层提供辅助决策和专业咨询意见。

（5）经理层。企业经理层发挥谋经营、抓落实、强管理作用，应当设立专职部门或指定相关部门办理战略规划的日常管理工作，主要履行以下职责：收集和分析有关战略发展信息，定期上报战略委员会或公司领导；拟定企业发展目标以及规划议案，上报战略委员会；组织、指导有关部门编制“双碳”相关战略专项规划；对企业战略规划进行分解，落实到企业各项生产经营管理活动中；负责战略辅导；负责战略实施监控，定期开展战略回顾、分析战略实施过程中存在的问题，向战略委员会报告；实施战略考核，提出奖惩方案等。

【政策法规】

内部控制对战略规划组织机构及制定要求

《企业内部控制应用指引第 2 号——发展战略》第四条规定：企业应当在充分调查研究、科学分析预测和广泛征求意见的基础上制定发展目标。

企业应当根据发展目标制定战略规划。战略规划应当明确发展的阶段性和发展程度，确定每个发展阶段的具体目标和工作任务。

企业应当在董事会下设立战略委员会，同时指定相关机构负责具体工作，履行相应职责。

企业应当制定战略委员会的议事规则和决策程序，对战略委员会会议的召开程序、表决方式、提案审议、保密要求和会议记录等作出规定，确保议事过程规范透明、决策程序科学民主。

企业战略委员会应当对发展目标和战略规划进行可行性研究和科学论证，形成发展战略建议方案；也可以借助中介机构和外部专家的力量为其履行职责提供专业咨询意见。

战略委员会成员应当具有较强的综合素质和实践经验，其任职资格和选任程序应当符合有关法律法规和企业章程的规定。

2. 战略规划规章制度

企业应当制定战略规划规章制度，明确目的和依据、规划管理范围和内容、规划管理的机构和工作职责、战略规划草案制定和论证要求、风险评估、审批程序、战略规划的分解和监控、战略规划的考核与宣贯、战略规划评估等。战略规划规章制度应当有全局性、系统性、前瞻性、目标性和可实施性。

3. 战略规划分析论证

战略规划分析论证是在战略规划草案送审之前进行的，由归口管理部门组织有关部门、专家，针对战略规划草案进行技术咨询、内外部环境分析、情景分析论证，提出论证报告。有效验证战略目标的准确性、战略发展的可行性、资源配置的合理性、战略实施过程的可控性和内外因素造成的风险性，从而对战略草案进行修正、完善和补充。

分析论证主要从以下几个方面入手。

（1）宏观环境分析。企业要在充分研究外部环境的现状及未来发展趋势的基础上，抓住有利于企业发展的机会，避开环境威胁的因素。宏观环境分析一般通过政治和法律环境、经济环境、社会和文化环境、技术环境等因素，分析企业所面临的宏观情况。

（2）行业环境及竞争对手分析。企业应当加强对煤炭行业的调研和分析，发现影响煤炭行业盈亏的决定性因素，了解当前及预期的盈利情况以及这些因素的变动情况。通过行业分析，确保企业在所提供产品类型、方式及地点，以及希望实现的产业规模等方面，能够与同行业竞争对手区别开来，建立和巩固自身市场优势，制定差异化竞争战略。

（3）企业资源分析。企业资源分析应着重对企业现有煤炭储量、煤炭质量、开采条件和利用效率，以及资源的应变能力等方面进行分析。通过企业资源分析，确定企业资源状态，找出企业资源优势和劣势；通过与主要竞争对手资源情况的比较，明确企业核心能力和竞争优势的战略性资源。

（4）企业能力分析。企业能力是企业有形资源、无形资源和组织资源等各种资源有机组合的结果，主要包括：研发能力、生产能力、技术装备、营销能力、财务能力、组织管理能力等。通过分析和挖掘企业能力，了解战略规划能否适应企业面临的各种机遇和挑战，同时还可能发现让竞争对手无法企及的新机会和新领域。

（5）核心竞争力分析。核心竞争力是指能为企业带来相对于竞争对手存在竞争优势的资源和能力。能够有助于企业构建核心竞争力的资源主要包括：优质原煤、稀缺资源、不易模仿的资源、不可替代的资源、持久的资源、绿色清洁能源等。企业在战略分析时，应当将注意力特别集中在那些能够帮助企业建立核心竞争力的资源上。

4. 战略规划编制、审批与调整

战略委员会选择自上而下、自下而上的方法或上下结合的方法来制定战略规划方案，董事会应当严格审议战略委员会提交的战略规划方案，重点关注全局性、长期性和可行性，主要关注以下内容：战略规划是否符合国家行业发展规划和产业政策；战略规划是否符合国家经济结构战略性调整方向；战略规划是否突出主业，有助于提升企业核心竞争力；战略规划是否具有可操作性；战略规划是否客观全面地对未来商业机会和风险进行分析预测；战略规划是否有相应的人力、财务、信息等资源保障等。

董事会在审议战略规划方案中如果发现重大问题，应当责成战略委员会对方案作出调整。企业的战略规划方案经党委（组）前置讨论，并经风控部门进行风险评估、法务部门进行合规审查后，报经股东（大）会批准。战略委员会对战略实施所需资源进行分配，根据企业情况的发展变化，定期开展战略回顾或编制三年滚动规划，对战略规划进行调整，以保证战略对企业经营管理指导的有效性，包括调整企业的战略愿景、企业的长期发展方向、企业的目标体系、企业的战略以及企业战略执行等内容。

5. 战略规划分解与实施

将战略规划分解、落实到各专项战略规划的牵头实施部门，并组织战略辅导、宣贯，确保企业发展目标的实现。一是，要根据战略规划，制定年度工作计划。二是，要按照上下结合、分级编制、逐级汇总的原则编制全面预算，将发展目标分解并落实到安全生产、资产负债规模、收入及利润增长幅度、投资回报、风险管控、技术创新、品牌建设、人力资源建设、制度建设、企业文化、社会责任等可操作层面，确保战略规划能够真正有效地指导企业各项生产经营管理活动。三是，要进一步将年度预算细分为季度、月度预算，通过实施分期预算控制，促进年度预算目标的实现。四是，要通过建立战略规划实施的激励约束机制，将各责任单位年度预算目标完成情况纳入绩效考评体系，切实做到有奖有惩、奖惩分明，以促进战略规划的有效实施。

6. 战略规划实施的监控

建立战略规划评估机制，加强对战略制定与实施的事前、事中和事后评估。从战略规划监控的角度讲，重点应当放在对实施中及实施后的评估上。事中评估是对实施中战略规划的效果进行评估，是战略调整的重要依据。企业应当结合战略期内每一年度工作计划和经营预算完成情况，侧重对战略执行能力和执行效果进行分析评价。事后评估是对战略规划实施后效果的评估，应结合战略期末发展目标实现情况，侧重对战略规划的整体实施效果进行概括性的分析评价，总结经验教训，并为制定新一轮的战略规划提供信息、数据和经验。在战略规划评估过程中，企业应当采取定性与定量相结合、财务指标与非财务指标相结合的方法。战略规划制定与实施过程中存在的问题和偏差，应当及时进行内部报告，并采取措施予以纠正。

7. 战略规划宣传培训

企业应当重视战略规划的宣传培训工作，为推进战略规划实施提供强有力的思想支撑和行为导向。一是，在企业董事和高级管理人员中树立战略意识和战略思维，充分发挥其在战略制定与实施过程中的模范带头作用。二是，通过采取内部会议、培训、讲座、知识竞赛等多种行之有效的方式，把战略规划及其分解落实情况传递到内部各管理层级和全体员工，营造战略宣传的强大舆论氛围。三是，企业高管层要加强与广大员工的沟通，使全体员工充分认清企业的发展思路、战略目标和具体举措，自觉将战略规划与自己的具体工作结合起来，促进战略规划的有效实施。

8. 战略转型的管控

企业的内外部环境处于不断变化之中，当这种变化累积到一定程度时，战略规划可能会滞后或其执行偏离既定的发展目标。对此，企业战略委员会应当加强对战略规划实施情况的监督，定期收集和分析相关信息，对于明显偏离战略规划的情况，应当及时向董事会报告。同时，因经济形势、产业政策、科技进步、行业状况以及不可抗力等因素发生变化，确需对战略规划作出调整优化甚至转型的，应当按照规定权限和程序，调整战略规划或实现战略转型。

【示例引导】

煤炭企业发展战略目标确定

A 公司以全面贯彻落实党中央、国务院关于国家能源安全战略和碳达峰碳中和决策部署为指引，秉持“以煤电为基、以储能为翼”的发展战略，在不断夯实现有煤炭、电力与石化能源产业基础，持续保障传统能源产业基本盘稳定增长，充分发挥其作为国家能源安全稳定器和压舱石作用的同时，高举储能大旗，紧盯储能赛道，聚焦全钒液流电池，坚定不移地向储能行业转型，形成“传统能源 + 新型储能”双轮驱动发展的新格局，实现公司绿色低碳、可持续、高质量发展。

2.1.3　战略规划风险识别与控制

“双碳”战略规划的风险来自国家政策、碳交易市场、科技创新、超标排放治理、战略规划实施、战略规划保障等方面，为了实施战略规划控制，可以实施事前控制及事中控制。事前控制就是分析碳排放主要环节和领域，识别潜在的风险，制定预控措施，按照风险评估的方法，对剩余风险进行评估，确定可接受水平，防止风险事件给企业造成损失。事中控制就是将战略规划进行分解（企业也可以制定三年滚动规划，灵活实施战略规划），编制年度经营计划，将发展目标和年度重点工作任务落实到产供销、人财物各个环节，并通过全面预算进行保障。控制措施主要是执行内部控制流程，执行内部控制制度和各类文件，通过业务层面和公司层面的风险控制，实现战略层面风险的化解（见表 2-1）。

表 2-1　战略规划风险识别表

序号	风险描述	应对措施
1	战略目标设定不合理、不清晰，可能导致企业盲目发展	合理分析外部环境和企业自身优势，制定与企业所拥有的资源相匹配、符合企业实际发展状况的战略目标
2	发展目标未能聚焦主业，盲目投资非主业项目，导致企业核心竞争力不强，大而不强	1. 深入分析外部环境和企业自身资源、优势，科学合理地确定发展目标 2. 集中精力做强主业，增强企业核心竞争力，在行业发展、产业发展中发挥引领和带头作用

（续表）

序号	风险描述	应对措施
3	战略规划未经广泛征求意见，讨论不充分，可能导致企业发展战略规划不切合实际，难以实施	1. 企业发展战略草案应当广泛征求各方面意见，涉及职工切身利益的，还应当征求职工代表大会或工会的意见 2. 根据企业规定的权限和程序，由战略委员会组织专家、有关部门充分论证，严格履行审批程序，确保战略规划符合发展目标或者不存在重大失误，并重点关注企业战略是否具有全局性、可行性和长期性
4	发展战略规划未能有效分解，可能导致战略实施出现偏差	制定工作年度计划，将战略规划分解落实到生产经营各个环节，通过全面预算进行保障，确保企业战略目标的实现
5	战略规划实施不到位，可能导致企业战略目标无法实现	在战略规划执行过程中，企业要做好制度制定、年度目标、配置资源、宣贯培训、优化组织结构等管理工作
6	战略实施保障措施不到位，可能导致战略流于形式	分析企业资源优势和经营能力，合理调动和分配企业不同领域的人力、财力、物力和信息等资源来适应战略规划
7	战略规划决策机构和决策程序不健全、不合理	1. 内部机构设置要严格按照企业章程规定的权限审议批准 2. 定期开展组织机构运行效率和效果的评估，发现问题及时调整
8	战略规划管理制度不合理，职责不清，存在制度缺陷，可能导致战略规划难以实施	1. 深入分析战略规划管理程序，按照内部控制的要求完善管理制度 2. 合理划分归口管理部门及相关部门的职责界面，形成各司其职、各负其责、相互制约的工作机制
9	考核评价标准与战略目标不匹配，不利于战略规划实施，影响战略目标实现	建立战略执行责任制度，对照已确定的责任指标，定期或不定期地对相关部门及人员责任指标完成情况进行检查，实施考评
10	战略规划宣传培训工作重视不够，影响战略规划实施的效果	1. 采取内部会议、培训、讲座、知识竞赛等多种行之有效的方式，把战略规划及其分解落实情况传递到内部各管理层级和全体员工，营造战略宣传的强大舆论氛围 2. 企业高管层要加强与广大员工的沟通，使全体员工充分认清企业的发展思路、战略目标和具体举措，自觉将战略规划与自己的具体工作结合起来，促进战略规划的有效实施
11	未建立战略规划评估制度或评估工作流于形式	1. 企业应当结合战略期内每一年度工作计划和经营预算完成情况，侧重对战略执行能力和执行效果进行分析评价 2. 企业结合战略期末发展目标实现情况，对战略规划的整体实施效果进行概括性的分析评价，总结经验教训，并为制定新一轮的战略规划提供信息、数据和经验
12	战略调整论证不足或反应迟缓，丧失发展机遇或减少损失	1. 当环境发生较大变化时，及时提出战略调整方案 2. 对追加投资慎重做出决策，防止盲目投资造成巨大损失
13	……	……

【政策法规】

战略规划面临的主要风险

《企业内部控制应用指引第 2 号——发展战略》对企业制定与实施发展战略所涉及的风险做出原则性的指导。

（一）缺乏明确的发展战略或实施不到位，可能导致企业盲目发展，丧失发展机遇、动力和后劲。

（二）发展战略过于激进，脱离企业实际或偏离主业，可能导致企业过度扩张或经营失败。

（三）发展战略因主观原因频繁变动，可能损害企业发展的连续性或导致资源浪费。

2.2 “双碳”战略规划的审计重点

“双碳”战略规划的审计重点是从战略目标制定、战略规划编制与审批、战略分解与实施、战略调整等主要流程入手，验证企业发展战略的合规性和有效性。

2.2.1 “双碳”战略目标的制定

战略目标审计重点：企业战略目标是否在综合分析和科学预测的基础上制定，战略目标是否偏离主业，是否过于激进或保守等。

【政策法规】

2020 年 4 月 9 日，国家能源局印发《关于做好可再生能源发展“十四五”规划编制工作有关事项的通知》，要求企业全面评估可再生能源“十三五”规划实施进展情况，总结规划实施成效和面临的问题。围绕国家 2025 年非化石能源消费占比目标要求，认真分析本地区各类可再生能源资源开发条件和特点，综合考虑技术进步、发展经济性、电网消纳和送出、创新发展及系统优化等因素，统筹研究提出“十四五”时期本地区可再生能源发展的总体目标和水电、风电、太阳能、生物质能、地热能、海洋能等各类可再生能源发展目标。可再生能源受入地区还应研究提出“十四五”时期从外部受入可再生能源的目标。在此基础上，明确本地区可再生能源电力、非水可再生能源电力占全社会用电量的比重，以及可再生能源消费占一次能源消费的比重，并建立相应的指标体系，纳入本地区能源“十四五”规划。

优先开发当地分散式和分布式可再生能源资源，大力推进分布式可再生电力、热力、燃气等在用户侧直接就近利用，结合储能、氢能等新技术，提升可再生能源在区域能源供应中的比重。在做好送受端衔接和落实消纳市场的前提下，通过提升既有通道输电能力和新建外送通道等措施，推进西部和北部地区可再生能源基地建设，扩大可再生能源资源配置范围。高度重视可再生能源供热等非电利用，因地制宜推动生物质、地热能、太阳能等非电利用方式，显著提升可再生能源在北方地区清洁取暖中的比重，推动可再生能源非电利用在我国能源转型中发挥更大作用。

2.2.2 战略规划制定与决议

战略规划制定与决议审计重点：董事会是否组织研究企业的长远战略规划，根据需要成立战略委员会；公司是否制定战略委员会议事规则，明确其主要职能、权限和运作程序及成员任职资格等；战略委员会成员任职及产生程序的合规性；战略规划拟定后是否按照规定的权限和程序对战略规划进行审议；战略规划是否经党组织前置研究；战略决策前是否经合规审查及风险评估；董事会是否履行议事程序，审议企业战略规划草案，股东（大）会决议情况等。

【政策法规】

《企业内部控制应用指引》对发展战略的制定提出了明确的规定：企业应当根据发展目标制定战略规划。战略规划应当明确发展的阶段性和发展程度，确定每个发展阶段的具体目标和工作任务。

企业应当在董事会下设立战略委员会，同时指定相关机构负责具体工作，履行相应职责。企业应当制定战略委员会的议事规则和决策程序，对战略委员会会议的召开程序、表决方式、提案审议、保密要求和会议记录等作出规定，确保议事过程规范透明、决策程序科学民主。

企业战略委员会应当对发展目标和战略规划进行可行性研究和科学论证，形成发展战略建议方案；也可以借助中介机构和外部专家的力量为其履行职责提供专业咨询意见。

战略委员会成员应当具有较强的综合素质和实践经验，其任职资格和选任程序应当符合有关法律法规和企业章程的规定。

企业董事会应当严格审议战略委员会提交的发展战略建议方案，重点关注其可行性。董事会在审议方案中如果发现重大问题，应当责成战略委员会进行调整。

企业的发展目标和战略规划方案经董事会审议通过后，报经股东（大）会批准实施。

2.2.3 战略规划分解与落实

战略规划分解与落实审计重点：企业是否编制年度经营计划，年度经营计划是否按照规定的权限和程序履行审批程序；企业是否编制全面预算并按规定履行审批程序；主管部门对重点规划环节的有效管理，是否制定定期汇报、反馈机制；战略规划指标分解与业绩考核体系是否匹配；战略规划责任体系是否健全、有效等。

【政策法规】

战略规划的分解与落实

《企业内部控制应用指引第 2 号——发展战略》第八条规定：企业应当根据发展战略，制定年度工作计划，编制全面预算，将发展战略分解、落实到产销水平、资产负债规模、收入及利润增长幅度、投资回报要求、技术创新、品牌建设、人才建设、制度建设、企业文化、社会责任等各个方面，确保发展战略的有效实施。

2.2.4 战略规划监控与调整

战略规划监控与调整审计重点：战略委员会是否对战略规划实施情况进行监控，定期收集和分析相关信息；战略委员会是否对于明显偏离战略目标的情况及时组织讨论并上报；由于经济形势、产业政策、技术进步、行业状况以及不可抗力因素发生重大变化，确需对战略规划作出调整的，是否按照规定权限和程序调整战略规划；重大投资失误是否及时止损或采取处置方案；重大投资决策失误责任追究是否合理等情况。

【政策法规】

战略规划的监控与调整

《企业内部控制应用指引第 2 号——发展战略》第十条规定：企业战略委员会及相关机构应当加强对发展战略实施情况的监控，定期收集和分析相关信息，对于明显偏离发展战略的情况，应当及时进行内部报告；由于经济形势、产业政策、行业状况以及不可抗力等因素发生重大变化，确需对发展战略作出调整的，应当按照规定程序调整发展战略。

2.3 战略规划的内部审计实施

2.3.1 具体审计目标

“双碳”战略规划专项审计目标，就是要保证战略规划决策审批、分解实施、战略调整管理机制的合规和有效，促使企业预防和控制战略规划风险，具体包括：保证战略规划内部控制建立、健全并有效执行；战略规划在广泛征求意见、调查研究的基础上编制；审核、审批程序合规和有效，战略调整程序符合国家产业政策，审批权限符合公司章程的规定等。

2.3.2 审计工作程序

“双碳”战略规划审计程序一般包括审前调查、初步评价、审计测试、审计沟通、审计评价、形成意见、审计结论和编制审计报告等。具体审计程序如表 2-2 所示。

表 2-2 “双碳”战略规划内部审计程序表

<table>
<tr><td>主管部门</td><td colspan="3"></td><td>索引编号</td><td></td><td>页次</td><td></td></tr>
<tr><td>审计类别</td><td colspan="3">“双碳”战略规划</td><td>审计人</td><td></td><td>审计时间</td><td></td></tr>
<tr><td>审计期间</td><td></td><td>截止日期</td><td></td><td>复核人</td><td></td><td>复核时间</td><td></td></tr>
<tr><td>序号</td><td>审计程序</td><td colspan="3">具体审计程序</td><td colspan="2">工作底稿索引号</td><td>执行情况说明</td></tr>
<tr><td>1</td><td>审前调查</td><td colspan="3">对“双碳”战略规划编制程序、管理规定、战略分解、战略调整等基本情况进行了解</td><td colspan="2">A</td><td></td></tr>
<tr><td>2</td><td>初步评价</td><td colspan="3">对“双碳”战略规划审计风险进行初步判断，确定重要性水平，调整审计实施方案有关内容</td><td colspan="2">B</td><td></td></tr>
<tr><td>3</td><td>审计测试</td><td colspan="3">对战略规划活动实施审计测试</td><td colspan="2">C</td><td></td></tr>
<tr><td>4</td><td>审计沟通</td><td colspan="3">对战略规划活动存在的问题进行沟通、核实或确认</td><td colspan="2">D</td><td></td></tr>
<tr><td>5</td><td>审计评价</td><td colspan="3">对战略规划活动的合规性、有效性进行分析和评价</td><td colspan="2">E</td><td></td></tr>
</table>

（续表）

6	形成意见	在审计工作底稿中记录审计意见	F	
7	审计结论	形成审计结论，反映问题实质	G	
说明	1. 每一个审计程序可细分为若干具体程序 2. 上述审计程序可结合进行，以提高审计工作效率 3. 在执行每一步骤后，应填写“执行情况说明”一栏			

1. 审前调查

审前调查，就是对战略规划内部控制设计、决策审批、管理情况进行调研了解，是战略规划专项审计实施阶段的首要环节。战略规划调查工作是在审计总体工作准备阶段进行的，涉及的调查方法有很多，主要有政策研究法、规章制度阅研法、业务流程分析法、管理层访谈法、专题会议法、专家论证法、调查问卷法、风险预判法等，这些方法各有特点，适用于不同的审计环境，往往综合运用，以实现审计目的。本文以审计访谈为例，阐述对战略规划的调查了解，以便为内部审计工作提供有价值的信息。

（1）审计访谈目标。审计访谈工作旨在全面了解企业战略规划组织机构设置，战略目标制定及战略规划编制、审批、分解、实施、调整等内容，挖掘战略规划管理过程中的工作亮点，分析当前存在的不足和薄弱环节，为客观反映企业战略规划业务的合规性、有效性提供方向性线索。

（2）明确访谈对象。审计访谈对象应根据企业战略规划组织机构设置和人员构成确定。一般而言，访谈对象包括：董事长、总经理、战略委员会核心成员、归口管理部门负责人和重要岗位员工等。具体而言，审计访谈的对象选择范围和人员选择由现场审计组根据战略规划管理实际情况确定。

（3）编制访谈提纲。审计人员应根据审计工作计划和审前调查结果编制审计访谈提纲，访谈内容应与审计目的密切相关，按照被访谈人员工作职责对需要了解的情况设计访谈内容。战略规划审计访谈提纲编制方法如下。

“双碳”战略规划专项审计访谈提纲（示例）

被访人	××	**部门**	××部	**职务**	
时间	20××年××月××日	**地点**	办公室	**访谈人**	

访谈说明:

根据公司安排,项目审计组正在对公司的××战略规划实施进行专项审计,此次访谈将通过对话交流的方式进行,主要目的是协助我们深入了解公司战略规划编制、实施、调整等情况,借此提出客观、真实的审计结论,改善公司战略管理水平,实现“双碳”战略目标。

访谈内容:

- 请您谈一谈企业战略目标制定的基本情况。企业在制定发展目标过程中,是否综合考虑宏观经济政策、国内外市场需求变化、技术发展趋势、行业及竞争对手状况、可利用资源水平和自身优势及劣势等影响因素?
- “双碳”战略规划作为总体战略规划的一部分,在确定每个发展阶段的具体目标、工作任务和实施方面是否有重叠和掣肘情况?
- 实施节能降碳措施可能牺牲一部分当前利益,如何实现长远利益和短期绩效之间的平衡?
- 企业是如何对战略委员会会议的召开程序、表决方式、提案审议、保密要求和会议记录等作出规定的?
- 战略委员会是否组织有关部门对发展目标和战略规划进行可行性研究和科学论证,形成战略规划建议方案?可以说一下具体过程吗?
- 董事会审议战略委员会提交的战略规划建议方案时,关注重点有哪些?
- 董事会在审议方案中如果发现重大问题或者需对战略规划作出调整时,是如何按照规定权限和程序审议批准战略规划调整方案的?
- 企业是如何将年度目标分解落实的?可以说一下具体过程吗?
- 企业有实施战略规划方面的宣传工作吗?如果有,请您谈一谈企业是通过什么方式,将战略规划及其分解落实情况传递到内部各管理层级和全体员工的?
- 您认为战略规划工作在实施过程中面临什么风险?有关部门是否开展有效的风险评估工作,是否做出切实可行的风险应对预案?
- 目前,战略规划实施过程中遇到最大的困难或瓶颈是什么?
- 您认为此项工作最大的工作亮点或所取得的突出成绩是什么?

……

（4）整理访谈成果。访谈过程中，审计人员应完整记录与被访谈对象的全部访谈内容，形成访谈记录。访谈结束后，应于两个工作日内整理完善访谈记录，并交由被访谈对象确认签字，签字后与其他审计资料一同存档备查。

项目审计组应在全部访谈工作结束后，将战略规划的访谈情况进行汇总、总结，梳理和分析访谈主要内容、审计关注的重大事项、高风险领域，提出审计程序和方法运用建议等。

2. 初步评价

审计人员对战略规划审计内容、审计重点、审计风险进行初步评价，可以通过初步评价表进行，也可以采取其他方式评价。这里以初步评价表的形式阐述评价内容，并细化具体审计工作计划、调整审计实施方案。战略规划审计初步评价可以结合访谈了解程序一起进行，也可独立进行。其主要目的是初步识别战略规划审计风险及审计重点测试的内容，并决定实质性测试的方法和样本量。

审计人员在实施以风险为导向的审计初步评价程序时，应当运用分析程序，了解战略规划编制、审批、分解和调整等基本情况及战略实施环境，管理层风险偏好和可承受度，以及管理层对国家“双碳”政策的理解和积极态度等。审计初步评价除了关注本章风险识别与控制所列举的可能发生的风险外，还应当关注已经发生的风险事件，分析影响程度并决定是否将其作为审计工作底稿中审计发现的风险事项揭示。

审计人员的实质性测试主要针对企业发展战略目标的制定、战略规划制定与决议、战略规划分解与落实、战略规划监控与调整等管理流程展开。

审计初步评价可以降低审计成本，确定审计重点，提高审计工作效率。如合理分析并判断公司是否严格按照战略规划制度执行战略规划活动，获得具有说服力的审计证据，从而可能无须利用其他详细测试做进一步验证。战略规划内部审计初步评价表如表 2-3 所示。

表 2-3 “双碳”战略规划内部审计初步评价表（示例）

<table>
<tr><td>主责部门</td><td colspan="3"></td><td>索引编号</td><td colspan="2">B</td><td>页次</td><td></td></tr>
<tr><td>审计类别</td><td colspan="3">战略规划</td><td>审计人</td><td colspan="2"></td><td>审计时间</td><td></td></tr>
<tr><td>审计期间</td><td></td><td>截止日期</td><td></td><td>复核人</td><td colspan="2"></td><td>复核时间</td><td></td></tr>
<tr><td>初评领域</td><td>评价事项</td><td colspan="4">描述评价事项</td><td colspan="2">重要性水平</td><td>是否披露</td></tr>
</table>

（续表）

风险评价	潜在风险事项	“双碳”战略规划草案编制未经充分论证，盲目跟风，致使企业发展战略脱离企业实际，难以实施	—	—
		“双碳”战略规划草案未按合规管理办法的要求履行合规性审查，可能导致战略规划不符合国家有关规定	—	—
		……	—	—
	已经发生的风险事件	示例：某能源集团公司2013年做出海外投资拓展业务的战略部署，2014年在××国家设立子公司，但战略规划制定过程中对所在国政治、经济、法律、风俗习惯等调研不深入，导致后期煤炭开采困难重重，无法正常经营，项目停止，造成××亿元经济损失……	重要	分析
战略制定	战略规划编制与审批	提示：重点关注议事规则和审批程序的合规性、实际工作的效率性，以及战略规划论证的充分性等	重要	是
战略实施	战略规划分解	提示：通过目标层层分解，将战略规划落实到各部门、各岗位	重要	是
战略监控	战略评估	提示：是否建立战略规划评估机制，是否加强对战略制定与实施的事前、事中和事后评估，如十四五规划开局年关注规划前期（编制环节）、中期和后期，关注事中和事后的实施效果评估	重要	是
战略调整	调整的依据与批复	提示：按照企业战略实施情况的发展变化，及时对战略规划作出调整，并按规定的程序和权限审批	重要	是
战略考核	战略考核	提示：企业年度或日常业绩考核指标是否与发展战略相契合，考核指标是否分解落实到具体部门及岗位	重要	是
战略宣贯	宣贯培训	提示：采取多种方式，使全体员工充分认清企业的发展思路、战略目标和具体举措，自觉将发展战略与自己的具体工作结合起来，促进发展战略的有效实施	中等	否
说明	1. 初步评价是在调查了解的基础上对战略规划主要事项的初步判断 2. 初步评价工作程序不能代替实质性测试的程序，但可以简化（如减少样本抽样数量等）或为实质性测试提供线索、指引 3. 初步评价可根据战略规划实际工作流程调整后确定			

通过“‘双碳’战略规划内部审计初步评价表”分析评价后，审计人员合理判断审计重点、高风险领域，修订内部审计实施方案（调整审计内容），并重新定义样本量选取规则，以便获取充分、适当的审计证据。

【示例引导】

对内部审计实施方案审计内容的调整

经审前调查、初步评价后，“双碳”战略规划专项审计内容调整为以下几个方面：增加三年滚动规划的审计内容，包括三年滚动规划编制与审批、战略分析与调整等；增加战略辅导、战略回顾及日常战略规划执行跟踪、监控等内容；增加有关重大事项的资金支付和会计处理等内容。

3. 审计实施

审计人员通过实施审计程序，获取充分、适当的审计证据，以此对“双碳”战略规划发表审计意见。对战略规划管理机制的有效性进行审计时，审计人员应当综合运用检查、询问、对标法规、比较、合理性分析等方法进行测试，测试重点是组织机构和职责是否清晰、边界是否明确；规章制度是否建立健全，制度是否符合有关法律法规，相关制度之间是否存在矛盾或冲突，制度管理逻辑、行文表述等是否容易引起歧义；审批权限是否明确，流程是否简洁、清晰等。对战略规划执行层面进行审计时，主要查阅战略规划论证记录、会议纪要、决议文件、战略分解文件、年度经营计划、全面预算审批文件、绩效考核表、战略调整的批复文件等资料。“双碳”战略规划内部审计控制矩阵表如表 2-4 所示。

表 2-4　“双碳”战略规划内部审计控制矩阵表

<table>
<tr><td>主责部门</td><td colspan="4"></td><td>索引编号</td><td>C</td><td>页次</td><td></td></tr>
<tr><td>审计类别</td><td colspan="4">“双碳”战略规划</td><td>审计人</td><td></td><td>审计时间</td><td></td></tr>
<tr><td>审计期间</td><td colspan="2"></td><td>截止日期</td><td></td><td>复核人</td><td></td><td>复核时间</td><td></td></tr>
<tr><td>关键控制环节</td><td>控制方式</td><td>控制频率</td><td>抽样数量</td><td>审计测试要点</td><td>证据名称</td><td>测试程序</td><td>测试结果</td><td>索引</td></tr>
<tr><td>建章建制</td><td></td><td></td><td></td><td>企业是否根据国家低碳发展有关规定，结合本企业实际情况，建立健全战略规划、节能环保等管理制度</td><td></td><td></td><td></td><td></td></tr>
</table>

（续表）

建章建制				战略规划、节能环保等管理制度是否存在内容缺失、内容矛盾或冲突、逻辑不清、表述不确切、审批权限不明、流程混乱等管理缺陷				
				规章制度在上会审议前是否经法律部门实施合规审查				
组织机构				是否设立战略规划组织机构，明确议事程序和管理权限				
				战略规划主管部门、环境保护部门及其他参与部门职责是否明确，管理边界是否清晰				
				部门职责或岗位设置上是否存在不相容职务未分离情况				
战略规划制定				“双碳”战略规划是否符合国家“双碳”目标、政策法规和产业政策				
				战略规划是否具有全面性，内容是否涵盖上级单位要求的全部事项				
				“双碳”战略规划是否广泛征求意见，是否在此基础上形成战略规划草案				
				是否组织有关领导、专家对“双碳”战略规划进行论证				
				“双碳”战略规划风险识别和揭示的充分性				
战略规划审批				战略委员会对战略规划草案进行审议				
				企业党组织对战略规划进行前置讨论研究				
				企业法务部门是否对“双碳”战略规划进行合规审查，首席合规官是否出具合规意见				
				企业董事会履行议事程序，审议“双碳”战略规划				
				股东（大）会对战略规划进行批复				
				不同层级的审议、审批记录、会议纪要及决议的完整性、合规性				

（续表）

战略实施与监控				战略规划主管部门组织战略辅导，组织实施				
				发展战略逐步细化、分解落实到各部门、各岗位				
				提示：建立“双碳”战略规划实施的激励约束机制，将各责任单位年度预算目标完成情况纳入绩效考评体系，切实做到有奖有惩、奖惩分明				
				战略规划主管部门应当跟踪战略规划的实施情况，定期回顾、总结，并将有关情况向战略委员会报告				
战略调整				战略调整提出的依据是否充分，是否按照规定程序经充分论证				
				战略规划调整是否经企业规定的程序和权限审批				
说明	1. 本控制矩阵是根据战略规划管理主要程序编制，审计人员可根据战略规划管理实际工作流程调整后确定 2. 重要环节或高风险领域应当取得 100% 的样本进行测试							

“双碳”战略规划内部审计工作底稿如表 2-5 所示。

表 2-5 “双碳”战略规划内部审计工作底稿

<table>
<tr><td>主责部门</td><td colspan="3"></td><td>索引编号</td><td>C</td><td>页次</td><td></td></tr>
<tr><td>审计类别</td><td colspan="3">“双碳”战略规划</td><td>审计人</td><td></td><td>审计时间</td><td></td></tr>
<tr><td>审计期间</td><td></td><td>截止日期</td><td></td><td>复核人</td><td></td><td>复核时间</td><td></td></tr>
<tr><td colspan="2">类别</td><td colspan="5">审计事项记录</td><td>证据索引</td></tr>
<tr><td colspan="2">一、审计依据及上级文件或制度</td><td colspan="5">1. 国家法律法规，如《企业内部控制应用指引第 2 号——发展战略》
2.《×× 集团公司战略规划管理制度》（×× 第 X 号）
3.《×× 集团公司节能环保管理办法》（×× 第 Y 号）
……</td><td></td></tr>
<tr><td colspan="2">二、企业规章制度及文件</td><td colspan="5">规章制度制定情况。例如：公司建立了《×× 公司战略规划管理……（试行）》《×× 公司“三重一大”决策事项管理办法》等，简要记录制度核心内容
……</td><td></td></tr>
</table>

（续表）

三、战略规划管理情况	提示： 1. 组织机构设置及部门职责情况 阐述战略规划归口管理部门及节能环保主管部门设立批准文件，简述归口管理部门及参与部门工作职责、工作程序及汇报机制等 2. 战略规划基本情况 简述审计期间内企业战略规划制定及实施事项，如战略规划的制定与审批、战略规划的分解和监控、战略规划的考核与宣贯、战略规划评估等事项 3. 战略规划编制与决策 阐述按照战略目标，根据内外部环境分析报告拟订战略规划草案，严格履行审批程序等 4. 战略规划分解与落实 根据战略规划制定年度工作计划，将发展目标分解落实到相关业务部门，在“分析—决策—执行—反馈—调整—执行”的不断循环中实现战略目标，并通过编制全面预算进行保障 5. 战略实施监控 结合战略期间每一年度工作计划完成情况，侧重对战略执行能力和执行效果进行分析评价，对发现的问题和偏差及时上报并采取措施纠正 6. 战略规划的调整 描述战略规划调整申请及有关说明，战略调整论证情况、风险评估情况、审议批复情况等 7. 其他影响审计结论的情况 关注战略规划管理其他重要环节，并分析对审计结论的影响	
四、存在的问题	提示：分类揭示战略规划管理过程中存在的问题，一般而言先从制度、机制入手，然后是战略制定、战略实施、战略调整、战略评估、战略考核、战略宣贯等	
五、问题产生的原因分析	提示： 1. 审计人员应当基于审计发现的问题类型、涉及业务领域、问题严重程度及影响后果进行深层次的原因分析 2. 审计人员可从政策、管理体制、战略规划管理程序等根源入手，注重从被审计事项经营理念、法治观念、治理环境及结构、发展思路、制度流程、考核激励措施、员工胜任能力、管理基础水平、内部控制与风险管理机制等方面查找原因，重点分析是主观原因还是客观原因，是制度缺失还是有章不循，是体制机制不合理还是故意行为，是缺乏经验还是明知故犯，是探索性失误还是我行我素等	
六、造成的影响、损失	提示：结合审计发现的问题对造成的影响、损失进行判断，若存在《× × 公司战略规划实施办法》“第 × 条至第 × × 条”所列内容，以及与反映战略实施有关的问题、有禁不止以及违反规定存在明知故犯情形或动机不纯问题、管理不到位致使形成较大决策风险问题，应在审计过程中对“决策审批情况、违规情况、损失情况、责任界定情况”进行详细记录	

（续表）

七、审计发现的风险事项及管理建议	提示：风险事项主要指事项已发生，但结果具有不确定性，同时应不违规、不违法，尚未造成不良后果但若不及时纠正就存在损失风险可能性的事项 风险事项标题：审计发现的风险事项应当按照不同事项分条列示，每个风险事项均需提炼出标题。标题要体现风险事项的实质内容，不能简单地以提纲的形式描述 管理建议：针对揭示的风险事项，提出有针对性的管理建议	
八、重要事项披露	提示：披露重要事项主要为审计事项客观存在而无法凭借自身解决，需要提请上级管理层予以关注的事项，以及对战略规划有重大影响的事项，如重大诉讼，以往审计、巡视巡察发现的重要问题中未完成实质性整改的相关事项等 对以往审计发现问题的处理原则如下： 1. 已完成实质性整改的不重复反映 2. 对于造成损失或严重不良后果的问题，未予以追责的，可作为新问题另行反映，但需对问题事实、违规点及后果重新梳理并相应反映 3. 对于处于整改中的重大问题作为披露事项进行反映，并将此情况纳入审计评价的基础信息范围	
九、审计建议	提示： 1. 审计建议应坚持标本兼治原则，从总体或长远的角度，针对审计反映的政策、体制、制度及其执行中存在的普遍性、倾向性、苗头性问题，提出加强管理、预防和堵塞漏洞、防范风险、促进整改等解决问题的具体措施和建设性的建议 2. 审计建议应当紧密结合被审计事项实际情况，操作性强，从根本上解决问题 3. 审计建议可从战略规划评审、决策、战略规划的分解落实、配套资源的保障、战略跟踪与回顾等方面入手，根据审计中发现的风险、管理薄弱环节等提出，且所提出的审计建议应当在报告中有相关内容的描述 4. 审计建议可从国家政策、行业、企业、部门等多角度思考总结，可通过审计建议部分解决“值得关注和加强”但未在审计报告中以问题或风险事项反映的内容	

审计测试工作结束后，项目审计组应当对“双碳”战略规划管理情况进行综合评价，经分析、提炼后将成为审计报告的主要内容。审计评价工作底稿由项目审计组自行拟定，本章略。

以上阐述了“双碳”战略规划审计实施中的审前调查、初步评价、审计测试工作程序，审计沟通、审计评价（基本原则）、形成意见、审计结论、审计报告等内容详见 1.5 节，具体内容本章略。

2.3.3 “双碳”战略规划内部审计常见问题

（1）战略委员会委员成员构成不合理，由公司党政人员组成，缺乏新能源、碳排放等专业背景和实践经验的人员，也未聘请社会专业人士担任顾问提供专业咨询意见。

（2）不顾煤炭企业资源条件和发展阶段，盲目跟风国家政策，做出不符合企业所在地区自然环境的发展战略，如在水资源极度匮乏的地区建立水电站、风力不稳定地区建立风力发电机组等。

（3）“双碳”战略规划延续性总结不够，前期规划实现情况回顾、分析不到位，后期规划依然延续上期规划。

（4）“双碳”战略规划执行过程中遇到重大环境变化，未能及时做出调整或战略转型，战略规划跟踪管理不到位。

（5）战略规划保障措施不力，挤占项目资金。如A集团制定了光伏发电十三五战略规划，该集团在战略实施第二个年度将列入本项目的预算挪用兴建职工健身场，造成项目进度延期等。

【案例介绍】

技术论证不到位，战略规划难以实施

A公司是一家集煤炭开采、焦煤生产、发电、石油化工、电力销售、储能、医药、房地产为一体，以能源为主的大型综合性企业集团。

一、案例背景

A公司主管部门组织有关人员，收集国内最新的发展趋势和有关政策，研究政府报告和相关资料，发展战略部积极寻找科技含量高、经济收益好的投资项目，发掘新的利润增长点。20××年获取南方某省页岩气开采、经营项目，经前期调研后，决定进军页岩气经营领域，并调整了战略规划。

二、审计程序及过程

略。

三、审计结论

经审计，公司对资源开采技术研究不深入，论证不充分，未能预见到注水压裂导致的区域地质变化，导致开发试验时引发环保问题。通过环境保护措施的实施，造成投资成本持续上升，成为不断投入资金的无底洞。几年后，公司被迫搁置开发计划，将所设立的子公司变更为项目部，只安排看守人员，其他人员分流。该项目由于当时开发技术不成熟，可研阶段论证不到位，导致战略规划难以实施。

第3章

“双碳”目标下的投资审计

【导读摘要】

投资活动是实现“双碳”目标最直接、最有效的形式，投资具有资金量大、周期长、高风险、风险不易控制等特点，容易造成投资失败并导致资金巨大损失。本章从煤炭企业涉碳投资活动全流程入手，系统阐述涉碳投资可研论证、风险评估、合规审查、投资决策、订立合同、投资计划、资金保障、会计处理、过程跟踪、投资收回与处置、投资活动评价与责任追究各环节的管理规定和审计重点，可以为审计人员开展涉碳投资活动内部审计工作提供指引，也可以为企业投资管理归口部门提升投资管理水平提供参考。

3.1 涉碳投资活动内部控制

“十四五”时期，我国生态文明建设进入了以降碳为重点战略方向、推动减污降碳协同增效、促进经济社会发展全面绿色转型、实现生态环境质量改善由量变到质变的关键时期。当下，煤炭企业应积极响应国家生态文明建设及碳达峰碳中和的号召，通过加强涉碳投资活动的内部控制，推动企业向绿色化、低碳化转型，实现高质量发展，有效保障国家能源安全。

3.1.1 煤炭企业涉碳投资的含义与基本要求

涉碳投资，是指投资主体根据国家低碳发展规划和产业政策，以降低碳排放、助力碳中和、获得预期的直接或间接效益为目的，通过投入现金、有价证券、实物、知识产权、技术、股权等资产或权益，获得所投资项目的收益权、使用权或其他权益的业务。

煤炭企业的涉碳投资应当服务国家碳达峰碳中和战略，体现出资人投资意愿，符合企业发展规划，坚持聚焦主业，大力培育和发展战略性新能源产业，加强节能降碳先进技术研发和应用，推进煤炭清洁高效利用，严格控制非主业投资，遵循价值创造理念，严格遵守投资决策程序，提高投资回报水平，防止国有资产流失。

【政策法规】

我国煤炭领域要求淘汰和限制的产能

《产业结构调整指导目录（2019年本）》（国家发展改革委令第29号）中规定煤炭领域淘汰和限制类产能有如下几项。

1. 淘汰类

（1）与大型煤矿井田平面投影重叠的小煤矿

（2）山西、内蒙古、陕西、宁夏30万吨/年以下（不含30万吨/年），河北、辽宁、吉林、黑龙江、江苏、安徽、山东、河南、甘肃、青海、新疆15万吨/年以下（不含15万吨/年），其他地区9万吨/年及以下（含9万吨/年）的煤矿；长期停产停建的30万吨/年以下（不含30万吨/年）“僵尸企业”煤矿；30万吨/年以下（不含30万吨/年）冲击地压、煤与瓦斯突出等灾害严重煤矿。属于满足林区、边远山区居民生活用煤需要或承担特殊供应任务且符合资源、环保、安全、技术、能耗等标准的煤矿，经省级人民政府批准，可以暂时保留或推迟退出

（3）既无降硫措施又无达标排放用户的高硫煤炭（含硫高于3%）生产矿井，不能就地使用的高灰煤炭（灰分高于40%）生产矿井以及高砷煤炭（动力用煤中砷含量超过80μg/g，炼焦用煤中砷含量超过35μg/g）生产煤矿

（4）6AM、φM-2.5、PA-3型煤用浮选机

（5）PB2、PB3、PB4型矿用隔爆高压开关

（6）PG-27型真空过滤机

（7）X-1型箱式压滤机

（8）ZYZ、ZY3型液压支架

（9）不能实现洗煤废水闭路循环的选煤工艺、不能实现粉尘达标排放的干法选煤设备

（10）开采范围与自然保护区、风景名胜区、饮用水水源保护区重叠的煤矿（根据

法律法规及国家有关文件要求进行淘汰）

（11）不达标的单机容量30万千瓦级及以下的常规燃煤火电机组（综合利用机组除外），以发电为主的燃油锅炉及发电机组

2. 限制类

（1）低于30万吨／年的煤矿（其中山西、内蒙古、陕西低于120万吨／年，宁夏低于60万吨／年），低于90万吨／年的煤与瓦斯突出矿井

（2）采用非机械化开采工艺的煤矿项目

（3）煤炭资源回收率达不到国家规定要求的煤矿项目

（4）未按国家规定程序报批矿区总体规划的煤矿项目

（5）井下回采工作面超过2个的煤矿项目

（6）开采深度超过《煤矿安全规程》规定的煤矿、产品质量达不到《商品煤质量管理暂行办法》要求的煤矿、开采技术和装备列入《煤炭生产技术与装备政策导向（2014年版）》限制目录且无法实施技术改造的煤矿

（7）大电网覆盖范围内，发电煤耗高于300克标准煤／千瓦时的湿冷发电机组，发电煤耗高于305克标准煤／千瓦时的空冷发电机组

3.1.2 煤炭企业常见的涉碳投资

煤炭企业常见的涉碳投资有：新能源发电；煤矿瓦斯综合利用；技术革新投资，如清洁开采研发投资、矿用卡车燃油改造、原煤智能洗选投资（煤炭洗选高压智能节能器应用等节能改造项目）、新型环保燃料研发投资、智能装备设备投资；智慧矿山投资；生态矿山投资；绿色低碳循环经济投资；绿色智能微电网投资等。本文主要介绍以下六类投资。

（1）新能源发电。新能源发电主要有光伏发电、风力发电、抽水蓄能电站、生物质发电。其中，光伏发电，是利用半导体界面的光生伏特效应而将光能直接转变为电能的一种技术；风力发电，是把风的动能转为电能；抽水蓄能电站，是利用电力负荷低谷时的电能抽水至上水库，在电力负荷高峰期再放水至下水库发电的水电站；生物质发电，是将各种低热值固体生物质能源资源（如农林业废弃物、生活有机垃圾等）通过气化转换为燃气，再提供发电机组发电的技术。

（2）煤矿瓦斯综合利用。其主要通过统筹建设抽采和利用设施、提高煤矿瓦斯抽采质量、严禁高浓度瓦斯排放、加强低浓度瓦斯利用、完善输配系统建设、加强监测系统建设、推动技术研发与应用等措施，实现瓦斯综合利用。如采用发电、制热等方式开展低浓度瓦斯利用，投资建设煤矿乏风蓄热氧化工程等。

（3）煤矿技术革新投资。其主要包含生产工艺改造项目、燃油改造项目、节电技术项目、煤炭分选工艺研发项目、煤炭清洁利用项目等。如 A 集团采用国内独有的高台阶抛掷爆破与吊斗铲倒堆工艺技术进行露天煤矿开采，实现了绿色、集约、高效开采；优化矿卡发动机和电控系统参数，实施矿用大马力柴油机柴油混合氢气、氧气燃烧节油减排等项目，油耗降低目标 15%；引进高效智磁节电器，平均节电率达 7.17%；引入国内首创的千万吨级分选工艺，原煤入选率 100%，矸石带煤率低于 5%，实现原煤清洁高效分选；研发自产煤制备环保燃料，煤基特种燃料，低成本实现了煤炭的附氢赋能。

（4）智慧矿山。智慧矿山是以矿山数字化、信息化为前提和基础，对矿山生产、职业健康与安全、技术支持与后勤保障等，进行主动感知、自动分析、快速处理，建设智慧矿山，最终实现安全矿山、无人矿山、高效矿山、清洁矿山的建设。智慧矿山建设主要包括智慧生产系统、智慧职业健康与安全系统、智慧技术支持与后勤保障系统建设。

（5）绿色低碳循环经济。低碳循环经济是指依靠技术创新和政策措施，建立一种限制、减少温室气体排放的经济发展模式。煤炭企业的低碳循环经济模式贯穿着煤炭开采到生产消费活动的全过程，主要通过资源投入减量、废物减量途径，实现低开采、高利用、低排放的良性循环。

（6）智能微电网。智能微电网是指由分布式电源、储能装置、能量转换装置、负荷、监控和保护装置等组成的小型发配电系统。其通过采用先进的互联网及信息技术，实现分布式电源的灵活、高效应用，具备一定的能量管理功能，既可以与外部电网并网运行，也可以孤岛运行。煤炭企业的智能微电网应用主要依托新能源。

3.1.3 涉碳投资的管控机制

煤炭企业涉碳投资业务的管控机制主要包括投资管理组织机构与职责分工、涉碳投资项目立项论证、涉碳投资业务流程规范、涉碳投资决策审批程序等内容。

1. 投资管理组织机构与职责分工

煤炭企业应当根据国家有关法律法规和企业章程，建立规范的投资管理组织机构，明确投资决策责任权限，形成科学有效的职责分工和制衡机制。股东（大）会应享有对经营方针和投资计划依法行使表决的权利。企业党组织应作为投资决策领导机构，发挥把方向、管大局、促落实的作用。董事会应对股东（大）会负责，享有依法对经营计划和投资方案的决策权。董事会应下设战略专门委员会，作为公司投资管理日常领导机构，负责组织环保专家进行技术、经济可行性论证，辅助董事会做好决策工作。企业风险、法务等部门对新能源等股权投资或其他重大投资项目开展前置风险评估、合规审查，防范煤炭企业转型投资风险。

煤炭企业还应当成立专门机构或者指定适当的机构具体负责投资业务的日常管理，其职责主要有：①负责建立健全公司投资管理制度，并监督执行；②根据公司发展战略，将新能源投资、涉碳技术改造投资等投资规划纳入企业整体发展战略；③依据公司定位和发展规划，组织开展项目的投资机会研究、初（预）可行性研究、可行性研究等前期工作；④负责统筹编制、上报、下达公司投资计划；⑤切实提高投资风险防控能力，加强项目管理，推进、监控投资项目实施；⑥负责完成投资统计数据、信息的上报与公布；⑦负责编制、报告项目投资执行情况；⑧负责组织新能源新建、改建等项目竣工验收和后评价工作；⑨负责其他投资管理工作。

2. 涉碳投资项目立项论证

在煤炭企业涉碳投资立项论证过程中，应充分体现专家咨询和集体决策的决策机制，保证投资决策的科学性。对于投资规模大、技术工艺比较复杂的大中型骨干项目，投资归口管理部门应积极组织有关部门、单位、外聘专家对项目进行初步审查。国有企业投资立项应履行党委会前置研究程序。

煤炭企业的涉碳投资项目立项论证应当遵循规范性、系统性原则。规范性原则，是指煤炭企业的涉碳投资应当符合国家、能源部门、煤炭行业的“双碳”战略规划，不得违背环境保护等相关法律法规，并且应当严格遵守投资决策程序。系统性原则，是指煤炭企业的涉碳投资应当始终坚持服务于企业的“双碳”目标，以煤炭为根基，以低碳循环经济发展为理念，实现企业绿色、高效、可持续发展。

煤炭企业的涉碳投资项目立项论证应根据涉碳投资类型，开展具有针对性的立项论证工作。对于新投资的涉碳项目，企业应当深入进行环保、技术、市场、财务和法律等方面的可行性研究与论证。其中，以并购方式进行的股权投资项目或农村以土地、生物能源资源出资的合资企业，应开展尽职调查并严格履行资产评估或估值程序；对于智能矿用设备等固定资产投资，立项论证应包括项目投资机会研究、项目建议书、项目可行性研究；对于并购类的涉碳投资，立项论证应包括项目建议书、尽职调查、审计、资产评估或估值、项目可行性研究；对于科技投资和信息化投资，立项论证应包括需求调研、初步调研评估、项目建议书、项目可行性研究。

3. 涉碳投资业务流程规范

不同的涉碳投资业务，应当具有不同的业务流程，并根据流程中各个环节识别出来的风险，采用不同的具体措施进行涉碳投资活动的内部控制。涉碳投资业务一般包括以下六个步骤。

（1）拟定涉碳投资方案。应根据国家“双碳”战略目标、产业政策、企业发展规划、企业微观环境、市场状况等，提出本企业的涉碳投资规划。在对规划进行筛选的基础上，确定投资项目。

（2）涉碳投资方案可行性论证。对涉碳投资项目进行严格的可行性研究与分析。可行性研究需要从投资战略是否符合企业的发展战略、是否有可靠的资金来源、能否取得稳定的投资收益、投资风险是否处于可控或可承担范围内、投资活动的技术可行性、市场容量与前景等几个方面进行论证。

（3）涉碳投资方案决策。按照规定的权限和程序对涉碳投资项目进行决策审批。严格按照分级审批、集体决策来进行，决策者应与方案制定者适当分离。重点审查投资方案是否可行、投资项目是否符合投资战略目标和规划、是否具有相应的资金能力、投入资金能否按时收回、预计收益能否实现，以及投资和并购风险是否可控等。重大投资项目，应当报经董事会或股东（大）会批准。投资方案需要经过有关管理部门审批的，应当履行相应的报批程序。

【政策法规】

《企业投资项目核准和备案管理办法》(发改委第 2 号令) 节选

第四条 根据项目不同情况，分别实行核准管理或备案管理。

对关系国家安全、涉及全国重大生产力布局、战略性资源开发和重大公共利益等项目，实行核准管理。其他项目实行备案管理。

第五条 实行核准管理的具体项目范围以及核准机关、核准权限，由国务院颁布的《政府核准的投资项目目录》(以下简称《核准目录》) 确定。法律、行政法规和国务院对项目核准的范围、权限有专门规定的，从其规定。

《核准目录》由国务院投资主管部门会同有关部门研究提出，报国务院批准后实施，并根据情况适时调整。

第六条 除国务院另有规定外，实行备案管理的项目按照属地原则备案。

第二十三条 地方企业投资建设应当分别由国务院投资主管部门、国务院行业管理部门核准的项目，可以分别通过项目所在地省级政府投资主管部门、行业管理部门向国务院投资主管部门、国务院行业管理部门转送项目申请报告。属于国务院投资主管部门核准权限的项目，项目所在地省级政府规定由省级政府行业管理部门转送的，可以由省级政府投资主管部门与其联合报送。

国务院有关部门所属单位、计划单列企业集团、中央管理企业投资建设应当由国务院有关部门核准的项目，直接向相应的项目核准机关报送项目申请报告，并附行业管理部门的意见。

企业投资建设应当由国务院核准的项目，按照本条第一、二款规定向国务院投资主管部门报送项目申请报告，由国务院投资主管部门审核后报国务院核准。新建运输机场项目由相关省级政府直接向国务院、中央军委报送项目申请报告。

第二十四条 企业投资建设应当由地方政府核准的项目，应当按照地方政府的有关规定，向相应的项目核准机关报送项目申请报告。

(4) 涉碳投资计划编制与审批。根据审批通过的涉碳投资方案，与被投资方签订投资合同或协议，编制详细的涉碳投资计划，落实不同阶段的资金投资数量、投资具体内容、项目进度、完成时间、质量标准与要求等，并按程序报经有关部门批准。签订投资合同。

（5）涉碳投资计划实施。涉碳投资项目往往周期较长，企业需要指定专门机构或人员对投资项目进行跟踪管理，进行有效管控。在投资项目执行过程中，必须加强对投资项目的管理，密切关注投资项目的市场条件和政策变化，准确做好投资项目的会计记录和处理。企业应及时收集被投资方经审计的财务报告等相关资料，定期组织投资效益分析，关注被投资方的财务状况、经营成果、现金流量以及投资合同履行情况，发现异常情况的，应当及时报告并妥善处理。同时，在项目实施中，还必须根据各种条件，准确对投资的价值进行评估，根据投资项目的公允价值进行会计记录。如果发生投资减值，应及时提取减值准备。

（6）涉碳投资项目的到期处置。对已到期投资项目的处置需要经过相关审批流程，妥善处置并实现企业最大的经济收益。企业应加强投资收回和处置环节的控制，对投资收回、转让、核销等决策和审批程序作出明确规定。重视投资到期本金的回收；转让投资应当由相关机构或人员合理确定转让价格，报授权批准部门批准，必要时可委托具有相应资质的专门机构进行评估；核销投资应当取得不能收回投资的法律文书和相关证明文件。

【政策法规】

《中央企业投资监督管理办法》（国资委第 34 号令）节选

第六条　中央企业是投资项目的决策主体、执行主体和责任主体，应当建立投资管理体系，健全投资管理制度，优化投资管理信息系统，科学编制投资计划，制定投资项目负面清单，切实加强项目管理，提高投资风险防控能力，履行投资信息报送义务和配合监督检查义务。

第八条　国资委和中央企业应当建立并优化投资管理信息系统。国资委建立中央企业投资管理信息系统，对中央企业年度投资计划、季度及年度投资完成情况、重大投资项目实施情况等投资信息进行监测、分析和管理。中央企业建立完善本企业投资管理信息系统，加强投资基础信息管理，提升投资管理的信息化水平，通过信息系统对企业年度投资计划执行、投资项目实施等情况进行全面全程的动态监控和管理。中央企业按本办法规定向国资委报送的有关纸质文件和材料，应当同时通过中央企业投资管理信息系统报送电子版信息。

第九条　国资委根据国家有关规定和监管要求，建立发布中央企业投资项目负面清单，设定禁止类和特别监管类投资项目，实行分类监管。列入负面清单禁止类的投资项目，中央企业一律不得投资；列入负面清单特别监管类的投资项目，中央企业应报国资委履行出资人审核把关程序；负面清单之外的投资项目，由中央企业按照企业发展战略和规划自主决策。中央企业投资项目负面清单的内容保持相对稳定，并适时动态调整。

中央企业应当在国资委发布的中央企业投资项目负面清单基础上，结合企业实际，制定本企业更为严格、具体的投资项目负面清单。

第十一条 中央企业应当按照企业发展战略和规划编制年度投资计划，并与企业年度财务预算相衔接，年度投资规模应与合理的资产负债水平相适应。企业的投资活动应当纳入年度投资计划，未纳入年度投资计划的投资项目原则上不得投资，确需追加投资项目的应调整年度投资计划。

第十二条 中央企业应当于每年3月10日前将经董事会审议通过的年度投资计划报送国资委。

第十五条 中央企业应当根据企业发展战略和规划，按照国资委确认的各企业主业、非主业投资比例及新兴产业投资方向，选择、确定投资项目，做好项目融资、投资、管理、退出全过程的研究论证。对于新投资项目，应当深入进行技术、市场、财务和法律等方面的可行性研究与论证，其中股权投资项目应开展必要的尽职调查，并按要求履行资产评估或估值程序。

第十六条 中央企业应当明确投资决策机制，对投资决策实行统一管理，向下授权投资决策的企业管理层级原则上不超过两级。各级投资决策机构对投资项目做出决策，应当形成决策文件，所有参与决策的人员均应在决策文件上签字背书，所发表意见应记录存档。

第十八条 中央企业应当定期对实施、运营中的投资项目进行跟踪分析，针对外部环境和项目本身情况变化，及时进行再决策。如出现影响投资目的实现的重大不利变化时，应当研究启动中止、终止或退出机制。中央企业因重大投资项目再决策涉及年度投资计划调整的，应当将调整后的年度投资计划报送国资委。

第十九条 中央企业应当按照国资委要求，分别于每年一、二、三季度终了次月10日前将季度投资完成情况通过中央企业投资管理信息系统报送国资委。季度投资完成情况主要包括固定资产投资、股权投资、重大投资项目完成情况，以及需要报告的其他事项等内容。部分重点行业的中央企业应按要求报送季度投资分析情况。

第二十一条 中央企业应当每年选择部分已完成的重大投资项目开展后评价，形成后评价专项报告。通过项目后评价，完善企业投资决策机制，提高项目成功率和投资收益，总结投资经验，为后续投资活动提供参考，提高投资管理水平。国资委对中央企业投资项目后评价工作进行监督和指导，选择部分重大投资项目开展后评价，并向企业通报后评价结果，对项目开展的有益经验进行推广。

第二十二条 中央企业应当开展重大投资项目专项审计，审计的重点包括重大投资项目决策、投资方向、资金使用、投资收益、投资风险管理等方面。

4. 涉碳投资决策审批程序

煤炭企业涉碳投资决策应坚持集体决策原则，在投资管理重点环节和风险把控关键环节履行内部决策审批程序。投资主体根据公司要求提出内部决策申请并提交相关资料，投资业务归口管理部门负责初步审核，并根据需要组织规划、环保、工程、技术、财会、法律等有关部门和单位对投资主体申报的内容进行会审，咨询专家意见。经过必要的研究论证程序，充分吸收各方面意见后，投资业务归口管理部门形成决策申请报告，提交业务分管领导审核。

投资业务归口管理部门将分管领导审核通过后的决策申请报告报董事会或类似权力机构集体决策。企业设有党委（党组）的，在决策前应事先与党委（党组）沟通，听取党委（党组）的意见。内部决策机构应当以会议的形式，对职责权限内的投资事项作出集体决策。

3.1.4 风险识别与控制

煤炭企业应持续不断地收集与“双碳”目标、节能减排相关的内部和外部信息，包括国家政策、地方规范性要求和行业发展趋势，对风险影响程度和发生的可能性进行分析，准确描述风险特征，制定风险应对措施，防范投资领域风险事件的发生。投资风险识别表如表 3-1 所示。

表 3-1 投资风险识别表

序号	风险描述	应对措施
1	未建立健全企业投资管理制度体系，投资活动内部管理流程不明确、不合理，管理权责界定不清晰，未及时依据业务变化调整制度内容，可能导致公司投资管理混乱，难以控制投资风险，投资效益降低或投资失败	1. 投资业务归口管理部门应根据国家法律法规、企业“双碳”规划、投资管理要求等，积极落实投资管理制度体系建设工作，并根据业务变化及时修订、适时废止 2. 企业投资管理一线业务人员应积极参与到公司投资管理制度体系建设工作中，为完善公司投资管理制度提供实践经验和有效建议 3. 为保障投资管理制度的科学性、合理性，可借助企业外部专家力量，通过专家咨询完善制度内容 4. 企业审计部门应当依照有关规定，对投资管理制度体系建设情况进行监督评价，发现制度设计缺陷，提出整改意见或要求
2	未开展投资决策前风险评估工作或风险分析不深入，可能导致涉碳投资失误，给公司造成损失	1. 投资决策前应当由归口管理部门牵头履行风险评估程序，揭示新能源投资、技术改造、瓦斯综合利用等可能面临的风险，提出应对策略，为决策机构科学决策提供参考 2. 企业应当建立“三重一大”决策事项前置风险评估机制，设定重大决策、重大项目安排等风险评估事项，未经风险评估的项目不得进入决策程序
3	涉碳投资项目论证不充分，可行性研究不深入、不全面，可能导致投资项目失败	新能源投资、低碳环节技术成熟、收益回报、成本控制具有很大不确定性，有些技术尚在理论层面，企业实施可能面临巨大的成本压力，因此，企业应当组织专家充分论证，从技术可行性、经济划算性、成本可控性等角度研究，确定最佳投资方案
4	未履行党组织前置讨论程序，可能发生涉及“双碳”目标实现的投资项目方向性错误，影响发展战略的实现	充分发挥党组织把方向、管大局、促落实的领导作用，按照企业章程或有关制度的规定，应当由党组织前置讨论的事项，应履行前置研究程序
5	重大投资活动未经合规审查或首席合规官未签署明确的合规审查意见，可能导致投资项目不符合国家产业发展方向或违规，造成决策失误	1. 建立合规管理体系，明确合规牵头部门的合规审查职责和审查程序 2. 建立重大决策合规审查工作指引，明确业务部门合规审查的主体责任，夯实第一道防线的控制作用 3. 制定首席合规官制度工作指引，明确首席合规官承担的职责、任职条件、工作原则、工作机制或程序，并对所有重大决策签署明确的合规审查意见
6	未按规定履行决策和审批程序，可能导致涉碳投资决策失误，造成投资失败，给公司带来不良影响或经济损失	1. 严格按照规定的程序和权限履行投资决策审批程序，对违反规定程序或超越权限决定、批准和组织实施节能环保投资事项的责任人员进行追责 2. 企业可运用信息技术加强投资业务的内部控制。通过建立与投资管理相适应的信息系统，实现对投资业务的自动控制，减少或消除人为操作因素

（续表）

序号	风险描述	应对措施
7	企业涉碳投资计划过于激进或保守，脱离了企业实际，可能导致企业过度扩张或增长停滞，转型不当，甚至经营失败	1. 企业应当按照企业发展战略和“双碳”目标专项规划编制年度投资计划，并与企业年度财务预算相衔接，年度投资规模应与合理的资产负债水平相适应 2. 企业应严格投资计划的审批程序，对未按审批程序执行或执行不力，致使发生重大资产损失，对生产经营、财务状况产生重大影响的相关责任人进行追责 3. 企业应定期结合投资实施进度、需求及环境条件变化等因素，开展投资计划中期调整工作，规避政治、经济、法律、市场等因素变化对投资的影响
8	外部环境和项目本身情况发生重大变化，未按规定及时调整涉碳投资方案并采取止损措施，可能导致投资效益降低或产生亏损，给企业带来经济损失	1. 各投资主体应定期评价分析投资项目外部环境、项目本身情况、项目投资计划执行差异与原因，制定相关的改进措施。并及时向投资管理部门报送投资项目实施情况报告，供公司调整投资计划使用 2. 企业要对背离企业“双碳”目标、严重偏离投资计划和目标、投资价值不断减少甚至即将产生亏损的项目及时止损
9	新能源或技改投资项目竣工验收不规范，最终把关不严，可能导致投资项目交付使用后存在重大隐患	1. 企业收到承包单位的工程竣工报告后，应当及时编制竣工决算，开展竣工决算审计，组织设计、施工、监理等有关单位进行竣工验收 2. 企业应当组织审核竣工决算，重点审查决算依据是否完备，相关文件资料是否齐全，竣工清理是否完成，决算编制是否正确。企业应当加强竣工决算审计，未实施竣工决算审计的工程项目，不得办理竣工验收手续 3. 企业应当及时组织工程项目竣工验收。交付竣工验收的工程项目，应当符合规定的质量标准，有完整的工程技术经济资料，并具备国家规定的其他竣工条件 4. 企业审计部门应对工程验收情况进行监督
10	涉碳投资项目实施过程中，未按要求办理相关手续，可能导致项目停工，受到监管部门的处罚	企业应当按照国家、行业对投资项目的监管要求，及时办理相关手续。如工程项目，需要办理环境影响评价、项目核准、压覆矿产资源审批、用地批准手续、地质灾害危险性评估、取水许可、水资源论证报告审批、节能审查、工程规划许可证、施工许可证等

（续表）

序号	风险描述	应对措施
11	对涉碳投资项目跟踪管理缺乏重视，未及时掌握投资实施进度或投资方财务状况、经营成果、现金流量以及投资合同履行情况，可能导致异常情况难以被发现，无法及时采取有效措施对投资风险进行控制，造成经济损失	1. 企业应当指定专门机构或人员对投资项目进行跟踪管理，及时收集被投资方经审计的财务报告等相关资料，定期组织投资效益分析，关注被投资方的财务状况、经营成果、现金流量以及投资合同履行情况，发现异常情况，应当及时报告并妥善处理 2. 建立健全企业投资管理信息系统，对企业投资规划及计划完成情况、重大投资项目实施情况等投资信息进行监测、分析和管理 3. 建立健全投资情况跟踪预警机制及预警指标体系，定期收集项目进度资料，对项目进度情况进行分析，当发现投资项目的数据达到警戒值时，及时向公司汇报并妥善处理 4. 对投资项目实行责任追究制度，对于违反投资管理规定，弄虚作假、挪用资金、擅自提高或降低建设标准、扩大建设规模，以及项目管理中的失职、渎职行为等情况，依照国家法律法规和集团相关规定追究有关责任人的责任 5. 开展投资项目后评估，总结经验教训，为后续类似投资活动积累经验，提高投资行为科学性
12	投资退出管理不严，可能导致投资资金被挪用、侵占、抽逃或遭受欺诈	1. 企业应当加强投资收回和处置环节的控制，对投资收回、转让、核销等决策和审批程序作出明确规定 2. 投资资产的处置必须经过董事会的授权批准 3. 企业应当重视涉碳投资到期本金的回收。转让投资应当由相关机构或人员合理确定转让价格，报授权批准部门批准，必要时可委托具有相应资质的专门机构进行评估。核销投资应当取得不能收回投资的法律文书和相关证明文件 4. 企业对于到期无法收回的涉碳投资，应当建立责任追究制度
13	……	……

3.2 投资活动的审计重点

3.2.1 涉碳投资决策

涉碳投资决策，是指企业通过调查、分析、研究、论证后对涉碳投资活动所做出的最后决定。涉碳投资决策主要是对投资项目在政策、经济、环境、技术和资源等方面是否可行进行论证和抉择，是投资成败的首要环节和关键因素。若重大项目的投资决策出现失误，往往会导致企业产生巨大损失。

企业在内部投资决策过程中，容易出现未按规定开展可行性研究、尽职调查、项目论证等前期投资论证工作，或研究深度不够，盲目乐观，技术不成熟，投资成为无底洞；前期投资论证工作流于形式或提供虚假报告，未按规定履行决策和审批程序擅自投资等现象，导致投资决策不科学、不合理、不理性，从而投资失败。同时，投资项目还具有一定的外部风险。若投资决策前未对项目的外部影响因素进行调查研判，选择的项目不符合国家、能源部门、煤炭行业等环保政策，以及“双碳”规划等要求，可能导致项目被迫中止，投资失败。故煤炭企业涉碳投资应与国家环保政策、能源领域政策、市场准入标准、煤炭资源开发、能耗与环境管理等要求相符，降低政治、经济、法律、市场等因素对投资项目的影响。涉碳投资项目决策的审计重点主要包含以下内容。

（1）涉碳投资决策程序的规范性。涉碳投资决策规则和程序的设计是否符合企业内部控制要求，是否坚持集体决策原则；投资决策前是否按规定进行了调查、研究、论证；项目评审程序是否规范；是否按规定履行决策和审批程序，是否存在未经授权和超越授权实施投资业务；重大投资项目，是否按照规定的权限和程序实行集体决策制度。

（2）涉碳投资决策的科学性。项目建议书、可行性研究报告、尽职调查报告等调研结果内容是否真实完整，依据是否充分，测算是否科学，风险评估是否到位；项目评审人员是否具备胜任能力和独立性；投资项目是否符合国家产业政策及相关法律法规的规定，是否符合企业“双碳”目标和规划，是否具有相应的资金能力，投入资金能否按时收回，预期收益能否实现，以及投资和并购风险是否可控等。

（3）涉碳投资决策的合规性。投资决策过程中是否出现利益输送、欺诈舞弊等违法违纪现象，投资决策前是否开展合规审查，是否出具明确的法律意见书等。

3.2.2　涉碳投资跟踪管理

涉碳投资跟踪管理，是企业投资管理机构或人员根据涉碳投资计划和目标等，在投资项目实施的整个过程中对投资项目状态以及影响项目进展的内外部因素进行及时、连续、系统的记录和报告的系列管理活动，也是了解投资项目的实际进展情况，及时发现问题，规避投资风险，保证投资项目收益的重要举措。

涉碳投资项目是否按计划有序运行并达到预期效益，主要受内部管理和外部条件的影响。内部管理不善，制度执行不到位，可能增加投资项目的建设周期和成本，降低投资收益。且当政治、经济、法律、市场等外部条件发生巨大变化时，若未及时调整投资方案并采取止损措施，项目投资效益将会逐渐降低至亏损，甚至影响到企业的正常经营，例如，采取股权部分收购方式投资光伏发电或合作经营，若未对并购目标企业投资方财务状况、经营成果、现金流量以及投资合同履行情况进行跟踪，可能导致异常情况难以被发现，无法及时采取有效措施对投资风险进行控制，造成经济损失，涉碳投资项目投资跟踪管理的审计重点主要包含以下内容。

（1）实施涉碳投资项目的合规性。投资项目实施手续是否齐备，是否取得项目核准、用地批准手续、工程规划许可证、施工许可证等；购建项目是否按规定进行招标采购，是否存在干预、规避或操纵招标的现象；是否存在擅自变更工程设计、建设内容和追加投资的行为。

（2）涉碳投资项目日常管理。项目实施进度是否符合实施计划要求，是否严格履行投资合同或协议；是否指定专门机构或人员对投资项目进行跟踪管理，是否动态关注被投资方的财务状况、经营成果、现金流量以及投资合同履行情况、投资项目风险情况；发现异常情况，是否及时报告并妥善处理；是否开展投资后评估工作，是否及时编制投资计划执行情况表，是否定期组织投资效益分析等事项；投资过程中由中介机构或有关单位出具的报告是否真实、合理、有效等。

3.2.3 涉碳投资项目会计系统控制

会计系统控制，是指通过会计核算和监督系统所进行的控制，主要包括会计凭证控制、复式记账控制、会计账簿控制、会计报表控制及其财务成本控制。企业应当按照会计准则的规定，准确进行投资的会计处理。根据对被投资方的影响程度，合理确定投资业务适用的会计政策，建立投资管理台账，详细记录投资对象、金额、期限、收益等事项，妥善保管投资合同或协议、出资证明等资料。对于被投资方出现财务状况恶化、市价当期大幅下跌等情形的，企业财会机构应当根据国家统一的会计准则和制度规定，合理计提减值准备，确认减值损失。涉碳投资项目会计系统控制的审计重点主要包含以下内容。

（1）投资活动会计处理。是否按照会计准则的要求，对投资项目进行准确的会计核算、记录与报告，确定合理的会计政策，准确反映企业投资的真实状况；当出现财务状况恶化、市价大幅下跌等情形，是否按会计准则的要求，合理计提减值准备；是否准确合理地测试投资减值，滥用会计估计，把减值准备作为调节利润的手段等。

（2）投资活动资料保管及信息沟通。是否妥善保管投资合同、协议、备忘录、出资证明等重要的法律文书；是否建立投资管理台账，详细记录投资对象、金额、期限等情况，作为企业重要的档案资料以备查用；财务人员是否与投资管理部门定期沟通，信息共享，密切关注投资项目的营运情况。

3.2.4 涉碳投资收回与处置

涉碳投资收回与处置，是指企业在涉碳投资到期或被投资项目发展到一定程度后，通过转让或清算的方式，将前期所投资的资本以资金形态回收，以实现资本的增值或止损。投资收回可分为主动收回与被动收回。主动收回一般是通过股权转让、股权回购、企业上市以及兼并等良性退出方式收回投资。被动收回一般包括且不限于投资到期收回，协议期内因违约、不可抗力事件或经营不善导致提前收回，被投资企业破产清算导致收回。对于投资项目的收回处置，同样要经过相关审批流程，妥善处置并实现企业最大的经济收益。

企业应加强涉碳投资收回和处置环节的控制，对投资收回、转让、核销等决策和审批程序作出明确规定。企业应当重视投资到期本金的回收；转让投资应当由相关机构或人员合理确定转让价格，报授权批准部门批准，必要时可委托具有相应资质的专门机构进行评估；核销投资应当取得不能收回投资的法律文书和相关证明文件。涉碳投资收回与处置的审计重点主要包含以下内容。

（1）涉碳投资收回与处置的规范性。投资收回和处置是否经必要性论证，转让价格是否经资产评估，投资转让是否报经批准，核销投资是否取得不能收回投资的法律文书和相关证明文件等事项，实际执行情况是否与相关决议、审批、法律文书、证明文件等材料相符。

（2）涉碳投资收回与处置会计处理。收回投资本金和收益是否按照企业会计准则的规定进行账务处理，财务报告信息披露是否恰当。

3.3 涉碳投资活动的内部审计实施

3.3.1 具体审计目标

投资活动的内部审计目标，就是保证投资活动内部控制设计和运行的有效性，促使企业预防和控制投资活动风险，具体包括：保证投资活动内部控制建立健全并有效执行；确保投资决策行为合规；确保投资过程得到有效跟踪与监控。

3.3.2 审计工作程序

涉碳投资活动的内部审计，一般程序包括涉碳投资活动审前调查、初步评价、审计测试、审计沟通、审计评价、形成意见、审计结论和编制审计报告等。具体审计程序如表 3-2 所示。

表 3-2 涉碳投资活动内部审计程序表

主责部门			索引编号		页次	
审计类别	涉碳投资业务		审计人		审计时间	
审计期间		截止日期	复核人		复核时间	
序号	审计程序	具体审计程序		工作底稿索引编码		执行情况说明
1	审前调查	对企业涉碳投资活动进行调查了解，初步掌握投资方向、项目进展等情况		A		
2	初步评价	对涉碳投资活动初步评价，确定重要性水平，调整审计实施方案有关内容		B		
3	审计测试	运用各种审计方法，对涉碳投资活动实施审计		C		
4	审计沟通	对涉碳投资活动存在的问题进行沟通、核实情况或确认		D		
5	审计评价	对涉碳投资活动的合规性、有效性进行分析和评价		E		
6	形成意见	在审计工作底稿中记录审计意见		F		

（续表）

7	审计结论	形成审计结论，发表审计意见	G	
说明	1. 每一个审计程序可细分为若干具体程序 2. 上述审计程序可结合进行，以提高审计工作效率 3. 执行每一步骤后，应填写“执行情况说明”一栏			

1. 审前调查

对涉碳投资活动开展审前调查，了解企业涉碳投资活动的决策机制和管理情况。在审前调查过程中，可采用规章制度审阅法、流程分析法、管理层访谈法、专题会议法、调查问卷法、风险预判法等方法开展工作，从而实现审计目的。此处选择访谈法进行阐述，为煤炭企业涉碳投资活动内部审计提供一种工作方法。

（1）审计访谈目标。通过审计访谈，全面了解企业投资规划、年度投资计划、涉碳投资项目立项审批、投资合同签订、项目跟踪管理、投资收回或处置的情况，挖掘企业涉碳投资活动中的工作亮点，分析当前存在的不足和薄弱环节，为客观反映企业涉碳投资活动的合规性、有效性提供方向性线索。

（2）明确访谈对象。审计访谈对象应根据企业涉碳投资活动组织情况确定。一般而言，访谈对象包括：企业主要负责人、涉碳投资分管领导、投资归口管理部门负责人、风险归口管理部门负责人、财务部门负责人、投资项目负责人、财务人员等。具体而言，审计访谈的对象选择范围和构成由现场审计组根据涉碳投资活动实际情况确定。

（3）编制访谈提纲。审计人员应根据审计工作计划和审前调查结果编制审计访谈提纲，访谈内容应与审计目的密切相关，重点询问投资决策、投资项目跟踪及信息反馈、重大问题处理、投资调整等事项。审计访谈提纲示例如下。

涉碳投资项目专项审计访谈提纲（示例）

被访人	××	**部门**	××部	**职务**	部长
时间	20××年××月××日	**地点**	办公室	**访谈人**	××

访谈说明：

根据公司安排，项目审计组正在对单位涉碳投资活动管理情况实施专项审计，此次访谈将通过对话交流的方式进行，主要目的是协助我们深入了解公司涉碳投资活动内部管理情况及存在的不足，借此提出客观、真实的审计结论，改善企业涉碳投资活动管理水平，实现“双碳”战略目标。

访谈内容：

- 公司投资战略规划、×× 年度投资计划是什么？请介绍一下决策程序和权限。
- 请您谈谈公司是如何发掘涉碳投资机会，筛选涉碳投资项目的？
- 请您谈谈公司 ×× 年度有哪些涉碳投资项目？
- 请您谈谈涉碳投资项目的立项审批程序，投资决策前是否经合规审查？
- 公司是否建立涉碳投资管理制度对涉碳投资活动进行规范化管理？
- 公司是否建立了对在投资中出现重大决策失误、未履行集体审批程序和不按规定执行对外投资业务人员的追责机制？
- 公司涉碳投资业务是由哪个部门、哪些同事管理的？这些同事具体负责哪些工作？他们所学专业是什么？是否有类似的投资项目管理经验？
- 请您谈谈 ×× 投资业务的可行性研究论证过程。是否开展风险评估工作？是否邀请相关领域专家对该投资项目进行论证？
- 请您谈谈 ×× 投资项目存在哪些投资风险？投资风险的应对策略是什么？
- 请您谈谈 ×× 项目投资规模是如何测算的？您认为投资估算是否合理？是否发生追加投资等情况？
- 请您谈谈 ×× 项目的投资资金结构，是否有融资？融资方案是怎么形成的？
- 公司是否指定专门机构或人员对涉碳投资项目进行跟踪管理？
- 公司是否及时收集被投资方经审计的财务报告等相关资料，定期组织投资效益分析，关注被投资方的财务状况、经营成果、现金流量以及投资合同履行情况，发现异常情况的，是否及时报告并妥善处理？
- 是否根据不同的涉碳投资业务制定相应的业务执行流程，明确各环节的控制要求，设置相应的记录或凭证，如实记载各环节业务的开展情况？
- 公司是否有收回或处置的涉碳投资项目？公司对这方面工作有什么制度性要求？如何对该环节进行内部控制？
- 是否密切关注投资项目的营运情况，一旦出现财务状况恶化、市价大幅下跌等情形，是否按会计准则的要求，合理计提减值准备？

- 请您谈谈，公司在涉碳投资业务管理的过程中存在哪些问题？针对这些问题，您是否有相应的改进建议？
- 请您谈谈公司在涉碳投资活动中有哪些工作亮点？取得了哪些突出成绩？
- 您认为投资领域最大的风险是什么？如何防范？

……

（4）整理访谈成果。访谈过程中，审计人员应完整记录与被访谈对象的全部访谈内容，形成访谈记录。访谈结束后，应于两个工作日内整理完善访谈记录，并交由被访谈对象确认签字，签字后与其他审计资料一同存档备查。项目审计组应在全部访谈工作结束后，对访谈情况进行汇总、总结，梳理和分析访谈主要内容、审计关注的重大事项、高风险领域判断、审计程序和方法运用建议等。

2. 初步评价

对涉碳投资活动进行初步评价，可以通过初步评价表进行，并细化具体审计工作计划、调整审计实施方案，其主要目的是初步识别涉碳投资活动领域审计风险及审计重点测试的领域，并决定实质性测试的方法和样本量。

审计人员在实施风险评估初步评价程序时，应当运用分析程序，了解涉碳投资活动基本情况及其环境，管理层风险偏好和可承受度，以及管理层对国家“双碳”政策的认知和积极态度等。风险评估初步评价除了关注本章风险识别与控制所列举的可能发生的风险外，还应当关注已经发生的风险事件，分析影响程度并决定是否将其作为审计工作底稿审计发现的风险事项揭示。

审计人员的实质性测试主要是针对拟定投资方案、论证投资方案、审批投资方案、签订投资合同或协议、投资项目跟踪管理、投资收回或处置等管理流程展开的。

审计初步评价可以降低审计成本，提高审计工作效率。如合理分析并判断公司严格按照投资管理制度实施投资活动，获得具有说服力的审计证据，从而可能无须利用其他细节测试做进一步验证。初步评价可以结合调查了解程序一起进行，也可以独立开展。涉碳投资活动初步评价表如表 3-3 所示。

表 3-3　涉碳投资活动初步评价表

<table>
<tr><td>主责部门</td><td colspan="3"></td><td>索引编号</td><td>B</td><td>页次</td><td></td></tr>
<tr><td>审计类别</td><td colspan="3">涉碳投资活动</td><td>审计人</td><td></td><td>审计时间</td><td></td></tr>
<tr><td>审计期间</td><td></td><td>截止日期</td><td></td><td>复核人</td><td></td><td>复核时间</td><td></td></tr>
<tr><td>初评领域</td><td>评价事项</td><td colspan="4">描述评价事项</td><td>重要性水平</td><td>是否披露</td></tr>
<tr><td rowspan="4">风险评价</td><td rowspan="3">潜在风险事项</td><td colspan="4">涉碳投资立项审批不严，通过化整为零的方式跳过集体决策程序，发生越权审批或审批缺失的情况</td><td>—</td><td>—</td></tr>
<tr><td colspan="4">涉碳投资项目投后管理松散，未定期对实施、运营中的投资项目进行跟踪分析，针对外部环境和项目本身情况变化及时进行再决策，无预警机制</td><td>—</td><td>—</td></tr>
<tr><td colspan="4">……</td><td>—</td><td>—</td></tr>
<tr><td>已经发生的风险事件</td><td colspan="4">示例：202× 年公司投资瓦斯回收综合利用项目，前期调研不够深入，地址条件考虑不周，项目运行过程中多次追加投资，项目建成后与可研报告测算的内部收益率相差较大，成本畸高，项目处于亏损边缘……</td><td>重要</td><td>是</td></tr>
<tr><td rowspan="7">投资方案</td><td rowspan="4">拟定投资方案</td><td colspan="4">根据“双碳”目标下的投资战略目标和规划，合理安排资金投放结构，科学确定投资项目，拟订投资方案，审计人员应重点关注投资项目各要素的完整性</td><td>一般</td><td>是</td></tr>
<tr><td colspan="4">提示：选择投资项目紧紧围绕煤炭资源，非主业投资需谨慎，审计人员要充分关注股票投资或衍生金融产品等高风险投资</td><td>重要</td><td>是</td></tr>
<tr><td colspan="4">提示：审计人员应关注企业境外投资的合规性控制，如企业是否在投资方案中考虑政治、经济、法律、市场等因素</td><td>重要</td><td>是</td></tr>
<tr><td colspan="4">企业采用并购方式进行投资的，审计人员应审阅投资方案中是否对并购风险进行控制，是否对人员安置妥善安排</td><td>重要</td><td>是</td></tr>
<tr><td rowspan="3">论证投资方案</td><td colspan="4">加强对涉碳投资方案的可行性研究</td><td>重要</td><td>是</td></tr>
<tr><td colspan="4">根据实际需要，委托具备相应资质的专业机构进行可行性研究，提供独立的可行性研究报告，重点对涉碳投资项目的目标、规模、投资方式、投资风险与收益等作出评价</td><td>重要</td><td>是</td></tr>
<tr><td colspan="4">企业根据经股东大会（或者企业章程规定的类似权力机构）批准的年度投资计划，按照职责分工和审批权限，对涉碳投资项目进行决策审批</td><td>重要</td><td>是</td></tr>
</table>

（续表）

投资决策	投资审批	提示：审计人员根据获取的审计证据，描述投资审核、审议、前置讨论及最后决策的详细流程	重要	是
		描述决策会议纪要、通知等决策文件名称及发文编号	一般	否
	前置程序	必要事项： 1. 重大投资决策应当履行党组织前置讨论 2. 投资决策前需由风控部门开展风险评估工作，出具涉碳项目风险评估报告 3. 投资决策前需由企业法务部门开展合规审查，企业首席合规官签署合规意见	重大	是
	其他事项	提示：投资可能面临的风险和审计人员认为值得关注的其他事项	一般	否
投资合同	签订投资合同或协议	提示：根据批准的投资方案，与被投资方签订投资合同或协议，审计人员应当重点评价投资合同是否严重偏离投资方案有关内容	重要	是
		提示：描述与被投资方签订投资合同或协议明确出资时间、金额、方式、双方权利义务和违约责任等内容	一般	否
		提示：按规定的权限和程序审批后履行投资合同或协议	重要	是
项目管理	投资项目跟踪管理	指定专门机构或人员对涉碳投资项目进行跟踪管理	重要	是
		根据投资计划进度，严格分期、按进度适时投放资金，严格控制资金流量和时间	重要	是
		企业对涉碳投资项目及时收集被投资方经审计的财务报告等相关资料，定期组织投资效益分析，关注被投资方的财务状况、经营成果、现金流量以及投资合同履行情况，发现异常情况，应当及时报告并妥善处理	重要	是
		企业对派驻被投资企业的有关人员建立适时报告、业绩考评制度	重要	是
		以投资计划为依据，按照职务分离制度和授权审批制度，各环节和各责任人正确履行审批监督责任，对项目实施过程进行监督和控制	重要	是
		建立投资项目后续跟踪评价管理制度，对企业的重要投资项目和所属企业超过一定标准的投资项目，有重点地开展后续跟踪评价工作，并作为进行投资奖励和责任追究的基本依据	重要	是

（续表）

投资退出	投资收回或处置	提示：是否制定投资收回和处置管理规程和办法，对投资收回、转让、核销等决策和审批程序作出明确规定	重要	是
		提示：转让投资由相关机构或人员合理确定转让价格，报授权批准部门批准，必要时可委托具有相应资质的专门机构进行评估	重要	是
		描述核销到期不能收回投资的法律文书和相关证明文件名称、文号，并简述核心内容等	重要	是
		对于到期无法收回的投资建立责任追究制度	重要	否
说明	1. 初步评价是在调查了解的基础上对涉碳投资活动主要事项的初步判断 2. 初步评价工作程序不能代替实质性测试的程序，但可以简化（如减少样本抽样数量等）或为实质性测试提供线索、指引 3. 初步评价可根据涉碳投资活动实际工作流程调整后确定			

通过“涉碳投资活动初步评价表”分析评价后，审计人员合理判断审计重点、高风险领域，修订内部审计实施方案，调整审计内容，并重新定义样本量选取规则，以便获取充分、适当的审计证据。

3. 审计测试

审计人员通过实施审计程序，获取充分、适当的审计证据，以此对涉碳投资活动审计目标发表意见。

对涉碳投资活动的内部审计实质属于管理审计范畴，分为两个层面：一是内部控制制度设计有效性层面；二是涉碳投资活动实际执行层面，即是否遵循法律法规、制度规定，是否满足合规性要求等。审计实践中，审计人员对涉碳投资活动内部控制设计有效性和管理活动合规性及运行有效性一并进行测试，以节约时间和审计资源。其中，内部控制设计有效性可以为运行测试提供方向，决定运行测试的样本量和深度、广度。

在涉碳投资活动内部控制设计有效性审计时，审计人员应当综合运用检查、询问、对标法规、横向比较、专家论证等方法进行测试，测试重点是组织机构和职责是否清晰、边界是否明确；规章制度是否建立健全，制度是否符合有关法律法规，相关制度之间是否存在矛盾或冲突，制度管理逻辑、行文表述等是否容易引起歧义；投资决策权限是否明确，流程是否简洁、清晰等。

在涉碳投资活动运行或管理有效性审计时（也可以称为实质性测试），审计人员应当综合运用询问、检查、观察、比较、分析性复核、重复验证、计算、穿行测试等方法进行测试，测试重点是涉碳投资活动的关键环节，主要验证法规的遵循、风险控制措施的落实情况、规章制度及重要决议文件的执行情况、越权审批行为、会计系统控制等。涉碳投资活动内部审计控制矩阵表如表 3-4 所示。

表 3-4 涉碳投资活动内部审计控制矩阵表

主责部门				索引编号	C	页次		
审计类别	涉碳投资活动			审计人		审计时间		
审计期间		截止日期		复核人		复核时间		
关键控制环节	控制方式	控制频率	抽样数量	审计测试要点	证据名称	测试程序	测试结果	索引
建章建制				企业应当根据国家涉碳投资活动有关要求，结合本企业实际情况，建立涉碳投资活动管理制度				
				涉碳投资活动制度是否存在内容缺失、内容矛盾或冲突、逻辑不清、表述不确切、审批权限不明、流程混乱等管理缺陷				
				规章制度在上会审议前是否经法律部门实施合规审查				
组织机构				企业应当设立涉碳投资活动组织机构，明确议事程序和决策权限				
				归口管理部门及参与部门职责是否明确，管理边界是否清晰				
				部门职能或岗位设置上是否存在不相容职务未分离情况				
拟定投资方案				是否根据“双碳”目标下的投资战略目标和规划，合理安排资金投放，科学确定投资项目，拟订投资方案，重点关注投资项目的收益和风险				
				选择投资项目是否围绕煤炭资源，谨慎从事股票投资或衍生金融产品等高风险投资				
				企业涉及境外投资的项目，是否考虑政治、经济、法律、市场等因素的影响				
				企业采用并购方式进行投资的，是否制定并购风险控制措施				

（续表）

论证投资方案				是否加强对投资方案的可行性研究				
				根据实际需要，是否委托具备相应资质的专业机构进行可行性研究，提供独立的可行性研究报告，重点对涉碳投资项目的目标、规模、投资方式、投资的风险与收益等作出评价				
投资决策				投资决策前，是否经企业党组织前置讨论，开展风险评估和合规审查，检查各项工作实际执行情况				
				是否按照规定的权限和程序对涉碳投资项目进行决策审批				
签订投资合同或协议				是否根据批准的涉碳投资方案，与被投资方签订投资合同或协议				
				与被投资方签订投资合同或协议是否明确出资时间、金额、方式、双方权利义务和违约责任等内容				
				投资合同或协议是否经法务人员或律师进行合规审查				
				是否按规定的权限和程序审批后履行投资合同或协议				
投资项目跟踪管理				指定专门机构或人员对涉碳投资项目进行跟踪管理				
				根据涉碳投资计划进度，严格分期、按进度适时投放资金，严格控制资金流量和时间				
				企业对涉碳投资项目应及时收集被投资方经审计的财务报告等相关资料，定期组织投资效益分析，关注被投资方的财务状况、经营成果、现金流量以及投资合同履行情况，发现异常情况，应当及时报告并妥善处理				
				企业对派驻被投资企业的有关人员建立适时报告、业绩考评制度				
				以涉碳投资计划为依据，按照职务分离制度和授权审批制度，各环节和各责任人正确履行审批监督责任，对项目实施过程进行监督和控制				

（续表）

投资收回或处置				关注投资收回和处置环节的控制				
				是否对投资收回、转让、核销等决策和审批程序作出明确规定				
				是否重视投资到期本金的回收				
				转让投资是否由相关机构或人员合理确定转让价格，报授权批准部门批准，必要时可委托具有相应资质的专门机构进行评估。核销投资是否取得不能收回投资的法律文书和相关证明文件				
				是否建立投资项目后评价机制，实际工作中是否有效贯彻执行				
				违规经营投资行为是否按照国家有关规定进行责任追究				
说明	1. 本矩阵是根据涉碳投资活动主要程序编制，审计人员可根据涉碳投资活动实际工作流程调整后确定 2. 重要环节或高风险领域应当取得 100% 的样本进行测试							

涉碳投资活动内部审计工作底稿如表 3-5 所示。

表 3-5 涉碳投资活动内部审计工作底稿

主责部门			**索引编号**	C	**页次**		
审计类别	涉碳投资活动		**审计人**		**审计时间**		
审计期间		**截止日期**		**复核人**		**复核时间**	
类别	**审计事项记录**						**证据索引**
一、审计依据及上级文件或制度	1. 国家法律法规，如《企业内部控制应用指引第 6 号——资金活动》 2.《× × 集团公司投资管理规定》（× × 第 10 号） ……						
二、企业规章制度及文件	规章制度制定情况。例如：公司建立了《× × 公司投资管理规定》《× × 公司投资管理实施细则》等						

（续表）

三、涉碳投资活动情况	提示： 1. 组织机构设置及职责情况 阐述企业是否明确了涉碳投资活动组织机构及职责权限，批准文件简述，对组织机构核心内容进行提炼、描述 2. 涉碳投资活动基本情况 简述审计期间企业开展涉碳投资活动的基本情况，如 20×× 年至 20×× 年，公司为响应国家碳达峰碳中和的号召，实施了 ×× 矿区生态修复工程，共计投入 ×× 亿元…… 3. 拟定涉碳投资方案 取得投资前期调研论证材料，如项目建议书、可行性研究报告、尽职调查报告等，检查项目立项依据是否充分。取得涉碳投资方案，检查投资方案内容是否规范、全面、准确、合理，投资项目收益和风险是否说明，投资方向是否符合企业投资战略目标和规划 4. 论证涉碳投资方案 取得涉碳投资方案的可行性研究报告、投资项目论证程序性资料。检查投资可行性研究报告编制机构是否具备专业胜任能力，报告内容是否规范、全面、合理、充分、客观，投资方案是否按规定进行了论证 5. 审批涉碳投资方案 取得涉碳投资项目审批单或决议，投资决策和审批过程是否合规，重大投资项目按照规定的权限和程序实行集体决策或者联签制度，投资方案需经有关管理部门批准的，是否履行相应的报批程序 6. 签订投资合同或协议 取得投资协议及投资协议审批手续，检查企业投资协议是否按规定履行了审批程序，协议内容是否合法公允，是否明确了企业权利和义务，是否存在有损企业权益的条款 7. 涉碳投资项目跟踪管理 取得企业涉碳投资项目跟踪管理相关资料和工作记录，检查涉碳投资项目跟踪管理工作是否落实 8. 投资收回或处置（如果有） 取得投资收回或处置的请示文件、处置方案、评估报告、法律文书等相关资料，检查投资收回或处置原因是否合理，处置过程是否合规，处置结果是否维护了企业利益	
四、存在的问题	提示：分类揭示涉碳投资活动管理中存在的问题，一般而言先从制度、机制入手，然后是拟定涉碳投资方案、论证投资方案、审批投资方案、签订投资合同或协议、涉碳投资项目跟踪管理、投资收回或处置等	

（续表）

五、问题产生的原因分析	提示： 1. 审计组应基于对审计发现问题的类型、涉及业务领域、问题严重程度及影响后果进行深层次的原因分析 2. 审计人员可从治理结构、管理体制、预算管理模式等根源入手，注重从被审计事项经营理念、合规观念、治理环境及结构、发展思路与战略、制度流程、考核激励措施、员工胜任能力、管理基础水平、内部控制与风险管理机制等方面查找原因，重点分析是主观原因还是客观原因、是制度缺失还是有章不循、是体制机制不合理还是故意行为、是缺乏经验还是明知故犯、是探索性失误还是我行我素，分析投资活动合法依规意识是否牢固等	
六、造成的影响、损失	提示：结合审计发现的问题对造成的影响、损失进行判断，若存在《××公司违规经营投资责任追究实施办法》“第×条至第××条”所列内容，以及与反映经济质量有关的业绩真实性问题、有禁不止以及违反规定存在明知故犯情形或动机不纯问题、管理不到位致使形成较大运营风险等问题，应在审计过程中对“决策审批情况、违规情况、损失情况、责任界定情况”进行详细记录	
七、审计发现的风险事项及管理建议	提示：对集团重大风险隐患、内控缺陷等问题失察，或虽发现但没有及时报告、处理，造成重大资产损失或其他严重不良后果。 管理建议： 1. 定期开展风险隐患排查，及时向风险管理部门报告，评价风险等级，制定重大风险应对措施，落实责任部门，持续跟踪风险变化情况，切实防范重大风险事件的发生 2. 开展内部控制评价或审计，发现内控缺陷，制定整改计划，由责任部门限期整改，并将整改情况向内控管理部门报告	
八、重要事项披露	提示：披露重要事项主要为审计事项客观存在而自身又无法解决，需要提请上级管理层予以关注的事项，以及对涉碳投资活动有重大影响的事项，如重大诉讼，以往审计、巡视巡察发现的重要问题中未完成实质性整改的相关事项等 对以往审计发现问题的处理原则如下： 1. 已完成实质性整改的不重复反映 2. 对于造成损失或严重不良后果的问题，未予以追责的，可作为问题另行反映，但需对问题事实、违规点及后果重新梳理并相应反映 3. 对于处于整改中的重大问题作为披露事项进行反映，并将此情况纳入审计评价的基础信息范围	
九、审计建议	提示： 1. 审计建议应坚持标本兼治原则，从总体或长远的角度，针对审计反映的政策、体制、制度及其执行中存在的普遍性、倾向性、苗头性问题，提出加强管理、预防和堵塞漏洞、防范风险、促进整改等解决问题的具体措施和建设性的建议 2. 审计建议应当紧密结合被审计事项实际情况，操作性强，从根本上解决问题 3. 审计建议可从投资方案论证、投资决策、合规审查、投资跟踪、重大环境变化应急处理等方面入手，根据审计中发现的风险事项、薄弱环节等提出，且所提出的审计建议应当在报告中有相关内容的描述	

以上阐述了涉碳投资项目审计实施中的审前调查、初步评价、审计测试工作程序，审计沟通、审计评价、形成意见、审计结论、审计报告等内容详见 1.5 节，具体内容本章略。

3.3.3 涉碳投资活动中审计常见问题

（1）对新能源发展前景盲目乐观，风险意识不强，未能就环境、项目周边居民、人员素质、技术等多种风险因素开展分析或分析深度不够，导致涉碳投资项目失败。

（2）涉碳投资项目决策前未开展风险评估或评估流于形式，造成投资项目存在重大风险隐患。

（3）涉碳投资项目决策前未开展合规审查，存在违规经营投资风险。

（4）涉及“双碳”目标的投资计划安排不当，过程监控不力，未能及时处理投资实施过程中存在的各类问题，投资止损或腾笼换鸟不及时，造成损失扩大。

（5）涉及“双碳”目标的投资执行过程中遇到重大环境变化，未能及时做出调整，未经科学论证，盲目追加投资，造成投资损失进一步扩大。

（6）不顾企业所处的地理环境、能源资源禀赋，盲目跟风其他煤炭企业集团先进经验或技术，做出不切合实际的对标，投入大量资金投资低碳减排技术研发，造成巨大资金浪费，研发投资失败。

（7）盲目投资，或者贪大贪快，乱铺摊子，以及投资无所不及、无所不能。

（8）贪大求全，超过企业资金实力和筹资能力进行投资。

（9）投资的现金流量在数量和时间上与筹资现金流量不一致，从而发生财务危机。

（10）缺乏严密的授权审批制度和不相容职务分离制度。

（11）缺乏规范的投资资产保管与会计记录，发生舞弊。

（12）对涉碳投资项目跟踪管理缺乏重视，未及时掌握投资实施进度或投资方财务状况、经营成果、现金流量以及投资合同履行情况，未察觉异常情况，未及时采取有效措施对投资风险进行控制，造成经济损失。

（13）投资退出管理不严，导致投资资金被挪用、侵占、抽逃或遭受欺诈。

……

【案例介绍】

X 公司光伏发电站投资内部审计

X 能源股份有限公司（以下简称"X 公司"）旗下电力板块负责单位与南方某批发市场（以下简称"Y 市场"）达成合作协议，共同出资兴建光伏发电站，该发电站所产生的电力产品主要供批发市场使用，剩余电力向电网输送。

一、案例背景

按照公司"低碳、清洁、高效、安全"发展目标，顺利完成"煤炭为依托、多元化发展"的战略转型工作，确保新能源发展及相关生产经营活动合法依规，根据公司《20×× 年审计工作计划》和重点工作任务，审计部门组织相关人员，对 X 公司光伏发电站项目投资行为进行专项审计。

二、审计范围

X 公司南方某光伏发电站投资项目。

三、审计目标

（一）光伏发电站投资决策程序的规范性。

（二）光伏发电站投资项目运营、跟踪及管理的有效性。

（三）投资收益符合新能源发展目标。

四、审计实施

（一）审计工作组收集了国家、地方有关光伏发电的政策和法规。如《光伏电站项目管理暂行办法》(国能新能〔2013〕329 号)，《中央企业投资监督管理办法》(国资委第 34 号令)，《企业内部控制应用指引第 6 号——资金活动》(财会〔2010〕11 号）等作为外部法规遵循的依据；收集了 X 公司有关投资管理规章制度、公司章程、光伏发电站合作协议、备忘录、委托方新能源投资方案及董事会决议等有关资料。

取得 X 公司地址勘察、省新能源政策分析报告、可行性研究报告及尽职调查报告，投资决策前期目标市场定位较为准确，国家、地方政策掌握较好，符合当年新能源发展趋势。

（二）审计工作组根据审前调查了解的情况，确定了访谈对象，制定了管理人员访谈计划和时间控制表，按高层领导、中层领导及项目负责人分类编制访谈提纲 9 份，了解光伏发电站兴建、投产、运营过程中存在的问题及工作亮点等。

经访谈，电力主管部门及风险主管部门介绍，该投资项目决策前未开展风险评估工作。

（三）取得公司法务部门合规审查意见书、律师意见书等法律审查文件，检查合法依规审查情况。

（四）取得X公司董事会决议，全体董事就投资设立南方某市批发市场光伏发电站项目一致通过。2016年×月×日，由X公司占64%股权、Y市场占36%股权的某能源有限公司在南方某市成立。

（五）取得投资各方备忘录、会议记录、《关于××批发市场光伏发电站建设合作协议书》及有关文件，明确了投资各方合作意向、权利义务等基本规定，但技术提供、场地供应及结算、利益分配等核心要素尚未明确。

（六）访谈X公司电力板块负责人，了解光伏发电站投资日常监管情况，取得有关证明资料，验证投资监管的有效性。

（七）编制内部审计工作底稿，详细记录审计工作内容。存在的问题：洽谈合作意向时，口头约定X公司提供光伏发电全套技术和设备选型、采购等工作，Y市场负责提供场地等，双方并没有将有关事宜细化到合作协议，导致建设期间关于场地问题出现众多纠纷，部分影响到租户的利益，引发争执，延误工期。发电站运营时，由于批发市场环境的特殊性，出现了许多需要解决的问题，合作双方就关键问题无法达成共识，影响了项目正常发展。

（八）提出审计结论。

1. 光伏发电站投资项目符合国家、地方新能源发展政策法规要求。

2. 前期调研、论证充分，决策程序符合X公司有关规定。

3. 投资决策前未开展风险评估工作，未能向决策机构提供投资有关风险事项。

4. 投资项目运营关键环节和风险考虑不周，导致建设期技术、场地协调等出现问题，责任落实不清，缺乏合同依据，影响投资项目和谐发展。

五、审计报告

略。

第4章

碳排放预算管理审计

【导读摘要】

碳排放预算最开始围绕国家层面展开，测算出地球可控温度标准（不超过2℃）下的全球温室气体可排放总量，然后根据总量对全球碳排放量做出规划和控制，分派给各个国家或地区承担相应的减排责任，后来逐渐发展并延伸到企业等其他主体。

煤炭企业可以通过编制、执行碳排放预算，将煤炭生产、绿色收益与国家“双碳”目标联系起来，通过碳排放预算指标的分解、执行、分析、调整等来为其碳减排活动提供支持和保障。与此同时，企业应当将碳排放预算纳入企业全面预算管理体系，凭借其计划、协调、控制、激励、评价等综合管理功能，整合和优化配置自身资源，提升运行效率，有效实现绿色清洁生产，为实现“双碳”目标提供保障。

4.1 碳排放预算业务内部控制

碳排放预算是一种围绕碳排放所进行的规划控制活动，主要是为了保障企业碳减排决策方案的实施，对企业的碳配额资源和碳减排活动进行计划、协调、控制和激励。

4.1.1 碳排放预算体系

碳排放预算体系主要包含碳排放量子预算体系、碳减排成本子预算体系、碳减排收益子预算体系、碳排放权交易子预算体系，如图4-1所示。

（1）碳排放量子预算体系是对碳排放预算量的管理。

碳排放预算需对碳排放量进行测算，首先要对碳排放活动进行分类，了解温室气体排放的种类、数量和来源，然后利用国际标准《温室气体协议企业会计和报告标准》进行测量。

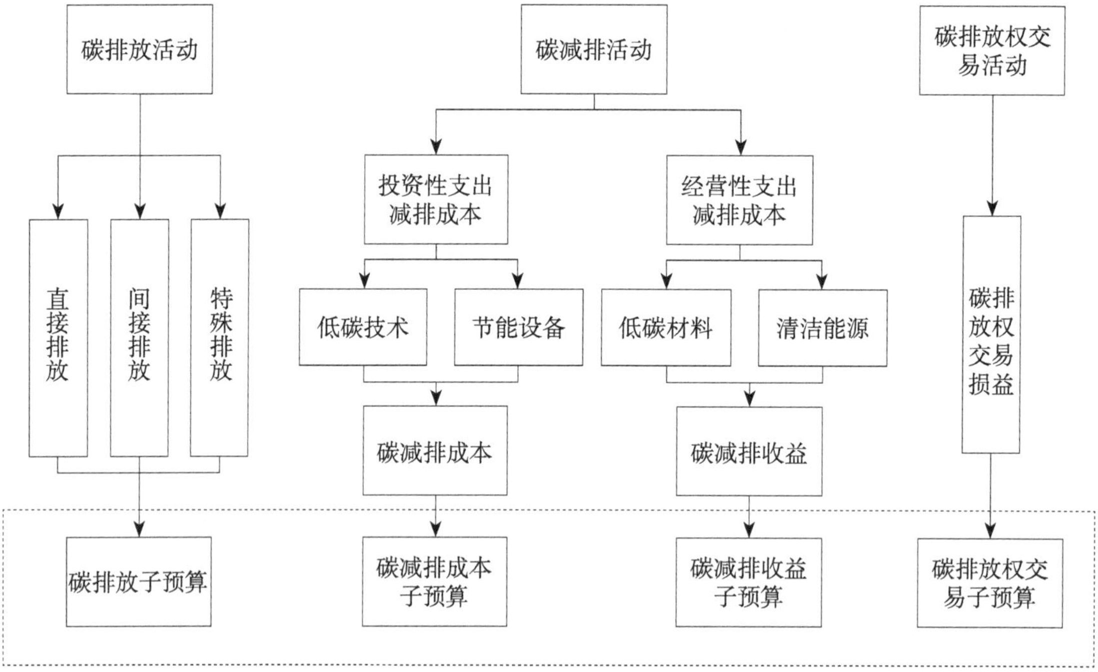

图 4-1 碳排放预算体系主要子体系

煤炭企业碳排放源主要来自三个方面：企业控制的排放源产生的直接排放、其他企业控制的排放源产生但与企业经营生产有关的间接排放，以及产品固碳、封存和转移等过程中的特殊排放。以企业碳排放边界的直接排放、间接排放和特殊排放等碳排放源及其子类为基础，归集其总的能源、含碳材料等消耗量或煤炭生产量，乘以相应的温室气体因子或全球变暖潜势值，即可得到相应的碳排放量。

（2）碳减排成本子预算体系是对碳减排成本的管理。

碳减排成本是企业为降低和控制碳排放而发生的各类成本，以及超出预计排放量而导致的所有损失，包括购买碳排放权产生的资金支出。企业的碳减排成本主要包含以下两个方面：一是企业未能在政府所分配的碳配额中完成碳减排任务，为了履约需要向碳配额有剩余的企业购买碳排放权而产生的成本；二是企业为了实现低碳战略，完成碳减排任务，进行低碳技术研发、引进节能设备等经营活动而发生的支出。

因经营活动产生的成本支出，可分为经营性支出和资本性支出。前者构成企业碳减排费用，后者则形成企业碳减排相关资产。

（3）碳减排收益子预算体系是企业做出碳减排决策的依据。

企业合理估算各种碳减排方案所产生的净收益，通过对不同碳减排方案的经济效益、社会效益的比较，选择能够实现“双碳”目标的最佳方案。碳减排预算净收益的计算，即为碳减排预算收益减去碳减排预算成本。其中，碳减排预算收益与碳减排预算成本计算口径保持一致。

（4）碳排放交易权子预算体系是对碳排放权交易损益的预算。

企业在预算周期内，将预计碳排放量与从政府处所分配的碳排放权额度进行比较，来决定是否需要购入或卖出碳排放权。若预计碳排放量超过了所分配的碳配额，那么企业就需要从碳交易市场上购买，以满足企业生产及排放需求，从而产生费用支出；否则，企业可以将多余的碳排放配额在碳交易市场上进行出售，从而形成绿色收益。[1]

【政策法规】

为深入贯彻落实党中央、国务院关于碳达峰碳中和重大战略决策，根据《中共中央国务院关于完整准确全面贯彻新发展理念做好碳达峰碳中和工作的意见》和《2030 年前碳达峰行动方案》（国发〔2021〕23 号）有关工作部署，财政部 2022 年 5 月 25 日印发《财政支持做好碳达峰碳中和工作的意见》（财资环〔2022〕53 号），要求企业不断提升财政资源配置效率和财政支持碳达峰碳中和资金使用效益。推动预算资金绩效管理在支持做好碳达峰碳中和工作领域全覆盖，加强预算资金绩效评价和日常监管，硬化预算约束。健全支持碳达峰碳中和工作的相关资金预算安排与绩效结果挂钩的激励约束机制。坚持资金投入与政策规划、工作任务相衔接，强化对目标任务完成情况的监督评价。财政部各地监管局要对支持碳达峰碳中和工作的相关资金开展评估评价，及时发现问题，提出改进措施，并监督地方落实整改措施。

4.1.2　碳排放预算管理机制

煤炭企业在进行碳排放预算管理时，应当将企业的煤炭生产、循环经济、绿色收益、科技创新等与企业“双碳”目标结合起来，量化经营活动中产生的碳排放，根据企业实际的碳排放配额对碳排放进行合理预测、规划，然后将预算额度分解到企业生产经营的各个环节，加强预算执行与分析，并根据实际发生的变化进行调整，促使企业通过预算

[1] 孙贵方 . 电力企业的碳预算体系设计及应用研究 [D]. 贵阳：贵州财经大学，2021.

手段保障“双碳”目标的实现。

煤炭企业做好碳排放预算工作，需注意以下几个方面。

- 碳排放预算目标的确定。企业应关注碳减排的整个过程，结合国家“双碳”政策要求，科学合理地设定企业的“双碳”战略目标，保证碳排放预算与企业的长期发展目标相一致。
- 预计碳排放量及碳减排收益的计算。预计碳排放量的计算，可根据市场需求预测其未来的经济发展趋势和对应的资源消耗量，对照煤炭企业所适用的碳排放测算方法与报告方法，测算其在未减排情况下的预计碳排放需求总量。预计碳排放收益的计算，应当合理确定企业在预算年度的碳减排量以及相应的减排方式，估算相应的减排成本和减排收益。
- 碳排放预算的分解与执行。加强对预算执行的管理，明确碳排放预算指标分解方式、预算执行审批权限和要求、预算执行情况报告等。落实预算执行责任制，将碳排放预算指标层层分解，从横向和纵向落实到企业各部门、各环节和各岗位，确保预算刚性，严格预算执行。
- 碳排放预算实施的监测评估。企业应了解碳排放预算在各流程或部门中的执行情况，实时监督和控制企业生产各环节碳减排达标情况，及时做出调整、纠正偏差。
- 建立碳排放预算奖惩机制。企业应建立碳排放预算执行情况考核评价和奖惩激励，推动碳排放预算有效执行。
- 培养碳排放预算保障意识。企业应通过教育培训等方式，讲解碳排放预算编制方法、执行分析、调整条件等，广泛宣传碳排放预算对实现“双碳”战略目标的重要意义，增强员工降碳减排的意识。

1. 组织机构与工作职责

企业碳排放预算管理组织机构作为企业碳排放预算的决策与管理和执行主体，可以有效贯彻企业低碳战略并实现企业“双碳”目标。碳排放预算管理涉及碳排放预算编制、执行、分析、调整、考核等工作，企业应建立纵向的自上而下领导机制、反馈机制和横向的部门协调、运行机制。

企业碳排放预算管理组织机构主要由董事会（可授权预算管理委员会行使决策权）、

预算管理委员会、预算管理工作机构和各预算执行单位组成。碳排放预算组织机构工作职责如下。

（1）预算管理委员会。企业应当设立预算管理委员会，可由董事会授权行使预算管理决策机构职能。

预算管理委员会的主要职责是：制定并颁布企业的全面预算管理制度或碳排放预算专项管理办法，包括预算管理的政策、措施、办法、要求等；根据企业战略规划和年度经营目标，拟定预算目标，并确定预算目标分解方案、预算编制方法和程序；组织编制、综合平衡预算草案；下达经批准的正式年度预算；协调解决预算编制和执行中的重大问题；审议预算调整方案，依据授权进行审批；审议预算考核和奖惩方案；董事会授权的其他预算管理事宜。

（2）预算管理工作机构。企业应当在预算管理委员会下设立预算管理工作机构，由其履行预算管理委员会的日常管理职责。预算管理工作机构一般设在财会部门，主任一般由总会计师（或财务总监、分管财会工作的副总经理）兼任，工作人员除了财务部门人员外，还应由企业管理、计划经营、人力资源、生产、销售、研发等业务部门人员组成。

预算管理工作机构的主要职责是：组织拟定预算管理制度，负责检查落实预算管理制度的执行情况；拟定年度预算总目标分解方案及有关预算编制程序、方法的草案，报预算管理委员会审定；组织和指导各级预算单位开展预算编制工作；预审各预算单位的预算初稿，进行综合平衡，并提出修改意见和建议；汇总编制碳排放专项预算草案，提交预算管理委员会审议；跟踪、监控企业碳排放预算执行情况；定期汇总、分析各预算单位预算执行情况，并向预算管理委员会提交预算执行分析报告，为进一步采取行动拟定建议方案；接受各预算单位的碳排放预算调整申请，根据企业预算管理制度进行审查，集中制定年度预算调整方案，报预算管理委员会审议；协调解决企业预算编制和执行中的有关问题；提出预算考核和奖惩方案，报预算管理委员会审议；组织开展对企业二级预算执行单位〔企业内部各职能部门、所属分（子）公司等〕预算执行情况的考核，提出考核结果和奖惩建议，报预算管理委员会审议；预算管理委员会授权的其他工作。

（3）预算执行单位。预算执行单位是指根据其在企业预算总目标实现过程中的作用和职责划分，承担一定经济责任，并享有相应权利和义务的企业内部单位，包括企业内部各职能部门、所属分（子）公司等。碳排放预算责任单位的划分应当遵循分级分层、权责利相结合、责任可控、目标一致的原则，并与企业的组织机构设置相适应。

各预算执行单位的主要职责是：提供编制碳排放预算的各项基础资料；负责本单位碳排放预算的编制和上报工作；将本单位碳排放预算指标层层分解，落实到各部门内部各环节和各岗位；严格执行经批准的碳排放预算，监督检查本单位碳排放预算执行情况；及时分析、报告本单位的碳排放预算执行情况，解决预算执行中的问题；根据内外部环境变化及企业预算管理制度，提出碳排放预算调整申请；配合预算管理工作机构组织的预算考核工作，提供真实、可靠的资料；执行预算管理工作机构下达的其他预算管理任务。

【政策法规】

预算管理组织机构的确立指引

《企业内部控制应用指引第 15 号——全面预算》第四条规定：企业应当加强全面预算工作的组织领导，明确预算管理体制以及各预算执行单位的职责权限、授权批准程序和工作协调机制。

企业应当设立预算管理委员会履行预算管理职责，其成员由企业内部相关部门负责人组成。

预算管理委员会主要负责拟定预算目标和预算政策，制定预算管理的具体措施和办法，组织编制、审议、平衡年度等预算草案，下达经批准的年度等预算，协调解决预算编制和执行中的问题，考核预算执行情况，督促完成预算目标。

企业财务部门负责预算编制、执行、考核等全过程的具体工作。

企业总会计师应当协助总经理负责企业预算管理工作的组织领导。

2. 碳排放预算管理业务流程

煤炭企业应确定每一重要预算环节责任岗位，合理确定预算管理逻辑，按照“短流程、高授权”的流程建设思路，明确每一个环节的输入、输出信息和关键控制点，以及重要环节的授权审批人员及金额。煤炭企业可通过流程图识别法，辨识碳排放预算相关活动的风险点，开展业务层面的风险评估，制定风险应对措施，防范与碳排放预算有关的风险事项发生。

煤炭企业碳排放预算编制与审批流程不是孤立工作，而是充分考虑碳排放因素后，融合到企业各项子预算中，并通过全面预算进行管理。预算编制与审批基本流程如图 4-2 所示，各企业在实际编制流程时，可根据内部审批程序和权限进行调整。

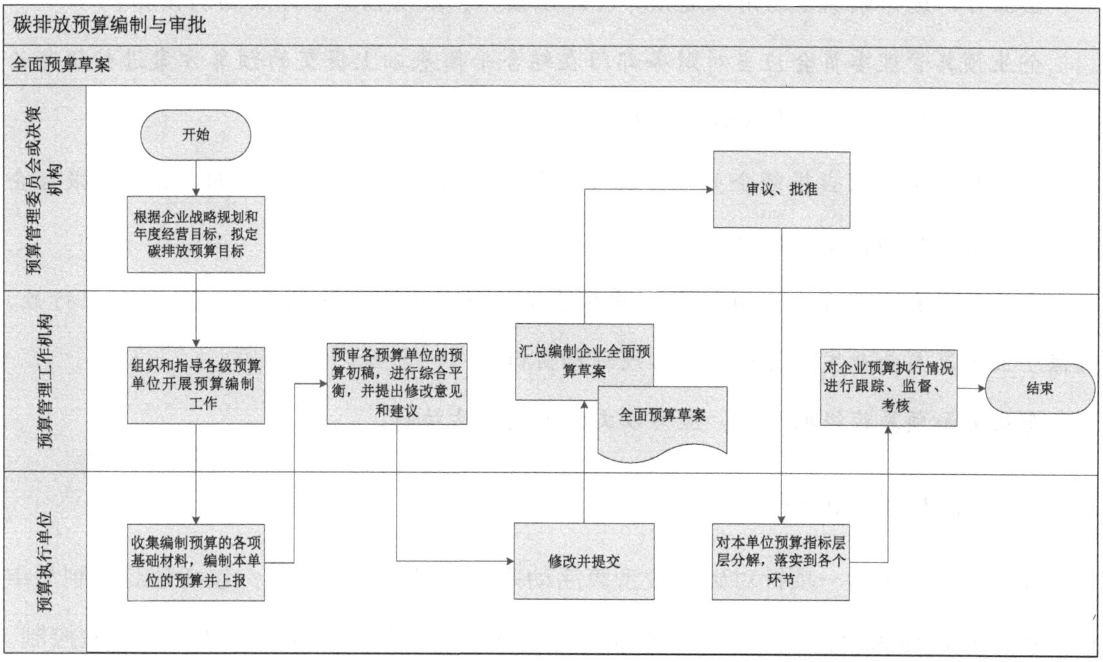

图 4-2　碳排放预算编制与审批流程示意图

3. 碳排放预算管理授权审批机制

建立规范高效的授权审批机制应从规范审批程序、推进审批电子化、强化审批监督机制三个方面入手。首先，煤炭企业应当根据碳排放预算管理制度中规定的程序和权限，严格履行审批程序，实现分级管理、逐级审批。其次，煤炭企业应当充分利用现代网络信息技术和企业搭建的信息化平台，推进审批电子化，解决审批等待时间长、审批量大的问题，实现审批的统筹管理。最后，煤炭企业应当积极落实审监分离制度和责任追究制度，切实提高碳排放预算审批质量和效率。

【政策法规】

碳排放预算编制与审批

《企业内部控制应用指引第 15 号——全面预算》规定：企业应当建立预算编制工作

流程，明确编制依据、编制程序、编制方法等内容，确保预算编制依据合理、程序适当、方法科学，避免预算指标过高或过低。企业应当在预算年度开始前完成全面预算草案的编制工作。

企业应当根据发展战略和年度生产经营计划，综合考虑预算期内经济政策、市场环境等因素，按照上下结合、分级编制、逐级汇总的程序，编制年度全面预算。

企业可以选择或综合运用固定预算、弹性预算、滚动预算等方法编制预算。

企业预算管理委员会应当对财务部门在综合平衡基础上提交的预算方案进行研究论证，从企业发展全局角度提出建议，形成全面预算草案。

全面预算草案应当报经企业董事会（或类似权力机构，下同）审核批准；须报经企业股东大会审批的，还应履行相应程序。

企业董事会或股东大会审核全面预算草案，应当重点关注预算的科学性和可行性，确保全面预算与企业发展目标和战略规划相协调。

企业全面预算获经批准后，应当以文件形式下达执行。

4.1.3 风险识别及控制

预算业务控制是一项针对碳排放预算活动采取的风险控制行为，包括预算编制与审批、预算分解与执行、预算调整、预算分析、预算考核与奖惩等环节风险的有效控制。辨识碳排放预算各环节的风险事项，是控制过程的第一步。对辨识出的风险进行分析，对其特征进行明确的定义，分析和描述风险发生可能性的高低、风险发生的条件，是控制过程的第二步。评估风险对企业实现目标的影响程度、风险的价值等，是控制过程的第三步。

企业生产经营过程中将碳排放预算管理与内部控制、风险管理相结合，对企业日常经营活动中碳排放预算管理可能存在的风险进行控制，并加强合规性审查，针对发现的问题提出改进措施，使企业碳排放预算管理风险能够得以控制，提高碳排放预算执行效果。碳排放预算风险识别表如表 4-1 所示。

表 4-1　碳排放预算风险识别表

序号	风险描述	应对措施
1	碳排放预算组织结构不健全、不合理，可能导致预算管理低效、混乱	1. 内部机构设置要严格按照公司章程规定的权限审议批准 2. 深入分析碳排放预算管理程序，从预算管理全业务循环中梳理不相容职务，按照内部控制的要求，合理划分归口管理部门及相关部门的职责界面，形成各司其职、各负其责、相互制约的工作机制 3. 定期对碳排放预算组织机构运行的效率与效果进行评价，持续优化组织机构，不断提升预算管理效能
2	碳排放预算目标及指标体系设计不完整、不合理、不科学，可能导致预算管理在实现“双碳”战略目标、促进绩效考评等方面的功能难以有效发挥	1. 按照“财务指标为主体、非财务指标为补充”的原则设计预算指标体系 2. 将企业的“双碳”战略规划、经营目标体现在预算指标体系中 3. 将企业产、供、销、投融资等各项活动的各个环节和各个方面的内容都纳入预算指标体系 4. 将预算指标体系与绩效评价指标协调一致 5. 按照各责任中心在工作性质、权责范围、业务活动特点等方面的不同，设计不同或各有侧重的预算指标体系
3	碳排放预算编制程序不规范，可能导致碳排放预算目标缺乏准确性、合理性和可行性	企业应当按照上下结合、分级编制、逐级汇总的程序编制碳排放预算
4	碳排放预算编制以财务部门为主，业务部门参与度较低，可能导致预算编制不合理，预算管理责、权、利不匹配；预算编制范围和项目不全面，各个预算之间缺乏整合，可能导致全面预算难以形成	明确企业各个部门、单位的碳排放预算编制责任，使企业各个部门、单位与碳排放相关的业务活动全部纳入预算管理
5	碳排放预算编制所依据的相关信息不足，可能导致预算目标与战略规划、经营计划、市场环境、企业实际等相脱离；碳排放预算编制基础数据不足，可能导致预算编制准确率降低	1. 制定明确的“双碳”战略规划，并依据“双碳”战略规划制定年度经营目标和计划，作为制定碳排放预算目标的首要依据，确保预算编制真正成为“双碳”战略规划和年度经营计划的年度具体行动方案 2. 深入开展对企业外部环境的调研和预测，包括对企业预算期内客户需求、同行业发展等市场环境的调研，以及对宏观经济政策等社会环境的调研，确保预算编制以市场预测为依据，与市场、社会环境相适应 3. 深入分析企业上一期间的碳排放预算执行情况，充分预计预算期内企业资源状况、生产能力、技术水平等自身环境的变化，确保预算编制符合企业生产经营活动的客观实际 4. 重视和加强碳排放预算编制基础管理工作，包括历史资料记录、定额制定与管理、标准化工作、会计核算等，确保碳排放预算编制以可靠、翔实、完整的基础数据为依据

（续表）

序号	风险描述	应对措施
6	碳排放预算编制方法选择不当或采用单一的方法，可能导致预算目标缺乏科学性和可行性	遵循经济活动规律，充分考虑符合企业自身经济业务特点、基础数据管理水平、生产经营周期和管理需要的原则，选择或综合运用固定预算、弹性预算、滚动预算等方法编制预算
7	碳排放预算未经适当审批或超越授权审批，可能导致预算权威性不够、执行不力，或可能因出现重大差错、舞弊而导致损失	碳减排预算应当按照企业预算管理制度或权限指引等规定的程序和权限报经审议批准
8	碳排放预算编制时间太早或太晚，可能影响全面预算汇总的及时性，并影响预算的准确性	企业根据自身规模大小、组织结构和产品结构的复杂性、预算编制工具和熟练程度、碳排放预算开展的深度和广度等因素，确定合适的预算编制时间，并应当在预算年度开始前完成碳排放预算草案的编制工作
9	碳排放预算审批决策不当，可能影响碳排放预算管理工作的有效进行，阻碍公司发展	企业碳排放预算应当按照企业规定的预算审批程序和权限审核、审议批准
10	碳排放预算下达不及时，可能导致碳排放预算执行或者考核无据可查	企业碳排放预算经审议批准后应及时以文件形式下达执行
11	碳排放预算指标分解不够详细、具体，可能导致企业的某些岗位和环节缺乏碳排放预算执行和控制依据	1. 将预算指标层层分解，横向将预算指标分解为若干相互关联的因素，寻找影响目标的关键因素并加以控制，纵向落实到最终的环节、岗位和个人 2. 时间上将年度碳排放预算指标分解细化为季度、月度预算，通过实施分期预算控制，实现年度预算目标
12	碳排放预算分解与业绩考核体系不匹配，可能导致预算执行不力	1. 建立预算执行责任制度，对照已确定的责任指标，定期或不定期地对相关部门及人员责任指标完成情况进行检查，实施考评 2. 企业通过签订预算目标责任书等形式明确各预算执行部门的预算责任
13	碳排放预算责任体系缺失或者不健全，可能导致碳排放预算责任无法落实，碳排放预算缺乏刚性与严肃性	1. 预算执行责任制应当遵循定量化、全局性、可控性原则 2. 预算指标的分解要明确、具体，便于执行和考核 3. 赋予责任部门和责任人的碳排放预算指标应当是通过该责任部门或责任人的努力可以达到的，责任部门或责任人以其责权范围为限，对碳排放预算指标负责
14	碳排放预算执行过程中缺乏有效监督，可能导致预算执行不力，碳排放预算目标难以实现	1. 建立预算执行实时监控制度，及时发现和纠正预算执行中的偏差 2. 建立预算执行情况预警机制，科学选择预警指标，合理确定预警范围，及时发出预警信号，积极采取应对措施

（续表）

序号	风险描述	应对措施
15	缺乏健全有效的预算反馈和报告机制，可能导致预算执行情况不能及时反馈和沟通，预算差异得不到及时分析，预算监控难以发挥作用	1. 建立健全预算执行情况内部反馈和报告制度，确保预算执行信息传输及时、畅通、有效 2. 预算管理工作机构应当加强与各预算执行部门的沟通，运用财务信息和其他相关资料监控预算执行情况，采用恰当方式及时向企业预算决策机构和各预算执行部门报告，反馈碳排放预算执行进度、执行差异及其对预算目标的影响，促进企业碳排放预算目标的实现
16	碳排放预算分析不到位、不科学、不及时，可能削弱预算执行的效果，或可能导致预算考评不客观、不公平	企业预算管理工作机构和各预算执行单位应当建立预算执行情况分析制度，定期召开预算执行分析会议，通报预算执行情况，研究、解决预算执行中存在的问题，认真分析原因，提出改进措施
17	碳排放预算差异原因的解决措施不当，可能导致预算分析形同虚设	企业应针对造成预算差异的不同原因采取不同的处理措施： 1. 因内部执行导致的预算差异，应分清责任归属，与预算考核和奖惩挂钩，并将责任部门或责任人的改进措施的实际执行效果纳入业绩考核 2. 因外部环境变化导致的预算差异，应分析该变化是否长期影响企业发展战略的实施，并作为下期预算编制的影响因素
18	碳排放预算调整依据不充分、方案不合理、审批程序不严格，可能导致预算调整随意、频繁，预算失去严肃性和“硬约束”	1. 在有关预算管理制度中明确规定预算调整的条件 2. 预算调整应当谨慎，调整频率应予以严格控制，年度调整次数应尽量少 3. 预算执行部门提出碳排放预算调整申请，详细说明预算调整理由、调整建议方案、调整前后预算指标的比较、调整后预算指标可能对企业预算总目标的影响等内容，根据预算调整事项性质或预算调整金额的不同，按照规定的权限进行审批
19	碳排放预算考核不严格、不合理、不到位，可能导致预算目标难以实现，预算管理流于形式	建立严格的预算执行考核制度，对各预算执行部门和个人进行考核，将预算目标执行情况纳入考核和奖惩范围，切实做到有奖有惩、奖惩分明
20	……	……

【政策法规】

碳排放预算面临的主要风险

《企业内部控制应用指引第 15 号——全面预算》第三条规定，企业实行全面预算管理，应当至少关注下列风险：

（一）不编制预算或预算不健全，可能导致企业经营缺乏约束或盲目经营。

（二）预算目标不合理、编制不科学，可能导致企业资源浪费或发展战略难以实现。

（三）预算缺乏刚性、执行不力、考核不严，可能导致预算管理流于形式。

4.2 碳排放预算审计重点

4.2.1 碳排放预算编制与审批

在编制碳排放预算时，企业应当明确碳排放预算编制主体、碳排放预算编制原则和编制依据；明确碳排放预算编制方法，明确各子预算的编制、审核程序和碳排放预算的审批权限等。碳排放预算编制与审批审计重点为：碳排放预算各子预算编制、审核职责是否明确，碳排放预算汇总是否经内部审核，碳排放预算是否按照公司规定的权限审批。在管理实务中，碳排放预算一般是纳入企业全面预算（碳排放预算是全面预算的子预算）履行审批程序。

4.2.2 碳排放预算分解与执行

碳排放预算（或企业全面预算）经决策机构审批通过后，预算归口管理部门应当将预算指标进行分解，落实到具体部门和岗位，确保预算刚性，严格预算执行。各部门应当按照碳排放预算的要求，组织开展碳排放活动有关业务，确保预算目标的实现。碳排放预算分解与执行审计重点为：预算指标分解是否详细、具体，预算指标分解与业绩考核体系是否匹配，预算责任体系是否健全、有效等。

【政策法规】

碳排放预算分解与执行控制

《企业内部控制应用指引第 15 号——全面预算》明确指出：企业应当加强对预算执行的管理，明确预算指标分解方式、预算执行审批权限和要求、预算执行情况报告等，落实预算执行责任制，确保预算刚性，严格预算执行。

企业全面预算一经批准下达，各预算执行单位必须认真组织实施，将预算指标层层分解，从横向和纵向落实到内部各部门、各环节和各岗位。

企业应当以年度预算作为组织、协调各项生产经营活动的基本依据，将年度预算细分为季度、月度预算，通过实施分期预算控制，实现年度预算目标。

企业应当加强资金收付业务的预算控制，及时组织预算资金收入，严格控制预算资金支付，调节资金收付平衡，切实防范支付风险。

企业预算管理委员会应当加强与各预算执行单位的沟通，切实做到各单位预算执行同步和协调一致。

企业预算管理委员会应当运用财务信息和其他相关资料监控预算执行情况，采用快报等方式及时向决策机构和各预算执行单位报告、反馈预算执行进度、执行差异及其对预算目标的影响，促进企业整体预算目标的实现。

企业预算管理委员会在动态监控预算执行情况过程中，可以在一定范围内采用恰当方式对各预算单位执行情况予以通报。

企业办理采购与付款、销售与收款、安全环保、成本费用、研发、信息系统、工程项目、对外投融资（含企业重组并购）、人力资源、资产购置与维护等全部业务和事项，均应符合预算要求。涉及生产过程和成本费用的，还应执行相关计划、定额、定率标准。

企业对于工程项目、对外投融资等重大预算项目，应当密切跟踪和严格监控其实施进度和完成情况；超出预算的，实行严格审批制度。

4.2.3 碳排放预算分析与调整

企业应当建立预算定期分析机制，明确碳排放预算分析主体和分析周期，针对预算执行中存在的问题，分析产生的原因及可能造成的影响。由于市场环境、国家政策或不可抗力等客观因素，导致预算执行发生重大差异确需调整预算的，应当履行严格的审批程序。碳排放预算分析与调整审计重点为：是否定期开展预算分析工作，是否明确碳排放预算调整方案审批程序，是否按企业规定的权限和程序履行碳排放预算调整审批手续。

【政策法规】

碳排放预算分析与调整

《企业内部控制应用指引第15号——全面预算》规定：企业预算管理委员会和各预算执行单位应当建立预算执行情况分析制度，定期召开预算执行分析会议，通报预算执行情况，研究、解决预算执行中存在的问题，提出改进措施。

企业分析预算执行情况，应当充分收集有关财务、业务、市场、技术、政策、法律等方面的信息资料，根据不同情况分别采用比率分析、比较分析、因素分析等方法，从定量与定性两个层面充分反映预算执行单位的现状、发展趋势及其存在的潜力。

企业批准下达的预算应当保持稳定，不得随意调整。由于市场环境、国家政策或不可抗力等客观因素，导致预算执行发生重大差异确需调整预算的，应当履行严格的审批程序。

4.2.4 碳排放预算考核与奖惩

企业应当建立严格的预算执行考核奖惩制度，对碳排放预算执行部门和个人进行考核，切实做到有奖有惩、奖惩分明。企业应当定期对预算执行情况进行考核，确认碳排放预算执行单位完成预算的有效性。碳排放预算考核与奖惩审计重点为：考核指标是否科学、合理，考核过程是否公开透明、考核结果是否客观公正、奖惩措施是否公平合理，预算考核的结果是否与员工的薪酬、职位等相挂钩，预算奖惩方案是否经有效审批并执行等。

【政策法规】

碳排放预算考核与奖惩

《企业内部控制应用指引第 15 号——全面预算》规定：企业应当建立严格的预算执行考核奖惩制度，对所有预算执行单位和个人进行考核，切实做到有奖有惩、奖惩分明。

企业预算管理委员会应当定期组织预算执行情况考核，将各预算执行单位负责人签字上报的预算执行报告和已掌握的动态监控信息进行核对，确认各预算执行单位完成预算的真实性。

企业预算管理委员会应当根据各单位的预算执行情况和考核办法提出奖惩方案，报经企业决策机构审批后执行。

企业预算执行情况考核工作，应当坚持公开、公平、公正的原则，考核结果应有完整的记录。

4.3　碳排放预算管理的内部审计实施

4.3.1　具体审计目标

碳排放预算审计目标，就是要保证碳排放预算编制科学、规范，预算分解到位并贯彻执行，预算分析深入、及时，预算调整依据充分、方案合理，预算审批授权明确、审批行为合规等。

4.3.2　审计工作程序

碳排放预算内部审计，一般程序包括碳排放预算审前调查、初步评价、审计测试、审计沟通、审计评价、形成意见、审计结论和编制审计报告等。具体审计程序见表 4-2。

表 4-2　碳排放预算内部审计程序表

<table>
<tr><td>主责部门</td><td colspan="3"></td><td>索引编号</td><td></td><td>页次</td><td></td></tr>
<tr><td>审计类别</td><td colspan="3">碳排放预算</td><td>审计人</td><td></td><td>审计时间</td><td></td></tr>
<tr><td>审计期间</td><td></td><td>截止日期</td><td></td><td>复核人</td><td></td><td>复核时间</td><td></td></tr>
<tr><td>序号</td><td>审计程序</td><td colspan="3">具体审计程序</td><td colspan="2">工作底稿索引编码</td><td>执行情况说明</td></tr>
<tr><td>1</td><td>审前调查</td><td colspan="3">对碳排放预算管理机制及预算管理工作进行调查了解</td><td colspan="2">A</td><td></td></tr>
<tr><td>2</td><td>初步评价</td><td colspan="3">对碳排放预算管理进行初步评价，确定重要性水平及审计内容</td><td colspan="2">B</td><td></td></tr>
<tr><td>3</td><td>审计测试</td><td colspan="3">运用各种审计方法，对碳排放预算活动审计测试</td><td colspan="2">C</td><td></td></tr>
<tr><td>4</td><td>审计沟通</td><td colspan="3">对碳排放预算活动存在的问题进行沟通、核实情况或确认</td><td colspan="2">D</td><td></td></tr>
<tr><td>5</td><td>审计评价</td><td colspan="3">对碳排放预算活动的合规性、有效性进行分析和评价</td><td colspan="2">E</td><td></td></tr>
<tr><td>6</td><td>形成意见</td><td colspan="3">在审计工作底稿中记录审计意见</td><td colspan="2">F</td><td></td></tr>
<tr><td>7</td><td>审计结论</td><td colspan="3">形成审计结论，为发表审计意见做准备</td><td colspan="2">G</td><td></td></tr>
<tr><td>说明</td><td colspan="7">1. 每一个审计程序可细分为若干具体程序
2. 上述审计程序可结合进行，以提高审计工作效率
3. 执行每一步骤后，应填写“执行情况说明”一栏</td></tr>
</table>

1. 审前调查

审前调查，就是对碳排放预算活动管理机制和运行情况进行调研了解，是对碳排放预算活动实施内部审计的重要环节。碳排放预算活动调查工作是在内部审计准备阶段进行的，涉及的调查方法很多，主要有规章制度阅研法、业务流程分析法、管理层访谈法、专题会议法、专家论证法、调查问卷法、风险预判法、实地观察法等。这些方法各有特点，适用于不同的审计环境，往往综合运用，以实现审计目的。本文以审计访谈为例，阐述对碳排放预算活动的调查了解，以便为内部审计工作提供有价值的信息。

（1）审计访谈目标。审计访谈工作旨在全面了解企业碳排放预算编制、审批、分解、执行、分析、调整等内容，挖掘碳排放预算管理过程中的工作亮点，分析当前存在的不足和薄弱环节，为客观反映企业碳排放预算合规性、有效性提供方向性线索。

（2）明确访谈对象。审计访谈对象应根据企业碳排放预算组织机构设置和人员构成确定。一般而言，访谈对象包括：企业主要负责人及分管领导（总会计师），涉及碳排放子预算的有关中层干部和重要岗位员工、财务人员等。具体而言，审计访谈的对象选择范围和人员选择由项目审计组根据预算管理实际情况确定。

（3）编制访谈提纲。审计人员应根据审计工作计划和审前调查结果编制审计访谈提纲，访谈内容应与审计目的密切相关，重点询问重要碳排放事项、存在重大疑惑或规章制度尚未规定的领域。碳排放预算审计访谈提纲编制示例如下。

碳排放预算专项审计访谈提纲（示例）

被访人	××	**部门**	××部	**职务**	部长
时间	20××年××月××日	**地点**	办公室	**访谈人**	××

访谈说明：

根据公司安排，项目审计组正在对单位的碳排放预算管理情况实施专项审计，此次访谈将通过对话交流的方式进行，主要目的是协助我们深入了解单位碳排放预算内部管理情况及存在的不足，借此提出客观、真实的审计结论，改善企业碳排放预算管理水平，实现“双碳”战略目标。

访谈内容：

- 单位预算管理组织机构设置是否科学、合理？是否存在职责不清、推诿扯皮、工作效率低下等问题？

- 我们注意到，企业预算编制审批机构为预算管理委员会，但预算调整由总会计师审批，这样的设计是基于怎样的考虑？
- 在碳排放预算管理过程中，您认为最大的风险是什么？
- 请您谈一谈碳排放预算指标分解、执行过程中存在哪些问题？解决的途径是什么？
- 预算控制是实现发展战略的有力保障，请您谈一下：碳排放预算哪些环节控制不当，会对“双碳”目标实现构成影响？
- 碳排放预算信息沟通与反馈渠道是否顺畅，问题是否能够有效、快速地解决？
- 预算管理部门通过哪些方式对预算执行单位进行监督，效果如何？
- 您怎样理解碳排放预算领域中的合规管理？
- 单位预算考核包括了碳排放预算考核，在考核权重设计上您认为是否合理？考核组织是否严谨，是否存在流于形式的现象？
- 除上述访谈内容外，企业碳排放预算管理中还存在哪些问题？您是否有改进的措施和建议？
- 您认为碳排放预算管理中最大的工作亮点或取得的突出成绩是什么？

……

（4）整理访谈成果。访谈过程中，审计人员应完整记录与被访谈对象的全部访谈内容，形成访谈记录。访谈结束后，应于两个工作日内整理完善访谈记录，并交由被访谈对象确认签字，签字后与其他审计资料一同存档备查。

项目审计组应在全部访谈工作结束后，对访谈情况进行汇总、总结，提炼碳排放预算管理核心内容、关键因素和审计关注的重大事项，并对可能出现的审计风险进行预判，提出调整审计程序和方法的建议。

2. 初步评价

审计人员对碳排放预算管理初步评价，可以通过初步评价表进行，并细化具体审计工作计划，调整审计实施方案，其主要目的是初步识别碳排放预算管理领域审计风险及审计重点测试的内容，并决定实质性测试的方法和样本量。

审计人员在实施风险评估初步评价程序时，应当运用分析程序，了解碳排放预算基本情况及其环境，管理层风险偏好和可承受度，以及管理层对国家“双碳”政策的认知和积极态度等。审计初步评价除了关注本章风险识别与控制所列举的可能发生的风险外，还应当关注已经发生的风险事件，分析影响程度并决定是否将其作为审计工作底稿审计发现的风险事项揭示。

审计人员的实质性测试主要针对碳排放预算编制与审批、预算分解与执行、预算执行沟通与反馈、预算分析与汇报、预算调整与批复、预算考核与记录等管理流程展开。

审计初步评价可以降低审计成本，确定审计重点，提高审计工作效率。如合理分析并判断公司严格按照预算管理制度执行碳排放预算活动，获得具有说服力的审计证据，从而可能无须利用其他详细测试做进一步验证。初步评价可以结合审前调查程序一起进行，也可以独立开展。碳排放预算管理初步评价表如表 4-3 所示。

表 4-3　碳排放预算管理初步评价表

<table>
<tr><td>主责部门</td><td colspan="3"></td><td>索引编号</td><td>B</td><td>页次</td><td></td></tr>
<tr><td>审计类别</td><td colspan="3">碳排放预算</td><td>审计人</td><td></td><td>审计时间</td><td></td></tr>
<tr><td>审计期间</td><td></td><td>截止日期</td><td></td><td>复核人</td><td></td><td>复核时间</td><td></td></tr>
<tr><td>初评领域</td><td>评价事项</td><td colspan="4">描述评价事项</td><td>重要性水平</td><td>是否披露</td></tr>
<tr><td rowspan="3">风险评价</td><td rowspan="2">潜在风险事项</td><td colspan="4">碳排放预算编制范围和预算不全面，各个预算之间缺乏整合，可能导致预算目标难以实现</td><td>—</td><td>—</td></tr>
<tr><td colspan="4">预算责任与执行单位或个人的控制能力不匹配，可能导致预算目标难以实现</td><td>—</td><td>—</td></tr>
<tr><td>已经发生的风险事件</td><td colspan="4">示例：某煤炭企业 20×× 年申报立项无轨胶轮车新能源改造计划，经初步分析预算资金为 120 万元，实施过程中由于技术复杂以及合作研制单位治理结构发生变化，预算资金不足，牵头部门提出预算调整申请，企业因资金不足迟迟不予批复，截止到审计基准日，该项目已经停止研发……</td><td>重要</td><td>是</td></tr>
<tr><td>碳排放预算编审</td><td>碳排放预算审批</td><td colspan="4">碳排放预算草案内容全面，经专业部门论证，形成论证记录。归口管理部门汇总后报决策层审核，按照“二上二下”的预算审批机制履行了审批程序，决策论证及程序符合要求</td><td>重要</td><td>是</td></tr>
</table>

（续表）

碳排放预算下达	碳排放预算下达	企业拟定《关于下达 ×× 有限公司 20×× 年全面预算有关规定的通知》(企管发〔20××〕第 5 号)，以正式文件的形式将全面预算下达执行	一般	是
碳排放预算分解和责任落实	碳排放预算分解	提示：碳排放预算指标分解落实到规划发展部、经营管理部、生产技术部、法律资产部、财务部、工程项目部、机电部、综采队、采购部、辅助运输部、自有燃煤电厂、洗煤厂等部门和单位（具体情况根据预算分解表进行描述）	重要	是
		示例：企业将年度碳排放预算分解至季度，未能形成月度预算，预算分解颗粒度较粗	重要	是
		……	—	—
	碳排放预算责任落实	提示：碳排放预算责任均落实到各有关部门和单位，但未落实到具体岗位……	一般	是
		……	—	—
碳排放预算执行控制	投资活动	提示：抽取重要的投资业务，初步了解投资立项、审批、跟踪监控、异常情况汇报及处理等事项，对投资管理情况初步判断，并简要描述	重要	是
	工程建设	提示：了解纳入碳排放预算的工程项目，询问并观察工程进度、工程物资、工程现场管理及工程造价管理等情况，对工程项目管理进行初步判断，重点关注工程造价管理、进度款支付及跟踪审计情况	重要	是
	资产购置与退出	提示：对节能环保设备、设施购置预算执行情况，内部控制环节履职情况等进行初步判断	重要	是
		提示：高能耗资产退出计划及预算执行情况，退出内部控制制度、流程的健全性，审阅相关样本资料，初步了解资产退出的合规性，并简要描述	重要	是
	能耗控制	提示：简要描述企业煤炭生产过程和成本费用是否执行相关计划、定额、定率标准，如吨煤耗电、重型矿卡燃油等	重要	是
	其他方面	……	—	—
碳排放预算沟通与反馈	碳排放预算沟通	示例：预算管理工作机构每月与各预算执行部门进行口头沟通，未能留下沟通痕迹	一般	否
	碳排放预算反馈	示例：各预算执行部门在预算执行期间未能主动向预算管理部门反馈有关信息	一般	否

（续表）

碳排放预算分析	碳排放预算制度规定	示例：企业建立了《××有限公司全面预算管理办法》（企管发〔2020〕第43号），第四章规定了企业预算归口管理部门和预算执行单位季度进行预算执行情况分析，形成分析报告向分管领导报告。预算归口管理部门汇总各预算执行单位的分析报告，形成季度预算分析报告，向企业预算管理委员会汇报	重要	是
	碳排放预算分析形式	提示：可从预算执行分析会议及预算执行情况通报方面进行初步评价，描述有关事项	一般	否
	碳排放预算执行分析	提示：简要描述预算分析实际工作的具体做法，是否与制度规定一致等，初步判断重要性，并决定实质性测试的样本量和测试程序	重要	是
碳排放预算调整	碳排放预算调整	示例：企业规定6月30日可调整一次全面预算，各预算执行单位经分析预算执行情况，对涉及碳排放预算共调整32项，24项调增，金额3276万元，预算调减6项，金额476万元，2项维持不变。预算管理委员会于7月19日对预算调整进行了审议，并根据董事会授权进行了批复	重要	是
碳排放预算考核与奖惩	碳排放预算考核	提示：取得预算考核指标，询问考核的真实性，考核是否形式化或存在人情考核现象，简要进行描述	重要	是
	碳排放预算考核记录	提示：取得预算考核表，了解执行单位预算完成情况及考核结果，描述有关情况及被考核单位负责人签字确认情况	重要	是
	碳排放预算奖惩	提示：访谈有关领导，是否将预算考核结果作为员工晋升、绩效工资、其他奖惩的依据之一，并简要记录	重要	是
碳排放预算档案管理	资料归档	提示：取得档案归档清册，了解碳排放预算档案资料归档的完整性，并简要进行描述	一般	否
说明	1. 初步评价是在调查了解的基础上对碳排放预算主要事项的初步判断 2. 初步评价工作程序不能代替实质性测试的程序，但可以简化（如减少样本抽样数量等）或为实质性测试提供线索、指引 3. 初步评价可根据碳排放预算实际工作流程调整后确定			

通过“碳排放预算管理初步评价表”分析评价后，审计人员合理判断审计重点、高风险领域，修订内部审计实施方案，调整审计内容，并重新定义样本量选取规则，以便获取充分、适当的审计证据。

【示例引导】

对内部审计实施方案审计内容的调整

经审前调查、初步评价后，碳排放预算审计主要内容调整为以下三个方面，分别为预算管理机制的健全性和有效性、预算审批和调整的合规性、碳排放预算各主要环节的规范性，主要内容如下。

1. 预算管理机制的健全性、有效性

调整后的审计内容包括：预算管理组织机构是否有效开展工作，预算决策机构及归口部门职责是否清晰，各部门协作关系是否明确具体。是否建立了碳排放预算专项管理办法或全面预算管理制度，制度内容及有关要素是否齐备，制度是否存在内容冲突，制度是否经法务部门合规审查，是否明确党组织在预算管理中的作用等。

2. 预算审批和调整的合规性

调整后的审计内容包括：碳排放预算草案内部审核、论证机制的建立和有效执行，各子预算审批权限与汇报机制是否明确，预算汇总后形成的企业全面预算是否经董事会或预算管理委员会审议批准（授权、行权主体是否明确）。碳排放预算调整条件是否具备、理由是否充分，预算调整是否经充分论证和风险评估，预算调整审批权限是否明确，是否存在利用预算调整机会规避原集体决策程序等。

3. 碳排放预算各主要环节的规范性

调整后的审计内容包括：碳排放预算各主要环节的合规情况，主要内容包括预算编制程序、预算编制方法、预算审批程序、预算批复下达、预算指标分解和职责落实、预算执行情况、预算分析与汇报、预算执行情况沟通与信息反馈、预算调整、预算考核与奖惩、预算考核记录与档案管理等。

3. 审计测试

审计人员通过实施审计程序，获取充分、适当的审计证据，以此对碳排放预算审计目标发表意见。

对碳排放预算的内部审计实质上属于管理审计范畴，分为两个层面：一是内部控制制度设计有效性层面；二是碳排放预算实际执行层面，即是否遵循法律法规、制度规定，是否满足合规性要求等。审计实践中，审计人员对碳排放预算活动内部控制设计有效性和管理活动合规性及运行有效性一并进行测试，以节约时间和审计资源。其中，内部控制设计有效性可以为运行测试提供方向，决定运行测试的样本量和深度、广度。

在碳排放预算内部控制设计有效性审计时，审计人员应当综合运用检查、询问、对标法规、横向比较、专家论证等方法进行测试，测试重点是组织机构和职责是否清晰、边界是否明确；规章制度是否建立健全，制度是否符合有关法律法规，相关制度之间是否存在矛盾或冲突，制度管理逻辑、行文表述等是否容易引起歧义；审批权限是否明确，流程是否简洁、清晰等。

在碳排放预算运行或管理有效性审计时（也可以称为实质性测试），审计人员应当综合运用询问、检查、观察、比较、分析性复核、重复验证、计算、穿行测试等方法进行测试，测试重点是碳排放预算管理活动的关键环节，主要验证碳预算管理的法规遵循情况、风险控制措施的落实情况、规章制度及重要决议文件的执行情况、越权审批行为、会计系统控制等。碳排放预算活动内部审计控制矩阵表如表 4-4 所示。

表 4-4　碳排放预算活动内部审计控制矩阵表

<table>
<tr><td>主责部门</td><td colspan="4"></td><td>索引编号</td><td>C</td><td>页次</td><td></td></tr>
<tr><td>审计类别</td><td colspan="4">碳排放预算</td><td>审计人</td><td></td><td>审计时间</td><td></td></tr>
<tr><td>审计期间</td><td colspan="2"></td><td>截止日期</td><td></td><td>复核人</td><td></td><td>复核时间</td><td></td></tr>
<tr><td>关键控制环节</td><td>控制方式</td><td>控制频率</td><td>抽样数量</td><td>审计测试要点</td><td>证据名称</td><td>测试程序</td><td>测试结果</td><td>索引</td></tr>
<tr><td rowspan="3">建章建制</td><td></td><td></td><td></td><td>企业应当根据国家碳排放预算有关要求，结合本企业实际情况，建立碳排放预算管理制度</td><td></td><td></td><td></td><td></td></tr>
<tr><td></td><td></td><td></td><td>碳排放预算管理制度是否存在内容缺失、内容矛盾或冲突、逻辑不清、表述不确切、审批权限不明、流程混乱等管理缺陷</td><td></td><td></td><td></td><td></td></tr>
<tr><td></td><td></td><td></td><td>规章制度在上会审议前是否经法律部门实施合规审查</td><td></td><td></td><td></td><td></td></tr>
<tr><td rowspan="3">组织机构</td><td></td><td></td><td></td><td>是否设立碳排放预算组织机构，明确议事程序和管理权限</td><td></td><td></td><td></td><td></td></tr>
<tr><td></td><td></td><td></td><td>归口部门及参与部门职责是否明确，管理边界是否清晰</td><td></td><td></td><td></td><td></td></tr>
<tr><td></td><td></td><td></td><td>部门职能或岗位设置上是否存在不相容职务未分离情况</td><td></td><td></td><td></td><td></td></tr>
</table>

（续表）

碳排放预算编制				是否根据发展战略和年度生产经营计划，综合考虑预算期内经济政策、市场环境、排放配额等因素，按照上下结合、分级编制、逐级汇总的程序，编制年度碳排放预算				
				是否选择或综合运用固定预算、弹性预算、滚动预算等方法编制碳排放预算				
				是否重视和加强预算编制基础管理工作，包括历史资料记录、定额制定与管理、标准化工作、会计核算等，确保预算编制以可靠、翔实、完整的基础数据为依据				
				深入分析上一期间的预算执行情况，充分预计预算期内碳配额核定情况、生产计划所需碳排放量、碳节约技术水平等自身环境的变化，确保碳排放预算编制符合企业生产经营活动的客观实际				
				合理确定合适的碳排放预算编制时间，是否在预算年度开始前完成碳排放预算草案的编制工作				
碳排放预算审核批准				部门负责人、分管领导是否对碳排放各子预算进行审核				
				预算管理工作机构进行充分协调、沟通，审查平衡预算草案				
				预算管理委员会是否对预算管理工作机构在综合平衡基础上提交的碳排放预算方案进行研究论证。实际工作中一般由预算管理工作机构汇总后形成全面预算方案，由预算管理委员会审议				
				董事会对碳排放预算方案或汇总形成的全面预算方案进行审议批复，确保预算与企业发展战略、年度生产经营计划相协调				
				需要集团公司（上级单位）审批的，还需履行相关审批程序				
碳排放预算下达				全面预算或碳预算经审议批准后应及时以文件形式下达执行				

（续表）

碳排放预算指标分解和责任落实				将预算指标层层分解，横向将预算指标分解为若干相互关联的因素，寻找影响预算目标的关键因素并加以控制				
				将预算指标层层分解，纵向将各项预算指标层层分解落实到最终的岗位和个人，明确责任部门和最终责任人				
				将年度预算细分为季度、月度预算，通过实施分期预算控制，实现年度预算目标				
				建立预算执行责任制度，对照已确定的责任指标，定期或不定期地对相关部门及人员责任指标完成情况进行检查，实施考评				
				签订预算目标责任书等形式明确各预算执行部门的预算责任				
碳排放预算执行控制				根据碳排放预算管理要求，组织各项碳排放管理活动和涉及碳排放的投资活动，严格预算执行和控制				
				加强涉及碳排放资金收付业务的预算控制，及时组织资金收入，严格控制资金支付，调节资金收付平衡，防范支付风险				
				对超预算或预算外的资金支付，应当实行严格的审批制度				
				办理采购与付款、销售与收款、成本费用、工程项目、科技创新、信息系统、资产购置与维护等业务和事项，是否符合碳排放预算要求				
				涉及生产过程和成本费用的，是否执行相关计划、定额、定率标准				
				对于工程项目、对外投资等重大预算项目，是否密切跟踪其实施进度和完成情况，实行严格监控				
				建立预算执行情况预警机制，科学选择预警指标，合理确定预警范围，及时发出预警信号，积极采取应对措施				
				建立健全预算执行情况内部反馈和报告制度，确保预算执行信息传输及时、畅通、有效				

（续表）

碳排放预算分析				预算管理工作机构和各预算执行单位是否建立预算执行情况分析制度，定期召开预算执行分析会议，通报预算执行情况，研究、解决预算执行中存在的问题，认真分析原因，提出改进措施				
				加强对预算分析流程和方法的控制，确保预算分析结果准确、合理。预算分析流程一般包括确定分析对象、收集资料、确定差异及分析原因、提出措施及反馈报告等环节				
				分析预算执行情况，充分收集有关财务、业务、市场、技术、政策、法律等方面的信息资料，根据不同情况分别采用比率分析、比较分析、因素分析等方法，从定量与定性两个层面充分反映预算执行单位的现状、发展趋势及其存在的潜力				
				针对造成预算差异的不同原因采取不同的处理措施：因内部执行导致的预算差异，是否分清责任归属，与预算考评和奖惩挂钩，并将责任单位或责任人的改进措施的实际执行效果纳入业绩考核；因外部环境变化导致的预算差异，分析该变化是否长期影响企业发展战略的实施，并作为下期预算编制的影响因素				
碳排放预算调整				预算管理制度中是否明确规定预算调整的条件				
				预算调整方案是否客观、合理、可行，在经济上能够实现最优化				
				调整预算一般由预算执行单位逐级向预算管理委员会提出书面申请，详细说明预算调整理由、调整建议方案、调整前后预算指标的比较、调整后预算指标可能对企业预算总目标的影响等内容				
				预算管理工作机构是否对预算执行单位提交的预算调整报告进行审核分析，集中编制企业年度预算调整方案，提交预算管理委员会				

（续表）

碳排放预算调整				预算管理委员会对年度预算调整方案进行审议，根据预算调整事项性质或预算调整金额的不同，根据授权进行审批，或提交原预算审批机构审议批准，然后下达执行				
碳排放预算考核与奖惩				建立严格的预算执行考核制度，对各预算执行单位和个人进行考核，将预算目标执行情况纳入考核和奖惩范围，切实做到有奖有惩、奖惩分明				
				定期组织实施预算考核，预算考核的周期一般应当与年度预算细分周期相一致，即一般按照月度、季度实施考评，预算年度结束后再进行年度总考核				
				预算考核主体和考核对象层次应当进行合理的界定				
				预算考核指标体系设计是否科学合理，例如： 1. 以各责任中心承担的预算指标为主，同时本着相关性原则，增加一些全局性的预算指标和与其关系密切的相关责任中心的预算指标 2. 考核指标应以定量指标为主，同时根据实际情况辅之以适当的定性指标 3. 考核指标应当具有可控性、可达到性和明晰性				
				将预算考核程序、考核标准、奖惩办法、考核结果等及时公开				
				预算执行情况考核过程及结果应当有完整的记录				
				预算考核的结果应当与各执行单位以及员工的薪酬、职位等进行挂钩，实施预算奖惩。企业预算奖惩方案是否经有效审批后执行				
碳排放预算档案管理				碳排放预算全过程资料要形成规范的档案资料，并按规定归档保管				
说明	1. 本矩阵是根据碳排放预算主要程序编制，审计人员可根据碳排放预算实际工作流程调整后确定 2. 重要环节或高风险领域应当取得 100% 的样本进行测试							

碳排放预算活动内部审计工作底稿如表 4-5 所示。

表 4-5　碳排放预算活动内部审计工作底稿

<table>
<tr><td>主责部门</td><td colspan="3"></td><td>索引编号</td><td>C</td><td>页次</td><td></td></tr>
<tr><td>审计类别</td><td colspan="3">碳排放预算</td><td>审计人</td><td></td><td>审计时间</td><td></td></tr>
<tr><td>审计期间</td><td></td><td>截止日期</td><td></td><td>复核人</td><td></td><td>复核时间</td><td></td></tr>
<tr><td>类别</td><td colspan="6">审计事项记录</td><td>证据索引</td></tr>
<tr><td>一、审计依据及上级文件或制度</td><td colspan="6">1. 国家法律法规，如《企业内部控制应用指引第 15 号——全面预算》《财政支持做好碳达峰碳中和工作的意见》
2.《× × 集团公司全面预算管理制度》(× × 第 9 号)
3.《× × 集团公司“三重一大”决策管理办法》(× × 第 13 号)
……</td><td></td></tr>
<tr><td>二、企业规章制度及文件</td><td colspan="6">规章制度制定情况。例如：公司建立了《× × 公司全面预算管理制度》《× × 公司碳排放预算管理办法 (试行)》《关于做好 20× × 年全面预算编制工作的通知》等</td><td></td></tr>
<tr><td>三、碳排放预算管理情况</td><td colspan="6">提示：
1. 组织机构设置及职责情况
阐述企业是否明确了碳排放预算组织机构及职责权限，批准文件简述，对组织机构核心内容进行提炼、描述
2. 碳排放预算基本情况
简述审计期间企业编制与执行碳排放预算的基本情况概述，如 20× × 年度，公司生产经营计划为原煤生产 × × × 万吨等，投资光伏发电站一座，预算投资 × × × 万元，购置重型矿卡用燃油 × × 吨，预算金额 × × 万元，需要购置碳排放量 × × 吨二氧化碳当量，预算支出 × × 万元等
3. 预算编制与审批
取得碳排放预算编制原始文件和内部审核、审议记录，检查预算编制的规范性，记录预算名称、会议纪要等有关信息
取得决策机构审议批准全面预算的文件，记录主要内容，描述核心预算内容，检查预算审批环节的合规性
4. 预算指标分解和责任落实
取得预算分解表，检查预算是否分解至部门、岗位或个人，预算指标分解是否合理，是否分解至季度、月度，实施分期预算管理等，检查预算分解落实情况
5. 预算执行控制
按照预算内容，分类抽样取得企业各类预算执行文件，与预算批复额度进行对比，检查预算执行控制是否严格，是否存在预算执行问题，重点关注投资、招标与采购及工程建设、资金支付等领域的预算执行情况。审计人员还应当重点关注生产成本、费用支出定额、标准执行情况</td><td></td></tr>
</table>

（续表）

三、碳排放预算管理情况	6. 预算执行情况沟通与信息反馈 取得预算执行情况沟通和信息反馈的有关资料，验证企业信息与沟通的及时性、畅通性、有效性 7. 预算分析与调整 结合企业制度关于预算分析周期的要求，取得预算分析会议纪要及有关材料，检查预算分析是否符合制度规定，预算差异是否按原因提出不同的处理措施等 取得预算调整方案及决策机构审批文件，重点检查制度规定是否合理，董事会授权是否恰当，是否存在规避原集体决策的行为等 8. 预算考核与奖惩 取得预算考核表与奖惩方案，检查预算考核结果及奖惩方案是否经授权审批，考核结果是否得到有效落实 9. 其他预算管理工作 结合企业预算管理实际，增加必要的其他审计内容	
四、存在的问题	提示：分类揭示碳排放预算管理中存在的问题，一般而言先从制度、机制入手，然后是预算编制与审批、预算分解与责任落实、预算执行控制、预算执行情况沟通与信息反馈、预算分析与调整、预算考核与奖惩等	
五、问题产生的原因分析	提示： 1. 项目审计组应基于对审计发现问题的类型、涉及业务领域、问题严重程度及影响后果进行深层次的原因分析 2. 审计人员可从治理结构、管理体制、预算管理模式等根源入手，注重从被审计事项经营理念、法治观念、治理环境及结构、发展思路与战略、制度流程、考核激励措施、员工胜任能力、管理基础水平、内部控制与风险管理机制等方面查找原因，重点分析是主观原因还是客观原因、是制度缺失还是有章不循、是体制机制不合理还是故意行为、是缺乏经验还是明知故犯、是探索性失误还是依然我行我素，分析碳排放预算合法依规意识是否牢固等	
六、造成的影响、损失	提示：结合审计发现的问题对造成的影响、损失进行判断，若存在《××公司违规经营投资责任追究实施办法》“第×条至第××条”所列内容，以及与反映经济质量有关的业绩真实性问题、有禁不止以及违反规定存在明知故犯情形或动机不纯问题、管理不到位致使形成较大运营风险等问题，应在审计过程中对“决策审批情况、违规情况、损失情况、责任界定情况”进行详细记录	
七、审计发现的风险事项及管理建议	提示：风险事项主要指事项已发生，但结果具有不确定性，同时应不违规、不违法，尚未造成不良后果但若不及时纠正就存在损失风险可能性的事项 风险事项标题：审计发现的风险事项应当按照不同事项分条列示，每个风险事项均需提炼出标题。标题要体现风险事项的实质内容，不能简单地以提纲的形式描述 管理建议：针对揭示的风险事项，提出有针对性的管理建议	

（续表）

八、重要事项披露	提示：披露重要事项主要为审计事项客观存在而自身又无法解决，需要提请上级管理层予以关注的事项，以及对碳排放预算有重大影响的事项，如重大诉讼，以往审计、巡视巡察发现的重要问题中未完成实质性整改的相关事项等 对以往审计发现问题的处理原则如下： 1. 已完成实质性整改的不重复反映 2. 对于造成损失或严重不良后果的问题，未予以追责的，可作为问题另行反映，但需对问题事实、违规点及后果重新梳理并相应反映 3. 对于处于整改中的重大问题作为披露事项进行反映，并将此情况纳入审计评价的基础信息范围	
九、审计建议	提示： 1. 审计建议应坚持标本兼治原则，从总体或长远的角度，针对审计反映的政策、体制、制度及其执行中存在的普遍性、倾向性、苗头性问题，提出加强管理、预防和堵塞漏洞、防范风险、促进整改等解决问题的具体措施和建设性的建议 2. 审计建议应当紧密结合被审计事项实际情况，操作性强，从根本上解决问题 3. 审计建议可从预算管理体制、预算外支出、预算调整程序等重点领域入手，根据审计中发现的问题等提出	

以上阐述了碳排放预算管理审计实施中的审前调查、初步评价、审计测试工作程序，审计沟通、审计评价（基本原则）、形成意见、审计结论、审计报告等内容详见 1.5 节，具体内容本章略。

4.3.3　碳排放预算审计常见问题

（1）企业制定的碳排放预算管理制度内容过于繁杂，指导思想、原则等内容较多，实际操作流程较少，审批权限和具体规定等内容不够完整，制度执行困难，降低了制度的实用价值。

（2）碳排放预算编制人员对国家碳排放政策及市场情况了解不够深入，导致最终编制的碳排放预算不合理，或未及时根据国家碳排放政策的变化、企业上一年度的预算执行情况进行调整。

（3）碳排放预算编制能力较弱，未能与经营预算、资本预算等进行融合，形成两套预算体系。

（4）分配到各子预算的碳排放预算额缺乏论证或论证理由不具有说服力，无法实现综合平衡。

（5）经审议后的碳排放预算未及时以文件形式下发，影响了文件的时效性，同时影响了碳排放预算的执行，妨碍了后续工作的开展。

（6）对与碳排放相关的工程项目、对外投资等重大预算项目、周期较长的项目，跟踪不及时，监控不到位，无法准确了解其实施进度和完成情况，预算执行情况沟通和反馈机制不完善。

（7）各碳排放预算执行单位未设置预算执行情况预警机制，导致预算超标时无法及时应对。

（8）碳排放预算考核指标体系设置不够全面，只关注其中几点，可能导致最终公布的考核结果有失公允性。

（9）预算调整审批权限设置不合理，未履行原集体审批程序，有意规避集体决策等。

（10）碳排放预算分析不及时、不正确、不认真或未按规定周期开展预算分析工作，削弱了预算执行控制的效果，对预算差异原因的解决措施不得力。

（11）企业考核指标设计不合理，偏重产量、进尺、利润、安全等指标，碳排放预算考核方面不够重视，奖惩机制也不够完善。

【案例介绍】

A 集团碳排放预算内部审计

A 集团是从事煤炭开采、燃煤发电、铁路运输、瓦斯综合利用、新能源电池等产业的大型综合能源企业。为了实现可持续发展，开始专注于新能源转型。

一、案例背景

为了深入贯彻落实《“十四五”国家审计工作发展规划》，实现集团低碳、清洁、高效、安全发展目标，确保各项生产经营活动合法依规，审计部门组织相关人员，对其碳排放预算进行了专项审计。

二、审计范围

A 集团碳排放预算管理。

三、审计目标

（一）确保碳排放预算按照规定的程序和权限审批。

（二）确保碳排放预算分解到位、执行有效。

（三）确保碳排放预算其他工作按照相关制度贯彻落实。

四、审计工作过程

（一）收集资料。审计工作组收集了国家、地方有关碳排放的政策和法规。如《中国煤炭生产企业温室气体排放核算方法与报告指南（试行）》《企业内部控制应用指引第15号——全面预算》《财政支持做好碳达峰碳中和工作的意见》等作为外部法规遵循的依据。收集了集团有关碳排放预算规章制度、决策文件、会议纪要、预算调整申请等内部资料。

（二）管理层访谈。审计工作组根据审前调查了解的情况，确定了访谈对象，制定了管理人员访谈计划和时间控制表，按高层领导、中层领导及业务骨干分类编制访谈提纲13份，整理访谈记录，提炼出26项重点关注的审计领域。

（三）碳排放预算管理机制建设。A集团将碳排放预算管理作为全面预算管理的子预算，将碳减排有关要求与生产经营结合，如设备购置预算，将节能环保的要求作为需求体现在采购需求中，并根据市场情况考虑这部分费用情况。

碳排放预算组织架构沿用原有的预算管理体制，由董事会行使决策权，预算委员会作为董事会专门委员会行使其授权的部分决策权，预算管理办公室设在财务部，其他部门为预算执行单位。

为响应国家的“双碳”政策要求，A集团在其全面预算管理制度中增加了关于碳排放预算的内容，没有单独建立碳排放预算管理办法，基本满足了碳排放预算管理的需要，但主要是原则性规定，操作性不强。

（四）审计测试。审计工作组取得全面预算指标分解表，检查指标设计的合理性，各子预算分解的平衡性；取得预算执行控制单，检查控制计划、定额、定率标准选取的合理性，预警机制的完善性，应对措施的可行性；取得预算执行分析会议纪要，检查汇报的预算执行进度与实际是否相符，存在的问题是否进行有效分析并给出针对性的改进意见；取得预算调整单，检查预算调整流程是否与制度规定相吻合，预算调整方案是否可行；取得预算考核与奖惩表，检查预算考核指标体系设计的科学性和合理性，考核程序的规范性，考核结果的完整性。

（五）编制工作底稿。编制内部审计工作底稿，对审计工作内容进行书面记录。

（六）形成审计意见。按照重要性原则分类整理审计意见及问题情况，并进行分析，如A集团洗煤厂环保改造项目投资金额867.54万元，构成“三重一大”决策标准。经审计，该项目未按规定履行集体决策程序，未经集团党委前置讨论。问题分析：领导出差频繁，事务繁忙，产生“先建后批”的工作想法，直至竣工验收，主管部门也没有办理决策追认程序。

（七）审计结论。

1. 经审计，各碳排放预算执行单位严格按照全面预算管理办法中的碳排放预算相关内容进行预算指标分解，预算方案的编制与审核，预算执行与情况反馈，预算调整等，流程清晰且符合规范。

2. 经审计，A集团各碳排放预算执行单位严格按照分解的预算指标进行相关活动，每一项预算在执行过程中都有完整的记录，且碳排放预算报送、审批、执行、记录都保持高度一致，实现了专款专用。

3. 经审计，洗煤厂环保改造项目投资金额867.54万元未按“三重一大”和全面预算管理制度规定的权限和程序履行集体决策手续。

五、审计报告

略。

第5章

露天煤矿生产环节碳排放审计

【导读摘要】

碳排放审计是通过系统方法从碳排放制度、碳排放信息、碳排放行为三个维度独立验证碳排放经营管理责任履行情况，并将结果传达给利益相关者的碳排放治理制度安排。露天煤矿作为我国煤炭生产体系的重要组成部分，其碳排放量的控制影响到煤炭企业的“双碳”目标实现。因此，国家、企业、个人等多元主体需要协同管理露天煤矿的碳排放活动，以督促温室气体排放实现良好治理。内部审计人员通过合理安排审计计划，选择恰当的审计方式，立足于企业对露天煤矿生产环节的重点碳排放行为进行审计，识别高碳排放、高能耗等风险，为企业碳排放效能、碳排放效率等方面提供改进建议，帮助煤炭企业履行处理碳减排责任与义务，为低碳经济型社会发展做出贡献。

5.1 露天煤矿生产环节的碳排放业务内部控制

内部控制是企业经济活动中建立的一种风险控制形式，它存在的目的是致力于改善经营管理、提高经济效益、防范风险事项。露天煤矿生产环节的碳排放业务内部控制，是为了统筹露天煤矿生产环节的碳排放活动，旨在控制露天煤矿生产环节的碳排放总量，降低露天煤矿生产环节的碳排放强度。

5.1.1 露天煤矿主要生产环节的碳排放

碳排放即为温室气体排放的总称或者简称。露天煤矿生产环节的碳排放主要包含五个方面：一是各种矿用设备电力引起的碳排放；二是各种矿用设备燃油引起的碳排放；三是炸药发生化学反应引起的碳排放；四是煤炭逸散引起的碳排放；五是煤炭自燃引起的碳排放。

此外，露天煤矿作为能源结构低碳化、煤炭清洁利用的重要部分，碳减排活动不容忽视。露天煤矿生产环节主要的碳减排途径有改善生产工艺、缩短运输距离、降低设备能耗等。

1. 穿爆环节碳排放

露天煤矿的穿孔工作是利用穿孔设备按照一定的要求钻成炮孔的过程。穿孔方法涉及机械穿孔、热力穿孔、声波穿孔和化学法穿孔。其中，机械穿孔是目前国内外应用最广泛和最有效的方法。常用的穿孔机械包括钢绳冲击式穿孔机、潜孔钻机、回转式钻机和牙轮钻机。牙轮钻机有着效率高、通用性强的优势，在露天煤矿中得到广泛应用。其中涉及的碳排放，即为穿孔机械的能源消耗，主要为电力和柴油。

如 A 集团为了降低碳排放量，用煤基特种燃料替代柴油或部分替代柴油，用于生产铵油炸药、重铵油炸药。试验结果表明，用煤基特种燃料做炸药还原剂替代柴油进行爆炸试验的爆破区域岩石块度小且均匀，爆堆形状、沉降等爆破指标良好，且煤基特种燃料具有生产成本低、生产工艺简单、安全性能高等特点。技术人员在研制过程中，打通了煤炭直接制备工业炸药的技术路径，开发出新型炸药工艺技术及装备，打破了传统工业炸药对石油类产品的依赖，在一定程度上降低了碳排放强度，为促进节能减排、实现绿色转型高质量发展拓展了新路径。

露天煤矿的爆破工作是将矿用炸药按照一定的要求装填在炮孔中，通过炸药爆炸所产生的化学能量将岩石破碎至一定程度，并形成一定几何尺寸的爆堆，或者使矿岩产生一定的位移。其中涉及的碳排放，即为使用炸药发生化学反应生成温室气体。

为了降低露天煤矿穿爆环节的碳排放量，企业可改善爆破工艺。具体的生产工艺要结合露天煤矿的地质条件选择。如 A 集团露天煤矿高台阶抛掷爆破与吊斗铲倒堆工艺技术属国内独有，获得国家科技进步二等奖，每年可节约 2 万多吨标准煤，减少运输剥离物超过 1500 万方；资源回采率长期保持在 98% 以上，高于国家标准 3 个百分点。此外，该技术可结合相邻露天矿边帮压煤协调开采技术，释放压覆资源 8400 万吨。由此可见，该生产工艺降低了剥离成本，增加了经济效益，大幅降低了露天矿的碳排放强度。

2. 采装环节碳排放

露天煤矿的采装工作是用一定的采掘设备将矿岩从整体或爆堆中采出，并装入运输设备或转载设备，或直接卸到指定的地点。采装工作是露天开采的中心环节。常用的采装设备包括单斗挖掘机、拉斗铲、前装机、推土机、铲运机、轮斗挖掘机、链斗挖掘机。其中涉及的碳排放，即为采装设备的能源消耗，主要为柴油和电力。

为了降低露天煤矿采装环节的碳排放量，企业可改善采装工艺。如 A 集团通过优化车铲的数量匹配、容积匹配与生产能力匹配，降低卡车空载等待及怠速时间，并充分发挥辅助暖风和空调的作用，在卡车待令期间关闭发动机。不仅将矿用设备柴油单耗控制在 0.16 千克 / 立米公里以下，还提高了露天煤矿的生产能力及经济效益，降低了露天煤矿的碳排放总量和碳排放强度。

3. 运输环节碳排放

露天煤矿的运输工作是将采场采出的原煤运送到选煤厂、破碎站或贮煤场，将剥离土岩运送到排土场，将生产过程中所需人员、设备和材料运送到作业地点。其中，常用的运输设备包括矿用卡车、带式输送机。其中涉及的碳排放，即为运输设备的能源消耗，主要为柴油和电力。

为了降低露天煤矿运输环节的碳排放量，企业可缩短运输距离。如 A 集团不仅通过合理优化运输系统的方式，缩短卡车绕行距离，还通过变革中间沟布置形态，及时对中部运煤通道进行移设，充分释放内排空间。通过运输系统的优化与变革，2021 年全年较设计采矿方案缩短剥离运距 575 米，大大降低了运输设备能耗，降低了露天矿的碳排放总量。

4. 排土环节碳排放

露天开采的一个重要特点，就是要剥离覆盖在矿床上部及其周围的表土和岩石，并将其运至专设的场地排齐。这一场地即为排土场。露天煤矿的排土工作就是将岩土运送到排土场并利用排土设备堆砌剥离物的过程。常用的排土设备包含推土犁、挖掘机、推土机等。其中涉及的碳排放，即为排土设备的能源消耗，主要为柴油和电力。

为了降低露天煤矿排土环节的碳排放量，企业可引入节油技术。此外，节油技术可推广应用于煤炭企业的各个领域。

5. 生产环节的其他碳排放

（1）温室气体逸散。逸散是指在露天煤矿开采过程中，煤层的原始活动遭到破坏，原本在煤层中赋存的甲烷（CH_4）和二氧化碳（CO_2）等温室气体排入空气中。逸散出来的 CH_4、CO_2 等温室气体即为碳排放。

（2）煤炭自燃。自燃是指露天煤矿开采过程中，采煤工作面长期暴露，煤发生氧化反应，当达到一定条件时引起自燃。此外，会有少量的煤不可避免地会混入到剥离物中被运至排土场，这部分煤或煤矸石也会通过缓慢的氧化反应产生 CO_2。

5.1.2 露天煤矿生产环节碳排放管理机制

1. 组织机构与工作职责

露天煤矿生产环节碳排放管理涉及碳排放行为管理、碳排放信息管理、碳排放绩效管理，企业应建立自上而下的领导机制、反馈机制和横向的部门协调、运行机制。

企业应设立碳排放管理委员会，可由董事会授权行使碳排放管理决策机构职能。碳排放管理委员会下设领导小组、政策标准组、技术研究组、实施维护组。领导小组一般由露天煤矿生产技术部一把手和分管领导组成，分别担任组长和副组长。组长负责全面落实碳排放管控责任，副组长负责跟踪碳排放管控工作的推进。政策标准组一般负责露天煤矿生产环节碳排放相关政策、相关问题的调查与研究，并提出对策与措施等；负责建立并完善露天煤矿生产环节碳排放相关标准规范体系；负责对露天煤矿生产环节碳排放控制进行考核激励与定期培训；负责对碳排放相关数据进行分析和报告。技术研究组负责研究并调研露天煤矿生产环节相关清洁生产工艺或技术的研发与应用。实施维护组负责露天煤矿生产环节控制碳排放总量和强度的具体实施工作。

具体的碳排放管控组织机构和部门职责需要露天煤矿经过长期的、动态的调整，形成成熟的、健全的、规范的机构与职责，以确保碳排放管理的有效性。

2. 碳排放授权审批机制

露天煤矿生产环节应当建立碳排放授权审批机制，以规范重大事项与一般事项。对于重大事项审批，露天煤矿生产环节应当确定重大碳排放事项的标准，按照“三重一大”决策事项管理规定，实行集体决策机制，并根据内部有关规定，履行党组织前置研究程序，充分发挥党组织“把方向、管大局、促落实”的政治核心和领导核心作用。对于一般事项审批，企业也应当建立授权审批机制，明确审批权限。

为使得碳排放授权审批机制有效运行，煤炭企业应注意三个方面：一是制度方面，企业应遵照碳排放管理制度，按照权限履行审批程序，实现分级管理与逐级审批；二是监督与追责方面，企业应严格落实审监分离制度与责任追究制度，切实提高碳排放审批效率与效果；三是信息化方面，企业应充分利用信息化平台及其他现代网络信息技术，进行电子审批，实现审批的统筹管理。

3. 碳减排措施管理体系

露天煤矿生产环节应当建立碳减排措施管理体系，以落实碳排放管控手段。碳减排措施管理体系一般包含以下内容。

（1）碳减排措施选择指南。生产工艺角度的碳减排措施：当矿山客观条件允许时，尽可能选择连续程度较高的生产工艺；当生产工艺为半连续工艺时，破碎站尽可能靠近端帮或坑底；当破碎站位于端帮时，尽可能使用坑底自移式破碎机。设备能耗角度的碳减排措施：通过对设备的额定功率、电油转换系数等进行综合分析，选择电力能耗或柴油能耗；同类设备需要通过核算碳排放量选择能耗方式；保障正常运输时，适当增加生物柴油比例，使用变频调速技术、无功补偿技术，或使用风电、水电等低碳电力。爆破优化角度的碳减排措施：优化爆破参数设计，减少火工品消耗。其他碳减排措施：在保障产煤质量情况下，利用露天坑道来收集甲烷；加强煤层防火管理；加强煤层顶板清理等。

（2）能耗管理系统。燃油监控系统、供配电管理系统需要实时监控卡车和挖掘机等设备用油用电情况以及露天煤矿生产环节等其他用电情况，以统筹安排露天煤矿车辆调度、坑下配电方式及配置线路负荷，落实节油、节电指标。

（3）设备日常管理。通过设备保养制度及奖惩制度，对卡车、挖掘机、电铲等进行维护保养，减少设备漏油或电气故障。

（4）碳排放量变化评价。生产工艺发生重大变更或其他碳减排措施发生重大变化的，需要进行碳排放变量评价。

煤炭企业在进行碳减排措施时，除考虑可行性原则与成本效益原则外，还应平衡产煤质量与碳排放水平。

【政策法规】

为提高资源利用效率，2012 年 2 月 29 日第十一届全国人民代表大会常务委员会第二十五次会议修正的、自 2012 年 7 月 1 日起施行的《中华人民共和国清洁生产促进法》中指出，企业在进行技术改造过程中，应当采取以下清洁生产措施:（一）采用无毒、无害或者低毒、低害的原料，替代毒性大、危害严重的原料;（二）采用资源利用率高、污染物产生量少的工艺和设备，替代资源利用率低、污染物产生量多的工艺和设备;（三）对生产过程中产生的废物、废水和余热等进行综合利用或者循环使用;（四）采用能够达到国家或者地方规定的污染物排放标准和污染物排放总量控制指标的污染防治技术。

矿产资源的勘查、开采，应当采用有利于合理利用资源、保护环境和防止污染的勘查、开采方法和工艺技术，提高资源利用水平。

4. 碳排放信息管理平台

露天煤矿生产环节应当建立碳排放信息管理平台，以实时掌握碳排放情况。碳排放信息管理平台主要功能包含：数据采集、统计分析、查询功能、碳排放水平评价识别、预测与预警功能、决策支持和交易管理等。露天煤矿生产部门通过碳排放信息管理平台，统筹安排穿爆环节、采装环节、运输环节、排土环节的碳排放配额与核证减排量，并适时参与外部市场交易，以降低总体碳排放成本。同时，可实现碳核算和报告工作的程序化、规范化、统一化，实现高效运转和管理。

5. 碳排放财务管理

露天煤矿生产环节应当建立碳排放财务管理体系，以平衡碳排放管控成本与效益。碳排放财务管理体系一般包含：①碳排放财务风险管控。应控制露天煤矿生产环节碳减排工作的节奏和步伐，避免冒进产生非预期的沉没成本，如提前达峰导致的搁浅资产；开展气候和环境风险分析及压力测试，并提前做好应对预案，规避区域性或行业风险。②碳资源配置。露天煤矿生产环节要做好卡车、挖掘机、炸药等存量高碳资产的减碳改造工作和有序退出工作，又要做好风电、水电等增量低碳资产或零碳资产的配置。③碳排放财务信息披露。财务部门应以财务数字化转型为契机，做好露天煤矿生产环节的碳排放量、碳配额、碳排放专项资金等信息的披露。

6. 露天开采工艺流程

露天煤矿生产环节应当规范露天开采工艺流程，以明确碳排放管控重点。规范露天开采生产流程应当通过梳理露天煤矿生产环节碳排放核心业务流程，确定生产环节中涉及碳排放的工作内容和应该履行的程序，并将其落实到具体部门，明确各部门的职责和相互关系。同时，可通过流程图识别法，辨识露天煤矿生产环节高碳排放风险点，拟定控制措施，将风险控制在可承受的范围内。

5.1.3　风险识别与控制

煤炭企业应持续不断地收集与露天煤矿生产环节碳排放相关风险和风险管理的内部、外部信息，如露天煤矿的碳排放量限额、吨煤碳排放限额、节油指标、节电指标等。以辨识露天煤矿生产环节碳排放风险事项，通过对辨识出的风险进行分析并准确描述风险特征，评估风险对企业实现目标的影响程度与风险价值等，制定风险应对措施，防范露天煤矿生产环节碳排放相关风险事件的发生。露天煤矿生产环节碳排放风险识别表如表 5-1 所示。

表 5-1　露天煤矿生产环节碳排放风险识别表

序号	风险描述	应对措施
1	露天煤矿生产环节碳排放管控组织机构设置不合理，权责不清晰，职能交叉或缺失，可能导致碳排放管理失控	1. 内部机构设置严格按照公司章程规定的权限审议批准 2. 深入分析露天煤矿生产环节碳排放管控程序，梳理不相容职务，按照内部控制的要求，合理划分归口部门及部门职责，形成各司其职、各负其责、相互制约的工作机制 3. 定期对露天煤矿生产环节碳排放管控组织机构运行的效率与效果进行评价，持续优化组织机构，不断提升碳排放管理效能
2	主管部门负责人责任心不强，碳排放经验和知识不足，无法胜任工作，影响碳排放业务的顺利开展	1. 制定后备人才培养计划，明确碳排放后备人才发展方向 2. 组织部门或人力资源部门对选聘人员深入考察，合理选聘 3. 重要人事任命应当按照“三重一大”决策程序办理 4. 加强节能环保教育培训，定向培养碳排放管理干部
3	露天煤矿生产环节碳排放管控规章制度不规范，制度更新不及时，影响碳排放管理效率与效果	1. 关注国家、部委、煤炭行业有关碳排放管控政策，及时调整本企业碳排放管控规章制度 2. 结合露天煤矿生产环节特点制定有关规章制度，设计有针对性的碳排放管控措施
4	露天煤矿生产环节碳减排措施选择不当，影响煤炭企业“双碳”目标的实现	1. 碳减排措施的选择应综合考虑吨煤碳排放水平、成本效益、产煤质量等因素 2. 碳减排措施发生重大变化的应进行碳排放变量评价，优化管理措施

（续表）

序号	风险描述	应对措施
5	燃油监控系统、供配电管理系统运行低效，影响节油指标、节电指标有效落实	1. 建立规范的系统日常运行管理制度 2. 安排专门人员进行系统执行例行检查 3. 定期进行相关人员培训，确保正确使用系统或者充分利用系统功能
6	设备日常管理不到位，可能导致电铲、卡车等大型设备能耗增加	1. 老旧设备及时更新 2. 设备定期计划检修 3. 建立设备分级、分类机制，定期开展设备评定工作 4. 按照设备类别采用区分化的管理策略
7	碳排放量变化评价不合理，影响碳减排工作有效落实	1. 碳排放量监测与计量应当使用统一标准 2. 碳排放量变化评价指标应当科学合理
8	碳减排工作规划不合理，可能影响碳排放工作效果	1. 关注国家、地方、煤炭行业的碳减排政策和方案，及时调整企业"双碳"工作规划 2. 碳排放归口管理部门会同财务部门等相关部门，综合分析露天煤矿生产环节成本、碳排放水平、原煤质量等因素，合理规划碳减排工作
9	碳排放信息管理平台功能与需求不符，无法实时监测露天煤矿生产环节碳排放情况	信息管理平台归口管理部门组织企业内部碳排放管控等有关部门提出开发需求，加强平台分析人员和有关部门的管理人员、业务人员的交流，综合分析提炼后形成合理的需求
10	碳排放信息管理平台日常维护不到位、数据丢失、数据泄露等，影响露天煤矿生产环节碳排放信息管理	1. 执行碳排放信息管理平台例行检查 2. 定期备份碳排放信息管理平台数据 3. 定期对各种计算机病毒进行防范 4. 对使用碳排放信息管理平台人员进行行为规范，防止滥用平台资源
11	……	……

5.2 露天煤矿生产环节的碳排放审计重点

1. 露天煤矿生产环节的碳排放总量控制

柴油能耗、电力能耗、炸药爆破是露天煤矿生产环节的主要碳排放来源。为督促企业碳排放量达标，需要对其分配、监测等情况进行审计。审计重点包括:（1）碳排放总量分配方面。生产环节碳排放总量分配是否合理，露天煤矿生产部门是否将碳排放总量分解到穿爆、采装、运输、排土等各个环节和各个步骤，碳排放总量分解是否经过严格审批。（2）监督管理方面。是否建立并有效执行碳排放超标处罚制度。（3）应急管理方面。是否建立并有效执行能源消耗超标应急方案，出现超标情况能源消耗管理部门是否与生产部门等相关部门及时沟通。

【政策法规】

为推进生态文明建设，促进经济社会可持续发展，全国人民代表大会常务委员会第十六次会议第二次修订的、自 2016 年 1 月 1 日起施行的《中华人民共和国大气污染防治法》中要求，企业事业单位和其他生产经营者应当采取有效措施，防止、减少大气污染，对所造成的损害依法承担责任。企业事业单位和其他生产经营者建设对大气环境有影响的项目，应当依法进行环境影响评价、公开环境影响评价文件；向大气排放污染物的，应当符合大气污染物排放标准，遵守重点大气污染物排放总量控制要求。

2014 年 4 月 24 日第十二届全国人民代表大会常务委员会第八次会议修订的、自 2015 年 1 月 1 日起施行的《中华人民共和国环境保护法》中指出，国家实行重点污染物排放总量控制制度。重点污染物排放总量控制指标由国务院下达，省、自治区、直辖市人民政府分解落实。企业事业单位在执行国家和地方污染物排放标准的同时，应当遵守分解落实到本单位的重点污染物排放总量控制指标。

2. 露天煤矿生产环节碳减排落实

露天煤矿生产环节碳减排措施可从生产工艺角度、电力角度、降低柴油能耗角度、优化爆破参数等多角度出发。为督促企业完成节能减排任务，需要对其碳减排落实情况进行审计。审计重点包括：（1）碳减排规划方面。露天煤矿生产环节碳减排计划是否合理，碳减排指标是否分解到各个环节和各个步骤。（2）碳减排措施方面。碳减排措施选择是否合理，碳减排措施发生重大变化是否进行严格审批，碳减排措施变化引起的碳排放量变化评价是否科学有效。（3）碳减排绩效考核方面。碳减排指标是否与绩效考核挂钩，碳减排工作考核是否有效执行。

【政策法规】

为保护和改善环境，全国人民代表大会常务委员会第十六次会议第二次修订的、自 2016 年 1 月 1 日起施行的《中华人民共和国大气污染防治法》中指出，国家推行煤炭洗选加工，降低煤炭的硫分和灰分，限制高硫分、高灰分煤炭的开采。新建煤矿应当同步建设配套的煤炭洗选设施，使煤炭的硫分、灰分含量达到规定标准；已建成的煤矿除所采煤炭属于低硫分、低灰分或者根据已达标排放的燃煤电厂要求不需要洗选的以外，应当限期建成配套的煤炭洗选设施。禁止开采含放射性和砷等有毒有害物质超过规定标准的煤炭。

国家采取有利于煤炭清洁高效利用的经济、技术政策和措施，鼓励和支持洁净煤技术的开发和推广。国家鼓励煤矿企业等采用合理、可行的技术措施，对煤层气进行开采利用，对煤矸石进行综合利用。从事煤层气开采利用的，煤层气排放应当符合有关标准规范。

国家禁止进口、销售和燃用不符合质量标准的煤炭，鼓励燃用优质煤炭。单位存放煤炭、煤矸石、煤渣、煤灰等物料，应当采取防燃措施，防止大气污染。

钢铁、建材、有色金属、石油、化工、制药、矿产开采等企业，应当加强精细化管理，采取集中收集处理等措施，严格控制粉尘和气态污染物的排放。工业生产企业应当采取密闭、围挡、遮盖、清扫、洒水等措施，减少内部物料的堆存、传输、装卸等环节产生的粉尘和气态污染物的排放。

在用重型柴油车、非道路移动机械未安装污染控制装置或者污染控制装置不符合要求，不能达标排放的，应当加装或者更换符合要求的污染控制装置。

2014 年 4 月 24 日第十二届全国人民代表大会常务委员会第八次会议修订的、自 2015 年 1 月 1 日起施行的《中华人民共和国环境保护法》中指出，企业应当优先使用清洁能源，采用资源利用率高、污染物排放量少的工艺、设备以及废弃物综合利用技术和污染物无害化处理技术，减少污染物的产生。

排放污染物的企业事业单位和其他生产经营者，应当采取措施，防治在生产建设或者其他活动中产生的废气、废水、废渣、医疗废物、粉尘、恶臭气体、放射性物质以及噪声、振动、光辐射、电磁辐射等对环境的污染和危害。排放污染物的企业事业单位，应当建立环境保护责任制度，明确单位负责人和相关人员的责任。重点排污单位应当按照国家有关规定和监测规范安装使用监测设备，保证监测设备正常运行，保存原始监测记录。严禁通过暗管、渗井、渗坑、灌注，或者篡改、伪造监测数据，或者不正常运行防治污染设施等逃避监管的方式违法排放污染物。

3. 露天煤矿生产环节碳排放监测与信息披露

为督促企业规范碳排放监测、碳排放披露，需要对其真实性、完整性、准确性进行审计。审计重点包括：（1）碳排放监测方面。碳排放源是否充分识别，燃油监控系统是否实时监测设备耗油状况，供配电管理系统是否动态更新生产环节耗电情况。碳排放监测设施是否合理安装，设施是否覆盖露天煤矿生产环节所有碳排放源，设施是否有效运行，是否与碳排放信息管理平台有效衔接，碳排放信息管理平台是否运行有效，保存的数据是否安全。（2）碳排放信息披露方面。是否及时关注国家碳排放信息披露标准，是否建立配套制度，碳排放信息披露内容是否全面、准确、真实。

【政策法规】

全国人民代表大会常务委员会第十六次会议第二次修订的、自2016年1月1日起施行的《中华人民共和国大气污染防治法》中指出，企业事业单位和其他生产经营者应当按照国家有关规定和监测规范，对其排放的工业废气和本法第七十八条规定名录中所列有毒有害大气污染物进行监测，并保存原始监测记录。其中，重点排污单位应当安装、使用大气污染物排放自动监测设备，与生态环境主管部门的监控设备联网，保证监测设备正常运行并依法公开排放信息。监测的具体办法和重点排污单位的条件由国务院生态环境主管部门规定。

企业事业单位和其他生产经营者向大气排放污染物的，应当依照法律法规和国务院生态环境主管部门的规定设置大气污染物排放口。禁止通过偷排、篡改或者伪造监测数据、以逃避现场检查为目的的临时停产、非紧急情况下开启应急排放通道、不正常运行大气污染防治设施等逃避监管的方式排放大气污染物。

重点排污单位应当对自动监测数据的真实性和准确性负责。生态环境主管部门发现重点排污单位的大气污染物排放自动监测设备传输数据异常，应当及时进行调查。

为减少和避免污染物的产生，2012年2月29日第十一届全国人民代表大会常务委员会第二十五次会议修正的、自2012年7月1日起施行的《中华人民共和国清洁生产促进法》中指出，企业应当对生产和服务过程中的资源消耗以及废物的产生情况进行监测，并根据需要对生产和服务实施清洁生产审核。有下列情形之一的企业，应当实施强制性清洁生产审核：（一）污染物排放超过国家或者地方规定的排放标准，或者虽未超过国家或者地方规定的排放标准，但超过重点污染物排放总量控制指标的；（二）超过单位产品能源消耗限额标准构成高耗能的；（三）使用有毒、有害原料进行生产或者在生产中排放有毒、有害物质的。

污染物排放超过国家或者地方规定的排放标准的企业，应当按照环境保护相关法律的规定治理。实施强制性清洁生产审核的企业，应当将审核结果向所在地县级以上地方人民政府负责清洁生产综合协调的部门、环境保护部门报告，并在本地区主要媒体上公布，接受公众监督，但涉及商业秘密的除外。

为规范企业环境信息依法披露活动，生态环境部第24号文《企业环境信息依法披露管理办法》指出，企业是环境信息依法披露的责任主体。企业应当建立健全环境信息依法披露管理制度，规范工作规程，明确工作职责，建立准确的环境信息管理台账，妥善保存相关原始记录，科学统计归集相关环境信息。企业披露环境信息所使用的相关数据及表述应当符合环境监测、环境统计等方面的标准和技术规范要求，优先使用符合国家监测规范的污染物监测数据、排污许可证执行报告数据等。

企业应当依法、及时、真实、准确、完整地披露环境信息，披露的环境信息应当简明清晰、通俗易懂，不得有虚假记载、误导性陈述或者重大遗漏。

企业应当按照准则编制年度环境信息依法披露报告和临时环境信息依法披露报告，并上传至企业环境信息依法披露系统。

企业年度环境信息依法披露报告应当包括以下内容：（一）企业基本信息，包括企业生产和生态环境保护等方面的基础信息；（二）企业环境管理信息，包括生态环境行政许可、环境保护税、环境污染责任保险、环保信用评价等方面的信息；（三）污染物产生、治理与排放信息，包括污染防治设施，污染物排放，有毒有害物质排放，工业固体废物和危险废物产生、贮存、流向、利用、处置，自行监测等方面的信息；（四）碳排放信息，包括排放量、排放设施等方面的信息；（五）生态环境应急信息，包括突发环境事件应急预案、重污染天气应急响应等方面的信息；（六）生态环境违法信息；（七）本年度临时环境信息依法披露情况；（八）法律法规规定的其他环境信息。

企业可以根据实际情况对已披露的环境信息进行变更；进行变更的，应当以临时环境信息依法披露报告的形式变更，并说明变更事项和理由。企业应当于每年3月15日前披露上一年度1月1日至12月31日的环境信息。

《企业环境信息依法披露格式准则》（环办综合〔2021〕32 号）中指出，企业应当按照以下要求编制年度报告和临时报告，保障报告的规范性。（一）相关环境信息的表述应当真实、准确、客观，不得作出误导性判断，不得含有夸大、欺诈、误导或内容不准确、不客观的词句；（二）使用的术语应当符合相关法律法规、规范标准等规定和行业规范、行业惯例等约定；（三）涉及排放量等较为重要的数据，测算数据时使用的监测、核算等相关方法应当符合生态环境保护相关领域的法律法规、规范标准等规定和行业规范、行业惯例等约定，如无相关可参考的环保或行业规范的，应当说明具体的选取方法和选取理由；（四）使用的数字应当采用阿拉伯数字，重量单位、体积单位、浓度单位、强度单位、毒性单位、货币金额等除特别说明外，应当使用符合国内标准和计量习惯的单位；（五）使用的语言、表述应当通俗易懂，便于公众理解，增强报告的易读、易懂性；（六）应当遵循企业环境信息依法披露和排污许可等行业分类的有关规定，企业可以增加披露所使用的其他的行业分类规范、数据、资料作为参考。

企业应当对遵守生态环境法律法规情况、生态环境行政许可变更情况、污染物排放以及碳排放情况等进行摘要说明，包括但不限于以下信息：（一）年度生态环境行政许可变更，包括新获得、变更、延续、撤销和正在申请等情况；（二）年度主要污染物排放和碳排放情况，包括各种污染物的实际排放量，工业固体废物和危险废物的产生量及利用处置量，有毒有害物质的排放量，碳排放量等；（三）年度受到的生态环境行政处罚、司法判决等情况。

企业应当披露安装和运行的全部污染防治设施信息：（一）污染防治设施的名称、对应的产污环节、处理的污染物、对应排污口的名称、编号；（二）年度非正常运行的设施名称、排放的污染物、次数、日期及时长、主要原因；（三）污染防治设施由第三方负责运行维护的应当提供运维方信息。

纳入碳排放权交易市场配额管理的温室气体重点排放单位应当披露碳排放相关信息：（一）年度碳实际排放量及上一年度实际排放量；（二）配额清缴情况；（三）依据温室气体排放核算与报告标准或技术规范，披露排放设施、核算方法等信息。

企业应当披露生态环境应急信息：（一）突发环境事件应急预案及备案机关、备案编号；（二）现有生态环境应急资源；（三）突发环境事件发生及处置情况。

4. 碳排放治理的专项资金

专项资金是政府作为企业所有者（控股或参股）投入具有专门用途的资金，或者由政府给予企业的无偿资助。为督促露天煤矿生产部门规范使用治理碳排放的专项资金，需要对其使用、财务处理等情况进行审计。审计重点包括：（1）专项资金计划落实方面。露天煤矿有关部门是否严格按照专项资金计划推进设备更换等碳减排项目，是否按批准的项目和规定用途使用专项资金，是否按计划筹集、落实配套资金，是否存在虚假配套问题。（2）专项资金使用合规性。是否按规定时间开工和完工，是否按批准的项目和规定用途使用专项资金，完工的工作数量和质量是否达到设计要求。（3）专项资金入账合规性。拨入的专项资金是否及时入账，有无账外设账，是否虚列支出、截留转移等。

5.3 露天煤矿生产环节的碳排放内部审计实施

5.3.1 具体审计目标

露天煤矿生产环节的碳排放内部审计，具体目标包含：确保露天煤矿生产环节碳排放制度健全有效，确保露天煤矿生产环节碳排放相关行为合规合法，确保露天煤矿生产环节碳排放相关信息真实完整。

5.3.2 审计工作程序

露天煤矿生产环节碳排放内部审计，一般程序包括露天煤矿生产环节碳排放业务审前调查、初步评价、审计测试、审计沟通、审计评价、形成意见和审计结论等。具体审计程序如表 5-2 所示。

表 5-2　露天煤矿生产环节碳排放内部审计程序表

<table>
<tr><td>主责部门</td><td colspan="3"></td><td>索引编号</td><td></td><td>页次</td><td></td></tr>
<tr><td>审计类别</td><td colspan="3">露天煤矿生产环节碳排放活动</td><td>审计人</td><td></td><td>审计时间</td><td></td></tr>
<tr><td>审计期间</td><td></td><td>截止日期</td><td></td><td>复核人</td><td></td><td>复核时间</td><td></td></tr>
<tr><td>序号</td><td>审计程序</td><td colspan="3">具体审计程序</td><td colspan="2">工作底稿索引编码</td><td>执行情况说明</td></tr>
<tr><td>1</td><td>审前调查</td><td colspan="3">对露天煤矿主要生产环节碳排放管理机制、管理行为、碳排放相关信息进行调查</td><td colspan="2">A</td><td></td></tr>
</table>

（续表）

2	初步评价	露天煤矿主要生产环节碳排放初步评价，确定重要性水平及审计内容，根据评价结果调整审计实施方案，进一步明确审计内容	B	
3	审计测试	运用各种审计方法，对露天煤矿主要生产环节碳排放进行审计测试	C	
4	审计沟通	对露天煤矿主要生产环节碳排放存在的问题进行沟通、核实或确认	D	
5	审计评价	对露天煤矿主要生产环节碳排放的合规性、有效性进行分析和评价	E	
6	形成意见	在审计工作底稿中记录审计意见	F	
7	审计结论	形成审计结论，发表审计意见	G	
说明	1. 每一个审计程序可细分为若干具体程序 2. 上述审计程序可结合进行，以提高审计工作效率 3. 在执行每一步骤后，应填写“执行情况说明”一栏			

1. 审前调查

审前调查，就是对露天煤矿主要生产环节碳排放管理机制、管理行为、碳排放相关信息进行调研了解，是内部审计准备阶段的重要工作，涉及的调查方法主要有资料分析、制度阅研、流程分析法、审计访谈法、专题会议法、调查问卷法、风险预判法等，这些方法往往综合运用，以实现审计目的。本文以审计访谈为例，阐述对露天煤矿生产环节碳排放活动的调查了解，以便获取内部审计工作所需的有关信息。

（1）审计访谈目标。

对露天煤矿生产环节碳排放活动的审计访谈工作，旨在全面了解露天煤矿生产环节碳排放的相关制度、行为、信息，挖掘露天煤矿生产环节碳排放活动过程中的亮点，发现碳排放管理过程存在的不足、问题或管理短板，为客观反映露天煤矿生产环节碳排放制度的健全性、碳排放行为的合规性、碳排放信息的真实性提供线索。

（2）明确访谈对象。

审计访谈对象应当根据露天煤矿生产环节碳排放活动组织结构和工作职责确定。一般来讲，访谈对象包含三个层面：领导层面主要是露天煤矿主要领导，分管生产技术、安全环保等矿长，调度部门领导以及其他相关领导；业务操作层面主要是电钻机、卡车、挖掘机等矿用设备使用人员，燃油监控系统、供配电管理系统、生产指挥系统等信息系统数据监测人员；其他人员主要是碳排放量计量专家、财务人员等。具体的访谈对象选择范围和人员确定，由项目审计组根据露天煤矿生产环节碳排放活动实际情况确定。

（3）编制访谈提纲。

审计访谈提纲由审计人员根据审计工作计划和审前调查结果编制，内容包括但不限于：露天煤矿生产环节碳排放管控规章制度、组织机构及管理职责、碳排放总量分配、碳排放量监测、碳减排措施落实情况、专项资金使用情况、碳排放信息系统情况等。审计访谈提纲示例如下。

××露天煤矿碳排放专项审计访谈提纲（示例）

被访人	××	**部门**	××露天矿运输队	**职务**	队长
时间	20××年×月×日	**地点**	队部	**访谈人**	××

访谈说明：

根据公司安排，项目审计组正在对××露天煤矿生产环节碳排放活动实施专项审计，此次访谈将通过对话交流的方式进行，主要目的是协助我们深入了解××露天煤矿生产环节碳排放活动情况，借此提出客观、真实的审计结论，改善××露天煤矿生产环节碳排放管理水平，实现“双碳”战略目标。

访谈内容：

- 请问矿用重型卡车燃油消耗是如何控制的？
- 在燃油节约上，我们是否投入科技力量进行节能研发控制？
- 目前监测到的尾气排放是否达到国家标准？
- 目前，全国纯电动汽车的比例不断增长，国家也将逐步淘汰燃油汽车。露天煤矿生产用卡车是否具备更换电力驱动的条件？动力及性能上能否满足露天煤矿高强度作业？电动卡车充电将消耗大量电能，间接造成发电量增加，从而导致碳排放量升高，我矿是否对更换燃油卡车做过环保经济、效果分析？
- 请您从煤炭运输的角度，谈一谈煤矿开采过程中哪些环节碳排放不易控制？是否有更好的措施降低碳排放？

- 对运输环节碳排放管理考核中，考核指标与权重设计上您认为是否合理？考核是否流于形式？相应的奖惩机制是否严格落实？

……

（4）整理访谈成果。

访谈过程中，审计人员应完整记录与被访谈对象的全部访谈内容并形成访谈记录。访谈结束后两个工作日内，审计人员整理完善访谈记录，并交由被访谈对象确认签字，签字后与其他审计资料一同存档备查。全部访谈工作结束后，项目审计组对访谈内容进行总结、提炼，明确露天煤矿生产环节碳排放关键因素和审计关注的重大事项，预判审计高风险领域，提出审计程序和方法的修正建议。

2. 初步评价

审计人员可利用初步评价表对露天煤矿生产环节碳排放活动进行初步评价，以初步识别审计风险、明确审计重点测试领域、决定实质性测试方法和样本量。

审计人员实施风险评估初步评价程序，应运用分析程序了解露天煤矿生产环节碳排放活动基本情况及其环境，管理层风险偏好和可承受度，以及管理层对国家环保政策的认知和积极态度等。风险评估初步评价除了关注本章风险识别与控制所列举的可能发生的风险外，还应当关注已经发生的风险事件，分析影响程度并决定是否将其作为审计工作底稿审计发现的风险事项揭示。

审计初步评价可以降低成本，提高审计工作效率。如合理分析企业是否按照政府的碳排放配额实施碳排放活动，获得具有说服力的外部证据，从而可能无须利用其他细节测试做进一步验证。初步评价可以结合审前调查程序一起进行，也可以独立开展。露天煤矿生产环节碳排放活动初步评价表如表 5-3 所示。

表 5-3　露天煤矿生产环节碳排放活动初步评价表

<table>
<tr><td>主责部门</td><td colspan="3"></td><td>索引编号</td><td>B</td><td>页次</td><td></td></tr>
<tr><td>审计类别</td><td colspan="3">露天煤矿生产环节碳排放活动</td><td>审计人</td><td></td><td>审计时间</td><td></td></tr>
<tr><td>审计期间</td><td></td><td>截止日期</td><td></td><td>复核人</td><td></td><td>复核时间</td><td></td></tr>
<tr><td>初评领域</td><td>评价事项</td><td colspan="4">描述评价事项</td><td>重要性水平</td><td>是否披露</td></tr>
</table>

（续表）

风险评价	潜在风险事项	露天煤矿生产环节碳排放管理经验不足，研判不合理，缺少必要论证，做出错误的决策	—	—
		燃油监控系统、供配电管理系统运行低效，节油指标、节电指标无法达成	—	—
		……	—	—
	已经发生的风险事件	示例：露天煤矿运输环节中的矿用卡车更换后，碳排放量没有明显下降	重要	是
碳排放总量控制	碳排放量分配	提示：碳排放量分配方案内容齐全，经充分论证，经碳排放管理部门审议后实施，决策论证及程序符合要求	重要	是
	碳排放量监测	提示：碳排放源识别与碳排放量监测系统经过专业技术人员综合分析与设计，碳排放源清单与监测系统设计方案经归口管理部门审议后实施，程序符合要求	重要	是
碳减排控制	碳减排措施落实	提示：碳减排措施选择经过专业技术人员分析，确保符合碳排放总量控制进度要求	一般	否
碳信息报告	碳信息披露	提示：碳排放信息报告是否能提供碳报告质量控制体系文件	重要	是
专项资金	专项资金使用	提示：专项资金使用计划经露天煤矿生产部门、碳排放归口管理部门等相关部门综合分析论证，经严格审批审议，程序符合要求	重要	是
	专项资金账务处理	提示：财务部门已按收到的资料及单据记入 ×× 科目	一般	是
说明	1. 初步评价是在审前调查的基础上对露天煤矿生产环节碳排放主要事项的初步判断 2. 初步评价工作程序不能代替实质性测试的程序，但可以简化（如减少样本抽样数量等）或为实质性测试提供线索、指引 3. 初步评价可根据露天煤矿生产环节碳排放实际工作流程调整后确定			

通过利用“露天煤矿生产环节碳排放活动初步评价表”初步分析评价，审计人员合理判断审计重点、高风险领域，修订内部审计实施方案，调整审计内容，并重新定义样本量选取规则，以便获取充分、适当的审计证据。

【示例引导】

对内部审计实施方案审计内容的调整

经审前调查、初步评价后，露天煤矿生产环节碳排放审计主要内容调整为以下三个方面，分别为：露天煤矿生产环节碳排放管理机制的健全性与有效性、露天煤矿生产环节碳排放相关行为合规性、露天煤矿生产环节碳排放相关信息真实性。主要内容如下。

1. 露天煤矿生产环节碳排放管理机制健全性与有效性

调整后的审计内容包括：（1）组织架构的合理性。主要内容有组织机构是否健全，是否有效开展工作，部门职责是否清晰，各部门协作关系是否明确具体。（2）规章制度的合理性。主要内容有是否建立了露天煤矿生产环节碳排放管控规章制度，制度内容及有关要素是否齐备，制度是否存在内容冲突，是否明确工作程序和标准，内部审核审批流程是否明确具体，制度文本表述是否准确、是否存在歧义等管理缺陷。（3）规章制度的落实情况。主要内容有制度是否按照要求得到有效执行。

2. 露天煤矿生产环节碳排放相关行为合规性

调整后的审计内容包括：（1）碳排放总量的分配。企业是否将碳排放总量合理分配到露天煤矿生产环节，露天煤矿生产部门是否将分配到的碳排放总量进行二次分配，二次分配是否经过科学论证与严格审批，各个生产环节碳排放量是否超标，超标是否及时报备并采取应急方案。（2）碳排放量的监测。是否识别露天煤矿生产环节所有的碳排放源，是否对不同的排放源采取不同的碳排放量监测方法，监测设施安装位置是否经过科学论证，监测设施运行是否有效，监测数据是否及时更新，监测数据是否安全。（3）碳减排措施。节油、节电等能源降耗指标是否合理分解到露天煤矿生产环节的各个步骤，碳减排措施选择是否经过严格审批，是否擅自更改碳减排措施，碳减排措施变更是否经过科学论证。（4）碳信息披露。是否及时关注政府出具的碳信息披露报告指南，碳信息报告是否严格审批。（5）治理碳排放的专项资金。分配到露天煤矿生产环节的财务资源是否经过科学论证，露天煤矿生产部门是否将财务资源合理分配到各个环节，使用专项资金是否严格按照计划执行，是否擅自更改专项资金用途，专项资金的拨入与使用是否及时入账，入账是否严格按照会计准则。

3. 露天煤矿生产环节碳排放相关信息真实性

调整后的审计内容包括：（1）碳排放量的分配信息。企业碳排放量分配计划是否与露天煤矿生产环节实际碳排放总量相悖，露天煤矿生产环节分配到各个环节的碳排放量计划是否与实际排放量相悖。（2）碳排放量的监测信息。燃油监控系统、供配电管理系统、炸药碳排放量监测系统等监测系统是否实时更新数据，监测系统与碳排放信息管理平台是否有效衔接，碳排放信息管理平台数据是否实时准确更新，是否存在人为篡改的问题，是否安排专人更新维护各个系统。（3）碳减排信息。卡车、挖掘机等机器运转与能源耗费是否对应，节能技术引入台账是否及时更新，节能设备更新记录是否完整，是否与实际相符，台账与碳信息报告之间是否存在勾稽关系。（4）碳信息报告。碳信息报告内容是否完整，是否涵盖露天煤矿生产环节的碳排放量信息，是否提供碳排放量计算过程，是否提供碳排放报告过程，是否提供碳报告质量控制体系文件。（5）治理碳排放的专项资金信息。专项资金总账、明细账、记账凭证等与实际是否相符，设备更换等项目支出数与计划指标是否相悖，专项资金拨入时间与计划使用时间是否相悖。

3. 审计测试

审计人员通过实施审计程序，获取充分、适当的审计证据，以此对露天煤矿生产环节碳排放活动审计目标发表意见。

对露天煤矿生产环节碳排放活动的内部审计属于管理审计的范畴，分为两个层面：一是内部控制制度设计有效性层面；二是露天煤矿生产环节碳排放活动层面，即是否遵循法律法规、制度规定，是否满足合规性要求等。审计实践中，审计人员对露天煤矿生产环节碳排放活动内部控制设计有效性和管理活动合规性及运行有效性一并进行测试，以节约时间和审计资源。其中，内部控制设计有效性可以为运行测试提供方向，决定运行测试的样本量和深度、广度。

在审计露天煤矿生产环节碳排放活动内部控制设计有效性时，审计人员应当综合运用检查、询问、对标、横向比较、逻辑推断等方法进行测试，测试重点是组织机构和职责是否清晰、边界是否明确；规章制度是否建立健全，制度是否符合有关法律法规，相关制度之间是否存在矛盾或冲突，制度管理逻辑、行文表述等是否容易引起歧义；审批权限是否明确，流程是否简洁、清晰等。

在露天煤矿生产环节碳排放活动运行或管理有效性审计时（也可以称为实质性测试），审计人员应当综合运用询问、检查、观察、比较、分析性复核、重复验证、计算、穿行测试等方法进行测试，测试重点是露天煤矿生产环节碳排放活动的关键环节，主要验证法规的遵循情况、碳减排措施的落实情况、规章制度的执行情况等。露天煤矿生产环节碳排放内部审计控制矩阵表如表 5-4 所示。

表 5-4　露天煤矿生产环节碳排放内部审计控制矩阵表

主责部门				索引编号	C		页次	
审计类别	露天煤矿生产环节碳排放			审计人			审计时间	
审计期间		截止日期		复核人			复核时间	
关键控制环节	控制方式	控制频率	抽样数量	审计测试要点	证据名称	测试程序	测试结果	索引
建章建制				企业是否根据露天煤矿生产环节碳排放有关规定，结合本企业实际情况，建立露天煤矿生产环节碳排放活动管理制度				
				露天煤矿生产环节碳排放活动管理制度是否存在内容缺失、内容矛盾或冲突、逻辑不清、表述不确切、审批权限不明、流程混乱等管理缺陷				
				涉碳规章制度是否经法律部门进行合规审查				
组织机构				是否设立露天煤矿生产环节碳排放管理组织机构，明确议事程序和管理权限				
				归口部门及参与部门职责是否明确，管理边界是否清晰				
				部门职能或岗位设置上是否存在不相容职务未分离情况				
重大事项				碳排放总量分配方案是否经碳排放归口管理部门、露天煤矿生产部门等相关部门分析论证，并进行严格审批				
				碳减排措施发生重大变更是否严格审批				
				碳排放监测系统设计方案是否严格审批				
				治理碳排放专项资金是否专款专用				
				涉碳重要决策是否经风控部门开展风险评估、法律部门进行合规审查				
				涉碳重要决策上会决策前，是否经企业首席合规官签署意见				
碳排放总量控制				露天煤矿生产部门是否将分配到的碳排放总量进行二次分配，二次分配是否经过科学论证与严格审批				
				各个生产环节碳排放量是否超标，超标是否及时报备并采取应急方案				

（续表）

碳排放量监测				是否请专业技术人员识别露天煤矿生产环节所有的碳排放源，是否对不同的排放源采取不同的监测碳排放量方法				
				监测设施安装位置是否经过科学论证，监测设施运行是否有效				
				监测数据是否及时更新，监测数据是否安全				
碳减排措施				是否建立完整的审批程序				
				节油、节电等能源降耗指标是否合理分解到露天煤矿生产环节的各个步骤，并经过严格审批				
				碳减排措施选择与变更是否经过严格审批				
碳信息披露				是否及时关注政府出具的碳信息披露报告指南，碳信息报告是否严格审批				
				碳信息报告是否涵盖露天煤矿生产环节的碳排放量信息，是否提供碳排放量计算过程，是否提供碳排放报告过程，是否提供碳报告质量控制体系文件				
专项资金				分配到露天煤矿各个生产环节的财务资源是否经过科学论证并进行严格审批				
				使用专项资金是否严格按照计划执行				
				专项资金的拨入与使用是否及时入账，入账是否严格按照会计准则				
说明	1. 本矩阵是根据露天煤矿生产环节碳排放主要程序编制，审计人员可根据露天煤矿生产环节碳排放实际工作流程调整后确定 2. 重要环节或高风险领域应当取得 100% 的样本进行测试							

露天煤矿生产环节碳排放内部审计工作底稿如表 5-5 所示。

表 5-5 露天煤矿生产环节碳排放内部审计工作底稿

主责部门				**索引编号**	C	**页次**	
审计类别	露天煤矿生产环节碳排放			**审计人**		**审计时间**	
审计期间		**截止日期**		**复核人**		**复核时间**	
类别	**审计事项记录**						**证据索引**

（续表）

一、审计依据及上级文件或制度	1. 国家法律法规，如《企业内部控制应用指引第 4 号——社会责任》《中华人民共和国大气污染防治法》《中国煤炭生产企业温室气体排放核算方法与报告指南（试行）》等 2.《×× 集团公司关于露天煤矿生产环节碳排放管理规定》（×× 第 × 号） ……	
二、企业规章制度及文件	规章制度制定情况。例如：公司建立了《×× 公司露天煤矿生产环节碳排放管理办法（试行）》《×× 公司露天煤矿生产环节碳排放规划与考核评估管理办法》《×× 公司露天煤矿生产环节碳排放统计核算核查与报告管理办法》《×× 公司温室气体逸散管理办法》等	
三、露天煤矿生产环节碳排放管理情况	提示： 1. 组织机构设置及部门职责情况 阐述企业露天煤矿生产环节是否明确了碳排放归口管理部门及职责权限，批准文件简述，是否明确了内部决策机制和归口管理部门，是否明确了决策层、管理层及各参与部门的职责权限、工作程序及汇报机制 2. 露天煤矿生产环节碳排放基本情况 简述审计期间内企业开展露天煤矿生产环节碳排放相关事项，如截至 20×× 年末，公司共统计碳排放量 × 千克，购置碳排放监测设备 × 件等 3. 露天煤矿生产环节碳排放总量分配 取得露天煤矿生产环节碳排放总量分配方案，检查审批程序规范性 4. 露天煤矿生产环节碳排放量监测 检查露天煤矿生产环节碳排放监测系统数据记录完整性与数据更新的及时性 5. 露天煤矿生产环节碳减排措施 检查露天煤矿生产环节节能技术引入的台账更新及时性，节能设备更新记录完整性 6. 露天煤矿生产环节碳排放报告 检查碳信息报告内容的完整性，是否提供碳报告质量控制体系文件，报告审批是否规范 7. 露天煤矿生产环节碳排放专项资金 检查专项资金分配、使用的审批过程规范性，会计处理的及时性与规范性 8. 其他影响审计结论的情况 关注露天煤矿生产环节碳排放其他重要的环节，并分析对审计结论的影响	
四、存在的问题	提示：分类揭示露天煤矿生产环节碳排放活动中存在的问题，一般而言先从制度、机制入手，然后是露天煤矿生产环节碳排放总量分配、监测、碳减排、碳排放报告、专项资金使用与财务处理等	

（续表）

五、问题产生的原因分析	提示： 1. 审计组应基于对审计发现问题的类型、涉及业务领域、问题严重程度及影响后果进行深层次的原因分析 2. 审计人员可从组织机构、制度设计、碳排放管理模式等根源入手，注重从被审计事项经营理念、法治观念、治理环境及结构、发展思路与战略、制度流程、考核激励措施、员工胜任能力、管理基础水平、内部控制与风险管理机制等方面查找原因，重点分析是主观原因还是客观原因、是制度缺失还是有章不循、是体制机制不合理还是故意行为、是缺乏经验还是明知故犯、是探索性失误还是依然我行我素，分析露天煤矿生产环节碳排放活动合法依规意识是否牢固等	
六、造成的影响、损失	提示：结合审计发现的问题对造成的影响、损失进行判断，若存在《××公司露天煤矿生产环节碳排放管理办法》“第×条至第××条”所列内容，以及与反映生产效率有关的问题、有禁不止以及违反规定存在明知故犯情形或动机不纯问题、管理不到位致使形成较大运营风险等问题，应在审计过程中对“决策审批情况、违规情况、损失情况、责任界定情况”进行详细记录	
七、审计发现的风险事项及管理建议	提示：风险事项主要指事项已发生，但结果具有不确定性，同时应不违规、不违法，尚未造成不良后果但若不及时纠正就存在损失风险可能性的事项 风险事项标题：审计发现的风险事项应当按照不同事项分条列示，每个风险事项均需提炼出标题。标题要体现风险事项的实质内容，不能简单地以提纲的形式描述 管理建议：针对揭示的风险事项，提出有针对性的管理建议	
八、重要事项披露	提示：披露重要事项主要为审计事项客观存在而无法凭借自身解决，需要提请上级管理层予以关注的事项，以及对露天煤矿生产环节碳排放活动有重大影响的事项，如重大诉讼，以往审计、巡视巡察发现的重要问题中未完成实质性整改的相关事项等 对以往审计发现问题的处理原则如下： 1. 已完成实质性整改的不重复反映 2. 对于造成损失或严重不良后果的问题，未予以追责的，可作为新问题另行反映，但需对问题事实、违规点及后果重新梳理并相应反映 3. 对于处于整改中的重大问题作为披露事项进行反映，并将此情况纳入审计评价的基础信息范围	
九、审计建议	提示： 1. 审计建议应坚持标本兼治原则，从总体或长远的角度，针对审计反映的政策、体制、制度及其执行中存在的普遍性、倾向性、苗头性问题，提出加强管理、预防和堵塞漏洞、防范风险、促进整改等解决问题的具体措施和建设性的建议 2. 审计建议应当紧密结合被审计事项实际情况，操作性强，从根本上解决问题 3. 审计建议可从露天煤矿生产领域重点碳排放环节入手，深入分析影响碳排放量的关键因素和存在的核心问题，从治理的角度，提出符合露天煤矿生产实际的、切实可行的具体措施和意见，协助露天煤矿实现碳排放目标	

审计实施过程中，审计沟通、审计评价、形成意见、审计结论、审计报告等内容详见 1.5 节，具体内容本章略。

5.3.3　露天煤矿生产环节碳排放内部审计常见问题

（1）碳排放管理委员会成员构成不合理，均由公司党政人员组成，缺乏露天煤矿清洁生产技术等专业背景和实践经验的人员，也未聘请社会专业人士担任顾问，提供专业咨询意见。

（2）碳排放监测制度中，如连续自动碳排放监测规范、碳排放监测信息传输规范，未明确工作程序和标准，未明确规定内部审核审批流程。

（3）碳排放考核制度中，碳减排考核指标与绩效指标融合不恰当，考核组也未按规定履行程序，影响碳减排的有效落实。

（4）不顾企业自身发展阶段，碳排放总量分解到穿爆、采装、运输、排土等各个环节的控制数据未经过严格论证。

（5）能源消耗超标应急方案未及时下发、未组织必要培训，影响碳排放总量有效控制。

（6）碳排放量监测数据未及时更新且保密措施不完备，影响碳排放信息披露的可靠性。

（7）露天煤矿生产环节碳排放信息管理平台信息滞后，与燃油监控系统、供配电管理系统等能耗信息系统衔接不畅。

（8）碳减排措施未及时按照国家标准进行变革，影响碳排放总量控制。

（9）碳信息报告未按照要求履行审批程序，碳排放量计算过程不完整不准确，碳排放信息有失公允。

（10）专项资金保障措施不力，挪用项目资金。如 A 集团准备更换低能耗卡车，但没有按预算规定使用专项资金，人为调节专项资金结余。

【案例介绍】

A 集团露天煤矿生产环节碳排放监测行为内部审计

一、案例背景

A 集团碳排放归口管理部门组织露天煤矿生产技术部、碳排放监测部门等有关人员，调查露天煤矿生产环节的碳排放活动，深入分析穿爆、采装、运输、排土等各个环节的碳排放源，经充分调研、分析论证，对露天煤矿各个生产环节采取碳排放监测管控措施。

为促进集团低碳可持续发展，审计部门组织相关人员，对露天煤矿生产环节碳排放监测活动进行专项审计。在审计调查初期，审计人员到露天煤矿现场实地察看，见到在开采煤炭过程中，有的碳排放监测设备未处于运行状态，甚至有的监测设备无法正常启动。碳排放监测设备作为统计碳排放数据的必要工具，如此异常状态，引起审计部门的高度重视。

二、审计范围

A 集团露天煤矿生产环节碳排放监测行为。

三、审计目标

（一）确保露天煤矿生产环节碳排放监测办法符合政策要求且论证充分。

（二）确保露天煤矿生产环节碳排放监测过程科学有效。

（三）确保露天煤矿生产环节碳排放监测数据真实可靠。

（四）确保露天煤矿生产环节碳排放监测信息报告审批程序规范。

四、审计工作过程

（一）收集资料。为明确露天煤矿生产环节碳排放监测方法的合理性，审计人员收集了国家、地方有关煤炭企业碳排放管理制度规定，如《中国煤炭生产企业温室气体排放核算方法与报告指南（试行）》，作为外部法规遵循的依据；取得 A 集团露天煤矿生产环节碳排放清单、碳排放监测方法、连续自动监测规范、监测信息传输规范、监测设备运行与维护等有关规章制度，作为内部合规义务履行的依据。

（二）管理层访谈。审计人员根据审前调查了解的情况，确定了访谈对象，制定了管理人员访谈计划及时间控制表，按照露天煤矿生产技术部、碳排放监测部门的高层领导、中层领导及技术骨干类别，编制访谈提纲 11 份，经访谈并整理访谈记录后，提炼出重点审计领域 18 项。

（三）审计测试。审计工作组调取经审议批准的露天煤矿生产环节碳排放监测管理办法，通过检查对照法审计监测管理办法是否偏离国家、地方政策法规的要求；调阅 20×× 年 × 月 × 日露天煤矿生产环节碳排放监测办法的专家评议报告，检查专家组成人员、资历背景、产生程序和签署的意见；观察碳排放监测主管部门前期调查研究有关资料、网络信息资料、部门档案资料等，审计前期调查的充分性；观察碳排放监测设备的安放位置与专家审定监测办法是否相适应，观察监测设备的运行情况，调阅监测设备的日常维护台账，调阅碳排放监测系统的实时数据信息、监测系统的日常维护台账等，检查监测数据的可靠性与真实性；调阅 20×× 年 × 月 × 日关于集团露天煤矿生产环节碳排放信息报告审议的呈批件，检查其合规性。

（四）编制工作底稿。编制内部审计工作底稿，记录审计工作内容。

（五）形成审计意见。按照重要性原则分类整理审计意见，确定问题情况并进行分析。

（六）得出审计结论。经审计，露天煤矿生产环节 7 台碳排放监测设备 5 台损坏严重，检测部门未向设备维修部门提出维修或更新申请，碳排放监测数据主要依靠另外两台完好的检测设备推断获得，导致数据检测报告严重失真，露天煤矿生产环节碳排放监测过程无效。碳排放监测数据报告未根据实际数据编制，报告审核、审批环节疏于管理，控制不严，20×× 年 7、8、9 月份的报告已经报地方政府环境保护部门，存在数据造假被行政处罚的风险。

五、审计报告

略。

第6章

井下煤矿生产环节碳排放审计

【导读摘要】

煤炭开采分为井下开采和露天开采两种。井下开采是由地面向地下开掘井巷采出煤炭的方法。在我国，煤炭90%以上为井下开采，井下开采会产生大量的碳排放。在资源、安全、环境等方面问题日益突出，国家能源局《关于将煤炭清洁高效低碳利用技术列入国家科技重大专项的提案》背景下，煤炭企业作为产能大户和耗能大户，应当积极进行产业升级、结构调整，在生产上注重科学产能，在消费上秉承绿色低碳的发展理念，积极响应国家的“双碳”政策。而审计作为企业经营管理过程中的重要监督、服务环节，在发挥内部监督职能的过程中，可以促进企业的健康、协调、快速发展，助推煤炭企业绿色、清洁、高效、安全目标的实现。

6.1 井下煤矿生产环节的碳排放业务内部控制

煤矿井工开采，又称地下开采，需要从地表开凿井筒通至地下，掘进巷道，布置采区（盘区或带区）和采煤工作面，或直接就在大巷两侧布置采煤工作面采煤。采煤后要将煤炭运输并提升到地面，及时处理采空区。这一系列过程涉及稳装、掘进、回采、运输、提升、排水、材料和动力供应、回撤等生产环节，这些环节组成了井下生产系统。以主井、副井和铁路装车站为核心，建立起为生产、管理提供服务的系统组成了地面生产系统。井下生产系统和地面生产系统共同构成了矿井生产系统。

在矿井生产系统的一系列生产环节中都会直接或间接涉及碳排放：工人在井下从事煤炭开采、挖掘呼出的二氧化碳；煤炭开采期间破碎煤层及周围层存储气体的排放；露天堆放煤炭与煤矸石氧化产生的温室气体逸散；煤炭处理、加工和输送产生的气体；废弃矿井逸散排放的甲烷；采矿整个环节耗电、消耗水资源带来的间接排放；大型机械设备使用造成的矿区地面塌陷、裂缝，土壤地表破坏带来的固碳能力下降等间接排放。

为了积极贯彻落实国家的“双碳”政策，确保“双碳”目标的实现，各煤炭生产企业都需要采取措施对煤炭生产环节加强控制，降低二氧化碳的排放，努力实现清洁低碳、安全高效、可持续性发展。

6.1.1　井下煤矿主要生产环节碳排放

1. 生产准备环节碳排放

生产准备环节需要对地质进行勘探，将人员、器材设备、材料等从地面运送到井下，以及搭建各种开采设施，安装各类设备。地质勘探过程和人员、材料设备的运输中会使用车辆，并消耗电能。器材、设备在运输过程中，由于其体型的原因，需在地面将其机体进行分解，然后运至固定位置进行组装，并搬运到地下工作面机组位置。在这一系列过程中，都需要工程师、技术人员和工人等人员的参与。据统计，工人在井下从事劳动时，呼出的二氧化碳约为 0.75~0.85L/min，是碳排放的主要来源之一。此外，对设备进行安装、调试过程中，会耗用大量钢材、木材、水泥等原材料以及电能和水资源，在这一阶段也会产生一定量的二氧化碳。

2. 掘进环节碳排放

掘进环节中，井下设备如掘进机、移动空压机等机械设备以及照明设施等都依靠电能来工作。在煤矿生产企业，所用电力来源包括自备电厂发电和外购电力。为综合利用低热值能源，自备电厂发电一般采用煤泥发电、矸石发电和瓦斯发电等。煤泥、矸石发电主要耗能包括电、柴油、汽油、原煤、矸石、煤泥等，其在燃烧过程中会排放大量的二氧化碳，此外其中一部分油品被用于机器设备的润滑、机修等，可能会通过分解或化学反应产生少量的其他温室气体；瓦斯发电过程中，瓦斯气体通过一系列的阻火器、放散阀进入瓦斯发电机燃烧，推动瓦斯发电机带动发电机运转产生电能，瓦斯气体对温室效应的影响是比较大的。此外，电厂竣工投产前的耗材（水泥、钢铁等）制造及建设活动本身也会产生大量碳排放。

除此之外，在掘进过程中，各种大型机械设备的使用对矿区的生态系统造成了强烈的扰动，使矿区出现了不同程度的地面塌陷、植被破坏、生态系统退化、生物多样性减少等，这些扰动导致矿土土壤、植被生态系统遭到严重破坏，而土壤和植被作为全球陆地生态系统中最重要的碳汇，在遭到破坏的同时，存储于其中的碳元素也通过地球生物循环被排放到大气中，从而产生了大量的碳排放。

3. 回采环节碳排放

回采环节中，采煤机、破碎机等井下设备耗电量大，既生产能源，又消耗大量能源，电耗成本占生产成本相当大的比例，引起了大量的温室气体排放。此外，主要碳排放源还包括温室气体有意或无意的释放，其中煤层气（主要成分是 CH_4 和 CO_2）是主要的温室气体来源。除此之外，井工煤矿的非受控燃烧（煤炭和煤矸石的自燃）也会造成碳排放。

与此同时，在煤炭回采环节中，为了保证生产过程的安全性，需要对井下进行降尘处理；同时为了防止煤层自燃所采取的黄泥灌浆等措施也需要消耗大量的水资源，其间工作人员也会使用一定量的水资源，水资源的大量消耗也带来了相应的碳排放。

另外，在回采环节中，特殊季节的环境温度低于 0℃时，为了防止井筒结冰而影响人员上下或材料运输等，需要在井口设置热风炉对进入井下的空气进行加热，使得井口环境温度维持在 2℃以上，这一过程中煤炭消耗也会产生碳排放。

4. 运输环节碳排放

运输环节碳排放主要为使用柴油或汽油的运输交通工具能耗排放。如以防爆柴油机为动力的无轨辅助运输车辆，其以柴油为动力燃料，产生了很高的温室气体排放量。此外，在运输环节中，煤层气有意或无意的逃逸也是碳排放的来源。

【政策法规】

《煤矿安全规程》第一百八十条规定，矿井必须建立甲烷、二氧化碳和其他有害气体检查制度，并遵守下列规定：

（一）矿长、矿总工程师、爆破工、采掘区队长、通风区队长、工程技术人员、班长、流动电钳工等下井时，必须携带便携式甲烷检测报警仪。瓦斯检查工必须携带便携式光学甲烷检测仪和便携式甲烷检测报警仪。安全监测工必须携带便携式甲烷检测报警仪。

（二）所有采掘工作面、硐室、使用中的机电设备的设置地点、有人员作业的地点都应当纳入检查范围。

（三）采掘工作面的甲烷浓度检查次数如下：

1. 低瓦斯矿井，每班至少 2 次；

2. 高瓦斯矿井，每班至少 3 次；

3. 突出煤层、有瓦斯喷出危险或者瓦斯涌出较大、变化异常的采掘工作面，必须有专人经常检查。

（四）采掘工作面二氧化碳浓度应当每班至少检查 2 次；有煤（岩）与二氧化碳突出危险或者二氧化碳涌出量较大、变化异常的采掘工作面，必须有专人经常检查二氧化碳浓度。对于未进行作业的采掘工作面，可能涌出或者积聚甲烷、二氧化碳的硐室和巷道，应当每班至少检查 1 次甲烷、二氧化碳浓度。

（五）瓦斯检查工必须执行瓦斯巡回检查制度和请示报告制度，并认真填写瓦斯检查班报。每次检查结果必须记入瓦斯检查班报手册和检查地点的记录牌上，并通知现场工作人员。甲烷浓度超过本规程规定时，瓦斯检查工有权责令现场人员停止工作，并撤到安全地点。

（六）在有自然发火危险的矿井，必须定期检查一氧化碳浓度、气体温度等变化情况。

（七）井下停风地点栅栏外风流中的甲烷浓度每天至少检查 1 次，密闭外的甲烷浓度每周至少检查 1 次。

（八）通风值班人员必须审阅瓦斯班报，掌握瓦斯变化情况，发现问题，及时处理，并向矿调度室汇报。

通风瓦斯日报必须送矿长、矿总工程师审阅，一矿多井的矿必须同时送井长、井技术负责人审阅。对重大的通风、瓦斯问题，应当制定措施，进行处理。

6.1.2　井下煤矿生产环节碳排放管理机制

井下煤矿既是能源生产基地，又是耗能大户，也是重要的温室气体排放源，在其生产环节中会直接或间接地涉及碳排放，这不仅不利于企业的绿色发展，更有可能使得企业遭受环保部门的处罚，面临停工停产的处境。因此，煤炭企业为了响应国家的“双碳”

政策号召，深入贯彻落实国家安全生产工作会议精神，改善井下安全生产条件，实现清洁、低碳、安全、高效的长远发展目标，可以结合自身发展需要，通过建立健全组织架构、规章制度、标准化的业务流程、明确的审批权限等，来对其生产环节的碳排放进行有效管控。

1. 碳排放组织机构

煤炭企业的井工矿在生产环节的碳排放业务涉及碳排放总量的分配、碳排放预算的审批、碳排放源的认证、碳排放核算方法的选择；涉及碳排放监测设备的购置、保管、使用、校正，碳排放数据的收集、记录、分析、审核与验证，碳排放因子的获取，碳排放数据的汇总与上报，年度碳排放报告的编制与审核，配合生态环境主管部门对碳排放量的核查等。为确保煤炭企业碳排放工作的顺利进行，煤炭企业应当指定专门的机构负责开展碳排放业务工作，建立各单位（部门）协调、配合、反馈、共享的有效运行机制，促进企业清洁、低碳、高效、安全目标的实现。

企业碳排放管理组织机构主要由董事会（可授权碳排放管理委员会行使决策权）、碳排放管理委员会、碳排放管理工作机构和各碳排放业务执行单位组成。

2. 碳排放机构工作职责

煤炭企业应当根据井下生产实际需要设立碳排放相关的部门，确定具体的岗位名称和岗位职责，梳理各个岗位的权限和相互关系，对工作要求进行恰当、准确、详细的描述和说明，使各岗位负责人胜任工作的同时明晰管理边界。

（1）碳排放管理委员会。企业应当设立碳排放管理委员会，可由董事会授权行使碳排放管理决策机构职能。

碳排放管理委员会的主要职责：制定并颁布企业的碳排放管理制度或碳排放专项管理办法；根据国家能源节约、环境保护和安全生产政策，拟定本企业的碳排放目标，分析、确定各个生产环节的碳排放权重比例；协调解决碳排放权重比例分配和执行过程中的重大问题；审议企业的碳排放核算方法，审批年度碳排放报告；审议碳排放考核和奖惩方案；董事会授权的其他碳排放管理事宜。

（2）碳排放管理工作机构。企业应当在碳排放管理委员会下设碳排放管理工作机构，由其履行碳排放管理委员会的日常管理职责。碳排放管理工作机构一般设在环境保护部门或生产管理部门，主任一般由分管碳排放的领导兼任，工作人员除了碳排放归口管理部门人员外，还应当由企业经营管理、设备管理、财务管理、生产部门、环保部门等业务部门人员组成。

碳排放管理工作机构的主要职责：组织拟定碳排放管理制度或办法，负责检查落实碳排放管理制度的执行情况；会同财务部门组织确定碳排放核算方法，组织和指导各二级单位的碳排放核算；建立井下煤矿生产环节主要温室气体排放源一览表；建立碳排放数据管理台账；负责各碳排放业务执行单位碳排放数据的汇总及上报；进行碳排放的风险核算与年度碳排放报告的编制，提交碳排放管理委员会审议；披露碳排放相关信息；审核各二级单位提交的碳排放数据及报告，并提出修改意见和建议；协助第三方核查机构开展碳排放源的认证；配合生态环境主管部门对碳排放量及相关数据的核查；协调解决企业碳排放权重比例分配和执行过程中的有关问题；提出碳排放考核和奖惩方案，报碳排放管理委员会审议；组织开展对企业各碳排放业务执行单位碳排放情况的考核，给出考核结果并提出奖惩建议，报碳排放管理委员会审议；碳排放管理委员会授权的其他事项。

（3）各碳排放业务执行单位。主要指企业内部各职能部门、所属分（子）公司等。

各碳排放业务执行单位的主要职责：配合碳排放管理工作机构的工作，如设备物资管理部门应当做好购置、保管、更新与井下煤矿生产环节碳排放业务相关的设备（如碳排放数据监测设备）、材料；定期校准相关仪器设备；做好碳排放监测设备管理台账等；按照规定的程序和时间对生产环节碳排放数据进行取样、监测、分析、记录、收集、汇报等；负责本单位碳排放数据、月度碳排放报告的上报；监督检查本单位碳排放制度的执行情况；根据国家政策及企业实际生产情况提出碳排放监测设备购置申请；配合碳排放管理工作机构组织的碳排放考核工作，提供真实、准确的数据和资料；执行碳排放管理工作机构下达的其他碳排放管理任务。

3. 碳排放相关规章制度

2022 年 8 月 19 日，国家发展和改革委员会、国家统计局、生态环境部对外公布的《关于加快建立统一规范的碳排放统计核算体系实施方案》（以下简称《实施方案》）中提出：要建立全国及地方碳排放统计核算制度，到 2023 年，基本建立职责清晰、分工明确、衔接顺畅的部门协作机制，初步建成统一规范的碳排放统计核算体系；到2025年，统一规范的碳排放统计核算体系进一步完善，数据质量全面提高，为“双碳”工作提供全面、科学、可靠的数据支持。

因此，井下煤矿生产企业应当根据《实施方案》的要求及国家有关碳排放业务法律法规规定，结合本企业实际，制定碳排放相关管理制度或办法。其内容应当包括目的、适用范围、组织机构、管理职责、审批流程、归口解释部门等。同时，在制度附件中应当体现井下煤矿生产环节主要温室气体排放源与排放因子一览表、碳排放核算方法、碳排放报告模板。此外，企业应当根据井下煤矿实际生产情况的改变，定期进行制度的立改废，确保制度的时效性、实用性，碳排放业务的合法性和合规性。

【政策法规】

《企业环境信息依法披露管理办法》（生态环境部令〔2021〕24号）第四条规定：企业是环境信息依法披露的责任主体。企业应当建立健全环境信息依法披露管理制度，规范工作规程，明确工作职责，建立准确的环境信息管理台账，妥善保存相关原始记录，科学统计归集相关环境信息。企业披露环境信息所使用的相关数据及表述应当符合环境监测、环境统计等方面的标准和技术规范要求，优先使用符合国家监测规范的污染物监测数据、排污许可证执行报告数据等。

《中国煤炭生产企业温室气体排放核算方法与报告指南（试行）》中指出，报告主体应建立企业温室气体排放报告的质量保证和文件存档制度，主要包括：（1）建立企业温室气体量化和报告的规章制度，包括组织方式、负责机构、工作流程等；（2）建立企业主要温室气体排放源一览表，确定合适的温室气体排放量化方法，形成文件并存档。

《企业内部控制应用指引第4号——社会责任》第十五条规定：企业应当建立环境保护和资源节约的监控制度，定期开展监督检查，发现问题，采取措施予以纠正。污染物排放超过国家有关规定的，企业应当承担治理责任。

4. 碳排放相关授权审批机制

井下煤矿生产企业应当根据碳排放相关管理制度规定的程序和权限，严格履行审批程序，分级管理、逐级审批，确保相关制度得以贯彻落实，保证碳排放业务符合规范。如各二级单位填写的申请表未经本单位负责人审核不得上报上级公司审批，即不得出现跨级审批；需要各部门共同审批的文件应当由牵头部门组织各相关部门联合会签；一份文件不得由同一个人进行编制与审批，即不相容职务应当分离。此外，企业应当实行分权管理，给予负责人权利，但不能出现权责分离，同时不得出现越级审批现象（特殊情况规定除外）。只有完善的审批机制，才可以将责任明确落实到个人，才可以避免推诿扯皮现象的发生，才可以将企业的风险控制在可承受的范围之内，达到内部控制的真正目的。

5. 碳排放相关业务流程

对井下煤矿生产环节碳排放业务实施内部控制，本质上是对碳排放业务风险的控制，煤炭企业应当梳理生产环节碳排放业务核心流程，确定每一个环节的工作内容和应当履行的程序，通过流程图识别法，辨识碳排放业务相关活动的风险点，拟定控制措施，采取合适的风险管理办法。如某企业井下煤矿生产环节的碳排放业务流程为：各二级单位碳排放业务相关部门提出购置碳排放监测设备的申请，填写《碳排放业务监测设备购置表》，经本单位分管负责人、公司设备物资管理部门负责人审核后，设备物资管理部门购置设备，做好设备的验收、登记、归档与管理台账后，各二级单位使用设备，确定设备的稳固位置，对生产环节确定的碳排放源数据进行监测，做好数据的收集、记录、分析、《井下煤矿生产环节碳排放月度报告》的编制与上报。经碳排放管理部门部长审核后，由碳排放管理部门编制本企业的《井下煤矿生产环节年度碳排放报告》，经碳排放管理部门部长审核后，由公司分管领导进行审批、碳排放管理委员会进行审议，审批通过，碳排放管理部门将报告归档，以确保相关文档在生态环境主管部门核查时可用。各企业在实际编制流程时，应根据内部审批程序和权限及企业实际情况进行调整。井下煤矿生产环节的碳排放业务流程如图 6-1 所示。

【政策法规】

碳排放统计核算体系

《2030 年前碳达峰行动方案》（国发〔2021〕23 号）：建立统一规范的碳排放统计核算体系。加强碳排放统计核算能力建设，深化核算方法研究，加快建立统一规范的碳排放统计核算体系。支持行业、企业依据自身特点开展碳排放核算方法学研究，建立健全碳排放计量体系。推进碳排放实测技术发展，加快遥感测量、大数据、云计算等新兴技术在碳排放实测技术领域的应用，提高统计核算水平。积极参与国际碳排放核算方法研究，推动建立更为公平合理的碳排放核算方法体系。

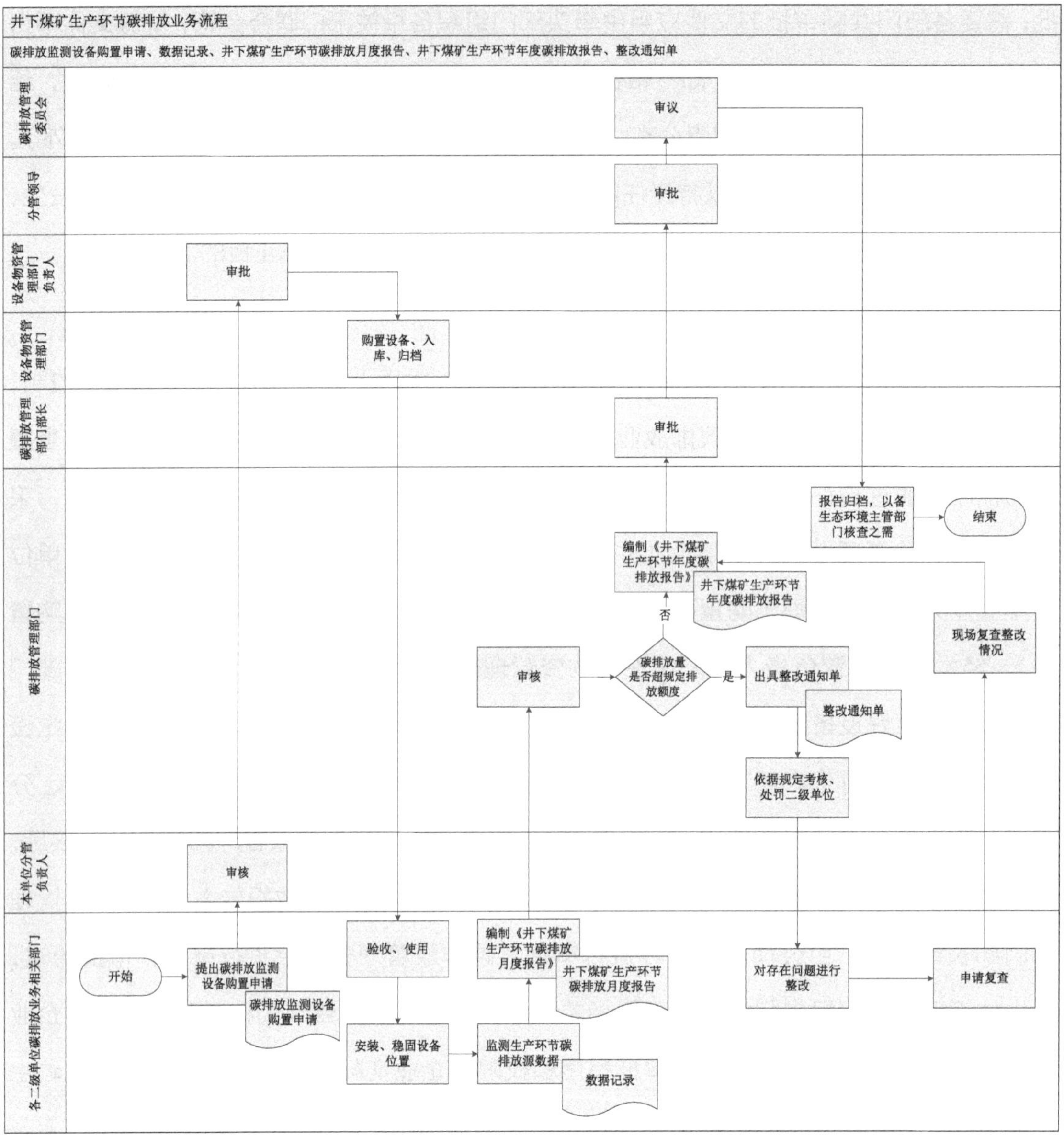

图 6-1 井下煤矿生产环节碳排放业务流程示意图

6.1.3 风险识别与控制

井下煤矿生产企业应当做好各个生产环节碳排放数据的取样、监测、分析、记录、收集、汇报工作，持续不断地研究碳排放数据的总量与碳排放源，时刻关注国家及地方出台的碳排放政策，对与碳排放过程中存在的风险及风险管理相关的内外部信息进行收集，识别风险，运用各种方法对风险影响程度和发生的可能性进行分析，准确描述风险特征，制定针对性的风险应对措施，防范碳排放过程中风险事件的发生。井下煤矿生产环节碳排放业务风险识别表如表 6-1 所示。

表 6-1　井下煤矿生产环节碳排放业务风险识别表

序号	风险描述	应对措施
1	碳排放业务组织机构设置不合理，碳排放管理委员会形同虚设，可能导致各岗位权责不清晰，职能交叉或缺失，出现推诿扯皮现象	1. 内部机构设置严格按照企业章程规定的权限审议批准 2. 认真分析井下煤矿生产环节碳排放业务程序，从业务流程中梳理出不相容职务，按照内部控制的要求，合理切分归口部门及相关部门的职责界面，形成各司其职、各负其责、相互制约的工作机制 3. 定期对碳排放业务组织机构运行的效率与效果进行评价，持续优化组织机构，不断提升经营管理效能
2	归口管理部门负责人把关不严，能力不足，无法胜任工作，影响碳排放业务的顺利开展	1. 制定后备人才培养计划，明确后备人才发展方向 2. 组织部门或人力资源部门对选聘人员深入考察 3. 重要人事任命应当按照“三重一大”决策程序办理 4. 党委、纪委把关
3	碳排放业务审批权限设置不明确，可能导致操作不合规	1. 特殊业务应当按照内部授权机制，签订授权委托书办理业务 2. 日常业务应当通过制度和岗位说明书赋予责权 3. 明确碳排放业务重大决策事项的集体决策权限
4	碳排放源识别不准确、种类不齐全，碳排放核算方法制定不科学、不合理，影响碳排放量数据的真实性	企业应当严格按照国家发展和改革委员会发布的《中国煤炭生产企业温室气体排放核算方法与报告指南（试行）》，识别并确定不同生产环节中存在的碳排放源类别，确定碳排放核算方法，计算最终的温室气体排放量结果
5	碳排放监测设备的位置不准确、未定期进行校准和维护，设备维护管理记录存档不妥，影响碳排放数据的准确性	1. 设备物资管理部门应当按照公司的设备管理相关规定，定期对设备进行校准和检查，加强对设备仪器的管理和维修，确保设备的使用价值达到最大 2. 各设备使用者应当通过多次测量的方法确定设备的放置位置，以减小数据的测量偏误
6	数据记录管理体系不完善，在碳排放监测过程中，数据记录不规范、不及时、不完整，可能导致数据不准确，最终计算结果出现错误	建立健全数据记录管理体系，对碳排放数据监测的记录员加强日常培训，确保其工作认真、严谨。此外，应当加强考核，本着公平、公开、透明的原则对考核结果进行公示，确保其可以完全胜任工作
7	碳排放数据汇报不及时，影响后续工作开展	1. 公司碳排放管理相关制度中应当规定碳排放数据上报时间周期、节点和报告程序 2. 加强考核，对数据汇报不及时的员工应当进行处罚
8	碳排放数据管理台账登记不详细，原始数据记录不全，影响信息的完整性，导致数据追溯困难	指定专职人员（如碳排放管理员）管理碳排放数据台账，认真、准确登记碳排放数据，部门负责人定期检查，发现问题及时整改

（续表）

序号	风险描述	应对措施
9	年度碳排放报告编制不合理，格式不规范，内容真实度不高，内部审核不严，可能被生态环境主管部门责令限期改正并受到处罚	1. 严格按照国家发展和改革委员会发布的《中国煤炭生产企业温室气体排放核算方法与报告指南（试行）》模板编制年度碳排放报告 2. 建立数据的内部审核和验证程序，通过不同数据源的交叉验证、统计核算期内数据波动情况、与多年历史运行数据的比对等主要逻辑审核关系，确保活动水平数据的完整性和准确性
10	对碳排放数据可能产生的数据误差风险识别缺乏专业性，提出的解决方案针对性和可操作性差	1. 对选聘人才进行严格考察 2. 对相关人员定期进行培训和考核，不断提高专业水平
11	数据质量控制计划制定不合理，审批、修订程序不规范，影响碳排放数据的准确性、真实性，汇报的及时性	在碳排放相关制度中对数据质量控制计划作出明确规定，并按照规定严格执行
12	开拓、掘进环节中，机械设备操作不规范，导致土地资源破坏的同时温室气体逸散	1. 在招聘过程中应依据《煤矿安全规程》中的要求选择符合条件的工人 2. 定期对工人进行培训，提升工人的工作技能，确保其工作符合规范 3. 对令行禁止、违反操作规定的工人进行严厉处罚
13	运输环节中，运输交通工具大多数以柴油或汽油为动力燃料，导致能耗排放超标，受到环保部门的处罚	1. 积极响应国家政策，推广使用以清洁能源为动力燃料的运输工具 2. 加大研发力度
14	煤矿瓦斯抽采利用重视程度不够，导致碳排放量增加的同时影响煤矿安全生产	1. 根据煤层赋存状况及开采技术条件，在合理位置布置专用瓦斯抽采巷道，在巷道内布置钻孔抽采煤层瓦斯。降低首采层工作面回采过程中的瓦斯涌出以及卸压层的瓦斯压力和含量 2. 在开拓准备区采用地面与井下联合抽采技术、区域递进式抽采技术、条带迈步式抽采技术等抽采煤层瓦斯，在煤炭生产区采用边抽边掘、采空区抽采、本煤层钻孔抽采及采动区地面抽采技术等井下瓦斯抽采技术抽采煤层瓦斯，形成采气后采煤的“三区联动立体抽采模式”，实现煤与瓦斯协调开发
15	法治观念淡薄，合规管理体系落实不力，重要决策或涉碳规章制度未经法务合规审查，导致碳排放工作违规	1. 建立合规审查管理办法，明确重要制度、经济合同、重要决策均应经合规审查 2. 各班组设立合规管理员，对涉碳工作业务进行日常合规审查，防范基层合规风险 3. 涉碳重要决策应当由企业首席合规官签署意见

（续表）

序号	风险描述	应对措施
16	选择的碳排放认证机构资质手续不全，认证报告不具有说服力，导致企业遭受损失	通过招投标的方式选择资质手续齐全，认证经验丰富，口碑、信用良好的机构
17	……	……

6.2　井下煤矿生产环节的碳排放审计重点

1. 碳排放源识别

碳排放源一般分为直接排放源和间接排放源，对于井下煤矿，直接排放源是指各个生产环节引起的碳排放，间接碳排放是指为了辅助井下煤矿的作业而引起的碳排放（如水资源、电能等）。井工开采煤矿的碳排放源主要分为三类：能源引起的碳排放（如原煤、柴油、汽油和炸药等）；煤炭开采过程中的逸散排放；非受控氧化自燃引起的碳排放。目前，对于各个生产环节的碳排放源进行识别需要一定的技术含量。煤矿生产企业可以选择具备碳资产鉴定资质的机构对其生产环节的碳足迹进行认证，为后续碳排放的核算奠定基础。在碳排放源识别方面，审计重点为：企业选择的认证机构是否资质手续齐全；认证过程是否经过了充分的论证；出具的认证报告是否客观、公正等。

2. 碳排放数据监测、记录

认证机构对碳排放足迹进行认证后，企业就可以通过监测设备对碳排放数据进行监测、取样、分析、记录、收集、汇报等工作，为后续年度碳排放报告的编制提供了基础和保障。在碳排放数据监测、记录过程中，审计重点为：碳排放归口管理部门是否制定了数据质量控制计划，数据质量控制计划的版本和发布时间是否和实际情况相一致，数据质量控制计划是否得到了有效执行，数量质量控制计划的修订是否符合程序规定，是否为涉及的每项参数制定了可行的监测计划，监测计划内容是否全面，是否包括待测参数、采样点或计量设备的具体位置、采样方法和程序、监测方法和程序、监测频率或时间点、数据单位等；是否制定了监测设备的定期校准、维护计划，该计划是否符合数据质量控制计划的要求；碳排放管理员是否对数据进行了准确、及时的记录；是否将数据记录原件完好地保存和归档；数据记录中发现异常波动数据是否进行了原因分析及上报等。

【政策法规】

《中华人民共和国大气污染防治法》第二十四条规定：企业事业单位和其他生产经营者应当按照国家有关规定和监测规范，对其排放的工业废气和本法第七十八条规定名录中所列有毒有害大气污染物进行监测，并保存原始监测记录。其中，重点排污单位应当安装、使用大气污染物排放自动监测设备，与生态环境主管部门的监控设备联网，保证监测设备正常运行并依法公开排放信息。监测的具体办法和重点排污单位的条件由国务院生态环境主管部门规定。

第二十五条规定：重点排污单位应当对自动监测数据的真实性和准确性负责。生态环境主管部门发现重点排污单位的大气污染物排放自动监测设备传输数据异常，应当及时进行调查。

3. 碳排放量核实

对碳排放量进行核实包括几个部分：（1）分析碳排放源；（2）为不同温室气体排放量的核算选择合适的方法；（3）收集核算过程中所需要的基础资料和数据，并确定碳排放因子；（4）对碳排放进行核算；（5）将温室气体数据上报至上一级。在这一系列过程中，审计重点为所收集的数据和资料是否最新，数据的可信度和真实性是否可以保证；选择的碳排放核算方法是否恰当，是否将核算边界定义为井下煤矿各生产环节；碳排放因子的获取方式是通过现场测量还是依据已经公布的标准碳排放因子（如联合国政府间气候变化专门委员会编制完成的《IPCC2006年国家温室气体排放清单指南》），两者之间的误差是否可以忽略；是否制定了数据缺失时的应对措施；最终核算的碳排放量是否经得起推敲，是否经过部门内部审核和验证程序。

4. 年度碳排放报告编制

井下煤矿生产企业碳排放管理部门应当根据最终核算出来的碳排放量，编制本企业的年度碳排放报告，作为企业内部进行碳管理的依据，同时也是企业对外进行信息披露的基础，为企业的碳排放交易奠定了基础。在年度碳排放报告编制过程中，审计重点为报告格式是否规范，是否按照《中国煤炭生产企业温室企业排放核算方法与报告指南（试行)》包含以下基本内容:(1)报告主体基本信息;(2)温室气体排放量;(3)活动水平数据及来源说明;(4)排放因子数据及来源说明;(5)其他希望说明的情况[1];报告的审批流程是否清晰明确;报告管理是否规范,是否有备份,是否满足生态环境主管部门核查要求等。

【政策法规】

《企业环境信息依法披露管理办法》(生态环境部令〔2021〕24号)第十二条规定,企业年度环境信息依法披露报告应当包括以下内容:(一)企业基本信息,包括企业生产和生态环境保护等方面的基础信息;(二)企业环境管理信息,包括生态环境行政许可、环境保护税、环境污染责任保险、环保信用评价等方面的信息;(三)污染物产生、治理与排放信息,包括污染防治设施,污染物排放,有毒有害物质排放,工业固体废物和危险废物产生、贮存、流向、利用、处置,自行监测等方面的信息;(四)碳排放信息,包括排放量、排放设施等方面的信息;(五)生态环境应急信息,包括突发环境事件应急预案、重污染天气应急响应等方面的信息;(六)生态环境违法信息;(七)本年度临时环境信息依法披露情况;(八)法律法规规定的其他环境信息。

《中国煤炭生产企业温室气体排放核算方法和报告指南(试行)》中指出,报告主体应当对以下内容进行报告:(一)报告主体基本信息。报告主体基本信息应包括报告主体名称、所属行业、地理位置、分支机构、发展历史、成立时间、单位性质、报告年度、法定代表人、填报负责人和联系人信息。(二)温室气体排放量。报告主体应以 CO_2 当量的形式报告本企业在整个报告期内的温室气体排放总量,并分别以质量单位报告化石燃料燃烧的 CO_2 排放量、火炬燃烧的 CO_2 排放量、CH_4 和 CO_2 逃逸排放量、企业净购入的电力和热力隐含的 CO_2 排放量,以及本指南未涉及的但依照主管部门发布的其他指南应予核算和报告的相关温室气体排放源及排放量。(三)活动水平数据及来源说明。报告主体应结合核算边界和排放源的划分情况,分别报告所核算的各个排放源的活动水平数据,并详细阐述它们的监测计划及执行情况,包括数据来源或监测地点、监测方法、记录频率等。(四)排放因子数据及来源说明。报告主体应分别报告各项活动水平数据所对应的含碳量或其他排放因子计算参数,如实测则应介绍监测计划及执行情况,否则

[1]《中国煤炭生产企业温室气体排放核算方法与报告指南(试行)》。

说明它们的数据来源、参考出处、相关假设及其理由等。（五）其他希望说明的情况。分条阐述企业希望在报告中说明的其他问题或对指南的修改建议。

6.3 井下煤矿生产环节的碳排放内部审计实施

6.3.1 具体审计目标

井下煤矿生产环节碳排放管理审计目标，是保证井下煤矿生产环节碳排放管理内部控制设计和运行的有效性，帮助企业控制井下煤矿生产环节碳排放管理风险，具体包括：确保井下煤矿生产环节碳排放内部控制建立健全并运行有效；确保井下煤矿生产环节碳排放业务合法、合规；确保井下煤矿生产环节碳排放核算过程规范；确保井下煤矿生产环节碳排放报告内容详细、格式规范。

6.3.2 审计工作程序

井下煤矿生产环节碳排放内部审计，一般程序包括井下煤矿生产环节碳排放业务审前调查、初步评价、审计测试、审计沟通、审计评价、形成意见和审计结论等。具体审计程序如表 6-2 所示。

表 6-2　井下煤矿生产环节碳排放业务内部审计程序表

主责部门			索引编号		页次	
审计类别	井下煤矿生产环节碳排放		审计人		审计时间	
审计期间		截止日期		复核人	复核时间	
序号	审计程序	具体审计程序		工作底稿索引编码	执行情况说明	
1	审前调查	对井下煤矿生产环节碳排放业务管理机制及涉碳作业环节进行调查了解		A		
2	初步评价	对井下煤矿生产环节碳排放业务初步评价，确定重要性水平及审计内容		B		
3	审计测试	对井下煤矿生产环节碳排放业务审计测试		C		
4	审计沟通	对井下煤矿生产环节碳排放业务存在的问题进行沟通、核实或确认		D		

（续表）

5	审计评价	对井下煤矿生产环节碳排放业务的合规性、有效性进行分析和评价	E	
6	形成意见	在审计工作底稿中记录审计意见	F	
7	审计结论	形成审计结论，发表审计意见	G	
说明	1. 每一个审计程序可细分为若干具体程序 2. 上述审计程序可结合进行，以提高审计工作效率 3. 执行每一步骤后，应填写“执行情况说明”一栏			

1. 审前调查

审前调查，就是了解井下煤矿生产环节碳排放业务内部控制设计和运行的基本情况，是井下煤矿生产环节碳排放内部审计实施的重要步骤。井下煤矿生产环节碳排放业务调查工作是在内部审计总体工作的准备阶段进行的，涉及的调查方法很多，主要有规章制度审阅法、流程分析法、管理层访谈法、专题会议法、调查问卷法、政策分析法、现场观察法等。这些方法各有特点，也各有自己适用的审计环境，往往会综合起来使用，以达到审计目的和效果。本文以审计访谈为例，阐述对井下煤矿生产环节碳排放业务的调查了解，以便为内部审计审前调查提供一种简便易行的工作方法。

（1）确定审计访谈目标。

审计访谈工作旨在从多角度了解井下煤矿生产环节碳排放源，碳排放监测设备位置确定、使用、校正，碳排放数据记录、分析，年度碳排放报告编制等内容，挖掘井下煤矿生产环节碳排放业务中的工作亮点和成绩，分析管理过程中存在的缺陷和薄弱环节，为客观反映煤炭企业井下生产环节碳排放活动合规性、有效性提供方向性线索。

（2）明确审计访谈对象。

审计访谈对象应根据井下煤矿生产环节碳排放业务的机构设置和岗位职责确定。一般而言，访谈对象从管理层面来看主要包括企业主要负责人及分管领导、碳排放归口管理部门负责人、涉及的相关部门负责人（如财务部门负责人、经营部门负责人、设备物资管理部门负责人等）；从业务层面来看主要包括碳排放管理员、碳排放数据监测员、井下煤矿各生产环节碳数据记录员等；从专业层面来看主要包括碳足迹认证专家、碳排放量计量专家等。具体来讲，审计访谈对象选择范围和构成由审计现场组根据企业井下煤矿生产环节碳排放的实际情况进一步确定。

（3）编制审计访谈提纲。

审计人员应根据审计工作计划和审前调查结果编制审计访谈提纲，访谈内容应当紧密围绕审计目标，重点询问主要生产环节碳排放事项、存在重大疑惑或规章制度尚未规定的领域。煤炭企业井下煤矿生产环节的审计访谈提纲示例如下。

井下煤矿生产环节碳排放专项审计访谈提纲（示例）

被访人	××	部门	××部	职务	部长
时间	20××年××月××日	地点	办公室	访谈人	××

访谈说明：

根据公司安排，项目审计组正在对井下煤矿生产环节碳排放情况实施专项审计，此次访谈将通过对话交流的方式进行，主要目的是协助我们深入了解公司生产环节碳排放管理情况及存在的不足，借此提出客观、真实的审计结论，改善企业碳排放管理水平，实现“双碳”战略目标。

访谈内容：

- 碳排放管理组织机构设置是否科学、合理，是否存在职责不清、推诿扯皮、工作效率低下等问题？
- 在生产环节碳排放管理过程中，您认为最大的风险是什么？
- 请您谈一谈各生产环节的碳排放量权重比例分别是多少？这样分配的理由是什么？对各生产环节超额排放的处罚是如何规定的？
- 各生产环节碳排放信息沟通与反馈渠道是否顺畅，问题是否能够有效、快速地解决？
- 除了各单位每月报送的碳排放月报外，碳排放归口管理部门还可以通过哪些方式对各单位在生产环节的碳排放数据进行了解？是否建立了碳排放数据记录管理体系？
- 我矿生产环节中主要的碳排放源有哪些？
- 请您谈一谈生产环节记录的碳排放数据的准确度、可信度是如何保障的？即是否严格按照制定的数据质量控制计划进行数据的记录？数据获取过程中涉及的测量设备都有哪些？数据缺失时的处理方式是否按照保守性原则确保不会低估排放量？

- 请您简单介绍一下碳排放报告和数据质量控制计划中出现错误风险较高的数据以及重点井工矿是如何控制这些风险的。都有哪些可行的解决方案？
- 对于碳排放量的核实具体是如何操作的？公司的碳排放因子数据是通过现场测量还是依据公布的数据？如果是依据公布的数据，那么对于缺失的数据是如何处理的？对于波动异常的数据是如何处理的？
- 公司的碳排放报告审批程序是怎样的？审批权限是否明确？
- 您怎样理解碳排放领域中的合规管理？
- 除上述访谈内容外，您觉得关于生产环节中的碳排放管理还存在哪些问题？您是否有改进的措施和建议？
- 您认为碳排放管理工作中最大的亮点或取得的突出成绩是什么？

……

（4）整理访谈成果。

访谈过程中，审计人员应当完整记录与被访谈对象的全部访谈内容，形成访谈记录。访谈结束后，应于两个工作日内整理、完善访谈记录，并交由被访谈对象签字确认，签字后与其他审计资料一同存档备查。项目审计组应在全部访谈工作结束后，对访谈内容情况进行汇总、总结，梳理、分析访谈主要内容，判断审计关注的重大事项、高风险领域、审计程序和方法运用建议等。

2. 初步评价

审计人员对井下煤矿生产环节碳排放管理情况的初步评价，可通过问题调查表、初步评价表等方式进行，也可以采取其他方式评价。本节以初步评价表的形式阐述评价内容，并细化具体的审计工作计划、调整审计实施方案，其主要目的是初步识别审计风险及审计重点测试的领域，并决定实质性测试的方法和样本量。

审计人员在实施审计初步评价程序时，应当运用分析程序，了解井下煤矿生产环节碳排放基本情况及其环境，管理层风险偏好和风险承受度，以及管理层对国家生态环境保护、“双碳”政策的了解程度和所持的态度等。审计初步评价除了关注本章风险识别与控制所列举的可能发生的风险外，还应当关注已经发生的风险事件，分析影响程度并决定是否将其作为审计工作底稿内容列示。

审计人员的实质性测试主要针对井下煤矿生产环节碳排放实际管理过程开展。

审计初步评价可以降低审计成本，提高审计工作效率。如合理分析井下煤矿生产企业严格按照专业机构认证的碳排放源进行碳排放数据的监测与记录，编制的年度碳排放报告获得生态环境主管部门的高度认可，从而可能无须再利用其他细节测试做进一步验证。反映井下煤矿生产环节碳排放管理初步评价可以结合访谈工作一并进行，也可以单独进行。井下煤矿生产环节碳排放业务初步评价表如表 6-3 所示。

表 6-3　井下煤矿生产环节碳排放业务初步评价表

<table>
<tr><td>主责部门</td><td colspan="2"></td><td>索引编号</td><td>B</td><td>页次</td><td></td></tr>
<tr><td>审计类别</td><td colspan="2">井下煤矿生产环节碳排放</td><td>审计人</td><td></td><td>审计时间</td><td></td></tr>
<tr><td>审计期间</td><td></td><td>截止日期</td><td>复核人</td><td></td><td>复核时间</td><td></td></tr>
<tr><td>初评领域</td><td>评价事项</td><td colspan="3">描述评价事项</td><td>重要性水平</td><td>是否披露</td></tr>
<tr><td rowspan="4">风险评价</td><td rowspan="3">潜在风险事项</td><td colspan="3">碳排放核算方法选择不当，缺少必要证据支撑，导致碳排放量核算不准确</td><td>—</td><td>—</td></tr>
<tr><td colspan="3">碳排放源认证机构人员缺乏经验，报告不具有说服力，不能作为井下煤矿生产环节碳排放数据监测、记录的有力证明</td><td>—</td><td>—</td></tr>
<tr><td colspan="3">……</td><td>—</td><td>—</td></tr>
<tr><td>已经发生的风险事件</td><td colspan="3">示例：碳排放源识别不准确，生产环节中的部分温室气体没有统计进来，使得最终的碳排放量与核查机构的数据不相吻合，7 月 4 日 ×× 县环保局下达整改通知，并处罚款 ××× 元</td><td>重要</td><td>是</td></tr>
<tr><td>碳排放总量</td><td>总量分配</td><td colspan="3">提示：碳排放总量分配方案按照井下煤矿以往各个生产环节的排放量设置了权重比例，经审议分配合理</td><td>重要</td><td>是</td></tr>
<tr><td rowspan="3">碳排放监测设备</td><td>监测设备购置申请</td><td colspan="3">提示：监测设备购置申请理由及依据充分，经设备物资管理部门研究讨论，进行设备的购置及使用</td><td>重要</td><td>是</td></tr>
<tr><td>监测设备使用记录</td><td colspan="3">提示：监测设备使用人员应当做好设备的使用登记，包括时间、使用频次、本人签字等</td><td>重要</td><td>是</td></tr>
<tr><td>监测设备校正记录</td><td colspan="3">提示：监测设备校正应当严格按照设定的校正计划执行，确保监测数据的准确性</td><td>重要</td><td>是</td></tr>
</table>

（续表）

碳排放源认证	认证报告	提示：专业认证机构采用专业方法对井下煤矿生产环节中的碳排放源进行识别，出具认证报告，作为碳排放数据监测及记录的依据	重要	是
碳排放数据	数据记录	提示：碳排放数据记录员按照规定和识别的碳排放源，对碳排放数据进行及时、准确记录，确保最终核算的碳排放量准确	重要	是
	数据来源	提示：可以依据最新公布的碳排放因子数据，确保碳排放量的可信度和真实性	重要	是
	数据原件保存	提示：碳排放数据记录员将记录的数据原件按照规定做好保管和存档，为后续碳排放量验证提供依据	重要	是
	碳排放量核实	提示：可以通过不同数据源的交叉验证等内部审核和验证程序，确保碳排放量的真实性和准确性	重要	是
年度碳排放报告	报告编制	提示：碳排放管理员应当依据国家发展和改革委员会发布的碳排放报告编制模板进行报告的编制，确保报告格式规范、内容完整	重要	是
	报告审批	提示：编制完成的年度碳排放报告应当经碳排放管理部门负责人审批后由公司分管领导进行审批，实现逐级审批，分级管理	重要	是
	报告归档	提示：审批签字后的年度碳排放报告应当按照公司的档案管理要求进行归档保管，以备生态环境主管部门的核查之需	一般	否
说明	1. 初步评价是在调查了解的基础上对交易主要事项的初步判断 2. 初步评价工作程序不能代替实质性测试的程序，但可以简化（如减少样本抽样数量等）或为实质性测试提供线索、指引 3. 初步评价可根据井下煤矿生产环节碳排放实际工作流程调整后确定			

通过“井下煤矿生产环节碳排放业务初步评价表”分析评价后，审计人员合理判断审计重点、高风险领域，修订内部审计实施方案，调整审计内容，并重新定义样本量选取规则，以便获取充分、适当的审计证据。

【示例引导】

对内部审计实施方案审计内容的调整

经审前调查、初步评价后，井下煤矿生产环节碳排放专项审计主要内容调整为以下三个方面，分别为井下煤矿生产环节碳排放相关管理机制建立和运行的有效性、井下煤矿生产环节碳排放相关授权审批和决策的规范性、井下煤矿生产环节碳排放管理的规范性，主要内容如下。

1. 井下煤矿生产环节碳排放相关管理机制建立和运行的有效性

调整后的审计内容包括：第一，组织架构的合理性，主要是指组织机构设置是否科学合理，是否能够高效开展工作，部门职责是否清晰，各部门协作是否协调顺畅，职责权限是否涵盖井下煤矿生产环节碳排放全过程；第二，规章制度的合理性、实用性，主要是指是否建立了井下煤矿生产环节碳排放管理的相关规章制度，制度内容是否全面，是否与企业章程相吻合，是否明确了井下煤矿生产环节碳排放管理的程序和相关标准，审批权限、流程是否清晰，制度内容表述是否准确，是否存在歧义之处；第三，规章制度的落实情况，主要是指井下煤矿生产环节碳排放管理是否严格按照制度规定有效执行，是否存在有章不循导致制度形同虚设的情形。

2. 井下煤矿生产环节碳排放相关授权审批和决策的规范性

调整后的审计内容包括：第一，授权审核设置的合理性和决策的规范性，主要是指审批程序设置是否合理，是否做到分级管理、逐级审批；是否制定了碳排放核算方法，碳排放核算方法是否经过集体决策机制，碳排放源识别是否经过专业机构的认证，并出具认证报告。第二，决策机制落实的有效性，主要是指是否对决策的落实情况及时进行跟踪，是否按照决议要求开展工作，是否有定期反馈、汇报机制。

3. 井下煤矿生产环节碳排放管理的规范性

调整后的审计内容包括：井下煤矿生产环节碳排放管理的合规情况，主要有各个生产环节碳排放总量的分配及超标时的处置措施，碳排放监测设备的购置、使用、保管、校正、维修，碳排放源的认证并出具认证报告，碳排放数据质量控制计划的执行，碳排放数据的监测、记录、收集、分析、审核与验证，碳排放数据的上报，年度碳排放报告的编制、审批。具体审计内容应当根据企业在生产环节中的实际情况以及政府出台的政策规定来确定。

3. 审计测试

审计人员通过实施审计程序，获取充分、适当的审计证据，以此对井下煤矿生产环节碳排放管理发表审计意见。

对井下煤矿生产环节碳排放的内部审计属于管理审计的范畴，分为两个层面：一是内部控制制度设计有效性层面，二是井下煤矿生产环节碳排放的实际执行层面，即是否遵循法律法规、制度规定，是否满足合规要求等。具体实践过程中，审计人员对井下煤矿生产环节碳排放内部控制设计有效性和管理活动合规性及运行有效性一并进行测试，以提高工作效率，节约审计资源。其中，内部控制设计有效性可以为运行测试提供方向，决定运行测试的样本量和深度。

在审计井下煤矿生产环节碳排放内部控制设计有效性时，审计人员应当综合运用检查、询问、对标、横纵向对比、逻辑判断等方法进行测试，测试重点包括组织机构和职责是否清晰、是否存在职能交叉部分；规章制度是否建立健全，制度内容是否符合相关法律法规，制度之间是否存在内容交叉甚至矛盾的地方，制度管理逻辑、行文表述是否容易引起歧义；审批权限是否明确，流程是否清晰明了等。

在井下煤矿生产环节碳排放制度执行或管理有效性审计时（也可以称为实质性测试），审计人员应当综合运用询问、检查、观察、比较、分析性复核、重复验证、计算、穿行测试等方法进行测试，测试重点是井下煤矿生产环节碳排放管理活动的关键环节，主要验证法规的遵循、风险控制措施的落实情况、规章制度及审批程序的执行情况等。井下煤矿生产环节碳排放业务内部审计控制矩阵表如表 6-4 所示。

表 6-4　井下煤矿生产环节碳排放业务内部审计控制矩阵表

<table>
<tr><td>主责部门</td><td colspan="3"></td><td>索引编号</td><td>C</td><td colspan="2">页次</td><td></td></tr>
<tr><td>审计类别</td><td colspan="3">井下煤矿生产环节碳排放</td><td>审计人</td><td></td><td colspan="2">审计时间</td><td></td></tr>
<tr><td>审计期间</td><td></td><td colspan="2">截止日期</td><td>复核人</td><td></td><td colspan="2">复核时间</td><td></td></tr>
<tr><td>关键控制环节</td><td>控制方式</td><td>控制频率</td><td>抽样数量</td><td>审计测试要点</td><td>证据名称</td><td>测试程序</td><td>测试结果</td><td>索引</td></tr>
<tr><td rowspan="3">建章建制</td><td></td><td></td><td></td><td>企业是否根据国家碳排放有关规定，结合本企业实际情况，建立井下煤矿生产环节碳排放管理制度</td><td></td><td></td><td></td><td></td></tr>
<tr><td></td><td></td><td></td><td>井下煤矿生产环节碳排放管理制度是否存在内容缺失、内容矛盾或冲突、逻辑不清、表述不确切、审批权限不明、流程混乱等管理缺陷</td><td></td><td></td><td></td><td></td></tr>
<tr><td></td><td></td><td></td><td>规章制度在上会审议前是否经法律部门实施合规审查</td><td></td><td></td><td></td><td></td></tr>
</table>

（续表）

组织机构				是否设立井下煤矿生产环节碳排放管理组织机构，明确议事程序和管理权限				
				归口部门及参与部门职责是否明确，管理边界是否清晰				
				部门职能或岗位设置上是否存在不相容职务未分离情况				
碳排放总量分配				企业是否将碳排放总量按照合理的权重比例分配到井下煤矿生产各个环节				
碳排放监测设备				是否清晰地了解碳排放监测设备购置程序				
				是否对碳排放监测设备的使用情况、校正情况进行详细说明				
碳排放源认证				是否聘请有专业资质的认证机构对井下煤矿生产环节的碳排放源进行认证				
				专业人员是否具备专业能力能够对井下煤矿生产环节的碳排放源做出科学合理的判断，并出具专业认证报告				
				认证报告中是否包括所采取的认证方法，出具报告的依据及理由、格式是否符合要求				
碳排放量核实				选择的碳排放核算方法是否合理，是否符合数据质量控制计划的要求，是否可以具体到井下煤矿各生产环节				
				碳排放因子的获取方式是否依据公布的数据，其是否为最新数据，可信度和真实性是否可以保证，数据缺失时是否有应对措施				
				最终核算出来的碳排放量是否经过内部审核和验证程序，是否经得起推敲				
年度碳排放报告编制				碳排放管理部门编制的年度碳排放报告格式是否规范，内容是否完整				
				年度碳排放报告的审批程序和权限是否清晰明确				

（续表）

年度碳排放报告编制				碳排放报告是否进行了备份，归档管理是否规范				
				年度碳排放报告是否满足生态环境主管部门委托的第三方核查机构的核查要求				
说明	1. 本矩阵是根据井下煤矿生产环节碳排放主要程序编制，审计人员可根据井下煤矿生产环节碳排放实际工作流程调整后确定 2. 重要环节或高风险领域应当取得 100% 的样本进行测试							

井下煤矿生产环节碳排放业务内部审计工作底稿如表 6-5 所示。

表 6-5　井下煤矿生产环节碳排放业务内部审计工作底稿

<table>
<tr><td>主责部门</td><td colspan="4"></td><td>索引编号</td><td>C</td><td>页次</td><td></td></tr>
<tr><td>审计类别</td><td colspan="4">井下煤矿生产环节碳排放</td><td>审计人</td><td></td><td>审计时间</td><td></td></tr>
<tr><td>审计期间</td><td colspan="2"></td><td>截止日期</td><td></td><td>复核人</td><td></td><td>复核时间</td><td></td></tr>
<tr><td colspan="2">类别</td><td colspan="6">审计事项记录</td><td>证据索引</td></tr>
<tr><td colspan="2">一、审计依据及上级文件或制度</td><td colspan="6">1. 国家法律法规，如《企业内部控制应用指引第 4 号——社会责任》
2.《 × × 集团有限公司关于井下煤矿生产环节碳排放管理规定》（ × × 第 6 号）
……</td><td></td></tr>
<tr><td colspan="2">二、企业规章制度及文件</td><td colspan="6">规章制度制定情况。例如：公司建立了《 × × 煤矿井下煤矿生产环节碳排放管理办法（试行）》，简要记录制度核心内容及存在的问题等</td><td></td></tr>
<tr><td colspan="2">三、井下煤矿生产环节碳排放管理情况</td><td colspan="6">提示：
1. 组织机构设置及部门职责情况
阐述企业井下煤矿生产环节碳排放归口管理部门及职责权限，批准文件简述，明确内部决策机制和归口管理部门，明确决策层、管理层及各参与部门的职责权限、工作程序及汇报机制
2. 井下煤矿生产环节碳排放基本情况
简述审计期间企业井下煤矿生产环节碳排放管理事项，如截至 20 × × 年末，公司共购置碳排放监测设备 × 件，统计排放量 × 吨，编制年度碳排放报告 × 份等
3. 碳排放总量分配
取得井下煤矿生产环节碳排放总量分配方案，检查分配权重的合理性
4. 碳排放监测设备购置申请
取得碳排放监测设备购置申请表，检查申请记录的完整性，申请理由的充分性，审批记录的规范性
5. 碳排放监测设备使用、校正记录
取得碳排放监测设备使用、校正登记表，检查记录的完整性，登记的规范性</td><td></td></tr>
</table>

（续表）

三、井下煤矿生产环节碳排放管理情况	6. 碳排放源认证 取得碳排放源认证报告，检查报告内容的完整性，认证方式的合法性，碳排放源种类的齐全性，法律部门对报告的法律效力进行鉴别 7. 碳排放数据记录 取得企业制定的碳排放数据质量控制计划，碳排放管理员记录的碳排放数据原件，检查其是否对识别出的碳排放种类进行完整记录，时间和频次、单位等是否标注齐全，是否对异常波动数据进行了标注和上报，是否有涂改记录等 8. 碳排放量核实 取得碳排放数据原件和经过企业自身审核、验证的碳排放量数据，判断数据是否相吻合，检查企业对缺失数据处理的合规性和合理性 9. 年度碳排放报告编制 取得碳排放管理部门编制的年度碳排放报告，检查其格式是否规范、内容是否完整，是否经碳排放管理部门部长和公司分管领导审核，关注其审批环节的合规性，备份的报告与原报告是否一致，保管方式是否符合规范等 10. 其他影响审计结论的情况 关注井下煤矿生产环节碳排放业务其他重要的环节，并分析对审计结论的影响	
四、存在的问题	提示：分类揭示井下煤矿生产环节碳排放业务存在的问题，一般而言先从制度、机制入手，然后是主要环节，如碳排放总量分配，碳排放监测设备购置申请，碳排放监测设备使用、校正记录，碳排放源认证，碳排放量核实，年度碳排放报告编制等	
五、问题产生的原因分析	提示： 1. 审计组应当基于审计发现的问题类型、涉及业务领域、问题严重程度及影响后果进行深层次的原因分析 2. 审计人员可从政策、管理机制、井下煤矿生产环节碳排放管理模式等根源入手，注重从被审计事项经营理念、法治观念、治理环境及结构、发展思路与战略、制度流程、考核激励措施、员工胜任能力、管理基础水平、内部控制与风险管理机制等方面查找原因，重点分析是主观原因还是客观原因、是制度缺失还是有章不循、是体制机制不合理还是故意行为、是缺乏经验还是明知故犯、是探索性失误还是依然我行我素，分析井下煤矿生产环节碳排放合法依规意识是否牢固等	
六、造成的影响、损失	提示：结合审计发现的问题对造成的影响、损失进行判断。若存在《××公司井下煤矿生产环节碳排放管理办法》“第××条至第××条”所列内容，以及与反映生产效率有关的问题、有禁止以及违反规定存在明知故犯情形或动机不纯问题、管理不到位致使形成较大运营风险问题，应在审计过程中对“决策审批情况、违规情况、损失情况、责任界定情况”进行详细记录	

（续表）

七、审计发现的风险事项及管理建议	提示：风险事项主要指事项已发生，但结果具有不确定性，同时应不违规、不违法，尚未造成不良后果但若不及时纠正就存在损失风险可能性的事项 风险事项标题：审计发现的风险事项应当按照不同事项分条列示，每个风险事项均需提炼出标题。标题要体现风险事项的实质内容，不能简单地以提纲的形式描述 管理建议：针对揭示的风险事项，提出有针对性的管理建议	
八、重要事项披露	提示：披露重要事项主要为审计事项客观存在而无法凭借自身解决，需要提请上级管理层予以关注的事项，以及对井下煤矿生产环节碳排放管理有重大影响的事项，如重大诉讼，以往审计、巡视巡察发现的重要问题中未完成实质性整改的相关事项等 对以往审计发现问题的处理原则如下： 1. 已完成实质性整改的不重复反映 2. 对于造成损失或严重不良后果的问题，未予以追责的，可作为新问题另行反映，但需对问题事实、违规点及后果重新梳理并相应反映 3. 对处于整改中的重大问题作为披露事项进行反映，并将此情况纳入审计评价的基础信息范围	
九、审计建议	提示： 1. 审计建议应坚持标本兼治原则，从总体或长远的角度，针对审计反映的政策、体制、制度及其执行中存在的普遍性、倾向性、苗头性问题，提出加强管理、预防和堵塞漏洞、防范风险、促进整改等解决问题的具体措施和建设性的建议 2. 审计建议应当紧密结合被审计事项实际情况，操作性强，从根本上解决问题 3. 审计建议可从井下煤矿重点碳排放环节、新能源项目、高耗能设备改造、大额资金支付等方面入手，根据审计中发现的问题提出，且所提出的审计建议应当在报告中有相关内容的描述 4. 审计建议应当贴近煤矿企业管理层、生产领域，并突出班组作业操作领域，减少“高大上”空泛的套话，为煤炭企业提出有实用价值的管理建议	

审计测试工作结束后，项目审计组应当对井下煤矿生产环节碳排放管理情况进行综合评价，评价有关内容经分析、提炼后详细记录在评价工作底稿中，并根据情况在审计报告中反映。审计评价工作底稿由项目审计组自行拟定，本章略。

【示例引导】

某煤业有限公司碳排放内部审计综合评价示例

经审计测试后，审计人员整理有关审计证据，客观评价井下煤矿生产环节碳排放管理取得的工作亮点和存在的问题，审计评价内容主要包括：

（一）总体评价井下煤矿生产环节碳排放管理基本情况。先描述燃煤电厂碳排放基本情况，包括碳排放主要工作环节、技术研发情况、各项环保指标完成情况等，然后描述碳排放工作中取得的重要成绩及工作亮点，最后评价公司煤矿碳排放业务管理能力和实际执行情况。

（二）评价治理层面的合规性和有效性。包括但不限于规章制度建设、组织机构设置、部门职责和授权机制、重大决策部署和执行等情况。重点关注井下煤矿碳排放领域重大事项集体决策情况，大额资金支付联签与控制情况，各项决策对生产经营的影响，重要决策前置风险、合规、政策方面把控情况等。

（三）评价有关业务层面的合规性和有效性。包括但不限于碳排放监测设备购置申请，碳排放监测设备使用、校正记录，碳排放源认证，碳排放量核实，年度碳排放报告编制等，具体评价内容根据所执行的具体审计内容确定。

（四）评价井下煤矿生产环节碳排放业务保障体系的健全性和有效性。重点关注是否有效贯彻落实上级单位对井下煤矿生产环节碳排放业务的总体要求，以及井下煤矿生产环节碳排放业务中人、财、物等保障体系的规范性和有效性。

（五）其他重点关注的事项。

以上阐述了井下煤矿生产环节碳排放管理审计实施中的审前调查、初步评价、审计测试工作程序，审计沟通、审计评价（基本原则）、形成意见、审计结论、审计报告等内容详见 1.5 节，具体内容本章略。

6.3.3 井下煤矿生产环节碳排放审计常见问题

（1）分配到各个生产环节的碳排放总量权重比例设置不合理，未经过科学论证，可能出现某些生产环节碳排放总量富裕而某些生产环节碳排放总量紧缺的情况，进而碳排放总量富裕的生产环节为了节约成本将减少碳排放监测设备的使用频次，助长了碳排放数据弄虚作假现象的发生，最终使得企业遭受生态环境保护部门的处罚。

（2）碳排放监测设备校正记录未严格按照监测设备的校正计划展开，影响了碳排放数据的准确度。

（3）碳排放管理部门与碳排放源认证机构可能通过徇私舞弊的方式损害碳排放审计质量或碳排放管理部门未对碳排放源认证的过程进行全程监督，导致某些碳排放源没有被统计进来，最终计算出来的碳排放量出现差错。

（4）在碳排放量计算过程中依据的碳排放因子的可信度未经过验证，碳排放因子数据缺失时的应对方法不具有说服力。

（5）碳排放数据统计过程中，碳排放监测员未将异常的数据上报，自作主张进行数据的处理，可能导致最终的碳排放量核实过程中数据无法匹配。

（6）碳排放监测设备购置情况与实际不符，碳排放设备购置资金被挪作他用，监测过程中使用的仍是原来精确度不高且可操作性不强的设备。

（7）企业制定的碳排放管理制度中关于具体操作的流程内容较少，审批权限和具体规定等内容不够完整，降低了制度的实用价值，制度流于形式。

（8）生产环节识别出的碳排放源种类不全，未按照企业的实际情况及时进行调整和重新识别。

（9）碳排放归口管理部门未按照《中国煤炭生产企业温室气体排放核算方法与报告指南（试行）》中的格式编制年度碳排放报告，可能导致格式不规范，内容不全面。

（10）各井下煤矿生产单位未设置碳排放超标预警机制，导致各生产环节碳排放超标时无法及时采取措施。

（11）上级公司对各井工矿生产单位在生产环节碳排放超标的监管不力，处罚机制不完善，可能遭受环保部门的处罚。

（12）煤炭企业未根据企业的实际情况制定碳排放数据质量控制计划或未严格执行数据质量控制计划，数据的准确性可能受到影响。

（13）重视进尺、产量、利润、安全等硬指标，忽视环境保护、低碳的宣传和教育工作。

【案例介绍】

B 集团某矿生产环节碳排放审计

B 集团是集煤炭开采、加工、销售、电力生产、铁路运输、智慧矿山、循环经济为一体的大型现代化能源企业。

一、案例背景

B 集团为了深入贯彻落实《“十四五”国家审计工作发展规划》，实现集团低碳、清洁、高效、安全发展目标，确保国家碳达峰碳中和战略尽早实现，碳排放管理部门组织相关人员，对其所属某矿生产环节的碳排放进行了专项审计。

二、审计范围

B 集团某矿生产环节的碳排放。

三、审计目标

（一）确保煤矿生产环节的碳排放量达标。

（二）确保煤矿生产环节的碳排放总量核算过程规范，核算结果准确。

（三）确保碳排放管理部门编制的年度碳排放报告内容真实完整，审批流程清晰。

四、审计工作过程

（一）收集资料。

审计工作组收集了国家、地方有关碳排放的政策、法规。如《中国煤炭生产企业温室气体排放核算方法与报告指南（试行）》《碳排放权交易管理办法（试行）》《企业温室气体排放报告核查指南（试行）》《企业环境信息依法披露管理办法》等作为外部法规遵循的依据；取得 B 集团碳排放管理办法、节能减排管理办法、碳排放监测管理制度、碳排放应急处理预案机制、“三重一大”决策事项清单等有关规章制度，作为内部合规义务履行的依据。

（二）管理层访谈。

审计工作组根据审前调查了解的情况，确定了访谈对象，制定了管理人员访谈计划和时间控制表，按高层领导、中层领导及业务骨干分类编制访谈提纲 17 份，根据计划进行访谈，并根据访谈内容整理访谈记录，提炼出 30 项重点关注的审计领域。

（三）审计测试。

为确保集团煤矿生产环节碳排放程序符合规范要求，审计工作组取得集团批复的碳排放监测设备购置申请，检查审批记录是否规范，购置申请理由是否充分；取得碳排放监测设备使用、校正记录，检查记录内容是否与监测计划相吻合；取得碳排放数据管理台账，检查是否有修改痕迹、数据原件是否完好保存；取得各生产环节碳排放量核实文件，检查碳排放量交叉验证过程是否规范，数据是否能够匹配上；取得碳排放年度报告，检查报告的审批记录及报告内容所披露的内容是否完整准确。

（四）编制工作底稿。

审计工作组编制内部审计工作底稿，对审计工作内容进行书面记录。

（五）形成审计意见。

（六）审计结论。

1. 经审计，B集团某矿按照各生产环节以往碳排放总量的多少以及对碳减排政策的落实，分配到各生产环节的碳排放总量权重比例合理，且经过了充分、科学的论证。

2. 经审计，B集团编制的上一年度碳排放报告内容完整，格式规范，经过了由碳排放管理部门进行审核后公司分管领导进行审批的完整程序，且在公司的年度报告中进行了信息的充分披露，符合生态环境主管部门的审查要求。

3. 经审计，B集团某矿碳排放数据监测员未能严格按照认证机构认证的碳排放源进行碳排放数据的记录，数据记录不准确，数据记录原件残缺不全，与核查机构的数据不相符，数据检测管理混乱。20××年，××县环保部门下达了整改通知，并处以××元的经济处罚。

五、审计报告

略。

第 7 章

煤炭企业辅助生产领域碳排放内部审计

【导读摘要】

辅助生产是煤炭企业内部为煤炭采掘、生产而进行的产品和劳务供应，包括供配电、选煤厂、煤样化验室、给排水、供热、供气、辅助运输、通信、器材供应、维修、复垦绿化、后勤保障、炸药生产（自备炸药厂）等。本章以供配电领域、辅助运输领域、煤炭洗选领域、设备维修与检修领域、供热领域为例，阐述煤炭企业辅助生产领域碳排放重要环节，以便内部审计人员准确把握审计范围和工作重点。

7.1 辅助生产领域碳排放环节和内部控制

辅助生产是煤炭企业内部为露天剥离、巷道掘进、煤炭开采、商品煤生产而进行的产品和劳务供应，包括供配电、选煤厂、煤样化验室、给排水、供热、供气、辅助运输、通信、器材供应、维修、后勤保障等，是煤炭企业聚焦主业、专业化分工的作业组织安排。本节以煤矿企业供配电、辅助运输、煤炭洗选、设备维修与保养、供热为例，阐述煤炭企业辅助生产碳排放内部管理机制。

7.1.1 辅助生产领域碳排放简介

1. 供配电领域

一般情况下，大型露天煤矿或井工煤矿都会配置机电部门或供电公司，如 A 集团下设的供电公司承担着公司生产、生活供电的任务，负责供配电设备的检修、维护、保养的管理工作，管辖着 220kV 变电站 1 座、110kV 变电站 4 座、35kV 变电站 1 座。

在能源行业中，发电环节通常被认为是碳排放源头，但实际上，需求引致生产，在某种意义上电力负荷才是碳排放真正的源头。在电力系统中，碳排放流从电厂（发电厂节点）出发，随着电厂上网功率进入电力系统，跟随系统中的潮流在电网中流动，最终流入用户侧的消费终端（负荷节点）。表面上，碳排放是经由发电厂排入大气，实质上，碳排放是经由碳排放流由电力用户所消费[1]。

虽然理论上电力行业碳排放是由燃煤电厂（发电侧）引发，但是输变电环节电力建设也会产生碳排放。

为了控制煤炭企业供配电系统的碳排放量，企业应当从变电站建筑、输电线路碳排放分析与管理、碳排放理论学习三方面入手。

煤炭企业供电部门或单位应当根据《CECS 347:2014 建筑碳排放计量标准》（本章以下简称《标准》）新建、改建、扩建变电站建筑。《标准》采用全生命周期评价方法，从清单统计的角度和建筑信息模型的角度计算碳排放量，规定了从材料生产、施工建造、运行维护、拆解和回收的全生命过程中计算碳排放量的计算方法和指导，并提供相应的计算公式和统计表格、常用能源热值以及常用能源碳排放因子供核算方使用。煤炭企业供变电单位应当从设计、规划入手，实施电建工程全过程碳减排控制，降低输变电工程碳排放量。

如果煤炭企业存在输电线路工程和管理，应当运用基于过程的能耗及碳排放清单分析，对线路工程各阶段的能耗及碳排放进行研究，建立输电线路全寿命周期能耗及碳排放动态计算模型，对输电线路、基础设施信息、年度输送电量、运营阶段能耗及碳排放因子等进行管理，建立输电线路全寿命周期能耗及碳排放分析系统，实现模型算法。

煤炭企业供电部门应当加强碳排放政策和理论学习，掌握发电、输配电、用电等各阶段能源消耗和碳排放特点，通过各种方式宣传降低电力负荷对碳排放的作用和意义，如 A 集团某矿井上、井下变压器均选用低损耗节能变压器，以减少空载损耗，功率较大的电动机的启动方式均采纳软启动器，有效节省电能。

---

[1] 周天睿，康重庆，徐乾耀，陈启鑫 . 电力系统碳排放流分析理论初探 [J]. 电力系统自动化 . 2012(07).

【政策法规】

加强电力需求侧管理

国家发展改革委、环境保护部、能源局联合印发《煤电节能减排升级与改造行动计划（2014—2020年）》（发改能源〔2014〕2093号），对煤炭企业等电力需求单位提出政策引导意见：健全电力需求侧管理体制机制，完善峰谷电价政策，鼓励电力用户利用低谷电力。积极采用移峰、错峰等措施，减少电网调峰需求。引导电力用户积极采用节电技术产品，优化用电方式，提高电能利用效率。

2. 辅助运输领域

煤矿井下辅助运输系统是保证矿井产能、提高生产效率和保障安全生产的重要环节。煤矿辅助运输是指煤矿井下除煤炭运输以外的人员、机电设备、材料和矸石等的各种运输，肩负着综采工作面稳装与回撤、综掘工作面高效运料、作业人员快速安全下井等重任。煤矿井下辅助运输可分为轨道辅助运输和无轨辅助运输两种，轨道辅助运输以铺设双轨、增设齿轨、悬吊单轨为主要特征，采用架线电力、防爆柴油机、蓄电池、钢丝绳等为牵引动力；而无轨辅助运输则以胶轮或履带为行走机构，以防爆柴油机、蓄电池等为牵引动力。

轨道辅助运输碳排放主要来源于电力负荷、燃油尾气排放以及蓄电池充电能耗，采用低耗电的新技术、技术改造和燃油达标是降低碳排放的解决之道。无轨辅助运输碳排放主要来源于矿用无轨胶轮车。无轨胶轮车多采用防爆柴油机作为牵引动力，实现井上井下辅助运输。淘汰环保不达标的胶轮车，采用更加先进、高效的无轨胶轮车是无轨辅助运输降低碳排放的根本路径。如某公司根据2018年12月28日国家煤矿安全监察局《禁止井工煤矿使用的设备及工艺目录（第四批）》的规定，排气标准在国Ⅱ及以下的防爆柴油机，因技术落后、环保性差、尾气中有害气体严重超标、对环境造成严重污染，2020年对所属子公司127台国Ⅱ胶轮车停用，进行鉴定报废，全部更换为符合国家环保要求的先进的胶轮车，大大降低了矿区辅助运输产生的碳排放量。

【政策法规】

2018年12月，国家煤矿安全监察局发布的《关于发布禁止井工煤矿使用的设备及工艺目录（第四批）的通知》提出，禁止使用排气标准在国Ⅱ及以下的防爆柴油机，要求排放标准达到国三及以上排放标准的防爆柴油机。

3. 煤炭洗选领域

洗选煤是利用煤炭与其他矿物质的不同物理、物理 – 化学性质，在选煤厂内用机械方法除去原煤中的各种杂质，把它分成不同规格、质量的煤炭产品，以适应不同用户的要求。从定义上来看，选煤是从原煤中分选出符合用户质量要求的精煤的过程；洗煤则是将原煤中的杂质剔除，或将优质煤和劣质煤进行分门别类的一种工业工艺。

选煤的主要作用是：煤炭洗选可以去除大部分的灰分和 50% ~ 70% 的黄铁矿硫，减少煤对大气的污染，降低碳排放量，是清洁煤技术的前提；把煤炭分成不同质量、规格的产品，以适应不同用户要求，合理利用煤炭，节约用煤，减少无效燃烧导致的碳排放升高。

煤炭洗选领域碳排放主要是洗选过程中煤炭破碎产生的温室气体逸散，而煤炭破碎是不可避免的，因此，为降低企业的碳排放量，需要提升煤炭洗选后的产品质量，增加煤炭企业效益，降低企业的碳排放强度。煤炭洗选后的产品质量受到洗选设备性能、工艺的影响。采取先进技术装备，淘汰落后产能，优化选煤生产工艺，提高产品质量，成为减少碳排放源头的重要措施。如 A 集团的选煤厂年合计生产能力达到 6000 万吨，是我国特大型选煤厂之一。原煤破碎系统采用英国 MMD 公司生产的半移动式破碎站，将原煤破碎至 300mm 以下。另外，其洗选工艺采用跳汰洗选和重介浅槽洗选。A 集团通过先进的洗选装备和煤炭洗选高压智能节能器应用等节能改造技术，商品煤呈现“两高三低一稳定”特性（即灰熔点高、灰白度高、低水分、低硫分、低污染、质量稳定），属于长焰煤，是优质动力和化工用煤。

【政策法规】

国家推行煤炭洗选加工，鼓励利用清洁煤炭

《中华人民共和国大气污染防治法》规定：国家推行煤炭洗选加工，降低煤炭的硫分和灰分，限制高硫分、高灰分煤炭的开采。新建煤矿应当同步建设配套的煤炭洗选设施，使煤炭的硫分、灰分含量达到规定标准；已建成的煤矿除所采煤炭属于低硫分、低灰分或者根据已达标排放的燃煤电厂要求不需要洗选的以外，应当限期建成配套的煤炭洗选设施。

国家采取有利于煤炭清洁高效利用的经济、技术政策和措施，鼓励和支持洁净煤技术的开发和推广。

4. 设备维修与保养领域

煤炭企业设备维护、保养、检修等工作任务主要通过设置的机加车间、设备维修中心及坑口或井下维修班组承担，是煤炭企业重要的辅助生产单位之一。在设备维修、保养方面，主要的碳排放是电能消耗、燃油尾气排放和维修化学物质挥发和逸散等。电力消耗和燃油碳排放各章节均有论述，控制措施基本相同。在设备维修领域，排放的大气污染物主要包括颗粒物与 VOCs，维修过程尤其是喷涂操作过程中涉及多种有机溶剂的使用，调漆、运输等过程管理不到位，极易造成 VOCs 挥发逸散产生无组织排放。煤炭企业可通过维修工艺革新、更换维修技术装备，采用高性能环保清洁剂、油漆等措施，降低温室气体排放。如 A 集团引进高效智磁节电器，平均节电率 7.17%；装备数百台智能辅助维修设备的多设备集群智能系统，实现清洁高效维修；严格按照《挥发性有机物无组织排放控制标准》（GB 37822—2019）的要求，打磨、清洗、调漆、烘干、流平等工序均采用密闭设备或在密闭空间内操作，废气排至废气收集处理系统，清洗后的废液应密闭收集处理。

【政策法规】

设备维修、保养环保一般要求

《中华人民共和国环境保护法》第二十四条规定：产生环境污染和其他公害的单位，必须把环境保护工作纳入计划，建立环境保护责任制度；采取有效措施，防治在生产建设或者其他活动中产生的废气、废水、废渣、粉尘、恶臭气体、放射性物质以及噪声、振动、电磁波辐射等对环境的污染和危害。

5. 供热领域

生产、生活供热及采暖是煤炭生产企业（尤其是北方煤矿）重要的辅助生产。煤炭企业生产、建筑物采暖、洗衣洗浴等均需要热力供应，煤炭领域供热生产辅助必不可少。传统的供热一般采用燃煤锅炉产生热能，通过供热管道输送到需要部门，保障煤炭生产安全运行。但锅炉的煤炭燃烧会产生大量的碳排量，是煤炭企业碳减排的重要环节。因此，为了降低供热领域碳排放，企业主要通过综合利用、技术革新、淘汰燃煤锅炉等方式清洁供热，实现低碳减排或零碳减排。如山西某煤炭企业集团 M 煤矿对北一风井场地采用清洁供热，淘汰燃煤锅炉，利用矿井乏风余热，采用乏风热泵技术，解决了井口防冻问题；利用空压机冷却油余热，采用空压机余热回收技术，解决了建筑采暖问题，也提高了能源综合利用率，降低了企业的碳排放量。

【政策法规】

国家对燃煤锅炉供热的环保要求

《中华人民共和国大气污染防治法》对燃煤锅炉大气污染物排放做出规定：在燃煤供热地区，推进热电联产和集中供热。在集中供热管网覆盖地区，禁止新建、扩建分散燃煤供热锅炉；已建成的不能达标排放的燃煤供热锅炉，应当在城市人民政府规定的期限内拆除。

燃煤电厂和其他燃煤单位应当采用清洁生产工艺，配套建设除尘、脱硫、脱硝等装置，或者采取技术改造等其他控制大气污染物排放的措施。

国家鼓励燃煤单位采用先进的除尘、脱硫、脱硝、脱汞等大气污染物协同控制的技术和装置，减少大气污染物的排放。

7.1.2　辅助生产领域碳排放目标实现的方法

煤炭企业辅助生产业务繁杂、单位数量较多，内部审计在实施碳排放审计时，可详细分析各领域与碳排放高度相关业务，选择直接排放或高度相关的产业制定审计计划、确定审计范围和内容。辅助生产领域可通过如下方式实现碳排放目标。

1. 建立科学、高效的碳减排组织体系

为明确辅助生产单位的碳排放责任主体，辅助生产单位应当设置碳排放归口管理部门，并明确其职责。

辅助生产单位的碳排放归口管理部门一般为生态环境保护部。企业应当优化生态环境保护工作领导小组工作机制，强化监督贯彻执行国家和地方各级行政主管部门的环保、水保、生态、节能、碳排放管理政策方针法律和法规，全面部署辅助生产单位生态环保重大事项和重大活动等。环境保护主管部门负责单位日常节能降碳相关工作，指导监督基层生产作业班组完善岗位责任制，落实节能降碳具体管理工作等。

2. 加强碳减排研发投入力度

为拓宽辅助生产单位的碳排放管控方式，企业可根据国家财税政策支持，加大科技研发的投入，强化辅助生产领域的碳减排措施研发。

煤炭企业可通过挖掘节油、节电、节能潜力，逐步更新或淘汰能耗高的机电设备、燃煤锅炉，推动减污降碳协同增效。同时，应当聚焦重点用能单位，务实推进节能降碳升级改造，深化煤炭清洁高效利用效能和绿色低碳发展，推进露天煤矿卡车节油技术、运输优化设计、燃油添加剂应用、高压智能节电器应用节能项目；井工煤矿无轨胶轮车更新换代、瓦斯综合利用等项目。例如 A 集团针对性提出“节煤、节电、节水、节油”措施，优化矿卡发动机和电控系统参数，实施矿用大马力柴油机柴油混合氢气、氧气燃烧节油减排等项目，油耗降低目标 15%；引进高效智磁节电器，平均节电率达到 7.17%；优化除灰空压机运行方式，年可节约电量 330 万度；吨煤生产综合能耗控制在 3 千克 / 吨标准煤以内，远低于 8.2 千克 / 吨标准煤的露天开采行业限额，实现了“企业发展促节能减排，以节能减排促企业发展”的良性循环。

【政策法规】

《企业内部控制应用指引第 4 号——社会责任》第十三条规定：企业应当重视生态保护，加大对环保工作的人力、物力、财力的投入和技术支持，不断改进工艺流程，降低能耗和污染物排放水平，实现清洁生产。

3. 大力推广辅助生产单位碳减排经验

为夯实辅助生产单位的碳排放管控理论基础，企业应当总结辅助生产领域的碳减排经验，向广大员工特别是一线班组人员推广节能降碳经验、做法。

辅助生产单位可根据所提供产品或服务的性质，结合日常碳减排工作经验，总结出提高选煤质量的措施、降低设备维修环节碳排放的诀窍等，制定科学、合理的生产作业指导书，合理安排生产工艺、生产班次。如井工煤矿，可利用技术移荷节约用电，该方式即利用废弃巷道，进行蓄水池适当扩容，在电网低谷时段排水，达到节约电能的目的。此外，企业可整理、提炼有推广价值的经验与做法，凝结为公司具体规章制度，成为煤炭企业节能降碳遵循的依据。

4. 强化辅助生产领域碳排放监督考核

为有效落实辅助生产领域的碳排放管控，企业应当加强碳排放管控的监督与考核工作。

主要辅助生产单位可制定本单位降碳减排工作方案，并按内部管理规定进行分解落实，定期对碳减排工作进行分析，对存在的问题及隐患制定专项措施，确保各项工作按期完成。其他各单位要强化节能管控措施，逐级分解落实节能指标，将各项节能指标控制在煤炭企业总部下达的考核指标范围内。

煤炭企业可将节能降碳工作纳入单位经营业绩责任书、全面质量标准化考核体系进行考核；同时，将碳减排工作作为节能环保评先考评内容之一，结合各单位、部门实际完成情况综合评选。

【政策法规】

企业内部控制应用指引对奖惩机制的规定：企业应当建立和完善人力资源的激励约束机制，设置科学的业绩考核指标体系，对各级管理人员和全体员工进行严格考核与评价，以此作为确定员工薪酬、晋升、降级、辞退等的重要依据，确保员工队伍处于持续优化状态。

企业应当建立环境保护和资源节约的监控制度，定期开展监督检查，发现问题，采取措施予以纠正。污染物排放超过国家有关规定的，企业应当承担治理责任。

发生紧急、重大环境污染事件时，应当启动应急机制，及时报告和处理，并依法追究相关责任人的责任。

5. 培育辅助生产领域良好的碳减排文化

为落实辅助生产领域的碳排放管控举措，企业应当通过宣传、培训等方式，强化员工碳减排意识，形成全员参与的良好氛围。

企业可充分利用煤矿网站、微信公众号、报纸、学习手册、板报、班前传达等一切可利用的宣传媒介，大力开展碳减排工作的宣传，还可将碳排放管理纳入公司培训计划，强化节能降碳专业人才培养，营造浓厚的舆论氛围，提高企业员工对碳减排工作紧迫性、艰巨性认识，鼓励员工积极投身于这项工作并献计献策，全力推动煤炭企业碳减排工作蓬勃开展。

【政策法规】

企业内部控制应用指引对企业履行社会责任做出了明确规定：企业应当按照国家有关环境保护与资源节约的规定，结合本企业实际情况，建立环境保护与资源节约制度，认真落实节能减排责任，积极开发和使用节能产品，发展循环经济，降低污染物排放，提高资源综合利用效率。

企业应当通过宣传培训等有效形式，不断提高员工的环境保护和资源节约意识。

7.1.3 辅助生产领域涉碳风险识别与控制

辅助生产单位碳排放因子主要来源于所提供的产品或服务，有些属于直接碳排放，如无轨胶轮车燃油尾气排放；有些则属于间接排放，如电能消耗（终端负荷）。直接碳排放风险比较容易辨识，但间接碳排放风险较为隐蔽，需要技术专家通过分析准确识别。

在风险识别时，有关部门应广泛收集所属行业节能减排的政策、法规，国家、地方颁布的各种环保标准，如《山西省“十四五”节能减排实施方案》《山西省煤炭清洁高效利用促进条例》《内蒙古自治区“十四五”节能减排综合工作实施方案》等。

在制定风险控制措施时，主要研究形成风险的成因，风险发生的可能性和影响程度，准确进行描述，通过制定具体、有效的措施化解有关风险事项。辅助生产单位涉碳风险识别表如表 7-1 所示。

表 7-1　辅助生产单位涉碳风险识别表

序号	风险描述	应对措施
1	节能减排组织机构不健全，可能影响企业节能降碳目标的实现	1. 各辅助生产单位成立环境保护工作领导小组，负责预算审核、计划审批、实施方案审议、重大事项决策、监督考核等 2. 环境保护工作领导小组应下设办事机构，安排专职或兼职人员，具体从事节能减排等工作
2	忽视煤炭清洁生产和绿色低碳发展，重视短期利益，导致企业淘汰落后产能意愿不足，造成碳排放超标	1. 企业决策机构定期组织管理层国家政策层面的培训、学习，了解碳排放工作的时代背景，熟悉碳达峰和碳中和思路和机遇挑战 2. 制定企业战略规划，在规划中需明确新能源、节能减排、降碳等规划，实现短期利益与长远发展的结合

（续表）

序号	风险描述	应对措施
3	科研经费、人员投入不足，未能形成核心竞争力	对标煤炭行业先进企业，分析管理、技术差距，加大科研创新经费、人员投入，实现生产智能化、运营数字化、创新自主化、管理智慧化
4	未能将节煤、节电、节水、节油上升到履行社会责任的高度，仅以生产成本为目标，经济效益好时容易放松管理	各辅助生产单位除了设定成本考核目标外，还应加强职工教育、培训，养成日常随手节能的好习惯，并通过企业网站、微信公众号、学习手册、板报、班前会等各种形式广泛宣传国家“双碳”目标，促进职工自觉践行社会责任
5	缺乏燃油节能技术实施规划或计划实施不到位，导致矿用大卡车、无轨胶轮车节油技术落后，造成油耗上升	大型矿用机械设备是燃油消耗大户，不但影响生产成本，还对“双碳”目标实现构成较大影响，因此，企业应根据自身条件，合理制定节约燃油计划，提出节油技术开发方案，指定专门机构或人员负责研发或引进，实现节能环保的目标
6	煤矿运输线路设计不当，导致运距过长，消耗燃油，增加碳排放量	生产技术人员及时掌握采掘进度和产量，深入作业现场观察工作面，优化设计运输路线，尤其是露天煤矿，从采掘工作面到排土场有很长的距离，设计合理的行车路线，缩短运距，能够节省燃油，减少燃油尾气排放
7	培训、宣传不到位，职工未能树立起节能减碳的意识，降碳主动性差	1. 对管理人员加强法律法规、碳管理理论、碳排放工作的时代背景、碳达峰和碳中和思路和机遇挑战、碳排放权交易市场顶层设计、运行管理等方面的培训 2. 有条件的煤炭企业可以通过培养节能管理师、碳排放管理师等人才，组成环保内训师，开展碳排放权交易基础知识、碳排放核算与报告、注册登记系统使用、碳减排计划、监测计划及执行、碳排放日常管理等方面培训 3. 聘请碳减排有关专家、学者、大学教授等外部专业人士，讲解有关政策法规、碳管理理论和煤炭行业实践经验等
8	选煤厂生产工艺落后，商品煤灰分、硫分较高，导致煤炭燃烧产生大量温室气体	对标先进洗煤企业，结合自身资源禀赋，选择合适本企业实际的洗选工艺和设备，提高精煤、中煤质量，从源头上减少碳排放量
9	瓦斯未能得到综合利用，直接排向大气，造成碳排放量增加	1. 煤炭企业应统筹建设瓦斯抽采和利用设施，提高煤矿瓦斯抽采质量，严禁高浓度瓦斯排放 2. 矿井规划建设时，配套建设瓦斯抽采和利用设施，确保高瓦斯矿井循环经济等高价值综合利用 3. 低瓦斯煤炭企业应当以环境治理为己任，采用发电、制热、乏风蓄热氧化等方式开展低浓度瓦斯利用
10	未能及时总结工作亮点和降碳经验，影响节能降碳有效措施的推广	辅助生产单位环境保护主管部门及时总结经验，发掘节能降碳工作亮点，形成推广材料，经企业决策机构批准后，印制成宣传册、网页文章、手册进行宣传，或提炼形成单位制度，供企业员工遵守执行，或撰写论文、编撰书籍，向社会推广降碳经验、做法

（续表）

序号	风险描述	应对措施
11	节能降碳考核指标设置不合理，或考核不认真，可能导致节能降碳考核流于形式	1. 辅助生产单位可制定本单位节能考核指标，将各项节能指标控制在企业总部下达的考核指标范围内 2. 煤炭企业可将节能降碳工作纳入单位经营业绩责任书、全面质量标准化考核体系进行考核 3. 将碳减排工作作为节能环保评先考评内容之一，结合各单位、部门实际完成情况综合评选
12	设备检修、保养活动中产生的废气、废水、废渣、粉尘、恶臭气体、放射性物质处置不当，可能导致环境污染、碳排放超标	1. 严格按照质量控制标准作业，加强检修、保养过程控制 2. 维修工艺革新、更换维修技术装备，采用高性能环保材料维修、保养 3. 建立废油、废料等处置机制，合理处理维修、保养过程中产生的废弃物质对环境的污染和危害
13	……	……

7.2 辅助生产单位碳排放审计重点

辅助生产单位碳排放审计可以和其他审计一并进行，以节约审计资源，提高审计效率，对于重点排放单位则可以安排专项碳审计，煤炭企业可以根据生产规模和重要性原则选择审计方式。辅助生产单位碳审计重点可从科技创新与技术改造管理情况、研发经费使用情况、工程项目的规范性、采购活动的规范性、碳减排措施的执行情况、碳减排文化宣传情况、碳排放管理考核情况等入手，检查辅助生产单位碳管理的合规性、有效性。

1. 科技创新与技术改造

本节所指的科技创新和技术改造仅指辅助生产单位内部的生产工艺、技术装备等的研发和工艺改造，审计人员可在履行公司层面整体科技创新审计时，进行主要辅助生产单位延伸审计，通过一个专项审计活动，实现科技创新和技术改造专项审计的全面性。

科技创新与技术改造审计重点:（1）制度的健全性与有效性。是否建立有关项目管理的制度或办法，制度内容是否存在问题。（2）是否有预算做保障。是否编制科技创新与技术改造专项预算，是否与年度重点工作相匹配，是否经有效审批。（3）规划、计划、决策、方案的完整性与科学性。是否制定科技创新或技术改造发展规划或年度计划；重大项目决策前是否经风险评估、合规性审查，是否按“三重一大”等决策制度履行集体决策程序等；是否制定重大突发事件应急预案等。（4）项目实施的规范性。项目过程控制或监管是否到位、规范；研发类项目结题、验收是否规范；资金支付是否符合财务规定等。

2. 研发经费使用情况

辅助生产单位科研经费预算与资金使用、资产管理等是科研项目管理的重点，内部审计人员实施审计程序时，应当将决策审批和会计控制结合检查，防范经费挪作他用、违规购置消费品等风险。

有关研发经费的审计重点：（1）研发经费拨付。经费拨付申请是否经有效审批。（2）研发经费使用。是否明确研发经费使用管理规则；经费使用申请是否经有效审批；为研发而购置的资产管理和处置的规范性。（3）研发经费支出。研发资金支出是否与研发合同或合作协议相匹配。（4）研发经费的账务处理。会计账务处理是否规范，付款依据（凭证附件）是否齐全、有效等。

3. 工程项目的规范性

本节所述的工程项目，是指为实现“双碳”目标而新建、改建、扩建建筑、安装工程。如低瓦斯矿井综合利用项目、乏风余热利用项目、兴建智能化选煤厂、矸石山改造等。

审计人员在执行涉及“双碳”目标的工程项目审计时，应当按照基建工程跟踪审计的方法和思路，对工程项目全过程进行审计，包括工程立项、决策、质量、进度、安全、资金、验收等，可采取穿行测试的审计方法验证涉碳工程项目管理的有效性、合规性。

涉及“双碳”目标的工程项目审计重点：（1）工程招标的规范性。施工单位、监理单位选择是否按照单位采购管理制度或招标管理规定执行；工程招标是否违反国家招标法或单位制度有关规定。（2）工程施工管理的有效性。工程变更是否有现场签证并履行有效审批程序；工程物资是否经监理人员签字后进入施工环节；工程验收是否规范。（3）工程资金使用的规范性。工程进度款拨付是否符合有关规定；工程结算（决算）是否合规。（4）工程档案管理的规范性。工程档案管理是否规范，相关文件是否完整、是否真实、有无妥善保管等。

【政策法规】

《企业内部控制应用指引第 11 号——工程项目》对企业工程建设提出管控要求：企

业应当制定和完善工程项目各项管理制度，全面梳理各个环节可能出现的风险点，规范工程立项、招标、造价、建设、验收等环节的工作流程，明确相关机构和岗位的职责权限，确保可行性研究与决策、概预算编制与审核、项目实施与价款支付、竣工决算与审计等不相容职务相互分离和制约，强化工程建设全过程的监控，保证工程项目的质量和进度。

4. 采购活动与仓储管理的规范性

本节所指的采购活动，是指为实现“双碳”目标而购入的节能环保设备、引进节能降碳技术、购置节油器材及其他智能节能降碳器具等。

涉及“双碳”目标的采购活动审计重点：（1）采购物资的必要性。生产工艺先进性论证是否充分，工艺水平处于国际或国内哪个阶段，未来被淘汰或落后周期论证是否充分等；设备选型是否严谨，是否经充分的调查研究、科学论证和比较，各类环保节能器材是否达到预期目标。（2）采购计划与实施的规范性。采购计划或申请是否经有效审批；限额以上重要资产购置是否履行招标程序，招标过程是否规范；单一来源采购是否符合规定的条件，商务谈判组织是否合理、有效，记录是否完整，参与谈判的各方代表是否签署意见等；采购合同是否经法务、财务、技术部门等相关部门会签，合同签订程序是否合规；采购过程是否得到有效跟踪和管理。（3）采购验收的规范性。采购验收是否规范，厂家代表、采购人员、仓储人员是否在物资移交清单上签字，入库单填写是否齐全、保管员签字是否清晰。（4）采购物资仓储管理的有效性。物资出库领用的规范性，是否经有效审批后出库使用；库存物资保管情况，是否存在“冷背残次”现象，物资盘点是否账实相符，各类物资、器材排架、堆放是否整齐等。（5）采购资金使用的规范性。采购资金是否按照合同约定及时支付，是否存在恶意不履行支付义务情况，造成债务风险。其他审计内容可根据具体采购事项调整，也可参照内部控制有关规定确定审计内容。

【政策法规】

《企业内部控制应用指引第7号——采购业务》规定：企业应当结合实际情况，全面梳理采购业务流程，建立和完善采购业务相关的管理制度和办法，统筹安排采购计划，明确请购、审批、购买、验收、付款等环节的职责和审批权限，按照规定的审批权限和程序办理采购业务，定期检查和评价采购过程中的薄弱环节，采取有效控制措施，确保物资采购满足企业生产经营需要。

5. 碳减排措施的执行情况

辅助生产单位组织开展节能减排小攻关、小发明、小创造等形成的碳减排措施，应当积极整理并提炼，在单位相关领域、岗位推广，并通过学习、师带徒、岗位培训等手段，提高岗位操作技能，熟练掌握节能设备、器具使用方法，最大限度实现节能降碳效果。

节能降碳措施的执行情况审计重点:（1）技措方面。各项节能降碳措施制定情况。（2）宣传方面。岗位教育培训计划及执行情况。（3）日常管理方面。日常生产作业监督检查情况，如工作日志管理、交接班管理、设备及器具维修、保养管理、降碳设备报废处置与更新管理等。（4）分析改进方面。节能降碳效果分析情况，如采用措施前后节能降碳效果的基期对比分析等，根据分析结果，改进管理水平，提高碳排放管理能力。

6. 碳减排文化宣传情况

加强辅助生产单位职工“碳达标碳中和”培训、宣传工作，树立起节能减碳的意识，帮助管理人员和专业技术人员不断补充、拓宽、深化、更新碳知识，促使员工发扬主人翁精神，主动参与降碳行为，对“双碳”目标的实现具有重要意义。

“双碳”目标宣传、培训审计重点：辅助生产单位是否根据上级单位年度培训计划组织分解并落实本单位的“双碳”目标宣传、培训工作；教育、培训工作组织是否得当，培训对象是否涵盖单位领导层和职工层；是否开展培训效果评估等。

7. 碳排放管理的考核情况

辅助生产单位应当建立科学的节能降碳考核指标体系，对各级管理人员和全体员工进行严格考核与评价，发挥绩效考核对调动员工节能降碳积极性的引导作用，激励人才奋发进取的创造精神。

节能降碳考核的审计重点:（1）考核机制及指标设计方面。单位是否建立绩效考核管理制度；节能降碳考核指标体系是否科学合理，在整体绩效考核权重中的分配情况是否合理；是否建立考核申诉机制。（2）考核具体落实方面。是否按照制度要求严格执行考核程序，考核是否具有客观、公正性，考核结果是否经单位领导审批；考核申诉渠道是否明确并畅通。（3）考核结果运用情况。考核结果运用是否与薪酬及奖金的分配相挂钩，考评结果是否应用于改进工作管理、职务调整、培训与再教育、员工职业生涯规划等方面。

7.3 辅助生产单位碳排放相关业务内部审计实施

7.3.1 具体审计目标

“双碳”目标下，碳排放审计应当协助辅助生产单位改善生产工艺，淘汰落后产能，培育良好的降碳意识，落实环境保护责任。通过对各单位碳排放行为的激励、监督与约束，纠正辅助生产单位违背“双碳”目标的行为，并发现减排空间。

具体而言，辅助生产单位碳排放审计目标是：确保辅助生产单位节能降碳等环保制度健全有效、各项节能降碳措施有效执行；保证节能降碳等研发经费不被挤占、挪用；确保节能降碳有关工程项目、采购活动等守法合规，风险可控；保证教育、培训有效，内部激励约束机制健全、执行有力。

7.3.2 审计工作程序

开展辅助生产碳排放内部审计，一般程序包括审前调查、初步评价、审计测试、审计沟通、审计评价、形成意见、审计结论和编制审计报告等。具体审计程序如表 7-2 所示。

表 7-2 碳排放预算内部审计程序表

主责部门			索引编号		页次	
审计类别	辅助生产碳排放		审计人		审计时间	
审计期间		截止日期		复核人	复核时间	
序号	审计程序	具体审计程序		工作底稿索引编码	执行情况说明	
1	审前调查	对纳入审计范围内的辅助生产单位碳排放管理情况进行调查了解		A		
2	初步评价	对辅助生产单位碳排放管理情况进行初步评价，确定重要性水平及审计内容		B		
3	审计测试	运用各种审计方法，实施审计测试		C		
4	审计沟通	对辅助生产单位碳排放管理存在的问题进行沟通、核实情况或确认		D		
5	审计评价	对辅助生产单位碳排放管理的合规性、有效性进行分析和评价		E		

（续表）

6	形成意见	在审计工作底稿中记录审计意见	F	
7	审计结论	形成审计结论，为发表审计意见做准备	G	
说明	1. 每一个审计程序可细分为若干具体程序 2. 上述审计程序可结合进行，以提高审计工作效率 3. 执行每一步骤后，应填写“执行情况说明”一栏			

1. 审前调查

审前调查，就是对辅助生产单位碳排放管理机制和运行情况进行调研了解。辅助生产单位碳排放管理调查工作是在内部审计准备阶段进行的，涉及的调查方法很多，主要有规章制度阅研法、业务流程分析法、管理层访谈法、专题会议法、专家论证法、调查问卷法、风险预判法、实地观察法等，这些方法各有特点，适用于不同的审计环境，往往综合运用，以实现审计目的。本文以审计访谈为例，阐述对辅助生产单位碳排放管理的调查了解，以便为内部审计工作提供有价值的信息。

（1）审计访谈目标。

审计访谈工作旨在全面了解辅助生产单位碳排放重点环节、实施的节能降碳措施、相关管理流程和审批权限等内容，挖掘辅助生产单位碳排放管理的工作亮点，分析当前存在的不足和薄弱环节，为客观反映辅助生产单位碳排放管理合规性、有效性提供方向性线索。

（2）明确访谈对象。

煤炭企业辅助生产单位较多，业态分布也较广，涉及服务、供热、供电、供水、炸药生产、辅助运输、修理修配等行业，审计人员可根据具体审计范围确定访谈对象。一般而言，访谈对象包括：辅助生产单位主要负责人、分管领导、归口管理部门领导、业务主管及骨干员工等。

（3）编制访谈提纲。

审计人员应根据审计工作计划和审前调查结果编制审计访谈提纲，访谈内容应与审计目的密切相关，重点了解所属单位生产工艺情况、碳排放关键环节、环境保护规章制度建设及执行情况、宣传培训情况、上级要求及相关决策落实情况等。下面以对归口管理部门总体了解为例，阐述辅助生产领域碳排放审计访谈提纲编制方法。

××单位碳排放专项审计访谈提纲（示例）

被访人	××	部门	××部	职务	部长
时间	20××年××月××日	地点	办公室	访谈人	××

访谈说明：

根据公司安排，项目审计组正在对单位的碳排放管理情况实施专项审计，此次访谈将通过对话交流的方式进行，主要目的是协助我们深入了解单位碳排放内部管理情况及存在的不足，借此提出客观、真实的审计结论，改善单位碳排放管理水平，实现“双碳”战略目标。

访谈内容：

- 请介绍一下单位生产经营特点及主要生产工艺，在哪些生产环节存在二氧化碳排放？
- 国家颁布的哪些碳减排政策对我们适用？
- 单位是否建立节能减排规章制度？执行效果如何？
- 请介绍一下单位节能减排组织机构设置及部门职责情况。是否存在职责不清、相互掣肘的情况？
- 单位年度碳排放管理资金投入是否充足？您如何理解碳减排社会效益和经济效益的关系？
- 贵单位实现碳达峰碳中和目标的保障措施是什么？
- 单位在审计期间是否发生过碳排放有关重大事项？请您介绍一下决策程序，形成了哪些输出文件？决策是否有跟踪、反馈机制？
- 在碳排放管理过程中，您认为最大的风险是什么？
- 请您谈一谈单位节能环保、低碳减排工作存在哪些问题，您对我们审计给予的希望是什么？
- 您认为单位碳排放管理中最大的工作亮点或所取得的突出成绩是什么？

……

（4）整理访谈成果。

访谈过程中，审计人员应完整记录与被访谈对象的全部访谈内容，形成访谈记录。访谈结束后，应于两个工作日内整理完善访谈记录，并交由被访谈对象确认签字，签字后与其他审计资料一同存档备查。项目审计组应在全部访谈工作结束后，对访谈内容进行汇总、总结，分析审计对象碳排放重点环节存在的问题、技术改造和重点辅助生产关键事项，并对可能出现的审计风险进行评估，提出调整审计程序和方法的建议。

2. 初步评价

审计人员对辅助生产单位碳排放管理初步评价，可以通过初步评价表进行，并细化具体审计工作计划、调整审计实施方案，其主要目的是初步识别碳排放管理领域审计风险及审计重点测试的内容，并决定实质性测试的方法和样本量。

审计人员在运用风险评估方法进行初步评价时，应当运用分析性程序，了解碳排放基本情况及其环境，管理层风险偏好和可承受度，以及管理层对国家“双碳”政策的认知和积极态度等。审计初步评价除了关注本章风险识别与控制所列举的可能发生的风险外，还应当关注已经发生的风险事件，分析影响程度并决定是否将其作为审计工作底稿审计发现的风险事项揭示。

初步评价可以结合审前调查程序一起进行，也可以独立开展。碳排放预算管理初步评价表如表 7-3 所示。

表 7-3　辅助生产领域碳排放审计初步评价表

主责部门				索引编号	B	页次	
审计类别	辅助生产单位碳排放管理			审计人		审计时间	
审计期间		截止日期		复核人		复核时间	
初评领域	评价事项	描述评价事项				重要性水平	是否披露
风险评价	潜在风险事项	辅助生产单位环境保护人才匮乏，缺乏有效管理，导致上级单位各项碳减排指标难以完成，影响企业整体“双碳”目标的实现				—	—
		缺失节能减排规章制度，导致节能减排规章无章可循				—	—
		……				—	—
	已经发生的风险事件	示例：单位 20×× 年洗煤设备环保升级改造项目经上级同意，厂党委会前置、厂务会决策批复。采购管理部门按照工作流程实施采购，由于供应商资金出现严重问题，导致无法按期排产，主管部门疏于设备购置沟通、协调、催货，后该供应商资不抵债申请破产，合同无法履行，公司可能损失预付款 86.81 万元，并影响碳排放计划的实现				重要	是

（续表）

……	……	提示：根据审计事项具体内容确定	视情	视情
说明	1. 初步评价是在调查了解的基础上对碳排放主要事项的初步判断 2. 初步评价工作程序不能代替实质性测试的程序，但可以简化（如减少样本抽样数量等）或为实质性测试提供线索、指引 3. 初步评价可根据碳排放实际工作流程调整后确定			

通过“辅助生产领域碳排放审计初步评价表”分析评价后，审计人员合理判断审计重点、高风险领域，修订内部审计实施方案，调整审计内容，并重新定义样本量选取规则，以便获取充分、适当的审计证据。

【示例引导】

对内部审计实施方案审计内容的调整

经审前调查、初步评价后，辅助生产领域碳排放审计内容增加低浓度瓦斯综合利用项目的审计内容，对工程前期选址、调研论证、可行性研究、立项审批、工程建设、物资采购等重点环节实施审计，并重点关注工程招标、工程变更审批、合同签订和履行、工程结算等业务的合规性。增加辅助生产单位节能降碳设备、器材购置的合规性，重点审计：采购业务主要涉及编制需求计划和采购计划、请购、选择供应商、确定采购价格、订立采购合同、管理供应过程、验收、退货、付款、会计控制等环节。

3. 审计测试

审计人员通过实施审计程序，获取充分、适当的审计证据，以此对碳排放预算审计目标发表意见。

辅助生产单位生产或服务涉及“双碳”目标的内部审计，规模较大的重点排放单位可制定专项审计工作计划，其他间接碳排放或非主要辅助生产单位一般可通过公司层面的碳审计适当延伸至相关单位，以节省审计资源，提高审计工作效率。

辅助生产单位涉及“双碳”目标的内部审计程序和其他专业领域的审计方法一致，审计内容根据审前调查结果确定，具体审计操作按照企业内部审计管理规定，如工程项目审计可借鉴基建工程跟踪审计方法，采购活动审计可借鉴内部控制审计方法，其他审计事项均在各章节有详尽的阐述，本节不做赘述。

第8章

自有燃煤电厂碳排放审计

【导读摘要】

我国以煤为主的能源结构短期内难以根本改变，完全淘汰燃煤电厂是不现实的。因此，煤炭企业自有燃煤电厂应当有序安全降碳。在党中央的部署下，燃煤电厂深入实施煤电节能减排升级改造，以有效减缓电力二氧化碳排放总量的增长。但是，发电和供热行业二氧化碳排放量占全国排放量的比重超过40%，仍是全国二氧化碳排放的重点行业。

为有效推进煤炭企业进行煤电机组节能降耗改造、碳排放监测等碳排放管理，内部审计应当发挥监督、评价、服务等职能，通过对煤电机组节能升级和灵活性改造程序、改造后碳排放情况监测、各项指标达标情况、碳排放的财务处理等方面进行审计，推动煤炭企业的自有燃煤电厂顺利完成碳达峰碳中和工作。

8.1 燃煤电厂碳排放内部控制

8.1.1 燃煤电厂碳排放简介

燃煤电厂的碳排放源主要有化石燃料燃烧排放、脱硫过程排放、二氧化碳捕集封存过程排放、外购电力排放、运输工具排放、商务出差排放、办公设施排放等。其中，直接排放有化石燃料燃烧排放、脱硫过程排放、二氧化碳捕集封存过程排放、运输工具排放。间接排放有外购电力热力排放、商务出差排放、办公设施排放。

其中，主要的碳排放源包含：（1）化石燃料燃烧排放。包括煤炭燃烧排放、燃油燃烧排放。（2）脱硫过程排放。指使用石灰石－石膏湿法脱硫技术产生的二氧化碳排放，其他如氧化镁法、碱法等脱硫技术并不涉及二氧化碳排放。（3）外购电力排放。指发电厂在机组启动前及启动过程中从电网输送来以供应辅助设备（如风机、水泵等）而间接产生的碳排放。另外，煤炭企业使用二氧化碳捕集封存设施的，需要监测二氧化碳捕集封存过程中产生的碳排放。

【政策法规】

燃煤电厂清洁生产

《中华人民共和国大气污染防治法》第四十一条规定：燃煤电厂和其他燃煤单位应当采用清洁生产工艺，配套建设除尘、脱硫、脱硝等装置，或者采取技术改造等其他控制大气污染物排放的措施。

国家鼓励燃煤单位采用先进的除尘、脱硫、脱硝、脱汞等大气污染物协同控制的技术和装置，减少大气污染物的排放。

8.1.2 燃煤电厂碳排放管理机制

1. 燃煤电厂碳排放组织结构

燃煤电厂可设置独立的碳排放归口管理部门，或指定有关部门承担碳排放管理工作。燃煤电厂建立组织架构应当具备以下特征：管理集中、系统协调、职权分明。

碳排放归口管理部门应当作为企业组织架构的组成部分，行使统一协调、综合管理的职能。设置碳排放归口管理部门应当坚持集中管理、综合协调的原则，即由于燃煤电厂碳排放管理的重要性，应设置独立的部门统一集中管理碳排放工作，指导、监督各部门执行有关碳排放工作，重大事项应当遵循集体决策原则。燃煤电厂碳排放管理应当与其他部门共同协作、共享信息，由归口管理部门牵头开展碳排放工作，协调各方面关系，调动企业人力、资源、财务，形成各司其职、各负其责、相互制约、相互协调的工作机制，防止工作推诿扯皮，运行效率低下。

管理机制与工作职责如下。

（1）燃煤电厂可成立环境保护领导小组，统一领导、指挥碳排放及其他环保工作，领导小组组长一般由厂长担任，成员由班子成员、各部门负责人组成，主要负责：组织贯彻落实上级相关制度并组织制定碳排放管理制度；编制碳排放管理工作规划；审批碳排放年度工作计划；审议碳排放年度预算；组织讨论碳排放技术改造措施和方案；组织碳排放及环境保护绩效考核与奖惩等。

（2）燃煤电厂设置归口管理部门，统一管理电厂的碳排放管理工作，对环境保护领导小组负责，主要工作职责：落实电厂碳排放目标责任制；组织开展碳排放计量、碳排放监测、碳信息统计、能耗限额、减排评估、报批、减排措施落实、减排技术研发等工作；拟定碳排放年度工作计划；组织编制碳排放年度预算并合理分解；组织制定碳排放技术改造措施和方案；开展碳排放及环境保护绩效考核工作；其他碳排放管理工作。

2. 燃煤电厂碳排放制度建设

为规范燃煤电厂各部门、员工碳排放行为，企业应当建立健全碳排放管理规章制度，使各项碳排放工作有章可循，实现燃煤电厂碳排放总量控制目标。

燃煤电厂的碳排放管理规章制度主要包含以下内容。

（1）煤电机组升级改造制度。自有燃煤电厂应当制定与煤电机组升级改造相关的制度与流程。主要包含项目投资、立项可行性研究报告编制、相关部门的评审和把控、决策审批、重大事项的确定和集体决策等事项。

（2）碳排放核算制度。燃煤电厂应当制定与碳排放核算相关的制度。主要包含碳排放量的监测、核算、统计、报告、分析应用、数据统计、汇报等工作。电厂排放统计表如表 8-1 所示。

表 8-1　电厂排放情况统计表

机组 项目	装机容量（万 kWh)	发电量（亿 kWh）	发电量同比（%）	碳配额（万吨）	碳排放量（万吨）	碳排放量同比（%）	碳排放强度（g/kWh)	碳配额余量（万吨）
A 电厂								
B 电厂								
C 电厂								
年度减少 CO_2 排放量（万吨）				减排幅度（%）				

（3）碳排放考核制度。燃煤电厂应当坚持正向激励和反向约束相结合的原则，建立与碳排放管理考核相关的制度。主要包含绩效考核组织体系、碳排放绩效考核指标设置、绩效考核周期、考核结果应用等。

3. 燃煤电厂碳排放授权审批机制

燃煤电厂对碳排放业务的授权审批可按照“统一领导、分级行权”的原则设置。重大决策坚持党的领导、集体决策。如煤电机组升级改造等重大项目，立项应当由厂党组织前置讨论，法律部门开展合规审查，风控部门进行风险评估，财务部门组织经济性审核，技术部门组织可行性论证等，然后提交决策机构集体审议、批准。一般性事项可授权厂长、总工程师、其他分管领导审批，日常事务性工作可授权归口管理部门负责处理。无论哪种授权方式，均应当体现授权合规、合理，以提高决策效率、质量，提高工作效率和效果为根本。

4. 燃煤电厂碳排放监测报告机制

发电企业应建立完善的碳排放监测与报告机制，及时收集、整理燃煤电厂的碳排放数据，并确保数据的准确性，以利于燃煤电厂更好地完成碳排放控制工作。监测机制方面，应重点关注监测频率和监测方法：电厂应在指定日期和时间段内进行碳排放监测，并定期对数据进行汇总，如有必要，可进行额外的数据采集；应采用经国家或发电侧普遍认可的温室气体排放监测方法开展测量工作。比如，在燃煤电厂生产运行中，要定期检查锅炉燃烧系统的运行情况、燃料系统运行情况、废水处理系统运行情况等，采用相应的监测方法对碳排放量异常变动进行预警，发现问题后要及时进行整改，以确保燃煤电厂锅炉燃烧系统的正常运行，以降低燃煤电厂锅炉燃烧过程中的碳排放量。报告机制方面，应关注报告的及时性和准确性：一方面，从管理和机制入手，将碳排放报告要求融入生产经营管理的全过程中，并结合信息化手段，实现碳排放数据的快速采集、处理，以保障报告的及时性；另一方面，要建立完善的碳排放数据审核制度，确保燃煤电厂能够准确获取碳排放数据。另外，要定期对碳排放监测与报告机制进行测试和完善，以保证其能及时发现并纠正存在的问题。

【政策法规】

温室气体排放报告管理

《关于做好2023—2025年发电行业企业温室气体排放报告管理有关工作的通知》(环办气候函〔2023〕43号)有如下规定。

……

（三）组织开展月度信息化存证

组织重点排放单位，按照《核算报告指南》等要求，在每月结束后的 40 个自然日内，通过管理平台上传燃料的消耗量、低位发热量、元素碳含量、购入使用电量、发电量、供热量、运行小时数和负荷（出力）系数以及排放报告辅助参数等数据及其支撑材料。

（四）组织报送年度温室气体排放报告

组织重点排放单位于每年 3 月 31 日前通过管理平台报送上一年度温室气体排放报告。其中，2022 年度温室气体排放报告，按照《企业温室气体排放核算方法与报告指南 发电设施（2022 年修订版）》（环办气候〔2022〕111 号）要求编制；2023 和 2024 年度温室气体排放报告，按照《核算报告指南》要求编制。

2022 年度全国电网平均排放因子为 0.5703 CO_2/MWh。后续年度全国电网平均排放因子如有更新，将由我部在当年年底前另行发布。

（五）组织开展年度排放报告核查

组织有关技术支撑单位或委托第三方技术服务机构，按照《企业温室气体排放报告核查指南（试行）》（环办气候函〔2021〕130 号）和《企业温室气体排放核查技术指南 发电设施》（环办气候函〔2022〕485 号）要求，通过管理平台进行文件评审，开展现场核查并线上填报核查信息、编制核查报告，确保核查全过程电子化留痕，于每年 6 月 30 日前完成对重点排放单位上一年度温室气体排放报告的核查及管理平台填报工作。核查结束后，省级生态环境部门应将管理平台生成的核查结果数据汇总表、配额分配相关数据汇总表书面报送我部，抄送全国碳排放权注册登记机构。

5. 燃煤电厂碳排放相关业务流程

自有燃煤电厂应当主动梳理燃煤电厂碳排放流程，明确管控重点，规范电厂碳排放工作程序。第一，梳理主要环节流程。重点关注煤电机组节能改造和碳排放监测、核算等环节，明确每一环节的具体工作内容及应当履行的审批程序等，使各部门明确工作职责，畅通部门间的沟通渠道。第二，利用流程图工具。通过具体的业务流程图，识别关键节点，采取控制措施，将碳排放风险控制在可接受范围内。流程图如图 8-1 和图 8-2 所示。

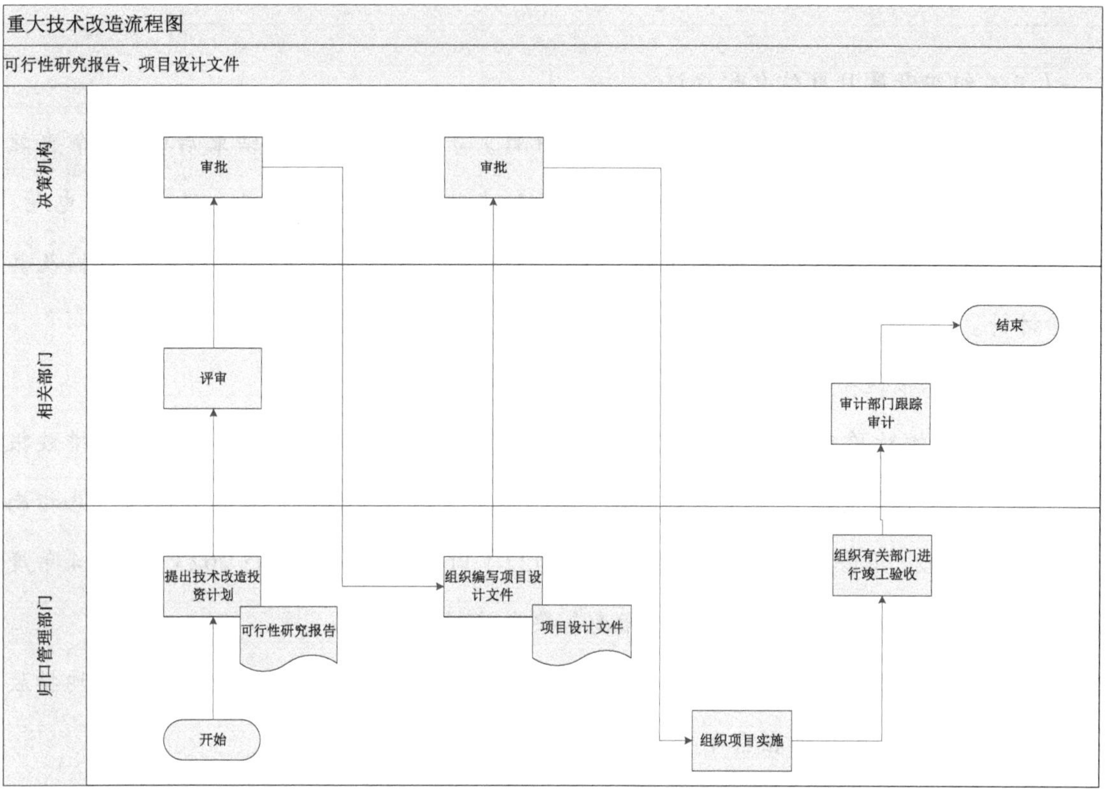

图 8-1　重大技术改造流程图（示例）

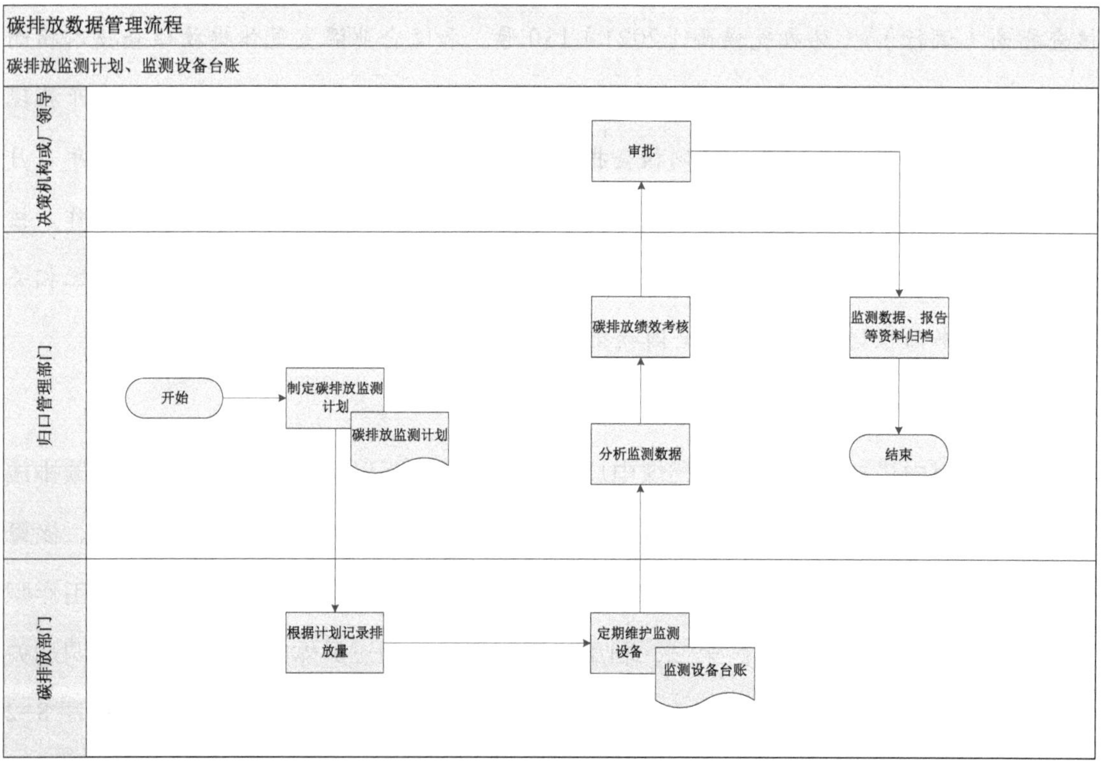

图 8-2　碳排放数据管理流程图

【政策法规】

煤电机组升级改造

国务院《2030年前碳达峰行动方案》中提到：推进煤炭消费替代和转型升级。加快煤炭减量步伐，“十四五”时期严格合理控制煤炭消费增长，“十五五”时期逐步减少。严格控制新增煤电项目，新建机组煤耗标准达到国际先进水平，有序淘汰煤电落后产能，加快现役机组节能升级和灵活性改造，积极推进供热改造，推动煤电向基础保障性和系统调节性电源并重转型。

【政策法规】

温室气体排放数据质量控制计划及管理要求

《企业温室气体排放核算与报告指南 发电设施》有如下规定。

10 数据质量控制计划

10.1 数据质量控制计划的内容

重点排放单位应按照本指南中各类数据监测与获取要求，结合现有测量能力和条件，制定数据质量控制计划，并按照规定的格式要求进行填报。数据质量控制计划中所有数据的计算方式与获取方式应符合本指南的要求。

数据质量控制计划应包括以下内容：

a）数据质量控制计划的版本及修订情况；

b）重点排放单位情况：包括重点排放单位基本信息、主营产品、生产工艺、组织机构图、厂区平面分布图、工艺流程图等；

c）按照本指南确定的实际核算边界和主要排放设施情况：包括核算边界的描述，设施名称、类别、编号、位置，以及多台机组拆分与合并填报情况等；

d）煤炭元素碳含量、低位发热量等参数检测的采样、制样方案：其中，采样方案包括采样依据、采样点、采样频次、采样方式、采样质量和记录等；制样方案包括制样方法、缩分方法、制样设施、煤样保存和记录等；

e）数据的确定方式应包括：

1）参数：明确所有监测的参数名称和单位；

2）参数获取：明确参数获取方式、频次，涉及的计算方法，是否采用实测或缺省值。对委外实测的，应明确具体委托协议方式及相关参数的检测标准；

3）测量设备：明确测量设备的数量、型号、编号、精度、位置、测量频次、检定/校准频次以及所依据的检定/校准技术规范。明确测量设备的内部管理规定等；

4）数据记录频次：明确各项参数数据记录频次；

5）数据缺失处理：明确数据缺失处理方式，处理方式应基于审慎性原则且符合生态环境部相关规定；

6）负责部门：明确各项数据监测、流转、记录、分析等环节管理部门。

f）数据内部质量控制和质量保证相关规定应包括以下内容：

1）建立内部管理制度和质量保障体系，包括明确排放相关计量、检测、核算、报告和管理工作的负责部门及其职责、具体工作要求、工作流程等。指定专职人员负责温室气体排放核算和报告工作；

2）建立内审制度，确保提交的排放报告和支撑材料符合技术规范、内部管理制度和质量保障要求；

3）建立原始凭证和台账记录管理制度，规范排放报告和支撑材料的登记、保存和使用。

10.2 数据质量控制计划的修订

重点排放单位在以下情况下应按照生态环境部规定的时限内对数据质量控制计划进行修订，修订内容应符合实际情况并满足本指南的要求：

a）排放设施发生变化或使用计划中未包括的新燃料或物料而产生的排放；

b）采用新的测量仪器和方法，使数据的准确度提高；

c）发现之前采用的测量方法所产生的数据不正确；

d）发现更改计划可提高报告数据的准确度；

e）发现计划不符合本指南核算和报告的要求；

f）生态环境部明确的其他需要修订的情况。

10.3 数据质量控制计划的执行

重点排放单位应严格按照数据质量控制计划实施温室气体的测量活动，并符合以下要求：

a）发电设施基本情况与计划描述一致；

b）核算边界与计划中的核算边界和主要排放设施一致；

c）所有活动数据、排放因子和生产数据能够按照计划实施测量；

d）煤炭的采样、制样、检测化验能够按照计划实施；

e）测量设备得到了有效的维护和校准，维护和校准能够符合计划、核算标准、国家要求、地区要求或设备制造商的要求，否则应采取符合保守原则的处理方法；

f）测量结果能够按照计划中规定的频次记录；

g）数据缺失时的处理方式能够与计划一致；

h）数据内部质量控制和质量保证程序能够按照计划实施。

11 数据质量管理要求

重点排放单位应加强发电设施温室气体排放数据质量管理工作，包括但不限于：

a）委托检测机构 / 实验室检测燃煤元素碳含量、低位发热量等参数时，应确保符合 6.2.2 和 6.2.3 的相关要求。检测报告应载明收到样品时间、样品对应的月份、样品测试标准、收到样品重量和测试结果对应的状态（干燥基或空气干燥基）；

b）应保留检测机构 / 实验室出具的检测报告及相关材料备查，包括但不限于样品送检记录、样品邮寄单据、检测机构委托协议及支付凭证、咨询服务机构委托协议及支付凭证等；

c）积极改进自有实验室管理，满足 GB/T 27025 对人员、设施和环境条件、设备、计量溯源 性、外部提供的产品和服务等资源要求的规定，确保使用适当的方法和程序开展取样、检测、记录和报告等实验室活动。鼓励重点排放单位对燃煤样品的采样、制样和化验的全过程采用影像等可视化手段，保存原始记录备查。鼓励重点排放单位自有实验室获得 CNAS 认可；

d）所有涉及本指南中元素碳含量、低位发热量检测的煤样，应留存每日或每班煤样，从报出结果之日起保存 2 个月备查；月缩分煤样应从报出结果之日起保存 12 个月备查。煤样的保存应符合 GB/T 474 或 GB/T 19494.2 中的相关要求；

e）定期对计量器具、检测设备和测量仪表进行维护管理，并记录存档；

f）建立温室气体数据内部台账管理制度。台账应明确数据来源、数据获取时间及填报台账的相关责任人等信息。排放报告所涉及数据的原始记录和管理台账应至少保存五年，确保相关排放数据可被追溯。委托的检测机构 / 实验室应同时符合本指南和资质认可单位的相关规定；

g）建立温室气体排放报告内部审核制度。定期对温室气体排放数据进行交叉校验，对可能产生的数据误差风险进行识别，并提出相应的解决方案；

h）规定了优先序的各参数，应按照规定的优先级顺序选取，在之后各核算年度的获取优先序一般不应降低；

i）鼓励有条件的重点排放单位加强样品自动采集与分析技术应用，采取创新技术手段，加强原始数据防篡改管理。

8.1.3 风险识别与控制

燃煤电厂应持续关注与碳排放相关的信息，重点关注煤电机组节能改造和碳排放监测环节，积极研判影响燃煤电厂碳排放的因素，对风险影响程度和发生的可能性进行分析，识别风险特征，提出应对措施，防范风险事件的发生。燃煤电厂碳排放风险识别表如表 8-2 所示。

表 8-2 燃煤电厂碳排放风险识别表

序号	风险描述	应对措施
1	燃煤电厂碳排放组织机构设置不合理，权责不清晰，职能不明确，可能导致工作无法落实到位	1. 燃煤电厂碳排放相关机构设置严格按照企业章程规定的权限审议批准 2. 认真分析燃煤电厂碳排放相关程序，从业务流程中梳理出不相容职务，按照内部控制的要求，合理划分归口部门及部门职责，建立健全岗位责任制，明确各岗位的职责权限，形成各司其职、各负其责、相互制约的工作机制 3. 定期对燃煤电厂碳排放组织机构运行的效率与效果进行评价，持续优化组织机构，不断提升燃煤电厂减排能力
2	对国家政策导向分析不深入，研判不准确，能源战略转型反应迟缓，可能影响有关部门对企业发展质量的认可	燃煤电厂总体应转变发展战略，由扩张型战略向稳健型甚至是收缩型战略转向，煤电应向基础保障性、系统调节性电源转型，保障国家用电安全，弥补风电、光伏发电等新能源稳定性和调峰能力方面的不足
3	燃煤电厂对碳排放的理解和认识仅停留在业务层面，未制定碳排放的控制目标，缺少碳排放控制方法体系	1. 应制定科学的碳排放控制目标，明确企业在不同发展阶段的碳排放控制要求。碳排放控制目标的制定应综合考虑煤炭消耗水平、机组负荷、燃料成本等因素，确保燃煤电厂的经营业绩与企业碳排放控制目标保持一致 2. 燃煤电厂应根据自身的生产经营特点和实际情况，建立碳排放控制方法体系，从源头上控制碳排放。首先，燃煤电厂应加强燃煤燃烧的全过程管理，包括燃烧前的准备、燃烧中的控制和燃烧后的回收等环节；其次，应根据碳排放控制方法体系，结合国家对燃煤电厂减排的相关规定和要求，不断优化改进现有的燃烧技术；同时，燃煤电厂还应根据碳排放控制方法体系对碳排放进行实时监测、跟踪和分析

（续表）

序号	风险描述	应对措施
4	由于碳市场、碳配额从火电行业开始实行、发展，高排放量可能增加企业生产经营成本	燃煤电厂应转变发展理念和管理方式，主动适应和参与碳市场交易，提升碳资产管理水平，处理好高碳电力生产和有限配额之间的关系，加速推进低碳转型发展
5	燃煤电厂未就节能减排履行责任，对社会造成不良影响，可能导致公共形象受损或者面临政府处罚等风险	1. 不断提升节能减排能力，严控煤电装机规模，加快现役煤电机组节能升级和灵活性改造 2. 建立碳排放核算与考核体系，规范监测、核算、统计、报告、分析应用程序，对碳排放工作进行绩效考评
6	由于煤电机组总体呈装机规模大、成本高、服役时间短等特点，煤电机组可能在达到使用寿命前退役，造成资产损失，影响减碳改造成本	1. 对相对落后的火力发电机组进行改造升级，避免提前退役造成资产损失 2. 从项目成本分析、重大技术改造决策层面进行科学论证和严格把关，控制减碳改造成本
7	煤电机组节能升级和灵活性改造、碳捕捉碳封存等技术不成熟，研发能力不足，核心技术依赖性强，成本较高	1. 提高技术自主研发能力，建立研发项目管理制度和技术标准，合理配备研发人员，加大研发投入，提高研发效率 2. 技术研发应与燃煤电厂碳排放相结合，降低技术改造成本，提升煤炭发电效率
8	技术改造项目立项缺乏可行性研究或者可行性研究流于形式，决策不当，盲目投资，可能导致难以实现预期效益或项目失败	1. 企业应当指定专门机构归口管理，根据发展战略和年度投资计划，提出项目建议书，开展可行性研究，编制可行性研究报告。企业可以委托具有相应资质的专业机构开展可行性研究，并按照有关要求形成可行性研究报告 2. 企业应当组织规划、环保、技术、财会、法律等部门的专家对项目建议书和可行性研究报告进行充分论证和评审，出具评审意见，作为项目决策的重要依据 3. 企业可以委托具有相应资质的专业机构对可行性研究报告进行评审，出具评审意见。同时，从事项目可行性研究的专业机构不得再从事可行性研究报告的评审 4. 可研性报告应重点关注技术改造项目是否符合政策法律规定，是否存在技术难题，是否能具有经济可行性，减排效果如何，是否符合节能改造或灵活性改造的战略定位
9	由于技术改造方案制定不合理，可能给企业造成经济损失	1. 重大技术改造方案应当对技术先进性和经济可行性进行充分论证，结合政策和企业制度、专业技术机构出具的鉴定意见制定 2. 重大技术改造方案应当按照内部审批权限履行审批程序后执行
10	重大技术改造财务处理不恰当，可能出现会计处理违规或影响会计期末煤电机组设备价值	应当根据会计准则，选择恰当的会计科目，根据技术改造支出情况，按照资本化处理办法，合规进行会计核算

（续表）

序号	风险描述	应对措施
11	未制定碳排放监测计划或落实不到位，监测计划流于形式	应当严格制定并实施碳排放监测计划，合理安排各碳排放部门监测任务，对监测计划的执行和落实进行监督
12	未建立监测设备与计量器具台账，未做好维护和校验工作，导致监测数据不准或监测设备损坏、丢失，影响碳排放监测工作开展	应当建立监测设备与计量器具台账，监测设备定期校验检定，遵循必要的纠错程序，加强监测系统维护以及内部校核
13	碳排放数据归档整理工作落实不到位，可能导致数据丢失，后续分析和核查工作无法开展	应当做好数据记录、存档工作，由专人负责所有监测数据、报告与文件的归档工作，所有抄表数据做好备份，定期严格存档，做好台账以及发票等凭证的保存工作
14	碳排放信息系统开发，没有将信息化与碳排放业务需求结合，降低了信息系统的应用价值，造成信息孤岛现象，削弱了信息系统的协同效用，甚至引发系统冲突	1. 企业必须制定碳排放信息系统开发的战略规划和中长期发展计划，并在每年制定经营计划的同时制定年度碳排放信息系统建设计划，促进经营管理活动与碳排放信息系统的协调统一 2. 企业在信息系统开发过程中，要充分调动和发挥碳排放归口管理部门与信息系统管理部门及其他相关部门（如设备部、生产技术部等与碳排放关系密切的部门）的积极性，使各部门广泛参与，充分沟通，提高信息系统的科学性和适应性 3. 碳排放信息系统战略规划要与企业的组织架构、业务范围、地域分布、技术能力等相匹配，避免相互脱节
15	未建立规范的碳排放信息系统日常运行管理规范，未例行检查，定期对信息系统进行测试，可能导致信息系统出错，影响碳排放数据准确性；对碳排放信息系统数据未能定期备份，可能导致损坏后无法恢复，从而造成损失	1. 应制定碳排放信息系统使用操作程序、信息管理制度以及各模块子系统的具体操作规范，及时跟踪、发现和解决系统运行中存在的问题，确保信息系统按照规定的程序、制度和操作规范对碳排放数据进行采集、分析、存储 2. 切实做好系统运行记录，尤其是对于系统运行不正常或无法运行的情况，应对异常现象发生时间和可能的原因作出详细记录 3. 企业要重视系统运行的日常维护，定期对碳排放信息系统运行效果进行评价，对数据的准确性进行审核 4. 做好备份，配备专业人员负责处理碳排放信息系统运行中的突发事件，确保数据安全
16	碳排放监测报告不及时、谎报瞒报、分析不到位，可能影响企业对燃煤电厂碳排放情况的了解和掌控，影响企业管理决策	1. 应当建立并保持有效的数据内部校核与质量控制要求，包括对文件清单、原始监测资料、监测报告等要求 2. 应建立健全碳排放监测报告制度，由管理部门进行监督，定期对数据的真实性进行核查，建立责任追究机制，落实相关责任 3. 建立低碳排放评价指标体系，对各电厂数据进行汇总，分析高碳排放、排放异常数据原因，为改造、监测计划的制定等工作提供数据支持

（续表）

序号	风险描述	应对措施
17	电厂管理层在决策时并没有以碳排放监测报告提供的信息为依据，对异常记录视而不见，碳排放监测报告未能发挥风险识别和控制作用	1. 应在预算控制、生产经营管理决策和业绩考核时充分使用碳排放监测报告提供的信息。企业应当将预算控制和碳排放监测报告接轨，通过报告及时反映碳排放预算的执行情况；要求企业尽可能利用碳排放监测报告的信息进行因素分析、对比分析和趋势分析等，发现存在的问题，及时查明原因并加以改进；将绩效考评和责任追究制度与碳排放报告联系起来，及时、准确按规范流程提供信息，进行透明、客观的定期业绩考核，并对相关责任人进行追究惩罚 2. 企业管理层应通过碳排放监测报告提供的信息对碳排放相关的生产经营活动中存在的风险进行评估，准确识别和系统分析企业生产经营活动中的内外部风险，涉及突出问题和重大风险的，应当启动应急预案
18	……	……

8.2　燃煤电厂碳排放审计重点

1. 燃煤电厂管理规章制度

燃煤电厂管理规章制度是电厂管理碳排放的重要控制手段，为促进企业建立相关规章制度，使各项碳排放工作有章可循，需要对其进行审计。审计重点包括：（1）碳排放制度的完整性。煤电机组技术改造、碳排放监测、核算等制度是否齐全。（2）碳排放制度内容是否全面。有关制度内容应当覆盖电厂涉碳主要环节，明确管理组织、工作程序、审批权限、相关技术标准等，如煤电机组项目改造制度应当明确前期调研、立项申请及批复、可行性研究、项目过程管理、招标采购、重大事项决策、财务处理、竣工验收报告、项目后评价等内容。（3）相关内容是否遵循国家环保政策。国家环境保护政策的遵循体现了合规性要求，企业应将外部监管要求内化为企业的规章制度，防范合规风险，如碳排放量监测、核算相关制度的制定，应当符合《中国煤炭生产企业温室气体排放核算方法与报告指南（试行）》等标准或技术规范。

2. 燃煤电厂重大技术改造

重大技术改造是燃煤电厂碳减排的重要途径，为确保其规范性、有效性，需要对其进行审计。审计重点包括：（1）可研报告方面。项目可行性研究是否经项目评审组或具有资质的专业机构评审；内容是否包含碳减排专篇。（2）项目设计方面。项目设计文件是否经过审批；项目设计是否符合能耗限额准入、资源综合利用及高效合理用能等要求。（3）履行程序方面。重大技术改造项目是否按照规定履行集体决策程序。

3. 燃煤电厂碳排放评价体系

燃煤电厂碳排放评价体系包含：碳排放监测报告、核算、节能降碳指标等，审计重点包括：（1）碳排放监测报告方面。碳排放归口管理部门是否制定碳排放监测计划；是否建立监测设备与计量器具台账，定期对监测设备进行校验检定，是否定期对碳排放情况进行报告。（2）碳排放核算方面。是否由专人负责所有监测数据、报告与文件的归档工作，所有抄表数据是否做好备份，并定期存档；碳排放数据记录是否准确、及时。（3）节能减排方面。是否制定节能减排指标，根据监测数据的达标情况进行绩效考评，形成考评文件记录。

【政策法规】

温室气体排放定期报告及存证要求

《企业温室气体排放核算与报告指南 发电设施》有如下规定。

12. 定期报告要求

12.1 排放报告格式要求

排放报告包括以下基本内容，报告模板见附录C。

a）重点排放单位基本信息。单位名称、统一社会信用代码、排污许可证编号等基本信息。

b）机组及生产设施信息。每台机组的燃料类型、燃料名称、机组类别、装机容量、汽轮机排汽冷却方式，以及锅炉、汽轮机、发电机、燃气轮机等主要生产设施的名称、编号、型号等相关信息。

c）活动数据和排放因子。化石燃料消耗量、元素碳含量、低位发热量、单位热值含碳量、机组购入使用电量和电网排放因子数据。

d）生产相关信息。发电量、供热量、运行小时数、负荷（出力）系数等数据。

12.2 排放报告存证要求

a）燃料消耗量：通过生产系统记录的，提供每日/每月原始记录；通过购销存台账统计的，提供月度生产报表、购销存记录或结算凭证；

b）燃煤低位发热量：自行检测的，提供每日 / 每月燃料检测记录或煤质分析原始记录。委托检测的，提供有资质的检测机构 / 实验室出具的检测报告，报告加盖 CMA 资质认定标志或 CNAS 认可标识章。报送提交的原始检测记录中应明确显示检测依据（方法标准）、检测设备、检测人员和检测结果。对于每月进行加权计算的燃料低位发热量，提供体现加权计算过程的 Excel 计算表；

c）燃煤元素碳含量：自行检测的，提供每日 / 每月燃料检测记录或煤质分析原始记录，报告加盖 CMA 资质认定标志或 CNAS 认可标识章。委托检测的，提供有资质的检测机构 / 实验室出具的检测报告，报告加盖 CMA 资质认定标志或 CNAS 认可标识章。报送提交的原始检测记录中应明确显示检测依据（方法标准）、检测设备、检测人员和检测结果。提供每日收到基水分检测记录和体现月度收到基水分加权计算过程的 Excel 计算表；

d）燃油、燃气低位发热量与元素碳含量：提供每月检测记录或检测报告；

e）购入使用电量：采用电表记录读数的，提供每月电量统计原始记录；采用电费结算凭证上数据的，提供每月电费结算凭证；

f）发电量：提供每月生产报表或台账记录；

g）供热量：采用直接计量数据的，提供每月生产报表或台账记录，以及 Excel 计算表；采用结算数据的，提供结算凭证和 Excel 计算表；

h）运行小时数和负荷（出力）系数：提供生产报表或台账记录；

i）对于掺烧生物质机组，提供每月锅炉产热量生产报表或台账记录，锅炉效率检测报告，锅炉效率未实测时，提供锅炉设计说明书或锅炉运行规程；

j）排放报告辅助参数：供热比、发电煤（气）耗、供热煤（气）耗、发电碳排放强度、供热碳排放强度、上网电量，相关参数计算方法可参考本指南附录 E，提供每月生产报表、台账记录和 Excel 计算表；煤种、煤炭购入量和煤炭来源（产地、煤矿名称），提供每月企业记录或供应商证明等。

4. 燃煤电厂低碳设备财务处理

燃煤电厂低碳设备，是指为节能减排而对煤电机组进行技术改造的设备。在会计计量中，低碳设备需要具备以下条件：（1）为节能减排而购置、筹建，例如IGCC循环发电系统、碳捕捉（CCS）设备；（2）使用寿命超过一个会计年度。同时，要确认为一项低碳固定资产，需要满足以下确认条件：一是与低碳设备有关的经济利益很可能流入企业，二是成本能够可靠计量。审计重点是财务部门是否遵照企业会计准则对低碳固定资产购置、自行建造、改造等活动及时登记入账。

对燃煤电厂的低碳设备进行财务处理，主要包含以下内容：

（1）外购设备。

借：工程物资、在建工程、固定资产等

应交税费——应交增值税（进项税额）

贷：银行存款等

（2）自行建造。

借：在建工程

贷：原材料、工程物资等

应付职工薪酬

生产成本

应付利息

借：固定资产

贷：在建工程

为建造设备发生的管理费、可行性研究费，计入在建工程成本。

（3）固定资产改造（资本化）。

①将账面价值转入在建工程。

借：在建工程

累计折旧

固定资产减值准备

贷：固定资产

②发生改造支出。

借：在建工程

应交税费——应交增值税（进项税）

贷：银行存款等

③在建工程转回固定资产。

借：固定资产

贷：在建工程

（4）固定资产改造（费用化）。

固定资产更新改造支出不满足固定资产确认条件的记入当期损益。

8.3　燃煤电厂碳排放的内部审计实施

8.3.1　具体审计目标

燃煤电厂碳排放管理审计目标，是保证燃煤电厂碳排放管理内部控制设计和运行的有效性、会计核算的准确性，提高燃煤电厂碳排放风险控制能力，确保燃煤电厂碳排放业务合法、合规。

8.3.2　审计工作程序

燃煤电厂碳排放内部审计，一般程序包括审前调查、初步评价、审计测试、审计沟通、审计评价、形成意见和审计结论等。具体审计程序如表 8-3 所示。

表 8-3　燃煤电厂碳排放业务内部审计程序表

主责部门			索引编号		页次	
审计类别	燃煤电厂碳排放		审计人		审计时间	
审计期间		截止日期		复核人	复核时间	
序号	审计程序	具体审计程序		工作底稿索引编码		执行情况说明
1	审前调查	对燃煤电厂碳排放业务管理机制及涉碳生产环节进行调查了解		A		
2	初步评价	对燃煤电厂碳排放业务初步评价，确定重要性水平及审计内容		B		
3	审计测试	对井下煤矿生产环节碳排放业务审计测试		C		

（续表）

4	审计沟通	对燃煤电厂碳排放业务存在的问题进行沟通、核实或确认	D	
5	审计评价	对燃煤电厂碳排放业务的合规性、有效性进行分析和评价	E	
6	形成意见	在审计工作底稿中记录审计意见	F	
7	审计结论	形成审计结论，发表审计意见	G	
说明	1. 每一个审计程序可细分为若干具体程序 2. 上述审计程序可结合进行，以提高审计工作效率 3. 执行每一步骤后，应填写“执行情况说明”一栏			

1. 审前调查

审前调查，就是了解燃煤电厂碳排放业务内部控制设计和运行的基本情况，是燃煤电厂碳排放内部审计实施的重要步骤。燃煤电厂碳排放业务调查工作是在内部审计总体工作的准备阶段进行的，涉及的调查方法很多，主要有规章制度审阅法、人员访谈法、电厂作业观察法、碳排放重点环节分析法、专家讨论法、调查问卷法、政策分析法等。这些方法各有特点，也各有自己适用的审计环境，往往会综合起来使用，以达到审计目的和效果。本文以审计访谈为例，阐述对燃煤电厂碳排放业务的调查了解，以便为内部审计审前调查提供一种简便易行的工作方法。

（1）确定审计访谈目标。

审计访谈工作旨在全面了解燃煤电厂碳排放重点环节、管理机制和效果等，发掘燃煤电厂碳排放业务中的工作亮点和成绩，分析管理过程中存在的问题和薄弱环节，为客观反映燃煤电厂碳排放活动合规性、有效性提供方向性线索。

（2）规划访谈工作。

制定访谈工作计划，根据碳排放组织机构设置情况确定访谈对象，一般而言，访谈对象应当包括厂主要领导及总工程师等、归口管理部门领导、相关部门负责人、涉碳专业技术人员。

审计人员在阅研制度、工作职责的基础上，编制审计访谈提纲，访谈内容应当紧密围绕审计目标，重点询问燃煤电厂哪些环节产生碳排放事项、节能减排技术改造、碳排放监测情况等。审计访谈提纲编制示例如下。

燃煤电厂碳排放专项审计访谈提纲（示例）

被访人	××	部门	××部	职务	部长
时间	20××年××月××日	地点	办公室	访谈人	××

访谈说明：

根据公司安排，项目审计组正在对我厂碳排放情况实施专项审计，此次访谈将通过对话交流的方式进行，主要目的是协助我们深入了解我厂碳排放管理情况及存在的不足，借此提出客观、真实的审计结论，改善我厂碳排放管理水平，实现“双碳”战略目标。

访谈内容：

- 燃煤电厂（我厂）哪些生产环节产生直接碳排放？
- 在生产环节碳排放管理过程中，您认为最大的风险是什么？
- 请介绍一下燃煤电厂（我厂）脱硫脱硝等环保要求达标情况，以及其他各项节能降碳措施落实情况。
- 请详细介绍一下重要涉碳技术改造立项、可研、决策、实施、验收等管理程序。
- 各生产环节碳排放信息沟通与反馈渠道是否顺畅？问题是否能够有效、快速地解决？
- 请介绍一下节能减排指标监测数据情况。
- 请您谈谈节能减排绩效考核情况。
- 在碳排放领域，最重要的合规管理有哪些？也就是说，哪些工作出现问题环保部门会重点关注或核查？
- 除上述访谈内容外，您觉得关于我厂碳排放管理中还存在哪些问题？您是否有改进的措施和建议？
- 您认为我厂碳排放管理工作中最大的亮点或所取得的突出成绩是什么？

……

（3）整理访谈成果。

访谈过程中，审计人员应当完整记录与被访谈对象的全部访谈内容，形成访谈记录。访谈结束后，应于两个工作日内整理、完善访谈记录，并交由被访谈对象签字确认，签字后与其他审计资料一同存档备查。

项目审计组应在全部访谈工作结束后，对访谈情况进行汇总、总结，梳理、分析访谈主要内容，判断审计关注的重大事项、高风险领域、审计程序和方法运用建议等。

2. 初步评价

审计人员对燃煤电厂碳排放管理内部控制初步评价，可通过问题调查表、初步评价表等方式进行，也可以采取其他方式评价。本节以初步评价表的形式阐述评价内容，并细化具体的审计工作计划、调整审计实施方案，其主要目的是初步识别审计风险及审计重点测试的领域，并决定实质性测试的方法和样本量。

审计人员在实施审计初步评价程序时，应当运用分析程序，了解燃煤电厂碳排放管理程序及相关政策，管理层风险偏好和风险承受度，以及国家对燃煤电厂节能降碳政策的收集和了解。审计初步评价除了关注本章风险识别与控制所列举的可能发生的风险外，还应当关注已经发生的风险事件，分析影响程度并决定是否将其作为审计工作底稿内容列示。燃煤电厂碳排放业务初步评价表如表 8-4 所示。

表 8-4　燃煤电厂碳排放业务初步评价表

<table>
<tr><td>主责部门</td><td colspan="3"></td><td>索引编号</td><td>B</td><td>页次</td><td></td></tr>
<tr><td>审计类别</td><td colspan="3">燃煤电厂碳排放</td><td>审计人</td><td></td><td>审计时间</td><td></td></tr>
<tr><td>审计期间</td><td></td><td>截止日期</td><td></td><td>复核人</td><td></td><td>复核时间</td><td></td></tr>
<tr><td>初评领域</td><td>评价事项</td><td colspan="4">描述评价事项</td><td>重要性水平</td><td>是否披露</td></tr>
<tr><td rowspan="4">风险评价</td><td rowspan="3">潜在风险事项</td><td colspan="4">技术改造项目立项缺乏可行性研究，决策不当，盲目投资，可能导致难以实现预期效益或项目失败</td><td>重要</td><td>是</td></tr>
<tr><td colspan="4">技术改造方案制定不合理，缺少必要论证，可能给企业造成经济损失</td><td>中等</td><td>否</td></tr>
<tr><td colspan="4">……</td><td>—</td><td>—</td></tr>
<tr><td>已经发生的风险事件</td><td colspan="4">示例：由于 A 机组技术改造项目未进行可行性研究，技术改造方案制定不合理，改造成本过高，节能减排效果差，给企业造成经济损失</td><td>重要</td><td>是</td></tr>
<tr><td>煤电机组改造项目立项</td><td>可行性研究报告</td><td colspan="4">示例：已按要求编制可行性研究报告并进行审核，对技术的先进性、适用性和经济可行性进行了论证</td><td>重要</td><td>是</td></tr>
<tr><td>煤电机组改造项目设计</td><td>项目设计文件</td><td colspan="4">提示：关注设计合理性，是否包括节能专篇、是否预估设备能源利用效率，以及项目实施进度安排、资金使用等情况，确保方案切实可行</td><td>重要</td><td>是</td></tr>
</table>

（续表）

煤电机组改造竣工验收	竣工验收报告	提示：是否按照项目设计文件、实施方案和相关规定进行验收，是否进行能耗测试等关键验收程序	重要	是
碳排放监测	监测计划	示例：已根据企业碳排放管理目标制定监测计划	重要	是
	监测记录	示例：已根据电厂碳排放情况编制监测记录，记录编制及时，数据准确	一般	否
	监测报告	示例：已根据监测记录定期编制监测报告并及时报送管理部门	中等	是
数据分析应用	分析报告	示例：已定期对数据监测及异常情况进行分析，并报送管理决策部门分析情况，为决策提供参考依据	一般	否
	档案管理	提示：关注数据记录备份情况、存档工作的及时性和规范性	一般	否
	绩效考评	提示：关注是否根据碳排放监测、核算数据制定考评指标，融入企业绩效考评体系中	中等	是
财务管理	账务处理	提示：财务部门已按收到的资料及单据记入 ×× 科目	一般	是
	改造费用	提示：固定资产改造费用，已按实际情况进行资本化 / 费用化处理	一般	是
说明	1. 初步评价是在调查了解的基础上对交易主要事项的初步判断 2. 初步评价工作程序不能代替实质性测试的程序，但可以简化（如减少样本抽样数量等）或为实质性测试提供线索、指引 3. 初步评价可根据燃煤电厂碳排放实际工作流程调整后确定			

通过“燃煤电厂碳排放业务初步评价表”分析评价后，审计人员合理判断审计重点、高风险领域，修订内部审计实施方案，调整审计内容，并重新定义样本量选取规则，以便获取充分、适当的审计证据。

【示例引导】

对内部审计实施方案审计内容的调整

经审前调查、初步评价后，燃煤电厂碳排放专项审计主要内容调整为碳排放管理机制、碳排放授权审批与决策、碳排放相关会计处理、碳排放主要业务流程等四个方面。

一、碳排放管理机制的有效性

调整后的审计内容包括：第一，组织架构的合理性，主要是指组织机构设置是否科学合理，是否能够高效开展工作，部门职责是否清晰、管理界面是否明确，各部门协作是否协调顺畅，职责权限是否涵盖燃煤电厂碳排放全过程。第二，规章制度的合规性、实用性，主要是指是否根据国家有关法律法规制定规范的燃煤电厂碳排放规章制度，制度内容是否全面，是否存在前后不一致情况，是否明确了燃煤电厂碳排放程序和相关标准，审批权限、程序是否清晰，制度内容表述是否准确，是否存在歧义之处。第三，规章制度的落实情况，主要是指燃煤电厂碳排放工作是否按照制度规定有效执行，是否存在有章不循的情形。

二、碳排放授权审批与决策的规范性

调整后的审计内容包括：第一，授权审批设置的合规合理和决策的规范性，主要是指审批程序设置是否合理，是否符合公司章程等治理结构的要求，是否做到分级管理，逐级审批；是否建立重大技术改造项目集体决策机制，可行性研究报告、项目设计文件是否经过财务、法律、专业技术机构等部门充分论证等。第二，决策机制落实的有效性，主要是指是否对决策的落实情况及时进行跟踪，是否按照决议要求开展工作，是否有定期反馈、汇报机制。

三、碳排放相关会计处理的规范性

调整后的审计内容包括：第一，会计处理的完整性，主要是指燃煤电厂碳排放会计处理是否完整，是否涵盖低碳固定资产的改造、折旧等过程。第二，会计处理的规范性，主要是指会计处理是否计入正确的会计科目，是否计入恰当的会计期间，会计处理是否符合企业会计准则的规定。

四、碳排放主要业务流程的规范性

调整后的审计内容包括如下几个方面。

第一，煤电设备改造升级流程的规范性，主要包括项目可行性研究和项目设计文件的审批情况，重大技术改造项目集体决策程序履行情况，项目可行性研究报告的节能减排专篇编制情况，项目设计是否符合能耗限额准入、资源综合利用及高效合理用能等要求。

建议：该流程审计可结合授权审批一并开展，并采用穿行测试的审计方法，选择一项完整的技改项目，执行从立项开始至竣工验收或项目后评价全流程的实质性测试。

第二，碳排放管理的规范性，主要包括碳排放监测计划的制定与实施情况，是否建立监测设备与计量器具台账，并定期对监测设备进行校验检定，碳排放数据记录是否准确、及时，是否定期出具碳排放报告，是否做好监测数据、报告与文件的归档工作，是否对碳排放指标的达标情况进行绩效考评，形成考评文件记录等。具体审计内容应根据企业实际情况以及政府有关政策确定。

3. 审计测试

审计人员通过实施审计程序，获取充分、适当的审计证据，以支撑对燃煤电厂碳排放管理发表审计意见。

对燃煤电厂碳排放内部审计属于管理审计的范畴，分为两个层面，一是内部控制制度设计有效性层面，即内部控制及管理机制设计的合规性和有效性；二是对燃煤电厂碳排放实际执行层面，即实际工作是否遵循法律法规、制度规定等。具体审计实践中，审计人员对燃煤电厂碳排放内部控制设计有效性和管理活动合规性及运行有效性一并进行测试，提高工作效率，节约审计资源。其中，内部控制和管理机制设计有效性可以为运行测试提供方向，决定运行测试的样本量。

在审计燃煤电厂碳排放内部控制管理机制设计有效性时，审计人员应当综合运用检查、询问、对标法规、横纵向对比、逻辑判断等方法进行测试，测试重点包括组织机构和职责是否清晰，是否存在职能交叉部分；规章制度是否建立健全，制度内容是否符合相关法律法规，制度之间是否存在内容交叉甚至矛盾的地方，制度管理逻辑、行文表述是否容易引起歧义；审批权限是否明确，流程是否清晰等。

在燃煤电厂碳排放运行或实际执行有效性审计时（也可以称为实质性测试），审计人员应当综合运用询问、检查、观察、比较、分析性复核、重复验证、计算、穿行测试等方法进行测试，测试重点是燃煤电厂碳排放管理活动的关键性环节，主要验证法规的遵循情况、风险控制措施的落实情况、规章制度及审批程序的执行情况、会计处理等。燃煤电厂碳排放业务内部审计控制矩阵表如表 8-5 所示。

表 8-5　燃煤电厂碳排放业务内部审计控制矩阵表

<table>
<tr><td>主责部门</td><td colspan="4"></td><td>索引编号</td><td colspan="2">C</td><td>页次</td><td></td></tr>
<tr><td>审计类别</td><td colspan="4">燃煤电厂碳排放</td><td>审计人</td><td colspan="2"></td><td>审计时间</td><td></td></tr>
<tr><td>审计期间</td><td colspan="2"></td><td colspan="2">截止日期</td><td>复核人</td><td colspan="2"></td><td>复核时间</td><td></td></tr>
<tr><td>关键控制环节</td><td>控制方式</td><td>控制频率</td><td>抽样数量</td><td colspan="2">审计测试要点</td><td>证据名称</td><td>测试程序</td><td>测试结果</td><td>索引</td></tr>
</table>

（续表）

建章建制				燃煤电厂是否根据碳排放有关规定，结合本企业实际情况，建立燃煤电厂碳排放管理制度				
				燃煤电厂碳排放管理制度是否存在内容缺失、内容矛盾或冲突、逻辑不清、表述不确切、审批权限不明、流程混乱等管理缺陷				
				规章制度在上会审议前是否经法律部门实施合规审查				
组织机构				是否设立燃煤电厂碳排放组织机构，明确议事程序和管理权限				
				归口管理部门及参与部门职责是否明确，管理边界是否清晰				
				部门职能或岗位设置上是否存在不相容职务未分离情况				
煤电机组重大技术改造				是否设置重大技术改造项目定性、定量标准，重大技术改造项目是否按照“三重一大”决策相关规定进行集体决策				
				重大技术改造项目决策前，是否经电厂党组织前置研究，是否经法律部门合规审查，是否经风险管理部门风险评估				
				可行性研究和项目设计方案是否经相关部门进行评审论证				
煤电机组改造项目立项审批				是否结合煤电机组碳排放量评估情况制定技术改造计划				
				是否进行可行性研究，是否包含节能减排专项章节，是否存在技术难题，是否对经济可行性进行估计，选取的方法和指标是否合理				
				是否对可行性研究报告进行评审，决策过程中是否对重点环节、重点事项进行关注，是否形成完整的书面记录及签字审批记录，批复是否以正式文件形式下达				
煤电机组改造项目实施				是否按照项目设计实施方案进行项目建设				
				是否对项目实施管控措施，定期审核项目实施进度、资金使用情况				

（续表）

煤电机组改造项目实施				是否根据批复的项目设计文件、实施方案和相关规定进行验收，是否进行能耗测试，关注运行的稳定性、设备能源利用效率、碳排放量同比变动等情况				
碳排放监测				是否制定并有效落实碳排放监测计划				
				是否按流程规定及时准确完整采集、统计、核算和报送碳排放数据，是否有文件记录				
				监测设备与计量器具台账是否齐全，是否记录定期维护、校验情况				
数据分析应用				数据备份、归档资料否完整、齐全，调阅程序是否规范				
				是否定期开展碳排放数据分析，并形成报告				
				是否开展碳排放绩效考评工作并形成考评文件记录，绩效考核结果运用情况				
会计处理				固定资产技术改造有关业务是否记入恰当的会计科目，编写正确会计分录				
				涉碳技术改造、工程建设等资金支出是否履行审批手续，大额资金支付是否符合“三重一大”决策规定，涉碳各类投资或业务资本化、费用化处理是否符合财务管理规定				
说明	1. 本控制矩阵是根据燃煤电厂碳排放主要程序编制，审计人员可根据燃煤电厂碳排放实际工作流程调整后确定 2. 重要环节或高风险领域应当取得 100% 的样本进行测试							

燃煤电厂碳排放业务内部审计工作底稿如表 8-6 所示。

表 8-6　燃煤电厂碳排放业务内部审计工作底稿

主责部门			**索引编号**	C	**页次**	
审计类别	燃煤电厂碳排放		**审计人**		**审计时间**	
审计期间		**截止日期**		**复核人**		**复核时间**	
类别	**审计事项记录**					**证据索引**
一、审计依据及上级文件或制度	1. 国家法律法规，如《中共中央 国务院关于完整准确全面贯彻新发展理念做好碳达峰碳中和工作的意见》《关于开展全国煤电机组改造升级的通知》《企业内部控制应用指引第 11 号——工程项目》 2.《 ×× 集团公司关于燃煤电厂碳排放管理规定》（ ×× 第 X 号） ……					

（续表）

二、企业规章制度及文件	规章制度制定情况。例如：某电厂建立了《× × 燃煤电厂碳排放管理办法（试行）》等，简要记录制度核心内容	
三、燃煤电厂碳排放管理情况	提示： 1. 组织机构设置及部门职责情况 阐述燃煤电厂碳排放归口管理部门及职责权限，批准文件简述，内部决策机制和归口管理部门，简述决策层、管理层及各参与部门的职责权限、工作程序及汇报机制 2. 燃煤电厂碳排放基本情况 简述审计期间企业燃煤电厂碳排放管理事项，如截至 20× × 年末，公司共进行煤电机组技术改造 × 组，碳排放量产生 × 吨，编制监测报告 × 份等 3. 煤电机组改造项目申请及审批 提示：取得可行性研究报告，决策过程的书面记录文件。检查立项过程合规性，立项文件是否齐全，是否有财务、法律等部门组成的项目评审组或具有资质的专业机构对可行性研究报告的评审记录，是否按制度进行审批；检查内容的完整性，是否包含节能减排专项章节，是否对技术障碍、经济可行性、预期节能减排效果等问题进行分析研究 4. 煤电机组改造项目实施及验收 提示：取得项目实施的阶段报告，检查项目进度和资金使用情况，是否与计划匹配，是否按项目设计文件进行技术改造 取得竣工验收报告和会计记录，检查是否进行能耗测试，竣工后是否开展项目后评价，检查改造相关过程是否已做会计处理 5. 碳排放监测 提示：取得碳排放监测计划、监测报告、监测设备与计量器具台账。检查内容是否齐全，报告是否及时，是否有定期维护校验监测设备记录 6. 数据分析应用 提示：取得碳排放统计台账、数据分析报告数据备份和存档记录。检查是否对碳排放数据定期分析、备份和归档 取得绩效考核制度和年度绩效考核文件。检查是否将降碳指标纳入考评体系，是否严格落实 7. 其他影响审计结论的情况 关注燃煤电厂碳排放其他重要的环节，并分析对审计结论的影响	
四、存在的问题	提示：分类揭示燃煤电厂碳排放活动中存在的问题，一般而言，先从制度、机制入手，然后是煤电机组改造项目计划、煤电机组改造立项申请、煤电机组改造项目审批、煤电机组改造项目实施、煤电机组改造项目竣工验收、碳排放监测、数据的分析应用等	

（续表）

五、问题产生的原因分析	提示： 1. 审计组应当基于审计发现的问题类型、涉及业务领域、问题严重程度及影响后果进行深层次的原因分析 2. 审计人员可从政策、管理体制、燃煤电厂碳排放管理程序等根源入手，注重从被审计事项经营理念、合规观念、治理环境及结构、发展思路与战略、制度流程、考核激励措施、员工胜任能力、管理基础水平、内部控制与风险管理机制等方面查找原因，重点分析是主观原因还是客观原因、是制度缺失还是有章不循、是体制机制不合理还是故意行为、是缺乏经验还是明知故犯、是探索性失误还是我行我素，分析燃煤电厂碳排放合法依规意识是否牢固等	
六、造成的影响、损失	提示：结合审计发现的问题对造成的影响、损失进行判断，若存在《××公司燃煤电厂碳排放管理办法》“第 × 条至第 ×× 条”所列内容，以及与反映项目质量、碳排放量有关的问题、有禁不止以及违反规定存在明知故犯情形或动机不纯问题、管理不到位致使形成较大运营风险问题应在审计过程中对“决策审批情况、违规情况、损失情况、责任界定情况”进行详细记录	
七、审计发现的风险事项及管理建议	提示：风险事项主要指事项已发生，但结果具有不确定性，同时应不违规、不违法，尚未造成不良后果但若不及时纠正就存在损失风险可能性的事项 风险事项揭示：审计发现的风险事项应当按照不同事项分条列示，每个风险事项均需提炼出标题。标题要体现风险事项的实质内容，不能简单地以提纲的形式描述 管理建议：针对揭示的风险事项，提出有针对性的管理建议	
八、重要事项披露	提示：披露重要事项主要为审计事项客观存在而无法凭借自身解决，需要提请上级管理层予以关注的事项，以及对燃煤电厂碳排放有重大影响的事项，如重大诉讼，以往审计、巡视巡察发现的重要问题中未完成实质性整改的相关事项等 对以往审计发现问题的处理原则如下： 1. 已完成实质性整改的不重复反映 2. 对于造成损失或严重不良后果的问题，未予以追责的，可作为新问题另行反映，但需对问题事实、违规点及后果重新梳理并相应反映 3. 对于处于整改中的重大问题作为披露事项进行反映，并将此情况纳入审计评价的基础信息范围	
九、审计建议	提示： 1. 审计建议应坚持标本兼治原则，从总体或长远的角度，针对审计反映的政策、体制、制度及其执行中存在的普遍性、倾向性、苗头性问题，提出加强管理、预防和堵塞漏洞、防范风险、促进整改等解决问题的具体措施和建设性的建议 2. 审计建议应当紧密结合燃煤电厂生产实际情况，提出操作性强、对改善经营管理有价值的建议 3. 审计建议应根据审计目的和发现的问题有针对性地提出，与燃煤电厂管理层充分沟通后，分为报告披露和口头建议两种方式，其目的都是提高燃煤电厂碳排放管理水平	

审计测试工作结束后，项目审计组应当对燃煤电厂碳排放管理情况进行综合评价，评价核心内容经分析、提炼后将成为审计报告的主要内容。审计评价工作底稿由项目审计组自行拟定，本章略。

【示例引导】

某燃煤电厂总体内部审计评价示例

经审计测试后，审计人员整理有关证据资料，客观评价燃煤电厂碳排放管理取得的成绩和存在的问题，审计评价内容主要包括如下几个方面。

第一，总体评价燃煤电厂碳排放业务开展情况。先描述燃煤电厂碳排放业务开展的基本情况，工作中取得的重要业绩及工作亮点，然后评价公司燃煤电厂碳排放业务管理能力和实际执行情况。

第二，评价治理层面的合规性和有效性。包括但不限于制度建设、组织机构设置、部门职责和授权机制、重大决策部署和执行等情况。重点关注燃煤电厂碳排放对公司生产经营的影响，操作是否符合国家有关政策要求等。

第三，评价有关业务层面的合规性和有效性。包括但不限于煤电机组改造项目立项申请、审批、项目实施、竣工验收、碳排放监测、数据分析应用、财务处理等，具体评价内容根据国家的碳排放管理制度及公司的燃煤电厂碳排放业务程序确定。

第四，评价燃煤电厂碳排放业务保障体系的健全性和有效性。重点关注是否有效贯彻落实上级单位对燃煤电厂碳排放业务的总体要求，以及燃煤电厂碳排放业务中人力资源、物资供应、后勤保障、财务资金等保障措施的规范性和有效性。

第五，其他重点关注的事项。

以上阐述了燃煤电厂碳排放管理审计实施中的审前调查、初步评价、审计测试工作程序，审计沟通、审计评价（基本要求）、形成意见、审计结论、审计报告等内容详见 1.5 节，具体内容本章略。

8.3.3 自有燃煤电厂碳排放内部审计常见问题

（1）对国家强制要求的环保指标高度重视，对指导性目标不够重视，基于成本控制原则，长期发展和短期利益不能协调发展。

（2）不顾企业自身发展阶段，碳排放总量分解到化石燃料燃烧、脱硫过程、外购电力等各个环节的控制数据不符合实际。

（3）燃煤电厂碳排放监测设备未进行定期校验检定，碳排放数据记录失实失真。

（4）燃煤电厂机组改造升级等碳减排方案未经科学论证，碳排放总量及碳排放强度的变化难以达到预期。

（5）可研报告中风险揭示不全面，控制措施不适用。

（6）专项资金保障措施不力，挪用项目资金。如 A 集团准备进行煤电机组改造升级，但没有按预算规定使用专项资金，人为调节专项资金结余。

（7）重大碳排放项目未经法律部门合规审查，厂首席合规官未签署合规意见。

（8）重大碳排放项目未经风控部门风险评估，项目存在潜在风险。

【案例介绍】

A 集团公司燃煤电厂机组改造项目内部审计

一、案例背景

A 集团为实现煤炭资源的清洁化燃烧，组织有关部门进行传统火电机组的升级改造。包括直属发电公司总装机容量为 30MW 的煤泥发电机组、4 台 60MW 的燃煤发电机组。A 集团计划对电厂发电机组节能降碳、供热进行改造，实现清洁化生产、热电联产、集中供热，以改变周边矿区原有小热水炉分散、低效供热的现状。

二、审计工作计划

（一）审计范围。

A 集团直属发电公司燃煤机组改造项目。

（二）审计目标。

1. 确保电厂的机组改造计划编制规范、论证充分。

2. 确保电厂的机组改造项目实施过程规范、真实、有效。

3. 确保电厂的机组改造项目审批程序规范。

三、具体审计实施

（一）收集资料。为确保电厂机组改造碳减排措施的合理性与合规性，需要收集企业内外部资料。主要包含：国家与地方与发电侧有关的节能环保、碳减排政策、法规资料，公司内部有关规章制度、决议文件、经济合同等，如《全国煤电机组改造升级实施方案》《“十四五”煤电机组“三改联动”项目验收方案》等，作为外部法规遵循的依据。取得的内部资料有《××公司“十三五”战略规划纲要》《××公司节能环保管理制度》《××公司“三重一大”决策事项清单》《××公司绩效考核管理办法》等规章制度，机组改造项目立项申请、可行性研究报告评审记录、招标文件编制会审表、公开招标全套文件、机组改造项目总包合同、大额资金支付记账凭证及审批单、合同履行过程监控材料、现场变更签证单、监理单位工作日志等资料254份。

（二）开展访谈工作。编制访谈计划和控制表，根据前期了解的情况，编制访谈提纲17份，提前2天发放给被访谈人员，提请被访谈人员进行准备。访谈历时6个工作日，分别对董事长、总经理、总工程师、总会计师、法律顾问、安健环部经理、财务部经理、综合管理部经理、物资管理部经理以及基层主要涉碳业务骨干进行了访谈，形成访谈记录16份。

（三）审计检查。按照审计工作程序，抽样检查有关文件，如调阅20××年×月×日关于电厂机组升级改造审议的呈批件、会议纪要、董事会决议文件，审计机组升级改造的审批程序是否合规；调阅20××年×月×日机组改造专家评议报告，检查专家组成人员、资历背景、产生程序和签署的意见；检查机组升级改造技术部门前期调查研究有关资料、网络信息资料等；调阅全套招标采购文件，检查各环节合规审查签字情况等。

（四）现场观察。深入现场观察燃煤电厂的机组改造情况，询问操作人员机组运行情况，向技术人员了解机组改造后是否达到预期效果。

（五）其他事项略。

四、审计发现的问题

经审计，电厂机组升级改造项目20××年7月18日完成可行性研究工作，9月17日组织机组改造项目公开招标工作，并于11月施工单位进厂施工。同年12月23日公司决策机构出具《关于同意××机组技术改造项目节能报告书的复函》（××函〔20××〕××号），同意机组改造项目立项并做出指示。该项目存在未批先建的问题。

第9章

低碳清洁能源及循环经济审计

【导读摘要】

中国煤炭工业协会发布的《煤炭行业“十四五”老矿区转型发展指导意见》指出,“加强节能降碳技术创新，深入推进循环经济发展。统筹煤与非煤能源，促进煤与新能源等可再生能源优势互补。积极推进煤炭行业绿色低碳开发与清洁高效利用相结合。”为煤炭行业的转型发展提供了指导性意见。

低碳清洁能源以及循环经济发展模式，为“双碳”目标下煤炭企业绿色低碳转型提供了重要发展路径。因此，煤炭企业应加快先进技术研发和推广应用，铸就符合市场经济的优质产业，并根据产业布局情况与落实情况进行独立客观的监督与评价。内部审计作为企业重要的监督和服务工具，将以问题为导向，深入研究低碳清洁能源、循环经济产业布局与落实中的主要风险和深层次制约因素，发现问题，提出管理建议，为企业低碳清洁能源、循环经济业务高质量发展，提供有力的决策支撑和建议服务。

9.1 低碳清洁能源及循环经济内部控制

9.1.1 煤炭企业的低碳清洁能源

从我国国内资源情况来看，煤炭作为最主要的能源，在短中期内出现完全替代的无碳或低碳能源是比较困难的。因此，在保障能源安全的基础上，要切实做好煤炭清洁高效低碳化利用，总的思路是着力创建以绿色低碳为导向的能源开发利用新机制，确保煤炭在生产保供中实现绿色低碳转型发展，在绿色低碳转型发展中探索煤炭清洁化利用的技术路线图，加快推进绿色矿山建设，实现煤炭产业绿色低碳发展。

作为碳排放大户的煤炭企业，可以利用自身资源优势、土地优势，积极优化煤炭产能布局，加大煤矿“上大压小、增优汰劣”力度，淘汰燃煤锅炉，建设先进煤电机组，加强煤电机组与新能源发电、天然气发电及储能整体协同，推动煤电机组向基础保障性和系统调节性电源并重转变。建设安全、绿色、智能、高效的矿井，大力推进原煤入洗率、矿井水综合利用率、煤矸石综合处理率及井下瓦斯抽采利用，通过高端化、绿色化、智能化，从源头减碳、过程控碳、末端去碳，实现煤炭清洁高效利用。研发低碳清洁能源关键技术，改变煤炭转化用途，推进煤炭由燃料向燃料和原料并重转变。聚焦高端精细低碳发展方向，做好延链、补链、强链和升链工作，推进煤基、氨基新材料产业链集群发展。

如某低碳清洁能源研究院，依托煤炭开采水资源保护与利用国家重点实验室等重点科研平台，紧紧围绕煤炭产业绿色低碳转型需求，对现代煤化工、新能源、氢能、储能等战略性新兴产业进行培育孵化，成功研发出甲醇高效制乙醇技术、工业废水零排放处理系列新技术、NICELITE 高性能油气井压裂支撑剂技术、脱硝催化剂全生命周期管理等技术和管理模式。在先进材料领域，研发出高性能煤基聚丙烯塑料管道、NICE 长玻纤增强聚丙烯浸渍料、CarP 碳基高导热相变材料等，开发的“石墨基储热材料技术”“高盐反渗透技术（HSRO）”“新型热塑性聚丙烯复合材料技术”“脱硝催化剂再生、回收技术”“甲醇合成高性能催化剂技术”等新材料、新技术实现了技术转让，公开向社会许可授权。

【政策法规】

构建清洁低碳安全高效能源体系

2021 年，中共中央、国务院《关于完整准确全面贯彻新发展理念做好碳达峰碳中和工作的意见》，提出“以能源绿色低碳发展为关键，加快构建清洁低碳安全高效能源体系。积极发展非化石能源。实施可再生能源替代行动，大力发展风能、太阳能、生物质能、海洋能、地热能等，不断提高非化石能源消费比重。坚持集中式与分布式并举，优先推动风能、太阳能就地就近开发利用。因地制宜开发水能。积极安全有序发展核电。合理利用生物质能。加快推进抽水蓄能和新型储能规模化应用。统筹推进氢能‘制储输用’全链条发展。构建以新能源为主体的新型电力系统，提高电网对高比例可再生能源的消纳和调控能力”。

目前，国内煤炭企业研发低碳清洁能源主要采取两种途径：一是购入成熟的技术、装备或新材料，该模式注重应用，适用于科技人才不足、技术力量薄弱的企业；二是自主研发（包括委托研发），该模式强调科技创新，拥有知识产权，适用于技术力量雄厚、研发经费充足、研发能力较强的集团化企业。

9.1.2　煤炭企业的循环经济

循环经济，即一种以资源高效利用和循环利用为核心，以减量化、再利用、资源化为原则，以低消耗、低排放、高效率为基本特征，符合可持续发展理念的经济增长模式。

煤炭企业的循环经济模式主要基于五个职能部门，即煤炭开采部门、煤炭精深加工部门、伴生资源利用部门、科技创新部门和其他关联部门。

（1）煤炭开采部门。煤炭开采是煤炭企业获取利润、生存发展的根本，其发展关键是防范资源枯竭，争取获得更多的煤炭资源，在技术经济条件允许的情况下，尽可能提高煤炭资源的回收率，并尽可能将废弃物消灭在开采阶段，主要体现循环经济的减量化原则。

（2）煤炭精深加工部门。具体包括煤炭洗选、煤泥发电、煤炭气化、煤炭液化、煤炭焦化、水煤浆生产等，其本质是通过深加工的方式来获取洁净煤产品，从而提高产品的附加值，主要体现循环经济的再利用原则。

（3）伴生资源利用部门。其是将传统观念下的废弃物视为资源，并对这些资源进行深度加工的部门，主要包括矿井水回收处理、矸石发电、矸石制水泥、矸石制砖、乏风余热、瓦斯综合利用等。伴生资源利用可以为煤炭企业带来新的经济增长点，主要体现循环经济减量化和资源化的原则。

（4）科技创新部门。将人工智能、物联网、云计算、大数据、智能装备等与现代煤炭开发利用深度融合，形成动态互联、综合控制的智能系统，为煤矿循环经济发展助力。

（5）其他关联部门。为上述产业之外的补充，有助于丰富非煤产业的类型，是煤炭企业实施相关多元化的主要拓展领域。

【政策法规】

矿山开采领域资源综合利用

《中华人民共和国循环经济促进法》第二十二条规定：开采矿产资源，应当统筹规划，制定合理的开发利用方案，采用合理的开采顺序、方法和选矿工艺。采矿许可证颁发机关应当对申请人提交的开发利用方案中的开采回采率、采矿贫化率、选矿回收率、矿山水循环利用率和土地复垦率等指标依法进行审查；审查不合格的，不予颁发采矿许可证。采矿许可证颁发机关应当依法加强对开采矿产资源的监督管理。

矿山企业在开采主要矿种的同时，应当对具有工业价值的共生和伴生矿实行综合开采、合理利用；对必须同时采出而暂时不能利用的矿产以及含有有用组分的尾矿，应当采取保护措施，防止资源损失和生态破坏。

煤炭企业的循环经济发展模式，本质上是以煤炭开采部门的集约开采为基础，以煤炭精深加工部门的洁净煤产品生产为核心，以伴生资源利用部门的矿井水、煤矸石、煤层气利用等为支柱，以其他关联部门的相关多元化活动为补充的“煤伴联”综合发展模式[1]。

煤炭企业在循环经济的实践过程中，应当以“煤伴联”模式为根本，充分发挥原料供应距离近、产品品质好以及已经积累的非煤产业基础等优势，并根据企业自身的资源、资本状况来选择合适的具体产业，如利用低热值燃料发电等，以提高煤炭资源利用率。

【政策法规】

煤炭企业充分利用低热值燃料并网发电

《中华人民共和国循环经济促进法》第三十二条规定：建设利用余热、余压、煤层气以及煤矸石、煤泥、垃圾等低热值燃料的并网发电项目，应当依照法律和国务院的规定取得行政许可或者报送备案。电网企业应当按照国家规定，与综合利用资源发电的企业签订并网协议，提供上网服务，并全额收购并网发电项目的上网电量。

9.1.3 循环经济中的燃料清洁化

煤炭企业燃料的清洁化，主要表现为煤炭清洁利用以及制备新型环保燃料。如 A 集团的粉煤灰提取氧化铝新技术以及自产煤制备煤基特种燃料。

某煤田具有“高铝富镓”的资源优势，是粉煤灰提取氧化铝的优质原材料储备区。

---

[1] 王乐，武春友，吴荻．煤炭企业的循环经济发展模式研究——以新汶矿业集团为例 [J]. 管理案例研究与评论，2011，4（04）：265–278.

A 集团历经 17 年的实验室及工业化中试技术研发，开展了粉煤灰提取氧化铝新技术，获得国际专利 4 项、国内专利 174 项。该技术让煤炭实现了由“黑”到“白”、由“燃料”向“燃料 + 原料”的嬗变。

此外，2021 年，A 集团转变粉煤灰提取氧化铝技术思路，遵循资源化、再利用原则，开展了高效、清洁煤基特种燃料制备试验。通过引入技术，成功利用自产煤制备出煤基特种燃料，低成本实现煤炭的附氢赋能。

【政策法规】

为深入贯彻落实党中央、国务院关于碳达峰碳中和重大战略决策，《财政支持做好碳达峰碳中和工作的意见》提出：加强对低碳零碳负碳、节能环保等绿色技术研发和推广应用的支持。鼓励有条件的单位、企业和地区开展低碳零碳负碳和储能新材料、新技术、新装备攻关，以及产业化、规模化应用，建立完善绿色低碳技术评估、交易体系和科技创新服务平台。强化碳达峰碳中和基础理论、基础方法、技术标准、实现路径研究。加强生态系统碳汇基础支撑。支持适应气候变化能力建设，提高防灾减灾抗灾救灾能力。

为加快建立健全绿色低碳循环发展的经济体系，国务院发布《关于加快建立健全绿色低碳循环发展经济体系的指导意见》，节选内容如下。

（二）工作原则。

坚持重点突破。以节能环保、清洁生产、清洁能源为重点率先突破。

坚持创新引领。深入推动技术创新、模式创新、管理创新，加快构建市场导向的绿色技术创新体系，推行新型商业模式，构筑有力有效的政策支持体系。

坚持稳中求进。做好绿色转型与经济发展、技术进步、产业接续、稳岗就业、民生改善的有机结合，积极稳妥、韧性持久地加以推进。

坚持市场导向。在绿色转型中充分发挥市场的导向性作用、企业的主体作用、各类市场交易机制的作用，为绿色发展注入强大动力。

（十五）推动能源体系绿色低碳转型。坚持节能优先，完善能源消费总量和强度双控制度。提升可再生能源利用比例，大力推动风电、光伏发电发展，因地制宜发展水能、地热能、海洋能、氢能、生物质能、光热发电。加快大容量储能技术研发推广，提升电网汇集和外送能力。增加农村清洁能源供应，推动农村发展生物质能。促进燃煤清洁高效开发转化利用，继续提升大容量、高参数、低污染煤电机组占煤电装机比例。

（十九）鼓励绿色低碳技术研发。实施绿色技术创新攻关行动，围绕节能环保、清洁生产、清洁能源等领域布局一批前瞻性、战略性、颠覆性科技攻关项目。培育建设一批绿色技术国家技术创新中心、国家科技资源共享服务平台等创新基地平台。强化企业创新主体地位，支持企业整合高校、科研院所、产业园区等力量建立市场化运行的绿色技术创新联合体，鼓励企业牵头或参与财政资金支持的绿色技术研发项目、市场导向明确的绿色技术创新项目。

9.1.4 低碳清洁能源及循环经济管理机制

低碳清洁能源及循环经济管理机制是贯彻落实相关法律法规、深入推进低碳清洁能源及循环经济高质量发展、促进生态文明建设的重要支撑。其主要包括：低碳清洁能源及循环经济组织架构，低碳清洁能源及循环经济规章制度，低碳清洁能源及循环经济部门职责，低碳清洁能源及循环经济授权审批机制，低碳清洁能源及循环经济核心业务流程，低碳清洁能源及循环经济成果推广、宣贯与文化建设等。

1. 低碳清洁能源及循环经济管控组织架构

（1）低碳清洁能源组织架构。

对于购入新技术、新材料等以应用为主的企业，一般无须设置新的部门，按照原有管理体制及程序办理相关业务即可。

对于以技术创新、科技研发为主的企业，可设置研发中心或研究院，制定相关工作职责，明确立项、经费预算、人才引进、成果转化等职责、权限。

属于企业内部机构或分公司，应当按照公司章程的规定，建立专业化研发部门；属于独立核算、自负盈亏的子公司，应当按照《中华人民共和国公司法》建立规范的法人治理结构。

（2）循环经济组织架构。

煤炭企业应当根据协调配合、相互制约的原则，指定专门机构负责开展循环经济业务活动或按项目设立独立的法人机构。循环经济组织架构一般由决策机构、技术评议与论证机构、归口管理机构、业务执行机构、监督机构组成。规模较大的项目，可单独成立子企业，按照《中华人民共和国公司法》的要求建立规范的法人治理结构，建章立制，独立核算，自负盈亏，规范运行。规模较小的项目，可设置项目部或事业部，按照企业内部管控机制管理和控制。

2. 低碳清洁能源及循环经济规章制度

煤炭企业应根据系统性、针对性、有序性、时效性、规范性等原则，建立健全低碳清洁能源及循环经济各项规章制度。

（1）低碳清洁能源制度建设。

煤炭企业应根据发展战略，结合企业低碳清洁能源发展方向制定相关规章制度，如低碳清洁能源项目立项管理办法、低碳清洁能源研发管理办法、研发经费支出管理办法、低碳清洁能源项目结题验收管理办法、低碳清洁能源研发成果保护管理制度、低碳清洁能源成果推介或许可授权管理办法、低碳清洁能源项目后评估管理办法等。

（2）循环经济制度建设。

煤炭企业根据国家产业政策、区域发展状况，结合本企业发展战略及循环经济主要发展方向，制定循环经济专业领域管理制度，如循环经济发展规划制度、循环经济项目论证与审批制度、循环经济项目管理制度、循环经济重要试验管理办法、循环经济突发事故应急预案、循环经济项目验收管理办法、循环经济主要环保指标监测制度、循环经济项目后评估管理办法等。

3. 低碳清洁能源及循环经济部门职责

煤炭企业应根据具体化、清晰化、准确化原则，确定低碳清洁能源及循环经济管控部门的具体岗位名称及工作职责，以明确管控边界。开展低碳清洁能源的企业可以设立学术技术委员会，负责本单位低碳清洁能源远景规划、重大研究课题的学术评议与审核、科研开题论证等工作，其他职能基本与循环经济内部机构设置相同，一般包含项目管理委员会、归口管理部门、生态环境管理部门、风控及合规部门等。下面以低碳清洁能源和循环经济内部机构设置的共性为例，合并阐述其具体职责。

（1）项目管理委员会（低碳清洁能源可由学术技术委员会代替）。该委员会可由董事会授权行使部分决策职能。其主要职责：将低碳清洁能源及循环经济发展目标纳入煤炭企业战略规划中，制定低碳清洁能源及循环经济发展子战略；针对低碳清洁能源发展目标及循环经济发展模式，制定低碳清洁能源及循环经济发展短期、中期、长期规划和年度工作计划；参考《“十四五”规划和2035年远景目标纲要》《中华人民共和国循环经济促进法》等相关政策法规，根据企业现状及时调整优化低碳清洁能源及循环经济的各项规划和年度工作计划；下达经批准的正式年度工作计划；根据董事会授权，审议批准年度预算方案；协调解决低碳清洁能源及循环经济运作过程中的重大问题；将发展低碳清洁能源及循环经济指标纳入绩效考核体系，审议考核和奖惩方案；审查低碳清洁能源及循环经济立项建议书，编制低碳清洁能源及循环经济项目立项可行性报告并上报董事会审批；董事会授权的其他管理事宜。

（2）低碳清洁能源及循环经济管理工作机构。该机构是低碳清洁能源及循环经济管理委员会下设的日常管理机构，其主要职责：认真贯彻落实集团公司各项决策，开展低碳清洁能源及循环经济调查研究，收集、分析国内外信息，负责低碳清洁能源及循环经济项目可行性研究及立项工作；具体指挥运营及协调各相关部门关系；组织编制低碳清洁能源及循环经济预算草案；编制低碳清洁能源及循环经济年度报告；拟定低碳清洁能源及循环经济管理制度和实施细则，并负责制度的贯彻执行；跟踪、监控低碳清洁能源及循环经济运作情况；将低碳清洁能源及循环经济发展规划落实到具体部门工作计划中；提出低碳清洁能源及循环经济预算考核和奖惩方案，报低碳清洁能源及循环经济管理委员会审议；低碳清洁能源及循环经济实施效果评估或组织开展项目后评估；低碳清洁能源及循环经济管理委员会授权的其他工作。

（3）生态环境管理部门。该部门负责生态环境的执行和监督。此外，各单位可以设立环保科，车间设环保组，班组设环保员，将煤炭企业中的环保管理与监督职能工作范围扩大，由反馈机制转变为整体预防性控制，形成企业生态环境管理体系。该部门主要职责：建立本企业的环境管理体系（ISO14000）；编制本企业的生态环境保护制度及突发环境事故应急预案，并监督制度的执行情况；对低碳清洁能源及循环经济管理工作机构的环保管理工作进行监督与考核；配合低碳清洁能源及循环经济管理工作机构开展工作。

（4）风控及合规部门。该部门负责风险控制与合规管理，建立规范的大合规管理体系并组织实施。该部门主要职责：建立合规、内控、风险、法务协同运行机制，识别低碳清洁能源及循环经济产业面临的风险事项，组织制定重大风险应对策略并定期监控，防范和化解重大风险事项的发生；组织建立内部控制体系，建立规范、高效的业务流程，防范低碳清洁能源及循环经济业务层面风险事项的发生；根据国家法律法规及公司内部规章，建立合规管理体系，组织编制合规管理“三清单”，即岗位风险识别清单、岗位合规职责清单和流程管控清单，组织制定各类合规操作指引、指南，组织开展合规管理培训，建立企业合规管理文化，落实合规管理义务等。

4. 低碳清洁能源及循环经济授权审批机制

煤炭企业应根据重要性、高效性原则，建立授权审批机制，以规范低碳清洁能源及循环经济相关活动。企业可从规范审批程序、推进审批电子化、强化审批监督机制三方面健全授权审批机制。其中，规范审批程序，即根据低碳清洁能源及循环经济管理制度或“三重一大”制度中规定的程序和权限，严格履行审批程序，实现统一管理、逐级审批；推进审批电子化，即充分利用现代网络信息技术和企业搭建的信息化平台，推进审批电子化，解决审批等待时间长、审批量大的问题，实现审批的统筹管理；强化审计监督机制，即积极落实审监分离制度和责任追究制度，切实提高低碳清洁能源及循环经济审批质量和效率。

【政策解读】

《企业内部控制应用指引第 10 号——研究与开发》第六条规定：研究项目应当按照规定的权限和程序进行审批，重大研究项目应当报经董事会或者类似决策机构集体审议决策。审批过程中，应当重点关注研究项目促进企业发展的必要性、技术的先进性以及成果转化的可行性。

企业应当根据研究项目的经费、专利成果保护、税收优惠政策需求等情况，决定是否将研究报请政府相关部门立项。

5. 低碳清洁能源及循环经济业务流程

低碳清洁能源及循环经济的业务流程较多，涉及战略规划、投资决策、前期调研、工程建设、设备及物资采购、财务决算等诸多环节，如战略规划编制与审批、项目立项申报与批复、可行性研究报告或项目建议书编制、项目预算管理、投资项目跟踪管理等。煤炭企业应根据重要性原则，按照企业内部控制要求，识别低碳清洁能源及循环经济活动的核心环节，梳理核心流程，以明确每一个环节的输入、输出信息和关键控制点，以及重要环节的授权审批人员。

【流程示例——低碳清洁能源】

低碳清洁能源技术许可授权流程

某集团公司研究院成功开发出储热温度高、密度高的石墨基储热材料技术，经营管理部门提出低碳清洁能源技术许可授权实施申请，附有关材料，经院长办公会研究同意后立项，授权流程如图 9-1 所示。经营管理部门拟定技术许可授权实施方案，内容包括：许可范围、许可方式、许可区域、许可期限、许可费收取方式、技术指标、意向企业资质要求及信息发布渠道等，经法务人员合规审查、主管院长审核、学术技术委员会审议、党委会前置审查、院长办公会决议后发布。

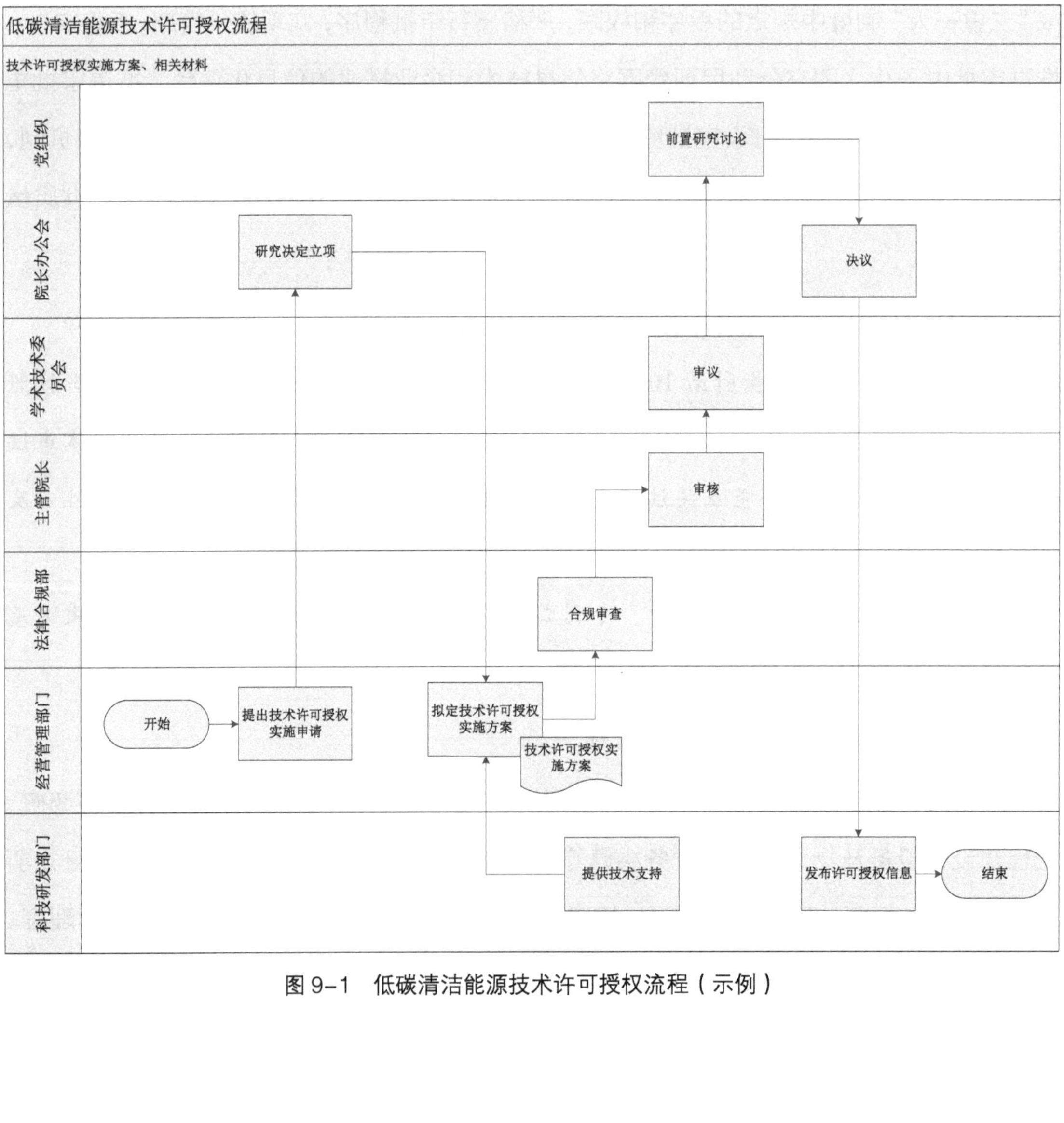

图 9-1 低碳清洁能源技术许可授权流程（示例）

【流程示例——循环经济】

循环经济规划编制与审批流程

循环经济管理工作机构收集循环经济相关信息，广泛征求意见，在充分调查研究的基础上，编制循环经济发展规划草案。循环经济发展规划草案报经循环经济管理委员会审议，公司法律事务部进行合规审查，风险管理部门开展风险评估工作，首席合规官签署合规意见，公司党委会前置研究，董事会决议后，循环经济管理工作机构下达董事会决议。规划编制与审批流程如图 9-2 所示。

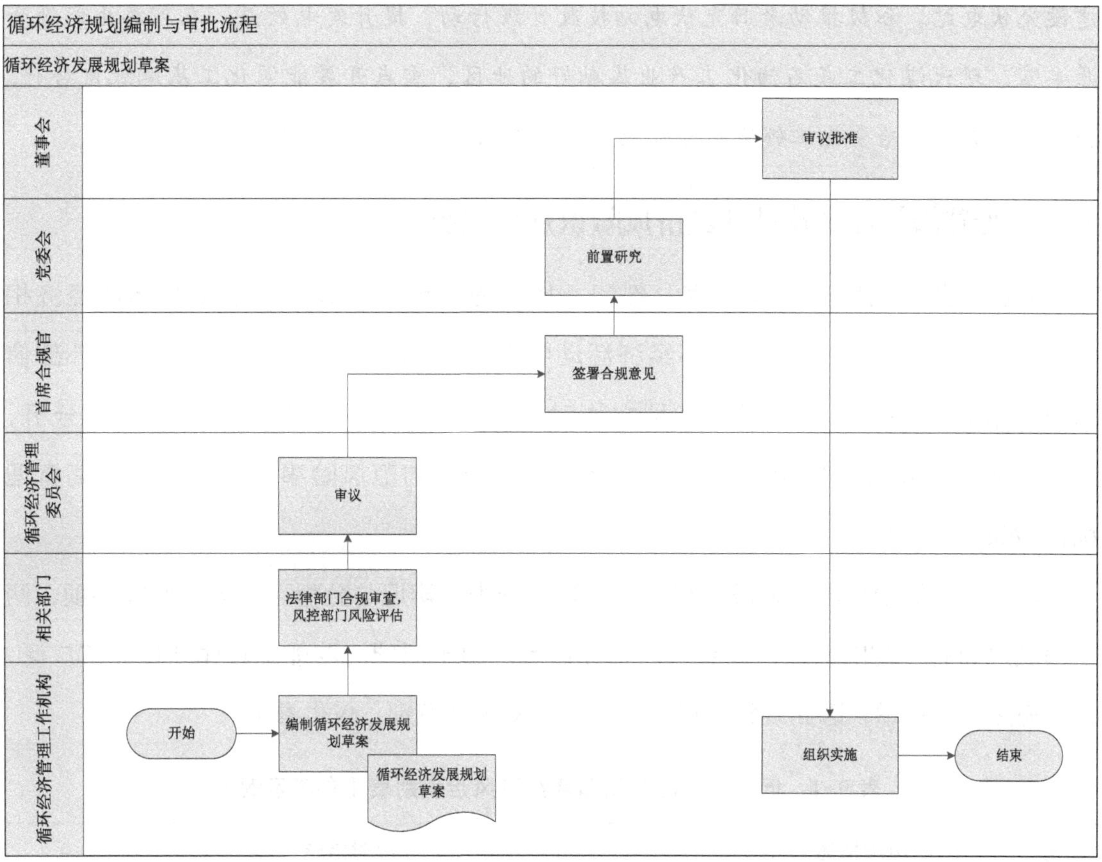

图 9-2　循环经济规划编制与审批流程（示例）

6. 低碳清洁能源及循环经济文化建设

煤炭企业应根据有效性、针对性、号召性等原则，营造节能环保、可持续发展的低碳清洁能源及循环经济文化氛围，以夯实低碳清洁能源及循环经济管理理念，提升管控效率及效果。同时，企业可充分利用公司网站、微信公众号、报纸、简报、学习手册、标语、班前传达等方式宣传贯彻低碳清洁能源及循环经济发展理念以及可持续发展理念，营造浓厚的舆论氛围，强化可持续发展人才培养，协调企业、社会、环境之间的关系，树立可持续发展价值观，规范企业发展行为，促进企业健康有序发展。

【政策法规】

煤炭企业可再生能源综合发展

《关于印发“十四五”可再生能源发展规划的通知》(发改能源〔2021〕1445号)指出：推进光伏电站开发建设，优先利用采煤沉陷区、矿山排土场等工矿废弃土地及油气矿区建设光伏电站。积极推动老旧光伏电站技改升级行动，提升发电效益。在可再生能源资源丰富、现代煤化工或石油化工产业基础好的地区，重点开展能源化工基地绿氢替代。积极探索氢气在冶金化工领域的替代应用，降低冶金化工领域化石能源消耗。

9.1.5 低碳清洁能源及循环经济风险识别与控制

煤炭企业应当时刻关注国家、部门、地方等出台的低碳清洁能源及循环经济相关政策，对低碳清洁能源及循环经济活动中存在的风险及风险管理相关的内外部信息进行收集，识别风险，运用各种方法对风险影响程度和发生的可能性进行分析，准确描述风险特征，制定针对性的风险应对措施，防范风险事件的发生，提高管理执行效果。

表9-1是低碳清洁能源及循环经济风险识别表，辨识与分析了常见的风险事项，两个领域之间有一定的共性，读者可以相互借鉴。由于低碳清洁能源具体项目非常广泛，本书无法一一列举，因此该领域风险主要从研发角度识别，仅供参考。

表9-1 低碳清洁能源及循环经济风险识别表（参考示例）

序号	风险描述	应对措施
一、低碳清洁能源主要风险		
1	技术评议与论证机构（如学术技术委员会）高级专家或高学衔人员配备不足，或缺乏科技创新领军人才，影响低碳清洁能源项目健康发展	1. 通过各种渠道获得专家、学者信息，制定人才引进计划，吸收尖端人才进入技术评议与论证机构 2. 深入调查拟定的成员背景、取得的科研成果，以及获得的各级奖项、荣誉等 3. 审慎引入国外教授、学者等科研人员，防范核心机密外泄

（续表）

序号	风险描述	应对措施
2	低碳清洁能源项目研发计划与企业发展战略不匹配，研究项目未经科学论证或论证不充分，评审和审批环节把关不严，可能导致创新不足或资源浪费	1. 建立完善的立项、审批制度，确定研究开发计划制定原则和审批机构 2. 结合企业发展战略、市场及技术现状，制定研究项目开发计划 3. 根据企业实际需要，结合研发计划，提出研究项目立项申请，开展可行性研究，编制可行性研究报告 4. 研究项目应当按照规定的权限和程序进行审批，重大研究项目应当报经董事会或类似权力机构集体审议决策
3	自主研发方面：研发过程管理不善，费用失控或收入形成账外资产，研发成本升高甚至造成资产流失	1. 建立研发项目管理制度、技术标准、信息反馈制度和研发项目重大事项报告制度 2. 建立科技开发费用报销制度，明确费用支付标准及审批权限，遵循不相容岗位牵制原则。完善科技经费入账管理程序，按项目正确划分资本性支出和费用性支出，准确开展会计核算 3. 加强项目的管理监督，严格控制项目费用，防止挪用、侵占等 4. 开展项目中期评审，及时纠偏调整
4	委托（合作）研发方面：委托（合作）单位选择不当或合同管理不善，导致权属不清，知识产权存在争议	1. 加强委托（合作）研发单位资信、专业能力等方面的管理 2. 对合作单位进行尽职调查，签订书面委托或合作研究合同，明确双方投资、分工、权利义务、研究成果产权归属等内容 3. 根据项目进展情况、国内外技术最新发展趋势和市场需求变化情况，对项目的目标、内容、进度、资金进行适当调整
5	项目验收程序不规范，可能导致项目实施不符合要求，无法实现预期目标	1. 建立健全技术验收制度，严格执行测试程序 2. 规范项目验收程序，采用会议验收、成果确认或者其他程序 3. 明确验收主管部门责任，由独立的、具备专业胜任能力的测试人员进行鉴定试验，重大项目须经学术委员会认定 4. 加大测试和鉴定阶段的投入，对重要的研究项目可以组织外部专家参加鉴定
6	研究成果转化应用不足，导致资源闲置	1. 建立健全研究成果开发制度，促进成果及时有效转化 2. 选择权威推广平台，将研发成果挂网许可授权
7	未能有效识别和保护知识产权，权属归属不清，开发出的新技术或新材料被限制使用	1. 进行知识产权评审，及时取得权属 2. 建立研究成果保护制度，加强对专利权、非专利技术、商业秘密及研发过程中形成的各类涉密图纸、程序、资料的管理，严格按照制度规定借阅和使用 3. 禁止无关人员接触研究成果
8	缺乏核心研究人员管理激励制度，导致形成新的竞争对手或技术秘密外泄	1. 建立严格的核心研究人员管理制度，明确界定核心研究人员范围和名册清单并与之签署保密协议 2. 与核心研究人员签订劳动合同时，特别约定研究成果归属、离职条件、离职移交程序、离职后保密义务、离职后竞业限制年限及违约责任等内容 3. 实施合理有效的研发绩效管理，制定科学的核心研发人员激励体系

（续表）

序号	风险描述	应对措施
9	未能及时跟踪或利用国家低碳清洁能源相关优惠政策，导致无法获得国家财政资金的支持	1. 归口管理部门及时关注国家关于低碳清洁能源有关的各项优惠政策，提出国家政策利用建议，组织有关部门实施 2. 财务部门按规定向税务机关提出税收优惠申请，并对申报资料的真实性、可靠性负责
10	低碳清洁能源研究经费被挪作他用，影响企业低碳清洁能源项目的顺利开展	1. 研究经费纳入全面预算管理，由预算管理部门对执行情况进行监督、考核 2. 按照审批流程对低碳清洁能源研究经费支出进行审批 3. 加强审计监督，发现问题，及时纠正，违反财经纪律的移交有关部门处理
11	低碳清洁能源理念培训不到位，流于形式，影响国家低碳政策的贯彻落实	1. 定期组织培训 2. 培训内容应当简洁明了、通俗易懂 3. 定期对培训内容组织考试，确保全员参加 4. 对培训效果进行评定，总结经验，不断提高培训质量
二、循环经济主要风险		
1	循环经济组织机构设置不合理，内部管理部门形同虚设，可能导致各岗位权责不清晰，职能交叉或缺失，推诿扯皮现象严重	1. 内部机构设置严格按照企业章程规定的权限审议批准 2. 深入分析循环经济活动管理程序，从业务流程中梳理出不相容职务，按照内部控制的要求，合理划分归口管理部门及相关部门的职责界面，形成各司其职、各负其责、相互制约的工作机制 3. 定期对循环经济组织机构运行的效率与效果进行评价，持续优化组织机构，不断提升经营管理效能
2	归口管理部门负责人把关不严，能力不足，无法胜任工作，影响循环经济活动的顺利开展	1. 制定后备人才培养计划，明确后备人才发展方向 2. 组织部门或人力资源部门对选聘人员深入考察 3. 重要人事任命应当按照"三重一大"决策程序办理 4. 党委、纪委把关
3	循环经济项目与国家政策及企业发展战略相脱节	1. 动态收集国家和地方政府关于循环经济的最新政策并进行解读与分析 2. 认真分析本企业的发展战略规划及长远发展目标，作为循环经济项目立项的依据
4	循环经济战略规划编制不合理，可能导致企业循环经济项目实施困难，最终无法实现企业总体发展战略	依据企业的长远发展目标和发展战略，客观分析企业所拥有的资源、条件，编制企业的循环经济战略规划

（续表）

序号	风险描述	应对措施
5	循环经济项目建议书内容不完整，项目性质、用途规模等模糊不清	1. 根据国家和行业有关要求，结合本企业实际，规定项目建议书的主要内容和格式，明确编制要求 2. 编制过程中，对项目规模、质量标准、进度计划等进行论证，做到协调配合 3. 对于专业性比较强和比较复杂的项目，可以委托专业机构进行投资分析，编制项目建议书
6	循环经济项目缺乏可行性研究，或可行性研究流于形式，导致决策不当，难以实现预期效益，甚至可能导致项目失败	1. 企业应当根据国家和行业有关规定以及本企业实际，确定可行性研究报告的内容与形式，明确编制要求 2. 委托专业机构进行可行性研究的，应当制定专业机构的选择标准，确保可行性研究科学、准确、公正，在选择专业机构时，应当重点关注其专业资质、业绩和声誉、专业人员素质、相关业务经验等 3. 切实做到投资、质量和进度控制的有机统一，即技术先进性和经济可行性要有机结合。建设标准要符合企业实际情况和财力、物力的承受能力，技术要先进适用，对于拟采用的工艺，既要考虑其对产品质量的提升作用，又要考虑企业营销状况和走势，避免盲目追求技术先进而造成投资损失浪费
7	重大循环经济项目立项前，未开展风险评估工作或风险评估不深入，重要风险未能辨识，可能导致决策失误，给企业造成重大资金损失	1. 风险管理部门深入了解循环经济项目基本情况，掌握有关政策及各方面信息，为风险识别奠定基础 2. 复杂的技术、经济问题可聘请专家协助工作 3. 对风险防控报告进行严格审核，并按规定程序经审批后报决策机构参考
8	循环经济项目决策未经合规管理部门合规审查，或重大决策首席合规官未签署明确的合规意见，可能造成项目违规，给公司造成损失	1. 建立合规管理“三道防线”，夯实第一道防线的合规管理义务，所有的重大事项均应当由业务部门进行合规审查 2. 合规归口管理部门切实履行第二道防线的管理职责，对循环经济主要活动实施合规审查 3. 循环经济项目中的重大决策事项应由首席合规官签署明确的合规意见
9	循环经济活动审批权限设置不明确，可能导致操作不合规或决策失误	1. 特殊业务应当按照内部授权机制，签订授权委托书办理业务 2. 日常业务应当通过制度和岗位说明书赋予责权 3. 明确循环经济活动重大决策事项的标准，实施集体决策
10	循环经济预算编制不合理、审批不严格或流于形式，可能影响战略目标的实现	1. 参照历年预算执行情况及行业情况，结合社会经济发展和政策变化等增减变动因素，实事求是、科学合理地编制预算 2. 按照规定的权限和流程履行内部审批程序
11	突发环境事故应急预案机制不具有针对性，导致其操作性差	企业应当根据实际情况制定有针对性的突发环境事故应急预案机制，确保事故处理迅速，妥善解决

（续表）

序号	风险描述	应对措施
12	循环经济项目实施过程中，未按照规定程序实行招标，未以招标文件为基础签订合同，未遵照合同履行义务，影响项目质量	1. 完善招标管理制度及合同管理制度，招投标相关人员树立法治观念，增强法律意识，做到依法经营 2. 明确工程项目的名称、地址、工程内容、技术要求、施工方案、工程质量要求、工程工期、安全防护措施、双方权利义务、付款方式、违约责任、工程竣工结算、解决争议方式等内容，真实、清楚地以书面形式进行表述 3. 项目管理人员须对合同进行全面、细致的分析，熟悉双方权利义务，预测合同管理过程中存在的潜在风险，并制定有效的管理对策。施工过程中，要严格按照合同进行施工，强化施工现场管理，加强对材料商、分包商的管理
13	项目实施过程违背资源高效利用理念，影响循环经济发展效果	加强对项目实施过程的监督，并定期进行考核
14	缺乏健全有效的循环经济反馈和报告体系，可能导致运营情况不能及时反馈和沟通，差异得不到及时分析、处理，监控难以发挥作用	1. 建立健全循环经济运作情况内部反馈和报告制度，确保信息传输及时、畅通、有效 2. 循环经济管理工作机构应当加强与各相关部门的沟通，采用恰当方式及时向企业决策机构和各执行部门报告，及时反馈情况
15	循环经济项目后评价弄虚作假，可能导致公司利益受损	1. 通过招投标的方式选择资质手续齐全，项目后评价经验丰富，口碑、信用良好的机构 2. 对中介机构出具的项目后评价报告仔细审核
16	……	……

9.2 低碳清洁能源及循环经济审计重点

9.2.1 低碳清洁能源项目审计重点

1. 低碳清洁能源项目立项

煤炭企业低碳清洁能源包括矿井水保护与利用、氢能（氨能）、碳捕集利用与封存（CCUS）、储能、煤化工催化剂、煤制高端化学品、先进材料、人工智能应用技术等众多领域，企业应当根据战略规划制定年度经营计划，科学选择项目，经立项批复后组织实施。低碳清洁能源项目立项包括计划申报、项目初审、专业审查以及公司审定等程序。

项目申报：由项目申报单位（部门）填写《立项申请书》，经内部审核后，于年初提交归口管理部门。审计重点是立项申请书内容是否完整，是否满足绿色低碳要求，是否有利于双碳目标实现，申报项目是否符合公司战略规划等。

项目初审：归口管理部门对申报项目的立项申请书内容进行审查。审计重点是研究内容是否符合绿色低碳原则和方向、单位科技力量能否实现、项目经费预算是否合理。

专业审查：技术评议与论证机构或学术技术委员会组织科研负责人、项目申报部门开展专业审查会议。审计重点是会议召开是否履行相应程序，是否提供专业性建议，是否对申请资料进行审查等。

其他审计重点：重大项目是否出具风险防控报告、合规管理部门或首席合规官是否进行合规审查、项目立项有关制度是否健全、立项审批程序是否明确且运行有效等。

2. 低碳清洁能源研发过程及经费使用

研发过程是低碳清洁能源项目研发的核心环节，一般包括自主研发、委托研发和合作研发。在研发阶段需要一定的资金支持，确保不因资金问题影响项目推进。

自主研发审计重点：是否建立研发项目管理制度和技术标准，是否建立信息反馈制度和研发项目重大事项报告制度；是否建立科技开发费用报销制度，明确费用支付标准及审批权限，遵循不相容岗位牵制原则，完善科研经费入账管理程序，是否按项目正确划分资本性支出和费用性支出，准确开展会计核算；是否开展项目中期评审，及时纠偏调整，优化研发项目管理的任务分配方式。

委托（合作）研发审计重点：是否对委托（合作）研发单位资信、专业能力等方面进行调查和了解；委托（合作）研发合同，是否明确产权归属、研究进度和质量标准等相关内容，是否经过法务部门开展合规审查，是否按照规定的权限审批；是否对委托（合作）进行日常监督管理，加强项目经费控制；是否根据项目进展情况、国内外技术最新发展趋势和市场需求变化情况，对项目的目标、内容、进度、资金进行适当调整等。

3. 低碳清洁能源项目结题验收

低碳清洁能源项目结题验收是对研究过程形成的交付成果进行质量验收。审计重点：是否建立健全技术验收制度，并严格执行测试程序；对验收过程中发现的异常情况是否重新进行验收申请或补充进行研发，直至研发项目达到研发标准为止；是否落实主管部门验收责任，由独立的、具备专业胜任能力的测试人员进行鉴定试验，并按计划进行正式、系统、严格的评审；对重要的研究项目是否组织外部专家参加鉴定（必要时）。

4. 低碳清洁能源成果保护

低碳清洁能源形成的智力成果应当归属于研发单位，研发成果保护不当可能给单位造成损失，因此对低碳清洁能源科研成果的保护至关重要。审计重点：项目成果是否进行知识产权评审、是否按照有关规定申报专利；未形成专利的成果是否采取有效措施进行保护；对专利权、非专利技术、商业秘密及研发过程中形成的各类涉密图纸、程序、资料的管理，是否严格按照制度规定借阅和使用；接触项目成果是否经授权审批；是否建立严格的核心研究人员管理制度，明确界定核心研究人员范围和名册清单并与之签署保密协议；与核心研究人员签订劳动合同时，是否特别约定研究成果归属、离职条件、离职移交程序、离职后保密义务、离职后竞业限制年限及违约责任等内容。

5. 低碳清洁能源激励机制

为奖励在低碳清洁能源研究、成果转化中做出贡献的科技人员和职工，单位应当实施合理有效的研发绩效管理，制定科学的核心研发人员激励体系，注重长效激励，细化科技激励机制，提高科技人员待遇，鼓励技术人员科技创新、申报专利、撰写论文的积极性，提高单位低碳清洁能源项目研发能力。审计重点：是否建立低碳清洁能源项目奖励评审标准；奖励申报流程是否明确、具体；奖励方案是否符合制度要求，是否按照规定程序和权限审批；资金支付是否及时，单位是否代扣代缴个人所得税等。

9.2.2 循环经济项目审计重点

1. 战略规划编制与审批

循环经济战略规划是煤炭企业开展循环经济工作的重要指引。为督促其科学性与规范性，需要对其编制与决策进行审计。

审计重点：（1）战略规划编制的科学性与合理性。循环经济战略规划是否与国家的“双碳”目标、发展政策、企业总体战略规划、企业的实际生产情况相吻合；是否经过充分调研与论证，是否考虑区域经济发展水平以及产品市场容量；是否进行风险评估；相关专家是否具有可胜任能力。（2）战略规划内容的完整性。是否包含现阶段循环经济取得的成效、未来循环经济发展思路、准备实施的项目等。（3）战略规划审批的有效性。循环经济战略规划审批流程是否清晰、决策前是否经法务部门合规审查、是否严格按照审批程序执行。

2. 循环经济项目立项

循环经济项目立项阶段主要工作内容为编制项目建议书、进行可行性研究、开展项目评估、做出立项决策。项目立项是煤炭企业开展循环经济工作的首要任务。为督促其科学性与规范性，需要对其进行审计。

审计重点：（1）循环经济项目建议书编制的合理性。建议书编制依据是否充分，内容是否包含项目的必要性和依据、投资估算方案、项目的进度安排、经济效果和社会效益的初步估计、环境影响的初步评价等内容。（2）循环经济项目可行性研究的合理性与规范性。可行性研究报告是否经过充分调研，其审批流程是否清晰、评审是否合规等。（3）循环经济项目评估的科学性。是否开展市场调查，市场预测是否合理，是否依据企业的现有条件及资源优势进行评估，是否进行专业的技术评估，是否进行财务评价，不确定性分析是否深入等。（4）循环经济项目立项决策的规范性。立项决策流程是否清晰，是否按照“三重一大”决策事项管理规定实行集体决策机制，并根据内部有关规定，履行党组织前置研究程序，并经法务部门合规审查，是否履行风险评估程序。

【政策法规】

《企业内部控制应用指引第 10 号——研究与开发》第十一条规定：企业应当加强研究成果的开发，形成市场、科研、生产一体化的自主创新机制，促进研究成果转化。研究成果的开发应当分步推进，通过试生产充分验证产品性能，在获得市场认可后方可进行批量生产。

3. 循环经济项目实施

循环经济项目实施是煤炭企业开展循环经济工作的主要环节，为督促其高效、合规，需要对其进行审计。

审计重点：（1）循环经济项目招标及合同签订的规范性。是否按规定程序实行招标，有无将符合资质条件的投标单位拒之门外，是否以招标文件为基础签订合同，是否严格执行招投标和合同约定条款。（2）循环经济项目工程变更的规范性。工程变更是否经企业、设计单位、监理单位签署意见，变更的现场会议纪要、技术论证、变更签证、验收等重要环节是否履行规定程序。

4. 循环经济信息披露

循环经济信息披露是煤炭企业循环经济工作的阶段性成果报告。为督促其规范性，需要对其进行审计。

审计重点:（1）社会责任报告、可持续发展报告等相关报告的规范性。企业是否编制了与循环经济相关信息的报告；是否在企业年报中进行了相关信息披露；报告内容是否完整。（2）相关报告的可靠性。报告关于循环经济相关财务信息是否真实、准确；相关业务信息是否与循环经济规划、计划、实施相吻合等。

9.2.3 其他重点审计领域或环节

低碳清洁能源及循环经济产业涉及面广、业务活动较多，以上审计重点主要是低碳清洁能源及循环经济领域普遍关注的，企业可根据内部组织架构设置情况，对独立法人机构、项目部、事业部不同情况进行分析，确定审计重点。

9.3 低碳清洁能源及循环经济内部审计实施

9.3.1 具体审计目标

为确保煤炭企业全面有效履行受托低碳清洁能源或循环经济责任，审计目标具体包含三方面：确保低碳清洁能源及循环经济相关制度健全有效、确保低碳清洁能源及循环经济相关行为合法合规、确保低碳清洁能源及循环经济相关信息真实可靠。

9.3.2 审计工作程序

关于低碳清洁能源及循环经济内部审计，一般程序包括低碳清洁能源或循环经济活动审前调查、初步评价、审计测试、审计沟通、审计评价、形成意见、审计结论和编制审计报告等。具体审计程序如表 9-2 所示。

表 9-2 低碳清洁能源或循环经济活动内部审计程序表

<table>
<tr><td>主责部门</td><td colspan="3"></td><td>索引编号</td><td></td><td>页次</td><td></td></tr>
<tr><td>审计类别</td><td colspan="3">某低碳清洁能源项目或循环经济活动</td><td>审计人</td><td></td><td>审计时间</td><td></td></tr>
<tr><td>审计期间</td><td></td><td>截止日期</td><td></td><td>复核人</td><td></td><td>复核时间</td><td></td></tr>
<tr><td>序号</td><td>审计程序</td><td colspan="3">具体审计程序</td><td colspan="2">工作底稿索引编码</td><td>执行情况说明</td></tr>
<tr><td>1</td><td>审前调查</td><td colspan="3">对低碳清洁能源项目及循环经济活动进行调查研究，初步了解被审计对象有关情况</td><td colspan="2">A</td><td></td></tr>
<tr><td>2</td><td>初步评价</td><td colspan="3">对低碳清洁能源项目及循环经济活动初步评价，确定重要性水平及审计内容，调整审计实施方案等</td><td colspan="2">B</td><td></td></tr>
<tr><td>3</td><td>审计测试</td><td colspan="3">低碳清洁能源项目及循环经济活动审计测试</td><td colspan="2">C</td><td></td></tr>
<tr><td>4</td><td>审计沟通</td><td colspan="3">对低碳清洁能源项目及循环经济活动存在的问题进行沟通、核实情况或确认</td><td colspan="2">D</td><td></td></tr>
<tr><td>5</td><td>审计评价</td><td colspan="3">对低碳清洁能源项目及循环经济活动的合规性、有效性进行分析和评价</td><td colspan="2">E</td><td></td></tr>
<tr><td>6</td><td>形成意见</td><td colspan="3">在审计工作底稿中记录审计意见，分析问题原因等</td><td colspan="2">F</td><td></td></tr>
<tr><td>7</td><td>审计结论</td><td colspan="3">形成审计结论，为发表审计意见做准备</td><td colspan="2">G</td><td></td></tr>
<tr><td>说明</td><td colspan="7">1. 每一个审计程序可细分为若干具体程序
2. 上述审计程序可结合进行，以提高审计工作效率
3. 执行每一步骤后，应填写“执行情况说明”一栏</td></tr>
</table>

1. 审前调查

审前调查，就是对低碳清洁能源及循环经济管理和运行情况进行调研了解，是对低碳清洁能源及循环经济实施内部审计的重要环节。低碳清洁能源及循环经济审计调查工作是在内部审计准备阶段进行的，涉及的调查方法很多，主要有规章制度阅研法、业务流程分析法、管理层访谈法、专题会议法、专家论证法、调查问卷法、风险预判法、实地观察法等，这些方法各有特点，适用于不同的审计环境，往往综合运用，以实现审计目的。本文以审计访谈为例，阐述对低碳清洁能源及循环经济活动的调查了解，以便为内部审计工作提供有价值的信息。

（1）审计访谈目标。

审计访谈工作旨在全面了解企业低碳清洁能源及循环经济机构设置、项目规划、立项审批、招标采购、工程建设、项目验收、财务管理、项目后评价等内容，挖掘低碳清洁能源及循环经济管理过程中的工作亮点，分析当前存在的不足和薄弱环节，为客观反映企业低碳清洁能源及循环经济业务的合规性、有效性提供方向性线索。

（2）明确访谈对象。

访谈对象的确定，一般根据低碳清洁能源及循环经济项目组织机构的设定选择，如设立独立法人机构的，可将企业整体作为被审计对象，根据审计目的确定访谈人员，主要访谈公司领导、中层领导干部、核心业务骨干及有关方面的技术专家等；设立项目部、事业部或分公司的，主要访谈单位分管领导、项目部、事业部负责人或分公司领导、技术专家、业务骨干等。

（3）编制访谈提纲。

审计人员应根据审计工作计划和审前调查结果编制审计访谈提纲，访谈内容应与审计目的密切相关，按被访谈人员职务和需要了解的情况设计访谈内容。以下以循环经济战略规划为例阐述审计访谈提纲编制方法。

循环经济战略子规划专项审计访谈提纲（示例）

被访人	××	**部门**	公司领导	**职务**	分管副总经理
时间		**地点**	办公室	**工作底稿索引**	A-1

访谈说明：

根据公司安排，项目审计组正在对单位的循环经济战略规划实施专项审计，此次访谈将通过对话交流的方式进行，主要目的是协助我们深入了解单位循环经济战略规划编制、审批等情况，借此提出客观、真实的审计结论，改善公司战略管理水平。

访谈内容：

- 您认为公司对国家循环经济政策利用是否充分，是否考虑战略转型或战略调整？
- 请您谈一谈循环经济发展战略的基本情况。该子战略对公司总体发展战略有何影响？
- 循环经济发展战略是否由经济、技术专家充分论证？技术可行性、市场容量与前景如何？
- 您认为循环经济发展战略在实施过程中会面临什么风险？有关部门是否开展有效

的风险评估工作，是否做出切实可行的风险应对预案？

- 循环经济发展战略是否需要经党委前置审议？决策审批程序是什么？
- 目前，循环经济战略规划实施过程中遇到的最大困难或瓶颈是什么？
- 您认为公司循环经济项目最大的工作亮点或所取得的突出成绩是什么？

……

（4）整理访谈成果。

访谈过程中，审计人员应完整记录与被访谈对象的全部访谈内容，形成访谈记录。访谈结束后，应于两个工作日内整理完善访谈记录，并交由被访谈对象确认签字，签字后与其他审计资料一同存档备查。项目审计组应在全部访谈工作结束后，对访谈情况进行汇总、总结，梳理、分析访谈主要内容，关注循环经济具体项目特点和重要审计领域，并思考后续审计程序和方法的运用。

2. 初步评价

审计人员在实施风险评估初步评价程序时，应当运用分析程序，了解低碳清洁能源或循环经济活动的基本情况及其环境，管理层风险偏好和风险承受度，以及管理层对国家生态环境保护、“双碳”政策的认知程度和所持的态度等。风险评估初步评价除了关注本章风险识别与控制所列举的可能发生的风险外，还应当关注已经发生的风险事件，分析影响程度并决定是否将其作为审计工作底稿内容列示。

审计初步评价可以降低审计成本，提高审计工作效率。低碳清洁能源或循环经济管理初步评价可以结合审前调查程序一起进行，也可以单独进行。低碳清洁能源或循环经济活动初步评价表如表 9-3 所示。

表 9-3　低碳清洁能源或循环经济活动初步评价表（示例）

主责部门			索引编号	B	页次	
审计类别	某低碳清洁能源项目或循环经济活动		审计人		审计时间	
审计期间		截止日期			复核人		复核时间	
初评领域	评价事项	描述评价事项			重要性水平	是否披露

（续表）

风险评价	潜在风险事项	低碳清洁能源项目缺乏必要的可行性研究或论证不当，导致项目决策失误，造成资金浪费	—	—
		循环经济项目预算审批流程不清晰，可能影响项目的顺利开展或者可能出现项目资金被挪作他用的现象	—	—
		……	—	—
	已经发生的风险事件	示例：低碳清洁能源项目实施过程中，选煤废水排放指标、锅炉二氧化硫排放指标没有明显的下降	重要	是
低碳清洁能源或循环经济战略规划	战略规划编制	提示：根据国家的低碳清洁能源或循环经济发展政策、企业的总体战略规划及企业的实际情况编制	重要	是
	战略规划使用年限	提示：战略规划中应当注明是未来几年的规划，即基准年是哪一年，规划期是哪几年的	重要	是
	战略规划内容	提示：内容应当包括现阶段取得的成效、未来低碳清洁能源或循环经济发展的整体思路及准备实施的项目等	重要	是
	战略规划审批	提示：规划审批流程应当清晰，应当由董事会进行审议	重要	是
年度经营计划管理	年度经营计划编制与审批	提示：揭示低碳清洁能源或循环经济战略规划年度分解情况，通过年度经营计划落实战略部署，年度经营计划需按规定的程序和权限审批	重要	是
低碳清洁能源或循环经济项目预算	预算审批	提示：低碳清洁能源或循环经济项目预算审批流程应当清晰，确保做到专款专用	重要	是
	预算分解与执行	提示：预算控制是低碳清洁能源或循环经济战略规划实现的重要保障，应将预算分解、落实到各部门、各岗位，并严格执行	重要	是
	预算分析与调整	提示：按规定的周期定期开展预算执行情况分析，发现预算执行偏离预算目标的，应提出预算调整申请，按企业内部审批流程履行批复程序	重要	是
低碳清洁能源或循环经济项目立项	项目建议书	提示：项目建议书的内容应当完整	重要	是
	可行性研究	提示：可以聘请专业机构对项目的可行性进行研究，作为项目决策的依据	重要	是
	可行性研究报告审批	提示：可行性研究报告审批流程应当清晰，应当由董事会进行审议	重要	是
	可行性研究报告的评审	提示：参与可行性研究报告编制的人员不得作为评审组，参与可行性研究报告的评审，应当出具评审报告，作为项目实施的依据	重要	是

（续表）

低碳清洁能源项目实施	制度建设	提示：建立研发项目管理制度和技术标准，建立信息反馈制度和研发项目重大事项报告制度	重要	是
	研发经费使用	提示：明确费用支付标准及审批权，为凭证抽样提供指引	重要	是
	委托（合作）研发	提示：取得合同管理台账，了解委托（合作）方签约情况	重要	是
	其他	略	—	—
循环经济项目实施	项目工程变更	提示：项目工程变更应进行技术论证；相关审批程序和签名手续应当齐全	重要	是
	项目招标或采购管理	提示：调取采购制度及采购实施清单，了解重要项目物资、外协采购事项，关注重要采购活动	重要	是
	其他	略	—	—
低碳清洁能源或循环经济信息披露	报告	提示：煤炭企业应当编制与低碳清洁能源或循环经济活动有关的报告，报告内容应当完整，且报告内容应当在企业的年报中进行信息披露，以作为社会公众对企业低碳清洁能源或循环经济活动进行监督的依据	重要	是
说明	1. 初步评价是在调查了解的基础上对交易主要事项的初步判断 2. 初步评价工作程序不能代替实质性测试的程序，但可以简化（如减少样本抽样数量等）或为实质性测试提供线索、指引 3. 初步评价可根据低碳清洁能源或循环经济活动实际工作流程调整后确定			

通过"低碳清洁能源或循环经济活动初步评价表"分析评价后，审计人员合理判断审计重点、高风险领域，修订内部审计实施方案，调整审计内容，并重新定义样本量选取规则，以便获取充分、适当的审计证据。

【示例引导】

对内部审计实施方案审计内容的调整

经审前调查、初步评价后，低碳清洁能源或循环经济专项审计主要内容调整为以下三个方面，分别为低碳清洁能源或循环经济管理机制健全性与有效性、低碳清洁能源或循环经济相关行为规范性、低碳清洁能源或循环经济相关信息可靠性，主要内容如下。

1. 低碳清洁能源或循环经济管理机制健全性与有效性

审计内容包括：第一，组织架构的合理性。主要包含组织机构设置是否科学合理，是否能够高效开展工作，部门职责是否清晰，各部门协作是否协调顺畅，职责权限是否覆盖低碳清洁能源或循环经济全过程。第二，规章制度的健全及合理性。主要包含是否建立了低碳清洁能源或循环经济管理的相关规章制度，制度内容是否全面，是否与企业章程相吻合，是否明确了低碳清洁能源或循环经济管理的程序和相关标准，审批权限、流程是否清晰，制度内容表述是否准确，是否存在歧义之处。第三，各项规章制度及政策文件的落实情况。主要包含低碳清洁能源或循环经济管理是否严格按照制度规定有效执行，是否存在有章不循导致制度形同虚设的情形，各项政策文件、决策要求的落实和跟踪管理情况等。

2. 低碳清洁能源或循环经济相关行为规范性

审计内容包括：第一，战略规划与项目预算编审方面。战略规划与项目预算编制是否科学合理；审批程序设置是否合理，是否做到分级管理、逐级审批。第二，项目立项方面。是否进行了低碳清洁能源或循环经济项目立项程序，项目建议书和可行性研究报告是否经过分析论证；是否进行了全面审核和评价，并提出了评审意见；低碳清洁能源或循环经济项目立项是否经过集体决策机制。第三，项目实施方面。做出立项决策后是否对决策的落实情况及时进行跟踪；是否按照决议要求开展工作；有重大变更是否经过严格论证与审批；是否有定期反馈、汇报机制。第四，项目专项资金活动方面。项目资金是否专款专用，是否严格按照计划执行，有无擅自更改资金用途，会计处理是否合规等。

3. 低碳清洁能源或循环经济相关信息可靠性

审计内容包括：第一，业务信息的可靠性。社会责任报告或可持续发展报告中有关低碳清洁能源或循环经济信息的编制依据是否真实、全面、准确；编制方法是否科学合理；编制结果是否与实际发展相吻合；报告是否严格审批。第二，财务信息的可靠性。有关低碳清洁能源或循环经济财务信息编制依据是否全面、真实；会计处理是否规范，会计方法是否恰当；财务报告是否层层审批。

3. 审计测试

审计人员通过实施审计程序，获取充分、适当的审计证据，以此对低碳清洁能源或循环经济审计目标发表审计意见。

对低碳清洁能源或循环经济活动的内部审计属于管理审计的范畴，分为两个层面：一是内部控制制度设计有效性层面，二是低碳清洁能源或循环经济活动的实际执行层面，即是否遵循法律法规、制度规定，是否满足合规要求等。具体实践过程中，审计人员对低碳清洁能源或循环经济活动内部控制设计有效性和管理活动合规性及运行有效性一并进行测试，以提高工作效率，节约审计资源。其中，内部控制设计有效性可以为运行测试提供方向，决定运行测试的样本量和深度。

在审计低碳清洁能源或循环经济活动内部控制设计有效性时，审计人员应当综合运用检查、询问、对标、横纵向对比、逻辑判断等方法进行测试，测试重点包括组织机构和职责是否清晰、是否存在职能重叠或交叉；规章制度是否建立健全，制度内容是否符合相关法律法规，制度条款之间、不同制度之间是否存在内容矛盾的地方，业务程序、管理逻辑、行文表述是否容易引起歧义；审批权限是否明确，流程是否清晰明了等。

在低碳清洁能源或循环经济运行有效性审计时（也可以称为实质性测试），审计人员应当综合运用询问、检查、观察、比较、分析性复核、重复验证、计算、穿行测试等方法进行测试，测试重点是低碳清洁能源或循环经济活动的关键环节，主要验证法规的遵循、风险控制措施的落实情况、规章制度及审批程序的执行情况，以及是否存在违规行为等。低碳清洁能源或循环经济活动内部审计控制矩阵表如表 9-4 所示。

表 9-4　低碳清洁能源或循环经济活动内部审计控制矩阵表

<table>
<tr><td colspan="2">主责部门</td><td colspan="5"></td><td>索引编号</td><td colspan="2">C</td><td colspan="2">页次</td><td colspan="2"></td></tr>
<tr><td colspan="2">审计类别</td><td colspan="5">某低碳清洁能源项目或循环经济活动</td><td>审计人</td><td colspan="2"></td><td colspan="2">审计时间</td><td colspan="2"></td></tr>
<tr><td colspan="2">审计期间</td><td colspan="2"></td><td colspan="2">截止日期</td><td></td><td>复核人</td><td colspan="2"></td><td colspan="2">复核时间</td><td colspan="2"></td></tr>
<tr><td>关键控制环节</td><td colspan="2">控制方式</td><td>控制频率</td><td>抽样数量</td><td colspan="4">审计测试要点</td><td colspan="2">证据名称</td><td>测试程序</td><td>测试结果</td><td>索引</td></tr>
<tr><td rowspan="3">建章建制</td><td colspan="2"></td><td></td><td></td><td colspan="4">企业是否根据国家“双碳”政策、清洁能源相关政策、循环经济相关政策规定，结合本企业实际情况，建立低碳清洁能源或循环经济活动管理制度</td><td colspan="2"></td><td></td><td></td><td></td></tr>
<tr><td colspan="2"></td><td></td><td></td><td colspan="4">低碳清洁能源或循环经济活动管理制度是否存在内容缺失、内容矛盾或冲突、逻辑不清、表述不确切、审批权限不明、流程混乱等管理缺陷</td><td colspan="2"></td><td></td><td></td><td></td></tr>
<tr><td colspan="2"></td><td></td><td></td><td colspan="4">低碳清洁能源或循环经济规章制度是否经法务部门合规审查</td><td colspan="2"></td><td></td><td></td><td></td></tr>
</table>

（续表）

组织机构				是否按照公司章程或内部治理要求设置科学、合理、高效的组织机构，明确议事程序和管理权限				
				归口管理部门及参与部门职责是否明确，管理边界是否清晰				
				部门职能或岗位设置上是否存在不相容职务未分离情况				
战略规划				是否依据国家“双碳”目标、产业政策、企业的长远发展目标及企业的发展实际编制战略规划				
				是否按照规定的程序和权限进行审批				
可行性研究				是否对项目进行了可行性研究				
				可行性研究报告是否按照规定的程序和权限进行审批				
				可行性研究报告的评审程序是否合规				
项目决策				重大项目是否经公司党委前置研究				
				重大项目决策前是否履行风险评估程序，风险防控报告是否经风控部门审查				
				项目决策是否经法务部门进行合规审查，重大项目是否经首席合规官签署明确的合规意见				
				项目是否经决策机构审议批准				
项目预算管理				项目预算是否按照规定的程序和权限进行审批				
				是否存在预算被挪为他用的现象				
				是否建立预算执行情况分析制度，定期召开预算执行分析会议，通报预算执行情况，研究、解决预算执行中存在的问题				
				项目预算调整是否按照规定的程序和权限审批				

（续表）

项目实施（以工程建设为例）				是否按规定程序实行招标；是否以招标文件为基础签订总承包、监理等合同				
				项目工程变更前后资源投入和耗费是否进行定量评价				
				项目工程变更的现场会议纪要、技术论证、现场检查验收等重要环节的程序是否完整并有效执行				
				项目工程变更是否造成不必要的资源浪费				
				其他				
信息披露				是否编制了与低碳清洁能源或循环经济活动有关的报告				
				有关报告内容是否在企业年报中进行了信息披露				
				报告内容是否完整，是否符合规范				
说明	1. 本矩阵根据低碳清洁能源及循环经济活动主要程序编制，审计人员可根据低碳清洁能源及循环经济活动实际工作流程调整后确定 2. 重要环节或高风险领域应当取得 100% 的样本进行测试							

低碳清洁能源或循环经济活动内部审计工作底稿如表 9-5 所示。

表 9-5　低碳清洁能源或循环经济活动内部审计工作底稿

主责部门				**索引编号**	C	**页次**	
审计类别	某低碳清洁能源项目或循环经济活动			**审计人**		**审计时间**	
审计期间		**截止日期**		**复核人**		**复核时间**	
类别	**审计事项记录**						**证据索引**
一、审计依据及上级文件或制度	1. 国家法律法规，如《企业内部控制应用指引第 4 号——社会责任》《关于印发“十四五”可再生能源发展规划的通知》等 2.《×× 集团有限公司关于低碳清洁能源业务管理规定》（×× 第 6 号） 3.《×× 集团有限公司关于循环经济管理规定》（×× 第 7 号） ……						
二、企业规章制度及文件	规章制度制定情况。例如：公司建立了《×× 公司低碳清洁能源业务管理办法（试行）》《×× 公司循环经济管理办法（试行）》，简要记录制度核心内容及存在的问题等						

（续表）

三、低碳清洁能源或循环经济管理情况	提示： 1. 组织机构设置及部门职责情况 阐述企业低碳清洁能源或循环经济活动归口管理部门及职责权限，批准文件简述，明确内部决策机制和归口管理部门，明确决策层、管理层及各参与部门的职责权限、工作程序及汇报机制 2. 低碳清洁能源或循环经济活动基本情况 简述审计期间企业低碳清洁能源或循环经济活动管理事项，如截至20×× 年末，研发储能、粉煤灰综合利用等 3. 低碳清洁能源或循环经济战略规划 取得企业战略规划文件，检查是否包含低碳清洁能源或循环经济部分内容，审批流程是否清晰，审批记录是否规范，是否有明确的适用年限 4. 低碳清洁能源或循环经济项目预算审批 取得低碳清洁能源或循环经济项目预算审批单，检查审批记录的规范性 5. 低碳清洁能源或循环经济项目立项 取得项目建议书及可行性研究报告，检查其内容是否完整，审批记录是否规范，评审流程及评审人员是否合规 6. 低碳清洁能源或循环经济项目实施 取得企业招标合同和项目工程变更的现场会议纪要、技术论证、现场检查验收文件、低碳清洁能源项目实施文件、循环经济项目实施文件，检查实施规范性 7. 低碳清洁能源或循环经济信息披露 取得低碳清洁能源或循环经济相关报告和企业年报，检查其内容是否完整，是否符合规范，在企业年报中是否对相关内容进行了披露 8. 其他影响审计结论的情况 关注低碳清洁能源或循环经济活动其他重要的环节，并分析对审计结论的影响	
四、存在的问题	提示：分类揭示低碳清洁能源或循环经济活动存在的问题，一般而言先从制度、机制入手，然后是主要环节，如低碳清洁能源或循环经济战略规划编制与审批、低碳清洁能源或循环经济项目预算审批、低碳清洁能源或循环经济项目立项、低碳清洁能源或循环经济项目实施、低碳清洁能源或循环经济信息披露等	
五、问题产生的原因分析	提示： 1. 项目审计组应当基于审计发现的问题类型、涉及业务领域、问题严重程度及影响后果进行深层次的原因分析 2. 审计人员可从国家政策导向、公司整体经营理念、低碳清洁能源或循环经济管理模式等根源入手，深入分析具体项目实施存在的问题原因，分析是主观原因还是客观原因、是制度缺失还是有章不循、是体制机制不合理还是故意行为、是缺乏经验还是明知故犯，分析低碳清洁能源或循环经济活动合法依规意识是否牢固等	

（续表）

六、造成的影响、损失	提示：结合审计发现的问题对造成的影响、损失进行判断。若存在《××公司低碳清洁能源业务管理办法》《××公司循环经济活动管理办法》"第××条至第××条"所列内容，以及与反映生产效率有关的问题、有禁止以及违反规定存在明知故犯情形或动机不纯问题、管理不到位致使形成较大运营风险等问题，应在审计过程中对"决策审批情况、违规情况、损失情况、责任界定情况"进行详细记录	
七、审计发现的风险事项及管理建议	提示：风险事项主要指事项已发生，但结果具有不确定性，同时应不违规、不违法，尚未造成不良后果但若不及时纠正就存在损失风险可能性的事项 风险事项标题：审计发现的风险事项应当按照不同事项分条列示，每个风险事项均需提炼出标题。标题要体现风险事项的实质内容，不能简单地以提纲的形式描述 管理建议：针对揭示的风险事项，提出有针对性的管理建议	
八、重要事项披露	提示：披露重要事项主要为审计事项客观存在而无法凭借自身解决，需要提请上级管理层予以关注的事项，以及对低碳清洁能源或循环经济管理有重大影响的事项，如重大诉讼，以往审计、巡视巡察发现的重要问题中未完成实质性整改的相关事项等 对以往审计发现问题的处理原则如下： 1. 已完成实质性整改的不重复反映 2. 对于造成损失或严重不良后果的问题，未予以追责的，可作为新问题另行反映，但需对问题事实、违规点及后果重新梳理并相应反映 3. 对于处于整改中的重大问题作为披露事项进行反映，并将此情况纳入审计评价的基础信息范围	
九、审计建议	提示： 1. 审计建议应坚持标本兼治原则，从总体或长远的角度，针对审计反映的政策、体制、制度及其执行中存在的普遍性、倾向性、苗头性问题，提出加强管理、预防和堵塞漏洞、防范风险、促进整改等解决问题的具体措施和建设性的建议 2. 审计建议应当紧密结合太阳能、风能、氢能等具体低碳清洁能源实际情况，有针对性地提出建设性意见，防止空话、套话的罗列 3. 审计建议可从低碳清洁能源类型、企业、部门、员工等多角度思考总结，可通过审计建议部分解决"值得关注和加强"但未在审计报告中以问题或风险事项反映的内容	

审计测试工作结束后，项目审计组应当对低碳清洁能源或循环经济管理情况进行综合评价，经分析、提炼后成为审计报告的主要内容。审计评价工作底稿由项目审计组自行拟定，本章略。

【示例引导】

某集团公司某循环经济项目专项内部审计总体评价示例

经审计测试后，审计人员整理有关证据资料，客观评价公司循环经济项目管理取得的成绩和存在的问题，审计评价内容主要包括循环经济管理机制健全性与有效性、循环经济相关行为规范性、循环经济相关信息可靠性等方面。

（一）总体评价某循环经济活动基本情况。先描述某循环经济活动基本情况及取得的重要业绩和工作亮点，然后评价公司某循环经济活动管理能力和实际执行情况。

（二）评价治理层面合规性和有效性。包括但不限于制度建设、组织机构设置、部门职责和授权机制、重大决策党组织前置研究及风险评估和合规审查，重大决策集体决策情况，重大决策执行与信息反馈情况，循环经济项目对公司战略规划及生产经营活动的影响等。

（三）评价有关业务层面的合规性和有效性。包括但不限于循环经济战略规划编制、循环经济项目预算审批、循环经济项目立项论证、循环经济项目实施、循环经济项目实施效果评价、循环经济有关会计系统控制、相关信息披露等，具体评价内容根据国家循环经济管理政策确定。

（四）评价循环经济活动保障体系的健全性和有效性。重点关注是否有效贯彻落实上级单位对循环经济活动的总体要求，以及循环经济活动中资金保障、人力保障、物资保障、培训保障等的规范性和有效性。

（五）其他评价事项。

以上内容阐述了低碳清洁能源及循环经济审计实施中的审前调查、初步评价、审计测试工作程序，审计沟通、审计评价（基本原则）、形成意见、审计结论、审计报告等内容详见 1.5 节，具体内容本章略。

9.3.3 低碳清洁能源及循环经济审计常见问题

1. 低碳清洁能源审计常见问题

（1）不顾企业自身资源与条件，盲目跟风，导致研发失败，造成资金浪费。

（2）为获取国家补贴或税收优惠，虚报研发投入经费。

（3）未经科学论证或调查深度不够，投入大量精力、财力研发缺乏市场需求的项目。

（4）研发经费使用不规范，虚假报销或违反规定列支费用。

（5）学术委员会形同虚设，未能发挥专家团队的作用。

（6）知识产权保护不力，造成核心技术外泄。

（7）核心研究人员缺乏管理激励制度，导致形成新的竞争对手或技术秘密外泄。

（8）研究成果转化应用不足，导致资源闲置。

（9）验收人员的技术、能力、独立性等因素造成验收成果与事实不符。

（10）委托（合作）单位选择不当，知识产权界定不清。

（11）研发过程管理不善，费用失控或科技收入形成账外资产，影响研发效率，提高研发成本甚至造成资产流失。

（12）研究项目未经科学论证或论证不充分，评审和审批环节把关不严，项目创新不足或资源浪费。

2. 循环经济审计常见问题

（1）循环经济管理委员会成员构成不合理，缺乏循环经济专业背景和实践经验的人员。

（2）不顾企业自身发展阶段、未充分利用企业资源优势，盲目发展循环经济项目。

（3）循环经济预算编制未经过严格论证，预算分解不合理。

（4）循环经济立项阶段未进行充分调研，缺乏科学性。

（5）循环经济实施阶段未有效落实跟踪机制，发生问题未及时汇报。

（6）未建立紧急情况应急预案，发生重大经济损失。

（7）技术研发投入不足或挪作他用，无法取得预期效果。

（8）循环经济投资决策前未开展风险评估工作，或风险识别不全面、风险防控报告流于形式。

（9）循环经济投资决策前未履行合规审查义务，或首席合规官未深入研究符合性要求，未签署明确的合规意见。

【案例介绍】

高铝粉煤灰综合利用循环经济项目

A 集团将循环经济理念纳入生产经营全过程，注重对各类资源的综合利用，其煤炭富含铝资源及相关稀土、稀有金属资源，在高铝粉煤灰提取氧化铝技术研发的基础上，以原料及动力中心产出的高铝粉煤灰作为生产冶金级氧化铝产品的原料，进行循环综合利用，并进一步通过金属铝装置生产金属铝产品，形成煤矸石（或低值煤）—发电（同时产出粉煤灰和蒸汽）—氧化铝—金属铝的煤炭生产—氧化铝生产—金属铝生产的循环经济良性发展的产业链，达到煤炭资源充分综合循环利用。同时为未来煤炭产业可能出现发展受限后的新产业接续，以及与新能源绿电、绿氢等相耦合（如后续大规模的粉煤灰提取氧化铝装置，金属铝装置的建设与绿电、绿氢等的耦合）创造条件。

第 10 章

“双碳”目标下低效能资产退出审计

【导读摘要】

我国经济发展中，传统高耗能企业发挥了重要的作用，但是在“双碳”目标、用能约束等国家战略下，高耗能企业必须采取相应措施，淘汰高耗能设备，进行绿色低碳转型，提高能源利用率，完成节能减排目标，助力建设资源节约型和环境友好型社会，贡献企业智慧与力量。

企业以低效能资产提出申请、退出技术鉴定、退出审批、退出处置、更新换代等为抓手，实现低效能资产有序清退，实现改造升级，挖掘节能减排潜力。对低效能资产退出实施审计，能够监督和引导低效能资产合规、有序退出。

清退低效能资产能够盘活资产、提高资产使用率，增强企业竞争力和防风险能力，实现煤炭企业清洁、高效发展。

10.1 低效能资产退出业务内部控制

“十三五”期间，国家制定了关于煤炭生产能力各省单位 GDP 能耗率的考核指标，推动逐步降低总体燃煤量，淘汰落后产能达到数亿吨。“十四五”期间，我国将继续关闭低效能矿井，未来 10 年计划关闭矿井数 3000 处。低效能资产的全面退出及低效煤矿的关闭将直接导致一些低效煤炭企业退出行业。

10.1.1 低效能资产退出业务简述

低效能资产，是指寿命、役龄方面已渡过黄金周期，技术水平落后，使用过程中耗能较高，节能性降低，不符合环保要求，不能发挥自身生产效率的资产。煤炭企业中，低效能资产退出主要指高耗能高污染机电设备的退出。

为加强低效资产管理，维护企业资产安全与完整，规范低效能资产退出过程，遵循“管办分离、管用制衡、管责清晰、管效结合”的原则，做好低效能资产管理工作。针对无法继续使用或失去使用价值的资产，应当及时申请退出。

低效能资产满足以下条件的，可以及时申请资产退出：（1）主要部件耗能高，不具备修复价值的；（2）设备陈旧、技术性能低、改造成本高；（3）设备整体能耗过大，无法改造，继续使用得不偿失；（4）国家命令淘汰、强制报废的高耗能资产，严重污染环境，危害人身安全健康，进行改造又不经济的设备：（5）安全运行无保障，不能满足国家最新煤矿行业安全标准化管理规定的设备；（6）其他符合条件的资产。

企业要推进重点用能设备节能增项。以电机、变压器、压缩机、工业锅炉、换热器等设备为重点，全面提升能效标准。建立以高能效为导向的激励约束机制，推广先进高效机电设备，加快淘汰落后低效设备。加强重点用能设备节能审查和日常监管，强化生产、经营、销售、使用、报废全链条管理，严厉打击违法违规行为，确保能效标准和节能要求全面落实。

【政策法规】

为深入贯彻落实党中央、国务院关于碳达峰碳中和的重大战略决策，扎实推进碳达峰行动，《2030 年前碳达峰行动方案》中提出坚决遏制“两高”项目盲目发展。采取强有力措施，对“两高”项目实行清单管理、分类处置、动态监控。对能耗量较大的新兴产业，支持引导企业应用绿色低碳技术，提高能效水平。深入挖潜存量项目，加快淘汰落后产能，通过改造升级挖掘节能减排潜力。强化常态化监管，坚决拿下不符合要求的“两高”项目。

政策指出，要加快煤炭减量步伐，“十四五”时期严格合理控制煤炭消费增长，“十五五”时期逐步严格控制新增煤电项目，有序淘汰煤电落后产能，加快现役机组节能升级和灵活性改造。

10.1.2　低效能资产退出管控机制

低效能资产退出是落实 20/30 碳达峰行动方案的重要举措。煤炭企业要积极采取措施，做好专项管理，淘汰落后产能设备，实施更新换代，实现节能降碳绿色发展。

1. 低效能资产退出组织机构

低效能资产退出涉及申请、技术鉴定、审议批准、资产处置、更新换代、财务处理等环节，为保障低效能资产顺利退出，煤炭企业应指定归口管理部门负责此项工作，并建立部门协调、配合与反馈机制。低效能资产退出组织机构作为管理与实施主体，可以有效落实国家提出的“2030/60 的碳中和远景目标”和绿色能源发展战略要求，实现企业低碳发展目标。

煤炭企业应当明确各有关部门职责和权限，确定具体岗位职责，梳理各岗位相互配合工作内容，恰当地描述和说明工作要求，使各岗位负责人明晰自身工作职责。

煤炭企业低效能资产退出组织机构一般包括资产使用部门、资产或设备管理部门、法律部门、财务部门、仓储部门等。

【风险提示】

《企业内部控制应用指引第 1 号——组织架构》第三条规定，企业至少应当关注组织架构设计与运行中的下列风险:(一）治理结构形同虚设，缺乏科学决策和良性运行机制，可能导致企业经营失败，难以实现发展战略。(二）组织架构设计不科学，权责分配不合理，可能导致机构重叠、职能交叉、推诿扯皮，运行效率低下。

2. 低效能资产退出管理职责

（1）资产使用部门主要工作职责：关注资产使用情况，记录资产使用、耗能数据；负责拟退出的低效能资产的支撑资料的编制、收集与上报；负责低效能资产退出申请的填写；低效能资产移交；配合低效能资产退出等其他工作。

（2）资产管理部门主要工作职责：建立健全低效能资产退出管理制度；初步鉴定资产是否符合退出标准；核对退出的低效能资产信息的真实性、准确性，包括资产型号、使用情况、耗能数据、剩余寿命等；负责邀请专业机构（包括生产厂家、维保单位、第三方专业机构等），鉴定低效能资产处置或更新换代方案的经济合理性和技术可行性，提出低效能资产处置方案建议，出具专业技术鉴定报告；协助财务部门开展资产评估工作；牵头低效能资产处置工作，办理低效能资产退出手续并留存备查；其他低效能资产退出有关事项。

（3）法律部门主要工作职责：对低效能资产退出管理制度进行合规审查；对低效能

资产退出事项和实物处置行为的合规性进行检查；对签订的资产处置合同进行法律审查；其他低效能资产退出管理事项。

（4）财务部门主要工作职责：协助资产管理部门审核低效能资产退出的经济性；组织实施低效能资产评估和备案工作；负责款项收付和会计核算事项；参与低效能资产退出行为合规性审查；协调处理其他低效能资产退出有关事宜。

（5）仓储管理部门主要工作职责：保管退出的低效能资产。

（6）其他部门工作职责：协助资产管理部门开展低效能资产鉴定工作。

3. 低效能资产退出授权审批机制

企业应根据统一设置的权限指引，履行低效能资产退出发起、审核、审批程序，实行分级管控、逐级决策，规范工作程序，确保低效能资产有序退出。达到“三重一大”决策标准的低效能资产退出，应当按照规定的程序和权限履行集体决策程序。一般性的低效能资产退出可以通过规章制度、部门职责及岗位说明书明确归口管理部门及相关领导的权限。低效能资产退出审批表如表 10-1 所示。

表 10-1　低效能资产退出审批表（示例）

资产名称		**资产型号**	
使用部门		**购置时间**	
申请时间		**账面余额**	
耗能情况		**剩余使用年限**	
资产退出申请原因			
使用部门意见	主管领导　　鉴定责任人 年　月　日		
资产管理部门意见	主管领导　　鉴定责任人 年　月　日		
法律部门意见	主管领导　　鉴定责任人 年　月　日		
财务部意见	主管领导　　鉴定责任人 年　月　日		
公司领导意见	年　月　日		

4. 低效能资产退出技术鉴定

资产管理部门根据国家节能降碳技术改造、遏制高耗能项目的有关政策，分析研判企业资产状况，提出低效能资产退出方案，经公司领导审批同意后，启动技术鉴定工作。资产管理部门组织成立低效能资产鉴定小组，小组成员由资产管理部门、资产使用部门、财务部门、法律部门、维保部门、研发中心、环保部门、采购部门负责人组成。企业可委托具有相关资质的专业机构负责具体鉴定工作，低效能资产鉴定小组参与并审议鉴定结果。低效能资产退出鉴定应当以国家颁布的《关于严格能效约束推动重点领域节能降碳的若干意见》政策为依据，查阅设备基础资料、财务会计数据，实地勘查低效能资产使用情况，包括资产投入过程的运行情况、耗能情况等。鉴定时，要确保资料信息真实可靠，数据准确，使出具的专业技术鉴定报告合规、客观。为实现经济利益最大化，对于能够通过内部研发、技术改造实现节能降碳目标的，可由企业研发中心等部门分析论证科技创新的可行性，提出更换设备还是自主研发，并进行费用对比，形成最经济的低效能资产退出意见。

【政策法规】

为落实《关于严格能效约束推动重点领域节能降碳的若干意见》，指导各地科学有序做好高耗能行业节能降碳技术改造，有效遏制“两高”项目盲目发展，国家发展改革委等部门发布《高耗能行业重点领域能效标杆水平和基准水平（2021 年版）》。政策指出：限期分批改造升级和淘汰。依据能效标杆水平和基准水平，限期分批实施改造升级和淘汰。对需开展技术改造的项目，各地要明确改造升级和淘汰时限（一般不超过 3 年）以及年度改造淘汰计划，在规定时限内将能效改造升级到基准水平以上，力争达到能效标杆水平；对于不能按期改造完毕的项目进行淘汰。坚决遏制高耗能项目不合理用能，对于能效低于本行业基准水平且未能按期改造升级的项目，限制用能。

5. 低效能资产退出业务流程

企业应制定低效能资产退出业务流程，规范低效能资产退出行为，包括从提出申请到审批再到最后处置环节，明确每一环节的具体工作内容及应当履行的工作程序，让各环节参与部门明确工作程序，理顺各部门间的沟通渠道，提高工作效率。业务流程应当明确重要工作节点和审批层级，有条件的企业可将业务流程嵌入信息系统，实现计算机自动控制。低效能资产退出一般由资产管理部门分析使用部门的申请，根据最新政策发起，拟定低效能资产退出工作方案，按照规定的权限履行审批程序后组成低效能资产退出鉴定小组开展相关工作；资产使用部门根据下达的工作方案，提供低效能资产使用状况等有关资料，法律部门、财务部门、科研部门等有关部门根据工作职责履行合规审查、经济性论证及创新可行性分析等工作。鉴定报告经有关领导审批后，使用部门将退出资产进行移交，仓储管理部门负责保管，资产管理部门组织开展资产处置或技术改造工作。具体流程可根据业务全过程细分为若干子流程，低效能资产退出子流程主要有：低效能资产退出方案编制与审批、低效能资产退出技术鉴定、低效能资产退出转移（移交与保管）、低效能资产退出技术改造、低效能资产退出处置、低效能资产退出收入管理、低效能资产核销、低效能资产退出资料归档管理等。

6. 低效能资产处置

针对识别出的能耗较高的资产，一般由资产管理部门牵头采取恰当的处置措施，做好低效能资产处置工作。低效能资产处理原则如下。

（1）所有低效能资产必须在审批手续完备后方可采取处置措施，任何单位或个人不准擅自提前处置。

（2）批准退出的低效能资产原则上不再继续使用。如有特殊情况，需在新设备引入前，作为过渡继续使用，应当提交申请并进行报备。

（3）在处置低效能资产时可拆留完好部件，用于同类设备的修复，但不准重新组装成一部新设备投入使用。

（4）涉密配件或涉密设备芯片等应当按照保密规定处理，不得流出企业。对于批准退出的资产，应当造册登记，注明资产名称、型号、原始价值、退出时间等。

【延伸阅读】

根据《高耗能行业重点领域能效标杆水平和基准水平（2021年版）》，顶装焦炉工序能效标杆水平为110千克标准煤/吨、基准水平为135千克标准煤/吨；捣固焦炉工序能效标杆水平为110千克标准煤/吨、基准水平为140千克标准煤/吨。截至2020年底，焦化行业能效优于标杆水平的产能约占2%，能效低于基准水平的产能约占40%。

低效能资产退出时，具备整体实物资产处置条件的，由资产使用部门进行整体资产移交，仓储部门负责保管，资产管理部门牵头法律部门、财务部门、采购部门进行实物处置。资产管理部门对处置结果负责，相关文件留存备查。

低效能资产处置方式包括整体资产出售、拆件出售、报废核销、租赁、抵偿债务等。例如，在处理低效能资产的过程中，会存在大量的非现金资产，为了最大限度提高回收率，需要借助拍卖等方式实现非现金资产的变现。

【延伸阅读】

低效无效资产处置路径包括:（1）资产租赁。一方面资产处于低效状态，无法满足生产需要，另一方面企业缺少足够的流动资金去进行更新换代。此时可通过租赁的方式盘活资产。（2）资产重组。资产重组是企业与外部市场主体，对企业低效资产进行重新组合、配置。重组方式有多种，包括收购、股权转让、资产剥离、资产置换等。（3）公开拍卖。通过公开拍卖，转让财产权利，盘活资产使用。（4）对外投资。开发资产剩余价值，削减资产管理风险。（5）资产托盘。将资产的部分或全部使用权、处置权，以协议方式托付给他人进行管理。达到资源优化配置。（6）资产捐赠。通过捐赠的方式，促进企业和社会的全面发展。

《财政部解读内控配套指引之资产管理》中指出:对使用期限未满、非正常报废的固定资产，应由固定资产使用部门提出报废申请，注明报废理由，估算清理费用和可回收残值，预计处置价格等。企业应组织有关部门进行技术鉴定，按规定程序审批后进行报废清理。

对拟出售或投资转出及非货币交换的固定资产，应由有关部门或人员提出处置申请，对固定资产价值进行评估，并出具资产评估报告。报经企业授权部门或人员批准后予以出售或转让。企业应特别关注固定资产处置中的关联交易和处置定价，固定资产的处置应由独立于固定资产管理部门和使用部门的相关授权人员办理，固定资产处置价格应报经企业授权部门或人员审批后确定。对于重大固定资产处置，应当考虑聘请具有资质的中介机构进行资产评估，采取集体审议或联签制度。涉及产权变更的，应及时办理产权变更手续。

对出租的固定资产由相关管理部门提出出租或出借的申请，写明申请理由和原因，并由相关授权人员和部门就申请进行审核。审核通过后应签订出租或出借合同，包括合同双方的具体情况，出租的原因和期限等内容。

在实际处置过程中，机器设备等实物资产将出现设备所有权转移的情况，如果实物资产短时间内难以变现或者变现不经济的情况下，为提高闲置资产使用价值，企业一般会采取租赁的方式。这里主要介绍出售及核销两种处置方式。

（1）通过出售处置资产。这种做法透明度高，在出售前，往往会详尽披露与资产相关的信息，最大限度地提高出售过程的透明度。其优点是可以按照市场化的定价处理低效能资产。在实际操作中，低效能资产处置主要实行“评审、处置分离、集体审查、逐级批准、上报备案”的办法。具体程序由资产管理部门制定处置方案，经征询评估机构、财务部门、法律部门等意见后，将处置方案及相关资料（如评估报告、法律意见书等）提交审核机构或领导审查，通过后方可实施。以出售方式处置低效能资产，原则上应先经合规、独立的评估机构评估，参照评估价值确定折股价或底价，采用科学、有效的评估方式，确定资产公允价值，出具评估报告。

（2）按照国家规定核销低效能资产。当有些低效能资产难以处置或无处置价值时，资产管理部门可依据国家规定实施核销程序。企业应按照国家有关规定，由资产管理部门制定核销业务操作规程，严格核销程序和条件，审查申报材料的合法性和真实性，同时建立监督制度和保密制度，防止弄虚作假行为。在实际操作中，低效能资产核销方便直接，但也容易造成国有资产流失。资产管理部门应在严格把关、层层落实责任的基础上进行资产清理，对清查出的拟核销的低效能资产逐项逐笔说明核销原因，相关业务经办人员、鉴定人员及技术负责人、财务部门、法律部门、单位负责人均要签字确认。重要资产核销，可由外部咨询机构出具专项风险防控报告，发表风险评估结论。对核销低效能审定的结果及相关资料要进行公示，并对公示情况（包括时间、地点、内容、方式、职工意见等）做出书面说明。

【政策法规】

《企业内部控制应用指引第 8 号——资产管理》第十五条规定：企业应当充分利用国家有关自主创新政策，加大技改投入，不断促进固定资产技术升级，淘汰落后设备，切实做到本企业固定资产技术的先进性和企业发展的可持续性。

【相关案例】

按照中央和省关于落实国企改革三年行动的有关要求，某省 C 集团有限公司（以下简称“C集团”）高度重视，成立了专项工作组，紧紧围绕集团主业定位，抓住集团更名契机，聚焦主责主业，加快推进低效无效资产的清退处置工作。

为落实省国资委下达的13户低效无效资产清退处置任务，C集团认真落实主体责任，加大改革力度，依法依规开展清退处置工作。截至2021年9月，C集团下属企业某船务企业（集团）有限公司的5户低效无效资产已实现资产盘活，回笼资金合计18 648.57万元。

7. 低效资产退出财务处理

企业财务部门应当根据低效能资产退出处置方式，遵照企业会计准则，将资产累计折旧、清理费用、残料处置收入、保险赔偿等及时登记入账。

（1）资产转入清理。

借：固定资产清理

　　累计折旧

　　固定资产减值准备

　　贷：固定资产

（2）发生的清理费用。

借：固定资产清理

　　贷：银行存款

（3）出售残料等收入。

借：银行存款 / 原材料

　　贷：固定资产清理

　　　　应交税费——应交增值税（销项税额）

（4）保险赔偿（如有）。

借：其他应收款 / 银行存款

　　贷：固定资产清理

（5）清理净损益。

①低效能资产清理完成后的净损失。

借：资产处置损益

　　贷：固定资产清理

（注：资产可能部分性能完好，但是处于高耗能状态，不符合国家政策要求，所做出的主动处置行为，最终处置损益计入“资产处置损益”。）

②低效能资产清理完成后的净收益。

借：固定资产清理

　　贷：资产处置损益

10.1.3 风险识别与控制

低效能资产退出风险控制，包括提出申请、技术鉴定、处置资产、更新换代等环节风险的有效控制。首先应辨识低效能资产退出各环节的风险事项，其次对辨识出的风险进行分析，对其特征进行明确的定义，分析风险发生的可能性、风险发生的条件，最后评估风险对企业实现目标的影响程度、风险的价值等。

企业应持续关注与低效能资产退出相关的信息，注意出台的与低效能资产退出相关的政策，积极研判影响低效能资产退出的因素，对风险影响程度和发生的可能性进行分析，识别风险特征，提出应对措施，防范风险事件的发生。低效能资产退出风险识别表如表 10-2 所示。

表 10-2　低效能资产退出风险识别表

序号	风险描述	应对措施
1	低效能资产退出组织机构设置不合理，权责不清晰，职能不明确，可能导致工作无法落实到位	1. 内部机构设置严格按照企业章程规定的权限审议批准 2. 认真分析低效能资产退出程序，从业务流程中梳理出不相容职务，按照内部控制的要求，合理划分归口部门及部门职责，形成各司其职、各负其责、相互制约的工作机制 3. 定期对低效能资产退出组织机构运行的效率与效果进行评价，持续优化组织机构，不断提升资产管理效能
2	低效能资产退出标准设置不合理，可能导致低效能资产识别工作落实不到位	结合国家政策，设置退出标准，明确退出要求、时间节点，落实低效能资产退出工作
3	低效能资产退出程序不规范，可能导致资产退出缺乏有效指导，影响退出工作顺利开展	企业应当按照资产实际使用情况提出申请，实行分级管控、专业鉴定、分级审核决策、合理处置的原则制定退出程序

（续表）

序号	风险描述	应对措施
4	低效能资产退出以资产管理部门为主，其他部门参与度较低，可能导致低效能资产退出无法形成综合性意见	明确有关部门在低效能资产退出业务中的具体职责及参与程度，确保低效能资产退出业务的专业性
5	资产管理部门政策水平不高，担心国有资产流失，低效能资产退出工作推进缓慢	针对思想水平不高的问题，邀请相关专家，开展针对性培训，提高管理人员节能降碳意识，识别低效能资产，及时提出处置方案
6	低效能资产鉴定方法不科学、不合理，可能导致非高能耗资产提前退出，资产利用效率不足，给企业造成损失	企业应当联系专业机构及有关部门对低效能资产进行技术及经济鉴定，包括资产使用情况、耗能情况等，通过数据分析，出具专业鉴定报告，确保低效能资产退出的科学性、有序性、合理性
7	低效能资产退出审批权限设置不明确，可能导致未经相关部门审核、决策审批，资产退出违规操作	应当明确低效能资产退出重大决策事项的决策权限，一般资产由设备管理部门、财务部、法律部及公司领导审批，对于限额以上或达到“三重一大”决策标准的资产退出，应当履行集体决策程序
8	低效能资产退出实施方案制定不合理，可能给企业造成经济损失	1. 低效能资产退出实施方案应当由资产管理部门根据资产使用情况，结合国家政策和企业制度，综合各方面意见制定 2. 低效能资产退出实施方案应当按照内部审批权限履行审批程序后执行
9	低效能资产退出实施方案下发不及时，影响资产退出后续工作	审批通过的低效能资产实施方案，资产管理部门应及时下发，组织实施，并督促资产实际使用部门及时采取措施，进行清理
10	低效能资产处置程序不合理，可能导致资产处置违规或发生舞弊行为	1. 应当制定低效能资产退出处置程序，资产管理部门及资产使用部门，根据专业鉴定报告，确定退出资产中能够拆卸且继续使用的部件，选择变卖或者更换到其他设备上等，选择恰当的处置方式 2. 涉密配件或芯片应当做拆除或脱密处理
11	低效能资产退出过程监督不到位，可能因处置不合规，受到有关部门的处罚	建立低效能资产动态监督机制，及时发现和纠正处置中的偏差，确保低效能资产处置的合规性
12	低效能资产退出管理台账登记不详细，影响低效能资产退出信息的完整性	1. 指定专人管理资产退出台账，详细登记有关信息，如退出时间、资产状况、原始价值、评估价值、资产去向等 2. 归口管理部门负责人定期检查台账，对于没有及时登记的信息要及时登记，做好资产管理工作
13	低效能资产的更新换代不及时，可能影响生产效率或环保不达标	应当结合国家出台的高耗能行业节能降碳相关指南，选择符合环保标准、效率高、耗能低的设备及时投入使用，满足企业发展需求

（续表）

序号	风险描述	应对措施
14	低效能资产退出的财务处理不恰当，可能出现会计处理违规或影响会计期末资产价值	应当根据企业会计准则，选择恰当的会计科目，根据资产处置情况及收到的款项，及时登记入账
15	退出资产清理披露不充分，影响企业所有者、债权人或利益相关方准确判断企业财务状况和经营成果	按照企业会计准则的相关要求，加强财务报告编制的规范性，重大资产退出事项在财务报告附注中披露
16	……	……

【政策法规】

资产退出面临的主要风险

企业内部控制应用指引提示了企业资产管理中至少应当关注风险：固定资产更新改造不够、使用效能低下、维护不当，可能导致企业缺乏核心竞争力、资产价值贬损、安全事故或停产。

10.2 低效能资产退出的审计重点

1. 低效能资产退出技术鉴定与论证

为提高低效能资产退出技术鉴定的专业性，加强低效能资产退出结果确认工作的科学性，进一步规范资产退出程序，企业应当聘请专业机构联合相关部门，包括法律部门、财务部门、资产使用部门、维修部门、科研部门、采购部门等，对低效能资产进行技术鉴定，包括资产原值、已使用年限、资产净值、资产故障率、设备出动率、耗能情况及数值、资产退出理由，根据实地考察、访谈以及专业技术鉴定，得出鉴定结论，出具专业鉴定报告，作为后续低效能资产退出的依据。

审计重点：专业机构选聘方面，专业机构聘请程序是否合规，所聘请的专业机构资质、专业胜任能力是否满足鉴定要求。技术鉴定方面，应关注鉴定内容的真实性与完整性，鉴定方法的科学性，鉴定结论的合理性，鉴定报告的规范性等。

2. 低效能资产退出审批

低效能资产退出审批遵循分级管理、逐级审批原则。可由资产管理部门编制退出方案，使用部门提供有关资产使用情况的资料，经相关部门审核会签，由专业机构出具技术鉴定报告和资产评估报告，按照规定的权限和程序审批。

审计重点：低效能资产退出方案是否经有关领导审批，相关部门是否根据工作职责进行审查会签，如法律部门是否开展合规性审查，财务部门是否参与经济性论证，是否存在越权审批情况，重大资产退出是否履行“三重一大”集体决策程序等。

3. 低效能资产处置

为做好低效能资产处置，处置工作应当遵循制度规定的处置原则，资产管理部门联合财务部、资产使用部门及专业机构，通过研究讨论确定恰当的处置方式，落实低效能资产退出方案，推进退出程序有序进行。

审计重点：低效能资产处置方案是否经授权审批，是否根据资产使用情况，选择恰当的处置方式，是否符合处置原则；处理程序是否合规，处置方案等相关文件是否备案；针对涉密设备，是否采取特殊方式保管，避免资产流出企业，造成泄密事件。

【政策法规】

为推动各有关方面科学做好重点领域节能降碳改造升级，《高耗能行业重点领域节能降碳改造升级实施指南（2022 年版）》中明确提出：加快淘汰落后。严格执行节能、环保、质量、安全技术等相关法律法规和《产业结构调整指导目录》等政策，依法依规淘汰不符合绿色低碳转型发展要求的落后工艺技术和生产装置。对能效在基准水平以下，且难以在规定时限通过改造升级达到基准水平以上的产能，通过市场化方式、法治化手段推动其加快退出。

4. 低效能资产退出财务处理

企业应当结合实际工作，采取整体出售、拆件出售、更新换代、报废清理等处置方式实现资产有序退出。财务部门应当根据《中华人民共和国会计法》《企业会计准则》等有关规定，按照不同资产退出方式，及时做好低效能资产退出的账务处理，实施会计系统控制。

审计重点：低效能资产退出账务处理是否符合企业会计准则的规定，是否涵盖资产退出全流程，对于变卖收入是否及时登记入账，后附单据是否充分、合法，财务报告是否充分披露。

【政策法规】

《中华人民共和国会计法》第九条规定：各单位必须根据实际发生的经济业务事项进行会计核算，填制会计凭证，登记会计账本，编制财务会计报告。

10.3 低效能资产退出的内部审计实施

10.3.1 具体审计目标

低效能资产退出管理审计目标，是保证低效能资产管理内部控制设计和运行的有效性、会计处理的合规性，帮助企业降低低效能资产退出风险；确保建立健全低效能资产退出内部控制机制并得到有效运行；确保低效能资产退出业务的合法、合规性。

10.3.2 审计工作程序

低效能资产退出内部审计，一般程序包括低效能资产退出业务审前调查、初步评价、审计测试、审计沟通、审计评价、形成意见、审计结论和编制审计报告等。具体审计程序如表 10-3 所示。

表 10-3 低效能资产退出内部审计程序表

<table>
<tr><td>主责部门</td><td colspan="3"></td><td>索引编号</td><td></td><td>页次</td><td></td></tr>
<tr><td>审计类别</td><td colspan="3">低效能资产退出</td><td>审计人</td><td></td><td>审计时间</td><td></td></tr>
<tr><td>审计期间</td><td></td><td>截止日期</td><td></td><td>复核人</td><td></td><td>复核时间</td><td></td></tr>
<tr><td>序号</td><td>审计程序</td><td colspan="3">具体审计程序</td><td colspan="2">工作底稿索引编码</td><td>备注情况</td></tr>
<tr><td>1</td><td>审查调查</td><td colspan="3">对低效能资产退出活动总体情况、技术鉴定、资产评估、决策审批等情况进行调查了解</td><td colspan="2">A</td><td></td></tr>
<tr><td>2</td><td>初步评价</td><td colspan="3">对低效能资产退出活动初步评价，确定重要性水平及审计内容</td><td colspan="2">B</td><td></td></tr>
<tr><td>3</td><td>审计测试</td><td colspan="3">运用各种审计方法，对低效能资产退出活动进行审计测试</td><td colspan="2">C</td><td></td></tr>
<tr><td>4</td><td>审计沟通</td><td colspan="3">对低效能资产退出活动存在的问题进行沟通、核实或确认</td><td colspan="2">D</td><td></td></tr>
<tr><td>5</td><td>审计评价</td><td colspan="3">对低效能资产退出活动的合规性、有效性进行分析和评价</td><td colspan="2">E</td><td></td></tr>
</table>

（续表）

6	形成意见	在审计工作底稿中描述审计意见	F	
7	审计结论	形成审计结论，反映问题实质	G	
说明	1. 每一个审计程序可细分为若干具体程序 2. 上述审计程序可结合进行，以提高审计工作效率 3. 执行每一步骤后，应填写"执行情况说明"一栏			

1. 审前调查

审前调查，是对低效能资产退出管理机制和退出实施情况进行调研了解，是低效能资产退出活动实施内部审计的重要步骤。低效能资产退出调查工作是在内部审计总体工作的准备阶段进行的。审前调查方法有很多，主要有政策分析法、调查问卷法、现场观察法、技术鉴定法、专家讨论法等，分别适用于不同的审计环境，往往综合运用，以实现审计目的。本文以审计访谈为例，阐述对低效能资产退出活动的调查了解。

（1）审计访谈目标。

通过访谈，审计人员应当全面了解低效能资产退出具体情况、申请时间、鉴定情况、审批流程、处置情况等内容，发掘低效能资产退出过程中的工作亮点和成绩、分析存在的不足和管理短板，为客观反映低效能资产退出合规性、有效性提供关键线索。

（2）明确访谈对象。

审计访谈对象应当根据低效能资产退出组织结构和实际参与人员确定。一般包括资产使用部门、资产管理部门、财务部门、法律部门、科技部门、仓储部门等有关部门负责人，专业技术专家及相关部门分管领导，可根据低效能资产退出实际情况进一步确定。

（3）编制访谈提纲。

审计人员应根据审计工作计划和审前调查结果编制审计访谈提纲，访谈内容应与审计目的密切相关，包括低效能资产退出组织机构及管理职责、退出申请、退出审批、专业鉴定、退出处置、财务处理等。审计访谈提纲示例如下。

低效能资产退出专项审计访谈提纲（示例）

被访人	×××	部门	×××	职务	×××
时间	××年××月××日	地点	办公室	访谈人	

访谈说明：

根据公司安排，项目审计组正在对单位的低效能资产退出情况实施专项审计，此次访谈将通过对话交流的方式进行，主要目的是协助我们深入了解单位低效能资产退出内部管理情况及存在的不足，借此提出客观、真实的审计结论，改善单位低效能资产退出管理水平，实现“双碳”战略目标。

访谈内容：

- 请问低效能资产退出组织机构设置是否科学、合理？是否存在职责不清、推诿扯皮、工作效率低下等问题？
- 请问公司低效能资产退出的审批流程是什么？哪个环节最重要？您认为该流程是否冗长或影响工作效率？
- 公司在审计期间发生多少低效能资产退出事项？退出理由是什么？对公司生产经营造成怎样的影响？
- 请介绍一下低效能资产退出的技术鉴定情况，公司都有哪些部门参与？外聘专业技术机构协助开展技术鉴定时，有哪些注意事项？
- 通过哪些方式对专业技术机构鉴定过程进行监督？效果如何？
- 公司哪个部门负责资产评估工作？如果以资产评估价格为处置基准价，市场价格偏低无法实现资产处置，我们将如何处理？
- 低效能资产退出后，后续的设备更新换代工作是否及时？是否满足绿色低碳要求？是否满足公司发展需要？
- 退出的资产是否存在涉密的元器件或芯片？我们是如何处理的？
- 除上述访谈内容外，公司低效能资产退出管理中还存在哪些问题？您是否有改进的措施和建议？

……

（4）整理访谈成果。

访谈过程中，审计人员应完整记录与被访谈对象的全部访谈内容，形成访谈记录。访谈结束后，应于两个工作日内整理完善访谈记录，并交由被访谈对象确认签字，签字后与其他审计资料一同存档备查。

项目审计组应在全部访谈工作结束后，对访谈情况进行汇总、总结，梳理、分析访谈主要内容、审计关注的重大事项、高风险领域判断、审计程序和方法运用建议等。

2. 初步评价

对低效能资产退出审计的初步评价，可通过初步评价表进行，细化工作计划、调整审计实施方案。主要目的是初步识别审计风险及审计重点测试的领域，并决定实质性测试的方法和样本。

审计人员在实施风险评估初步评价程序时，应当运用分析程序，了解低效能资产退出程序，相关政策，管理层对低效能资产退出的积极行动等。风险评估初步评价除了关注风险识别和控制所列举的可能发生的风险外，还应当关注已经发生的风险事件，分析影响程度并决定是否作为审计工作底稿内容列示。

审计人员的实质性测试主要针对低效能资产退出实施过程开展。开展审计初步评价可以提高审计工作效率。如合理分析企业是否按照低效能退出程序执行业务，获得专业机构鉴定报告，从而简化其他实质性测试程序。低效能资产退出活动初步评价表如表 10-4 所示。

表 10-4 低效能资产退出管理初步评价表

<table>
<tr><td>主责部门</td><td colspan="3"></td><td>索引编号</td><td>B</td><td>页次</td><td></td></tr>
<tr><td>审计类别</td><td colspan="3">低效能资产退出</td><td>审计人</td><td></td><td>审计时间</td><td></td></tr>
<tr><td>审计期间</td><td></td><td>截止日期</td><td></td><td>复核人</td><td></td><td>复核时间</td><td></td></tr>
<tr><td>初评领域</td><td>评价事项</td><td colspan="4">描述评价事项</td><td>重要性水平</td><td>是否披露</td></tr>
<tr><td rowspan="4">风险评价</td><td rowspan="3">潜在风险事项</td><td colspan="4">由于对低效能资产退出政策掌握不准确，研判不深入，相关人员经验不足，导致低效能资产未按规定有序退出，受到政府监管部门的处罚</td><td>—</td><td>—</td></tr>
<tr><td colspan="4">专业技术机构鉴定人员缺乏经验，报告不具有科学性，不能作为资产退出支撑证据</td><td>—</td><td>—</td></tr>
<tr><td colspan="4">……</td><td>—</td><td>—</td></tr>
<tr><td>已经发生的风险事件</td><td colspan="4">示例：由于低效能资产退出不及时，造成不符合排放标准的燃油卡车超标，被 ×× 县环保部门行政处罚，并限期淘汰落后资产</td><td>重要</td><td>否</td></tr>
</table>

（续表）

低效能资产退出申请	申请事项	提示：退出申请事项记载清晰，理由及依据充分，经资产使用部门内部研究讨论，提出申请	重要	是
	提出申请	提示：使用部门日常管理资产情况，针对能耗较高的情况，应提高关注度，及时提出申请	一般	否
低效能资产退出鉴定	技术鉴定报告	提示：专业鉴定机构采用专业方法对低效能资产进行技术鉴定，出具专业意见报告，作为低效能资产退出支撑证据	重要	是
低效能资产退出合规	合规性审查	提示：法律部门对低效能资产退出的合规性进行审查，确保符合法律政策要求及高耗能资产退出要求	一般	否
低效能资产退出审批	审批管理	提示：了解低效能资产退出审批程序，退出申请由资产使用部门、法律部门、财务部门负责人签字，按照规定的权限由公司领导或集体决策进行审批，做到分级管理，逐级审批	重要	是
低效能资产退出方案下发	下达退出方案	提示：企业拟定《关于下达 ×× 有限公司 20×× 年低效能资产退出实施方案的通知》，以正式文件的形式及时下发实施方案	一般	否
低效能资产退出责任落实	落实责任	提示：将低效能资产退出责任落实到具体部门，包括资产使用部门、资产管理部门、财务部门、法律部门等	一般	是
低效能资产处置监督	监督管理	提示：指定相关部门跟踪低效能资产处置情况，落实处置措施，做好记录，避免出现不合规行为	一般	否
	沟通反馈	提示：归口管理部门定时与资产使用部门进行沟通，确定资产移交事宜，了解设备需求	一般	否
低效能资产财务管理	账务处理	提示：财务部门已按收到的资料及单据记入 ×× 科目	一般	是
	退出费用	提示：资产处置费用及其他费用等，均按市场标准执行	一般	是
	处置收入	提示：资产处置收入已收入指定账户，按规定记入营业外收入科目	一般	是
更新换代	更新换代	提示：按照低耗能要求更新所需资产，确保满足生产需要，提高效率，降低能耗，登记入资产台账	一般	是
档案管理	资料归档	提示：取得低效能资产退出资料及更新换代相关资料，了解归档要求，及时归档保存	一般	否
说明	1. 初步评价是在调查了解的基础上对交易主要事项的初步判断 2. 初步评价工作程序不能代替实质性测试的程序，但可以简化（如减少样本抽样数量等）或为实质性测试提供线索、指引 3. 初步评价可根据低效能资产退出实际工作流程调整后确定			

通过“低效能资产退出管理初步评价表”分析评价后，审计人员合理判断审计重点、高风险领域，修订内部审计实施方案，调整审计内容，并重新定义样本量选取规则，以便获取充分、适当的审计证据。

【示例引导】

对低效能资产退出内部审计实施方案审计内容的调整

经审前调查、初步评价后，低效能资产退出审计主要内容调整为以下四个方面，分别为管理机制的健全性和有效性、低效能资产处置审批和调整的合规性、低效能资产退出主要环节的规范性、低效能资产更新换代的及时性，主要内容如下。

1. 管理机制的健全性和有效性

调整后的审计内容包括：第一，组织架构的合理性，主要是指组织机构设置是否科学合理，是否能够高效开展工作，部门职责是否清晰，各部门协作是否协调顺畅，职责权限是否涵盖低效能资产退出全过程。第二，规章制度的合理性，主要是指是否建立了低效能资产退出的规章制度，制度内容是否全面，是否存在前后不一致情况，是否明确了低效能资产退出程序和相关标准，审批权限、程序是否清晰，制度内容表述是否准确，是否存在歧义之处。第三，规章制度的落实情况，主要是指低效能资产退出是否按照制度规定有效执行，是否存在有章不循的情形。

2. 低效能资产处置审批和调整的合规性

调整后的审计内容包括：第一，低效能资产处置方案授权审批设置的合理性和决策的规范性，主要是指审批程序设置是否合理，是否做到分级管理，逐级审批；是否制定重大低效能资产退出标准，技术鉴定、确认退出等决策是否经过集体决策机制，是否经过财务、法律、专业技术机构等部门充分论证。第二，退出手续的完备性，主要是指低效能资产退出是否由使用部门填写申请单，申请理由是否充分、符合有关要求，是否具备专业机构出具的鉴定报告等。第三，决策机制落实的有效性，主要是指是否对决策的落实情况及时进行跟踪，是否按照决议要求开展工作，是否有定期反馈、汇报机制。

3. 低效能资产退出主要环节的规范性

调整后的审计内容有：低效能资产退出主要环节的合规情况，主要包括资产使用人提出申请，说明理由，专业技术鉴定机构出具专业报告，财务部门、法律部门及相关部门实地考察，低效能资产退出处置，低效能资产的更新换代等合规情况，具体审计内容应根据企业实际情况以及政府有关政策确定。

4. 低效能资产更新换代的及时性

调整后的审计内容包括：低效能资产退出后，资产使用部门是否及时申请购买新设备，新购入资产是否符合环保要求，能耗是否符合国家政策标准，是否满足生产需要，财务部门及法律部门是否对资产的更新换代过程进行合规性、经济性审查。

3. 审计测试

审计人员通过实施审计程序，获取充分、适当的审计证据，能够对低效能资产退出目标发表审计意见。

对低效能资产退出的内部审计属于管理审计的范畴，分为两个层面，一是内部控制制度设计有效性层面，二是低效能资产退出实际执行层面，即是否遵循法律法规、制度规定等，是否满足合规要求等。具体实践过程中，审计人员对低效能资产退出内部控制设计有效性和管理活动合规性及运行有效性一并进行测试，以提高工作效率，节约审计资源。其中，内部控制设计有效性可以为运行测试提供方向，决定运行测试的样本量和深度、广度。

在审计低效能资产退出内部控制设计有效性时，审计人员应当综合运用检查、询问、对标法规、横纵向对比、逻辑判断等方法进行测试，测试重点包括组织机构和职责是否清晰、是否存在职能交叉部分；规章制度是否建立健全，制度内容是否符合相关法律法规，制度之间是否存在内容交叉甚至矛盾的地方，制度结构与逻辑、行文表述是否容易引起歧义；审批权限是否明确，流程是否清晰明了等。

在低效能资产退出或管理有效性审计时（也可以称为实质性测试），审计人员应当综合运用询问、检查、观察、比较、分析性复核、重复验证、计算、穿行测试等方法进行测试，测试重点是低效能资产退出管理的关键性环节，主要验证法规的遵循情况、风险控制措施的落实情况、规章制度及审批程序的执行情况、会计处理等。低效能资产退出内部审计控制矩阵表如表 10-5 所示。

表 10-5 低效能资产退出内部审计控制矩阵表

主责部门			索引编号	C	页次	
审计类别	低效能资产退出		审计人		审计时间	
审计期间		截止日期		复核人	复核时间	

关键控制环节	控制方式	控制频率	抽样数量	审计测试要点	证据名称	测试程序	测试结果	索引
建章建制				企业是否根据低效能资产退出有关规定，结合本企业实际情况，建立低效能资产退出管理制度				
				低效能资产退出管理制度是否存在内容缺失、内容矛盾或冲突、逻辑不清、表述不确切、审批权限不明、流程混乱等管理缺陷				
				规章制度在上会审议前是否经法律部门实施合规审查				
组织机构				是否设立低效能资产退出组织机构，明确议事程序和管理权限				
				归口部门及参与部门职责是否明确，管理边界是否清晰				
				部门职能或岗位设置上是否存在不相容职务未分离情况				
重大事项				低效能资产退出是否经实际使用部门提出申请，申请原因是否合理、全面				
				是否属于行业中关键性、使用频率高的资产				
				低效能资产退出申请是否经有效审批				
				低效能资产退出审批是否经有关部门层层审批，是否建立低效能资产处置有关程序				
				重大决策或重要资产退出是否经法律部门合规审查，风控部门是否开展风险评估工作，党组织是否前置研究讨论				
低效能资产退出申请				是否清晰地了解低效能资产退出程序				
				是否对资产使用情况、耗能情况、耗能原因及有关数据进行说明				
				资产使用部门是否对资产使用情况进行动态关注，是否及时了解国家政策要求，定期编制资产使用情况报告				
				低效能资产退出项目是否按规定开展风险评估和合规性审查，是否签署合规审查意见				

（续表）

低效能资产技术鉴定				是否聘请有专业资质的技术机构对资产使用及能耗情况进行鉴定				
				专业人员是否具备专业能力能够对资产情况作出科学合理的判断，并出具专业报告				
				技术鉴定报告中是否包括所采取的方法，出具鉴定意见的依据及原因，格式是否符合要求				
低效能资产退出审批				是否建立完整的审批程序				
				资产实际使用部门负责人、法律部门、财务部门、分管领导是否对低效能资产退出进行层层审核				
				对于重大的资产处置，是否按照规定的权限履行集体决策程序，确保低效能资产退出管理的有效性、合规性				
低效能资产处置				对于部分仍能够使用且符合耗能规定的资产或零件是否进行变卖处理				
				低效能资产退出后，是否及时更换高效能资产投入使用，保证企业正常生产经营				
				归口管理部门应定期召开会议，把控处置进度，交换各部门意见，综合考虑实际情况，落实处置工作				
低效能资产更新换代				低效能资产退出后，资产使用部门是否根据实际生产需要，及时提出更新换代需求				
低效能资产财务处理				是否及时收取变卖资产取得的收入				
				资产处置有关业务是否记入恰当的会计科目，正确编写会计分录				
低效能资产退出档案管理				企业低效能资产退出全过程及资料应形成规范的档案，并按规定归档，做好保管				
说明	1. 本矩阵根据低效能资产退出主要程序编制，审计人员可根据低效能资产退出实际工作流程调整后确定 2. 重要环节或高风险领域应当取得 100% 的样本进行测试							

低效能资产退出内部审计工作底稿如表 10-6 所示。

表 10-6 低效能资产退出内部审计工作底稿

<table>
<tr><td>主责部门</td><td colspan="3"></td><td>索引编号</td><td>C</td><td>页次</td><td></td></tr>
<tr><td>审计类别</td><td colspan="3">低效能资产退出管理</td><td>审计人</td><td></td><td>审计时间</td><td></td></tr>
<tr><td>审计期间</td><td></td><td>截止日期</td><td></td><td>复核人</td><td></td><td>复核时间</td><td></td></tr>
<tr><td>类别</td><td colspan="6">审计事项记录</td><td>证据索引</td></tr>
<tr><td>一、审计依据及上级文件或制度</td><td colspan="6">1. 国家法律法规，如《企业内部控制应用指引第 8 号——资产管理》《高耗能行业重点领域节能降碳改造升级实施指南（2022 年版）》等
2.《× × 集团公司关于低效能资产退出管理规定》（× × 第 X 号）
……</td><td></td></tr>
<tr><td>二、企业规章制度及文件</td><td colspan="6">规章制度制定情况。例如：公司建立了《× × 公司低效能资产退出管理办法（试行）》，简要记录制度核心内容</td><td></td></tr>
<tr><td>三、低效能资产退出管理情况</td><td colspan="6">提示：
1. 组织机构设置及部门职责情况
阐述企业低效能资产退出归口管理部门及职责权限，批准文件简述，明确内部决策机制和归口管理部门，明确决策层、管理层及各参与部门的职责权限、工作程序及汇报机制
2. 低效能资产退出基本情况
简述审计期间企业开展低效能资产退出事项基本情况，如截至 20× × 年末，公司共发生低效能资产退出 × 起，处置低效能资产 × 件，更新换代资产 × 件等
3. 低效能资产退出申请
取得低效能资产退出申请表，检查申请记录的真实性、申请理由的规范性、申请附件的完整性
4. 低效能资产退出技术鉴定
取得低效能资产退出专业鉴定报告，检查报告内容的完整性，是否采取专业技术对低效能资产耗能情况进行鉴别，相关数据是否符合国家规定标准，邀请法律专家鉴别报告信息
5. 低效能资产退出审批
取得低效能资产退出审批单，记录主要内容，检查是否经资产管理部门、财务部门、法律部门、公司领导审核，检查审批环节的完整性、合规性
6. 低效能资产退出处置
取得低效能资产处置相关资料，检查有没有将低效能资产用于其他部门或生产环节中，检查处置过程的合规性，处置收入是否及时收回，相关过程是否已做会计处理
7. 低效能资产的更新换代
取得低效能资产更新换代相关资料，检查更新换代是否及时，是否符合生产需要，是否满足碳排放要求以及取得的环保效果
8. 其他影响审计结论的情况
关注低效能资产退出其他重要环节，并分析对审计结论的影响</td><td></td></tr>
</table>

（续表）

四、存在的问题	提示：分类揭示低效能资产退出活动中存在的问题，一般而言先从制度、机制入手，然后是退出申请、专业鉴定、退出审批、退出处置、更新换代等	
五、问题产生的原因分析	提示： 1. 审计组应当基于审计发现的问题类型、涉及业务领域、问题严重程度及影响后果进行深层次的原因分析 2. 审计人员可从低效能资产退出政策、内部管理机制、各项管理的合规性等方面入手，深入分析低效能资产退出程序各环节存在的问题，以及导致这些问题的原因，是客观因素还是主观行为，是人员素质还是思想意识问题，例如：有些单位认为资产价值大，又能使用，退出可惜了，迟迟不开展低效能资产退出工作	
六、造成的影响、损失	提示：结合审计发现的问题对造成的影响、损失进行判断，若存在《××公司低效能资产处置实施办法》“第×条至第××条”所列内容，以及与反映生产效率有关的问题、有禁不止以及违反规定存在明知故犯情形或动机不纯问题、管理不到位致使形成较大运营风险等问题，应在审计过程中对“决策审批情况、违规情况、损失情况、责任界定情况”进行详细记录	
七、审计发现的风险事项及管理建议	提示：风险事项主要指事项已发生，但结果具有不确定性，同时应不违规、不违法，尚未造成不良后果但若不及时纠正就存在损失风险可能性的事项 风险事项标题：审计发现的风险事项应当按照不同事项分条列示，每个风险事项均需提炼出标题。标题要体现风险事项的实质内容，不能简单地以提纲的形式描述 管理建议：针对揭示的风险事项，提出有针对性的管理建议	
八、重要事项披露	提示：披露重要事项主要为审计事项客观存在而无法凭借自身解决，需要提请上级管理层予以关注的事项，以及对低效能资产退出有重大影响的事项，如重大诉讼，以往审计、巡视巡察发现的重要问题中未完成实质性整改的相关事项等 对以往审计发现问题的处理原则如下： 1. 已完成实质性整改的不重复反映 2. 对于造成损失或严重不良后果的问题，未予以追责的，可作为新问题另行反映，但需对问题事实、违规点及后果重新梳理并相应反映 3. 对于处于整改中的重大问题作为披露事项进行反映，并将此情况纳入审计评价的基础信息范围	
九、审计建议	提示： 1. 审计建议应坚持标本兼治原则，从总体或长远的角度，针对审计反映的政策、体制、制度及其执行中存在的普遍性、倾向性、苗头性问题，提出加强管理、预防和堵塞漏洞、防范风险、促进整改等解决问题的具体措施和建设性的建议 2. 审计建议应当紧密结合低效能资产退出实际情况，提出的建议中肯实用，能够有效提升企业低效能资产退出管理能力 3. 审计建议可按照低效能资产退出流程顺序提出，可按照“问题＋建议”的模式反映	

审计测试工作结束后，项目审计组应当对低效能资产退出项目管理情况进行综合评价，经分析、提炼后将成为审计报告的主要内容。审计评价工作底稿由项目审计组自行拟定，本章略。

【评价引导】

某集团公司低效能资产退出专项内部审计总体评价示例

经审计测试后，审计人员整理有关证据资料，客观评价公司低效能资产退出管理取得的成绩和存在的问题，审计评价内容主要包括如下几个方面。

（一）总体评价公司低效能资产退出情况。先总体阐述公司低效能资产退出的基本情况，取得的成果和工作亮点，然后评价低效能资产退出实际执行情况和项目成果。

（二）评价治理层面的合规性和有效性。包括但不限于制度建设、组织机构设置、部门职责和授权机制、重大决策部署和执行等情况。重点关注低效能资产退出对公司生产经营造成的影响，有关操作是否符合国家有关低效能资产清退政策要求等。

（三）评价有关业务层面的合规性和有效性。包括但不限于低效能资产退出申请、专业技术鉴定、退出审批、更新换代、财务处理等，具体评价内容根据公司的低效能资产退出程序确定。

（四）评价低效能资产退出保障体系的健全性和有效性。重点关注是否有效贯彻落实上级单位对低效能资产退出的总体要求，以及低效能资产退出科技支持、法律意见、物资供应、仓储场地、后勤服务等保障措施的落实情况。

（五）其他评价事项。

以上阐述了低效能资产退出审计实施中的审前调查、初步评价、审计测试工作程序，审计沟通、审计评价（基本原则）、形成意见、审计结论、审计报告等内容详见 1.5 节，具体内容本章略。

10.3.3 低效能资产退出内部审计常见问题

（1）低效能资产退出制度内容原则性表述过多，缺少实际操作的指导性内容，参与部门不明确，缺少部门具体规定，制度实用性低。

（2）低效能资产退出组织机构设置不合理，缺少具备专业技术等知识背景和实践经验的人员，业务处理经验不足。

（3）资产管理人员不主动关注国家关于低效能资产退出相关信息，缺少对生产型设备使用情况的关注，对资产环保要求等情况了解不到位，缺乏主动性、前瞻性，低效能退出申请提出滞后。

（4）低效能资产处置方案不恰当，未选择最合适、最有效、对公司最有益的处置措施。

（5）低效能资产处置方案下发不及时，影响文件时效性，无法开展后续工作。

（6）缺少专业技术鉴定，或者聘请的专业技术鉴定机构缺少专业资质，鉴定报告不具客观公正性。

（7）处置措施选择不恰当，部分应拆件保留的资产选择整体出售，对某些涉密设备管理不到位。

（8）低效能资产更新换代不及时，影响生产正常开展。

（9）对低效能资产处置过程跟踪不到位，无法准确掌握处置进度和情况，各部门间沟通反馈不及时，无法形成信息共享。

（10）对移交的低效能资产保管不当，日晒雨淋，造成资产毁损或处置价值下降。

【案例介绍】

A 集团公司低效能资产退出内部审计

一、案例背景

A 集团成立于 19×× 年，以煤炭、焦煤为主业，拥有 27 座煤矿，14 座洗煤厂，3 个焦化厂及自有燃煤电厂等。公司坚持深化改革、创新发展，紧跟国家战略部署，为落实 20/30 碳达峰目标，加快淘汰落后机电设备，加速技术改造和科研创新。为检查资产退出的落实情况及管理的合规性，公司领导决定开展 20×× 年—20×× 年（四年期）低效能资产退出内部审计专项工作。

二、审计工作过程

略。

三、审计发现的问题

（一）低效能资产退出存在违规问题。

经审计，公司低效能资产退出业务存在违规问题。20×× 年 8 月 10 日资产管理部门根据国家有关政策拟定低效能资产退出实施方案，后附退出资产明细清单，经审批后实施。退出工作按照公司规定程序开展，各项资料齐全、签字完整。审计组取得资产清理会计账簿及报废明细，与退出资产明细清单进行核对，发现有 2 台数控机床不在审批退出的范围之内，经检查专业机构出具的鉴定报告，也没有该项资产的鉴定记录。审计组前往供应仓库退出资产存放地点实地盘点，没有该设备，后经实施更加严密的审计程序，发现资产管理主管某领导将正在使用的良好的设备混入低效能资产清理，将其低价处置给利害关系人，该行为直接导致国有资产流失 ×× 万元。

（二）低效能资产专业技术鉴定不规范。

经审计，公司未按采购管理规定实施三家询比价程序，采用单一来源直接委托某市某资产管理有限公司开展低效能资产技术鉴定，鉴定过程缺失跟踪、监督措施，法律、财务、使用部门均没有参与，专业鉴定报告未列示鉴定所采用的专业方法及具体的数据过程，仅给出鉴定结论，鉴定报告公允性、科学性与合理性依据不充分。

（三）退出的低效能资产保管不当。

20×× 年 10 月 19 日公司开展一批低效能资产退出业务（低效能资产清单略），20×× 年 11 月 27 日决策层审批通过。同年 12 月 3 日，该批资产陆续从生产领域退出，移交至资产部门指定的场地，资产使用部门和资产管理部门办理了资产移交手续。次年 1 月份与某公司签订资产购销合同，约定将完整资产作为标的进行交易。经审计，该批资产保管不善，部分资产关键部件被拆卸、丢失，丧失资产整体价值，导致合同无法履行，造成企业资产损失。另外，某公司以合同违约为由向公司提出违约赔偿金 ×× 万元，导致合同违约风险。

第 11 章

碳汇能力审计

【导读摘要】

习近平总书记指出，“十四五”时期，我国生态文明建设进入了以降碳为重点战略方向、推动减污降碳协同增效、促进经济社会发展全面绿色转型、实现生态环境质量改善由量变到质变的关键时期。如期实现“双碳”目标，重要举措在于提升生态碳汇能力，强化国土空间规划和用途管控，有效发挥森林、草原、湿地、海洋、土壤、冻土的固碳作用，提升生态系统碳汇增量。

从企业生态保护和修复工程角度切入，开展碳汇能力内部审计，可帮助煤炭企业树立固碳增汇意识，统筹绿化与生态环境治理工程，强化碳汇技术，建立可报告、可计量和可核查的碳汇核算体系，建立有效、长效的监控机制，深入推进矿区碳汇工程，确保煤矿企业实现固碳增汇。

11.1 碳汇能力业务内部控制

11.1.1 碳汇能力概述

党的十八大以来，以习近平同志为核心的党中央高度重视生态文明建设，党中央、国务院先后出台了一系列重大决策部署，“绿水青山就是金山银山”已成为全国人民的共识。

在煤炭开采过程中，煤矿区会出现表层剥离、沉陷以及煤矸石和剥离土石压占等工程剧烈扰动，导致地表土壤结构和植被盖度等受到严重损害，特别是对于干旱、半干旱等生态脆弱和土壤有机质含量本底值低的区域而言，这种不利影响更加明显，矿区生产活动对生态的负面影响将严重影响区域生态碳汇储量[1]。

当前煤炭行业的发展规划和战略导向，在标准规范、治理能力和技术研发等诸多方面与国家碳中和战略的愿景目标仍存在很大差距，煤矿区生态碳汇的相关规划、功能体系和建设方略尚处于探索阶段，现有矿区生态碳汇技术方法也不能全面反映和充分发挥矿区整体的碳汇功能。[2] 不过，我国大部分煤炭企业积极响应国家政策，贯彻落实生态文明理念，矿区生态环境建设领域已形成预治理、土体重构和喷播复绿等主要矿区生态恢复技术方法，同时也有一些矿区和矿业企业已开展碳汇林建设项目。

【政策法规】

为贯彻落实“双碳”战略决策部署，中共中央国务院于 2021 年 10 月 24 日印发《关于完整准确全面贯彻新发展理念做好碳达峰碳中和工作的意见》(以下简称《意见》)，《意见》指出应提升生态系统碳汇增量。实施生态保护修复重大工程，开展山水林田湖草沙一体化保护和修复。深入推进大规模国土绿化行动，巩固退耕还林还草成果，实施森林质量精准提升工程，持续增加森林面积和蓄积量。加强草原生态保护修复。强化湿地保护。整体推进海洋生态系统保护和修复，提升红树林、海草床、盐沼等固碳能力。开展耕地质量提升行动，实施国家黑土地保护工程，提升生态农业碳汇。积极推动岩溶碳汇开发利用。

《意见》针对碳汇工作明确提出三点要求：一是持续巩固提升碳汇能力目标，具体可分为巩固生态系统碳汇能力和提升生态系统碳汇增量两个方向；二是提升统计监测能力，依托和拓展自然资源调查监测体系，建立生态系统碳汇监测核算体系，开展森林、草原、湿地、海洋、土壤、冻土、岩溶等碳汇本底调查和碳储量评估，实施生态保护修复碳汇成效监测评估；三是将碳汇交易纳入全国碳排放权交易市场，建立健全能够体现碳汇价值的生态保护补偿机制。

《2030 年前碳达峰行动方案》中也对巩固提升碳汇能力提出要求与指导：实施生态保护修复重大工程。深入推进大规模国土绿化行动，巩固退耕还林还草成果，扩大林草资源总量。强化森林资源保护，实施森林质量精准提升工程，提高森林质量和稳定性。加强草原生态保护修复，提高草原综合植被盖度。加强河湖、湿地保护修复。整体推进

---

[1] 邱文玮，侯湖平 . 矿区生态破坏碳扰动研究——以徐州九里矿为例 [J]. 中国矿业，2013，22(2):49-52.

[2] 刘祥宏，阎永军，刘伟，黄占斌. 碳中和战略下煤矿区生态碳汇体系构建及功能提升展望[J/OL]. 环境科学 .

海洋生态系统保护和修复，提升红树林、海草床、盐沼等固碳能力。加强退化土地修复治理，开展荒漠化、石漠化、水土流失综合治理，实施历史遗留矿山生态修复工程。到2030年，全国森林覆盖率达到25%左右，森林蓄积量达到190亿立方米。

为贯彻落实尊重自然、顺应自然、保护自然的理念，国家林业和草原局于2021年发布《“十四五”林业草原保护发展规划纲要》，文中提出“十四五”期间围绕森林蓄积量2030年比2005年增加60亿立方米的目标，增加森林面积的同时提高森林质量和生态系统碳汇增量。积极参与国家碳市场制度建设，鼓励社会主体参与林草碳汇项目开发建设，指导开展林草碳汇项目开发交易和碳中和行动。

【术语解释】

碳汇：是指从空气中清除二氧化碳的过程、活动、机制。传统的碳汇概念主要是指森林吸收并储存二氧化碳的多少，或者说是森林吸收并储存二氧化碳的能力。

生态碳汇：是指森林、草原等陆地生态系统和红树林、滨海盐沼等海岸带生态系统吸收二氧化碳的过程、活动或机制，强调各类生态系统及其相互关联的整体对全球碳循环的平衡和维持作用。

绿碳：是指陆地绿色植物通过光合作用固定二氧化碳的过程。森林、河湖湿地、草原、农田等都属于“绿碳”范畴。作为陆地生态系统的主体，森林年均固碳量可抵消同期化石燃料碳排放的11%。

碳库：是指具有储存或释放碳能力的系统。

碳储量：是指截至某一个时点碳库中所积累的碳量，是碳的累积量；而碳汇量是指一定时期内碳库碳储量的变化量。碳储量是存量，碳汇量是净增量。[1]

国家核证自愿减排量：是指对我国境内可再生资源、林业碳汇、甲烷利用等项目的温室气体减排效果进行量化核证，并在国家温室气体自愿减排交易注册登记系统中登记的温室气体减排量。

[1] 姜春前，白彦锋，于天飞，黄克标．“双碳”目标下林业碳汇和碳交易基础知识读本[M]，亚太森林恢复与可持续管理组织，2022，23–26。

11.1.2　碳汇能力管理机制

1. 组织机构与工作职责

煤炭企业应当指定专门的机构开展碳汇业务，明确部门管理范围和权限，确定具体岗位的名称与职责，梳理各个岗位的权限和相互关系，对工作要求进行恰当的描述和说明，使各岗位负责人明晰管理边界和工作内容。如归口部门职责：提升生态系统碳汇增量，实施植树造林、复垦绿化等生态保护修复重大工程；建立有效、长效的监控监管机制，稳定现有森林、草原、土壤的固碳作用；提升监测能力，建立生态系统碳汇监测核算体系，开展生态保护修复碳汇成效监测评估工作；学习了解碳汇政策及技术、关注政策技术更新情况等。

2. 碳汇业务规章制度

在碳汇方面，国家已发布大量政策文件以及计量标准、监测方法、项目方法、减排量核证方法。煤炭企业可对此进行借鉴参考，制定相关制度，并随着法律法规的出台完善不断调整，保证碳汇项目建设、碳汇能力提升有章可依，从制度层面为碳汇项目提供保障。此外，煤炭企业的碳汇业务规章制度可将国家政策文件、计量监测、方法等标准性文件结合工程项目内控应用指引进行制定，贯穿碳汇项目立项批复、项目设计、项目实施、碳汇监测、竣工验收、后续管控全流程。

【政策法规】

为加快国土绿化，全国人民代表大会常务委员会第十五次会议修订的、自 2020 年 7 月 1 日实施的《中华人民共和国森林法》，指出了各级人民政府生态修复工程的总体要求，煤炭企业可参照使用。

文中指出，各级人民政府应当采取以自然恢复为主、自然恢复和人工修复相结合的措施，科学保护修复森林生态系统。新造幼林地和其他应当封山育林的地方，由当地人民政府组织封山育林。各级人民政府应当对国务院确定的坡耕地、严重沙化耕地、严重石漠化耕地、严重污染耕地等需要生态修复的耕地，有计划地组织实施退耕还林还草。各级人民政府应当对自然因素等导致的荒废和受损山体、退化林地以及宜林荒山荒地荒滩，因地制宜实施森林生态修复工程，恢复植被。

为维护生物多样性，全国人民代表大会常务委员会第二十八次会议修正的、自 2021

年4月29日实施的《中华人民共和国草原法》指出，编制草原保护、建设、利用规划，应当依据国民经济和社会发展规划并遵循下列原则：(一)改善生态环境，维护生物多样性，促进草原的可持续利用；(二)以现有草原为基础，因地制宜，统筹规划，分类指导；(三)保护为主、加强建设、分批改良、合理利用；(四)生态效益、经济效益、社会效益相结合。

2021年12月第十一届全国人民代表大会常务委员会第十八次会议修订的《中华人民共和国水土保持法》指出了各级人民政府防治水土流失的要求，煤炭企业可参照使用。

法规第十七条规定：地方各级人民政府应当加强对取土、挖砂、采石等活动的管理，预防和减轻水土流失。禁止在崩塌、滑坡危险区和泥石流易发区从事取土、挖砂、采石等可能造成水土流失的活动。崩塌、滑坡危险区和泥石流易发区的范围，由县级以上地方人民政府划定并公告。崩塌、滑坡危险区和泥石流易发区的划定，应当与地质灾害防治规划确定的地质灾害易发区、重点防治区相衔接。

法规第三十二条规定：开办生产建设项目或者从事其他生产建设活动造成水土流失的，应当进行治理。在山区、丘陵区、风沙区以及水土保持规划确定的容易发生水土流失的其他区域开办生产建设项目或者从事其他生产建设活动，损坏水土保持设施、地貌植被，不能恢复原有水土保持功能的，应当缴纳水土保持补偿费，专项用于水土流失预防和治理。专项水土流失预防和治理由水行政主管部门负责组织实施。水土保持补偿费的收取使用管理办法由国务院财政部门、国务院价格主管部门会同国务院水行政主管部门制定。生产建设项目在建设过程中和生产过程中发生的水土保持费用，按照国家统一的财务会计制度处理。

3. 碳汇业务授权审批机制

煤炭企业应当建立授权审批机制，明确审核审批重点环节。首先，应对立项环节进行严格把控，成立项目评审组或委托具有相应资质的专业机构，出具可行性研究报告或对其进行全面审核和评价。可行性研究报告应重点关注碳汇与生态保护修复工作的结合情况，项目技术的先进性、适用性，经济的可行性，采用的生态保护修复技术与当地生态条件是否契合等问题。有关专家对可行性研究提出评审意见，作为项目决策的重要依据，避免决策流于形式，给企业带来经济损失或项目建设固碳增汇效果不佳。其次，碳汇项目应根据投资额、项目性质，分级审批，设置重大项目定性、定量标准，重大项目应当履行合规审查、风险评估和集体决策程序。最后，碳汇项目一经批准应当严格实施，当外部环境、内部资源等因素发生变化，需要调整项目概算或设计时，应当及时调整并履行审批程序。

4. 煤矿节约集约用地管理

本节以露天煤矿为例，阐述节约集约用地管理。矿区节约集约，是指将土地损毁的数量及程度降到最低，强调“少占地、少损毁、多造地、快复垦”。露天煤矿应在规划设计、剥离、运输、排土、复垦利用阶段全程协同，实现矿区节约集约用地，做到整体保护、系统修复、综合治理。在规划设计环节，通过工业场地选址、采区空间优化、排土场空间优化等实现少占地、少损毁，减少矿产资源开发对耕林草“高碳汇”用地类型的扰动，巩固生态系统碳汇能力，稳定现有土壤、森林、草原的固碳作用；在“剥—运—排”环节，通过“基地、主体、平台、边坡构筑”一体化地貌重塑工艺，少损毁、多造地；在复垦利用环节，通过复垦技术优化、功能划分等实现快复垦，改良土壤、重建植被，提升矿区碳固存能力。[1]

【政策法规】

节约集约用地

《节约集约利用土地规定》（国土资源部令第 61 号）第三十一条规定：县级以上地方自然资源主管部门可以依据国家有关规定，统筹开展农村建设用地整治、历史遗留工矿废弃地和自然灾害毁损土地的整治，提高建设用地利用效率和效益，改善人民群众生产生活条件和生态环境。第三十二条规定：县级以上地方自然资源主管部门在本级人民政府的领导下，会同有关部门建立城镇低效用地再开发、废弃地再利用的激励机制，对布局散乱、利用粗放、用途不合理、闲置浪费等低效用地进行再开发，对因采矿损毁、交通改线、居民点搬迁、产业调整形成的废弃地实行复垦再利用，促进土地优化利用。

《中华人民共和国土地管理法》第三十七条指出：非农业建设必须节约使用土地，可以利用荒地的，不得占用耕地；可以利用劣地的，不得占用好地。禁止占用耕地建窑、建坟或者擅自在耕地上建房、挖砂、采石、采矿、取土等。禁止占用永久基本农田发展林果业和挖塘养鱼。

[1] 杨博宇．碳中和背景下煤矿区土地生态系统碳源 / 汇研究进展及其减排对策 [J/OL]．北极星大气网．https://mhuanbao.bjx.com.cn/mnews/20210528/1155077.shtml

《国务院关于促进节约集约用地的通知》中对国家相关部门做出要求，煤炭企业应以此为指引开展煤矿节约集约用地管理。文中指出：要积极引导使用未利用地和废弃地。国土资源部门要对适宜开发的未利用地做出规划，引导和鼓励将适宜建设的未利用地开发成建设用地。积极复垦利用废弃地，对因单位撤销、迁移等原因停止使用，以及经核准报废的公路、铁路、机场、矿场等使用的原划拨土地，应依法及时收回，重新安排使用；除可以继续划拨使用的以外，经依法批准由原土地使用者自行开发的，按市场价补缴土地价款。今后，要严格落实被损毁土地的复垦责任，在批准建设用地或发放采矿权许可证时，责任单位应依法及时足额缴纳土地复垦费。

5. 碳汇项目业务流程

煤炭企业应当梳理碳汇项目业务流程，确定每一个环节、每一个步骤的工作内容和应该履行的程序，并将其落实到具体部门，明确各部门的职责和相互关系。同时通过流程图识别法，辨识碳汇项目管理过程中的风险点，拟定控制措施，将风险控制在可承受的范围内。碳汇项目流程如图 11-1 所示。

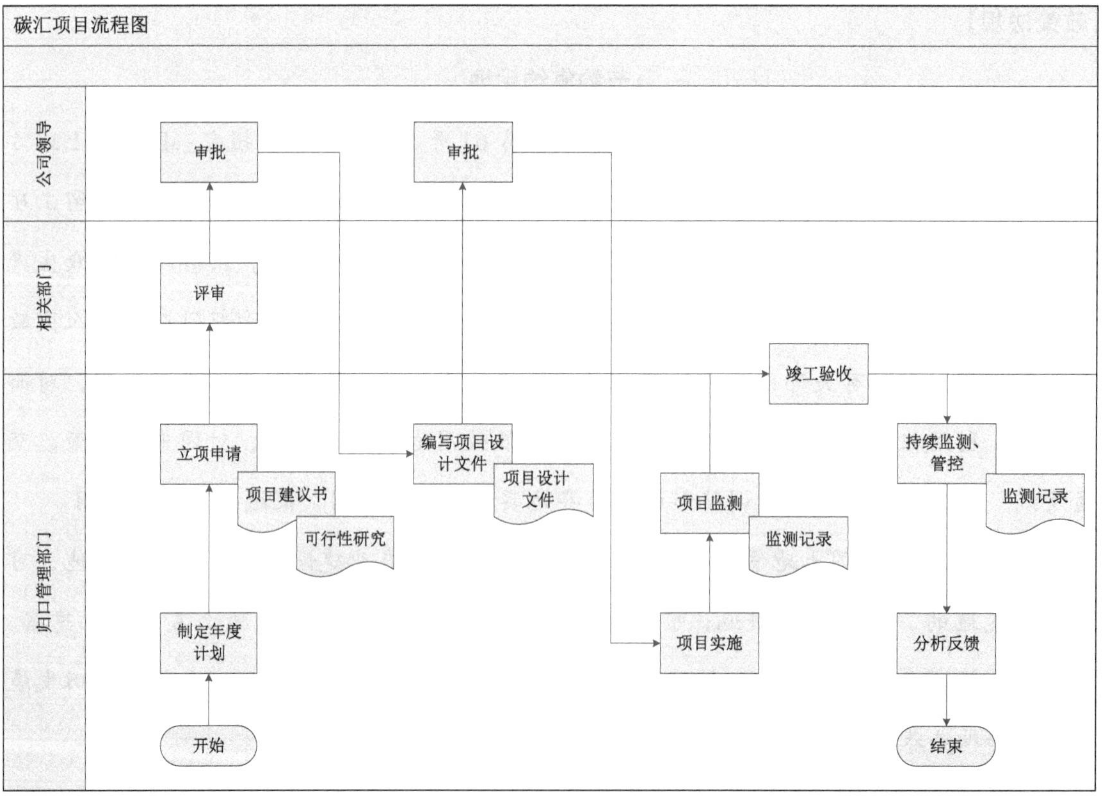

图 11-1　碳汇项目流程图（示例）

11.1.3　风险识别与控制

煤炭企业应持续不断地收集与风险和风险管理相关的内部、外部信息，包括历史数据和未来预测，对风险影响程度和发生的可能性进行分析，准确描述风险特征，制定风险应对措施，防范碳汇项目相关风险事件的发生。碳汇项目风险识别表如表 11-1 所示。

表 11-1　碳汇项目风险识别表

序号	风险描述	应对措施
1	碳汇管理制度不健全、不完善，组织机构设置不合理，责权不明确，职能交叉或缺失，可能导致相关工作无章可依，工作效率低下，推诿扯皮	1. 建立健全碳汇管理制度 2. 内部机构设置要严格按照公司章程规定的权限审议批准 3. 深入分析碳汇项目流程，梳理业务流程和不相容职务，按照内部控制的要求，合理划分归口部门及相关部门的职责界面，形成各司其职、各负其责、相互制约的工作机制 4. 对项目投入计划，资金使用情况进行跟踪，定期对碳汇能力进行测评，以此对组织运行效率与效果进行评价，持续优化组织机构，不断提升经营管理效能
2	固碳增汇理念缺乏，片面关注生态系统功能的恢复和土地利用结构的优化，缺少对碳汇能力关注	充分借助国家战略提供的政策指引，牢固树立固碳增汇意识，从战略角度出发，将碳中和理念与企业绿化环保工作紧密结合，贯彻落实到生态保护和生态修复工作中，为企业实现“碳中和”打基础
3	由于缺乏碳汇项目可行性研究、碳汇监测、碳汇量计算等领域的专业人才，可能导致企业生态碳汇发展战略难以实现	1. 通过各种方式引进专业人员 2. 人才引进应当满足企业当前实际绿化环保工作需要，同时又要有一定的前瞻性，适量储备碳汇人才，以备急需 3. 人才引进既要注重专业人才的专业素质、科研能力，同时也应注意其对企业生态碳汇发展战略的认同感 4. 注重企业人员的开发和培训，及时了解相关政策和技术，开展培训工作，帮助相关人员不断补充、拓宽、深化和更新碳汇知识，提高胜任能力
4	煤炭企业作为基础能源碳排放行业，未就固碳增汇方面履行责任，对社会造成消极影响，可能导致公共形象受损或者面临政府处罚等风险	1. 不断提升生态碳汇能力，巩固现有生态系统碳汇能力，严控生态空间占用，控制新增建设用地规模 2. 实施生态保护修复重大工程，提升生态系统碳汇增量，巩固退耕还林还草成果，实施森林质量精准提升工程，持续增加森林面积和蓄积量，加强草原、强化湿地保护修复工作
5	缺乏整体规划、周密调查和必要的科技投入，生态保护和修复手段较为单一，成本大、周期长、效果不理想，可能难以满足固碳增汇目标	应统筹规划，综合全面制定经济合理、安全高效、切实可行的方案，精细化做好地质调查、土壤分析等基础前期工作，加大技术投入，因地制宜地对增汇技术措施的有效性、可行性和经济性进行论证，形成有效的技术模式，并通过实验和示范使其得到普及应用，全方位拓展固碳渠道，最大限度地提高土壤和植被固碳能力

（续表）

序号	风险描述	应对措施
6	碳汇项目立项缺乏可行性研究或者可行性研究流于形式，决策不当，盲目投资，可能导致难以实现预期效益或项目失败	1. 企业应当指定专门机构归口管理，根据发展战略和年度投资计划，提出项目建议书，开展可行性研究，编制可行性研究报告。企业可以委托具有相应资质的专业机构开展可行性研究，并按照有关要求形成可行性研究报告 2. 企业应当组织规划、工程、环保、技术、财会、法律等部门的专家对项目建议书和可行性研究报告进行充分论证和评审，出具评审意见，作为项目决策的重要依据 3. 企业可以委托具有相应资质的专业机构对可行性研究报告进行评审，出具评审意见。同时，从事项目可行性研究的专业机构不得再从事可行性研究报告的评审 4. 可研性报告应重点关注碳汇项目是否符合政策法律规定，是否存在技术难题，能为企业增加多少碳汇量，所产生的碳汇量是否可以通过国家核证，获得减排量的签发，是否能为企业带来经济效益，是否考虑生态保护及修复区域的生态系统完整性
7	未对重点碳汇项目建设过程进行跟踪和监督，概预算编制不合理或执行不到位，项目验收不合规，可能导致项目碳汇产生量不及预期、资金浪费或不足、项目延期等风险	1. 企业应当加强对碳汇项目建设过程的监控，实行严格的概预算管理，切实做到科学施工，保障资金，落实责任，确保碳汇项目达到设计要求 2. 应当规范竣工验收工作，重点审查决算依据是否完备，相关文件资料是否齐全，竣工清理是否完成，决算编制是否正确
8	项目实施过程中，由于抚育、复垦、补植补造等措施未到位，可能导致产生的碳汇量不及预期	应当建立全面的质量控制制度，按照国家相关法律法规和本单位质量控制体系进行建设，将关键程序、关键操作、对碳汇量产生重大影响的建设方法等列为重要控制点，并对全过程进行检查和检验，定期编制质量报表并进行审查
9	未对碳汇量进行监测、计量、报告，可能导致项目建设与企业碳汇目标、战略脱节，不利于碳汇可报告、可计量和可核查的技术体系建立，影响企业进行碳汇交易和碳汇价值的实现	1. 应定期开展监测活动，建立健全监测机制，对实际项目中产生的问题承包单位应及时汇报，并附原因分析和相关措施，对汇报应进行审核审批 2. 应加强对碳汇测算方法的研究，以碳汇造林项目方法学、森林经营项目方法学、竹林造林项目方法学、竹林经营项目方法学等成熟的计量监测方法为基础，结合企业碳汇工作开展情况，不断研究完善碳汇测算方法，使碳汇量达到可测量、可报告、可核查的要求
10	未关注碳汇项目过程中整地、清理、施肥、抚育和管护等措施、所需生产和运输项目所需物资产生的二氧化碳排放，以及因采伐、毁林、病虫害等造成的二氧化碳再次释放进入大气的问题，造成碳汇损失，影响碳汇项目成效	碳汇项目的设计、实施和验收、后续管理过程中，不仅需要关注碳汇功能的提升、碳汇增量，还应保持风险意识，评估碳汇损失情况，分析碳汇损失原因，并建立相应的防控技术和管理体系

（续表）

序号	风险描述	应对措施
11	缺乏有效、长效的监控监管机制，未采取必要管护，生态系统可能再次发生损毁或破坏，林地、草原等面积减少，碳汇量也会随之减少	碳汇项目应当充分考虑地利用现状和开发潜力等因素，结合生态功能修复和后续资源开发利用、产业发展等需求，合理确定矿区内各类空间用地的规模、结构、布局和时序，大力发展和施行“产业生态化，生态产业化”模式，推动生态保护修复、经济增长和产业升级，降低人类活动对表层土壤的干扰，综合提升植被和土壤碳汇功能
12	由于植被类型、技术手段、管理方式等选择不科学，矿区复垦土地碳固定能力差	应结合矿区实际情况选择合适的植被类型、技术手段、管理方式，土地复垦需要长期的监测监管，注重复垦后期管护，防止过度放牧和管理不当导致土地退化、沙化等造成碳损失
13	……	……

11.2　碳汇能力审计重点

1. 碳汇项目立项

企业应当对碳汇项目的立项申请、项目建议书、可行性研究报告、项目设计方案进行授权审批，重大事项应按照“三重一大”决策相关规定进行集体决策。

审计重点：一是授权审批的规范性。项目可行性研究是否经项目评审组或具有资质的专业机构评审，项目设计文件是否经过审批，重大碳汇项目是否按照规定履行集体决策程序，项目变更手续是否完备，审批是否规范。二是碳汇项目设计的科学性。项目设计过程中，是否将固碳增汇和生态保护、修复等需求结合，合理设计矿区碳汇项目的规模、结构、布局，是否进行技术论证，因地制宜地选用合适的技术方案开展项目以提升碳汇能力，碳汇项目的计划与设计是否综合考虑企业碳排放量、现有项目碳汇量等指标。

【政策法规】

国家市场监督管理总局、国家标准化管理委员会于 2021 年 12 月 31 日发布实施的《林业碳汇项目审定和核证指南》（以下简称《指南》）提供了林业碳汇项目审定和核证的程序、内容、方法等指导性建议，煤炭企业开展林业碳汇项目时可参照使用。

《指南》明确指出项目设计文件应当：对拟开发林业碳汇项目的活动、基线和监测方法学的应用、项目周期、碳信用计入期、社会经济和环境影响以及利益相关方评价等内容进行设计和描述的文本。

《指南》提出审定方法：审定机构可通过对项目所选方法学是否满足进入中国温室气体自愿减排市场（或其他减排机制）的要求，以及项目设计文件（PDD）是否论证了所选方法学的合理性进行审查来完成方法学的审定。

《指南》提出对碳库的选择审定，可通过对项目设计文件（PDD）中所选择的碳库是否符合所选方法学的要求进行审查来完成碳库的审定；当项目业主选择忽略某些碳库时，其所提供相关证据（例如图片和研究报告等）应能证明所忽略的碳库不是净排放源，而且忽略这些碳库是保守的，所提供的依据是可核实的；当项目业主选择忽略枯落物、枯死木和土壤有机碳碳库时，其所提供证据（例如退化土地分类报告或图片、水土流失分布图或报告、项目地植被或退化土壤图片以及乡村评估报告等）应能证明项目地属于退化的土地。

《指南》提出对监测计划审定，可通过对项目设计文件（PDD）的监测计划是否符合下列要求来完成：

a）对项目活动的管理计划和监测计划进行了阐述；

b）清晰地描述了方法学所规定的参数；

c）监测计划的设计具有可操作性，监测方式符合方法学的要求；

d）数据管理、质量保证和质量控制程序足以保证项目活动产生的增汇量或减排量能事后报告，并且可核证；

e）项目业主所选定的核证期与碳库碳储量的峰值没有系统性的重复。

《指南》提出对环境和社会经济影响审定，可通过对项目设计文件（PDD）是否对拟议项目活动产生的社会经济和环境影响进行分析进行审查来完成。其中，社会经济影响宜包括对项目业主进行社会调查时所采用的调查问卷、起草和发放的宣传手册、访谈记录等资料的描述；环境影响分析宜包括对项目边界内、外的生物多样性及自然生态系统的描述。

《指南》提出对项目增汇量（或减排量）核证，核证机构宜基于项目设计文件（PDD）和方法学要求，完成以下工作。

a）确认委托方所声明的项目增汇量（或减排量）没有在其他任何减排机制下进行过注册和备案。

b）现场确认项目实施的活动与项目设计文件（PDD）的一致性。当出现偏移或变更时，确认偏移或变更是否符合方法学要求。

c）对项目增汇量（或减排量）计算过程中使用的所有参数、数据以及计算结果进行核证，并确认：

1）间伐或主伐时间（如有间伐或主伐）；

2）监测期内参数和数据是否完整可得，当由于没有监测而导致获取的数据不充分时，核证机构可就此提出不符合的意见，同时要求项目业主对项目增汇量（或减排量）进行保守处理；

3）监测报告中的信息是否与其他数据来源进行了交叉核对；

4）项目增汇量（或减排量）的计算是否符合方法学和监测计划的要求；

5）计算中使用的假设、排放因子、参数或其他数值是否合理。

2. 碳汇项目实施

碳汇项目实施的相关活动应当符合国家有关规定和规则。审计重点：项目招标是否规范，施工单位是否具备与项目匹配的管理人员、专业技术人员、技术工人，设计变更或工程变更的有效性，是否严格按设计文件采购树苗、绿化设施及有关项目物资，归口管理部门是否进行日常监督管理，项目验收是否规范，其他审计重点可根据项目性质采用基建工程跟踪审计等方法酌情确定。

3. 碳汇项目资金管理

资金使用主要指对碳汇项目的投资活动，主要涉及项目决策、预算管理（或资金计划）、资金使用、会计记录、项目结算、项目决算等方面。审计重点：一是预算方面，投资概算或预算是否经论证，预算是否根据项目实施、项目碳汇量的监测计量、验收以及之后持续监测管控等环节进行分解并有效执行，审批程序是否合规。二是资金使用方面，资金使用申请与批复是否符合制度规定，项目管理部门是否了解项目的实际进展及资金使用情况，项目结算手续是否完备。三是财务计量方面，会计记录是否符合企业会计准则，项目决算是否符合有关规定。四是审计监督方面，重大项目是否执行跟踪审计。

4. 碳汇数据计量监测

碳汇数据的计量监测，应当关注其方案设计与实施过程。计量监测实施方案是碳汇项目设计文件中的重要组成部分。该方案是对后期碳汇项目的监测做好技术规划，确定好相关监测参数，形成的碳汇监测计划。当计量监测方案审核通过后，需要按照该方案开展碳汇的调查工作。

审计重点：一是计量监测的设计情况，项目设计文件中是否包括计量监测实施方案。二是计量监测的实施情况，监测项目实施过程中是否按方案对碳汇量进行计量监测，并形成相应记录，项目竣工验收后是否进行持续监测管控，对数据进行分析并对后续工作计划制定提供参考。

【政策法规】

《关于完整准确全面贯彻新发展理念做好碳达峰碳中和工作的意见》中提出对重点用能行业碳汇监测的要求，煤炭企业可以此为指引提升碳汇监测能力。文中指出，健全电力、钢铁、建筑等行业领域能耗统计监测和计量体系，加强重点用能单位能耗在线监测系统建设。加强二氧化碳排放统计核算能力建设，提升信息化实测水平。依托和拓展自然资源调查监测体系，建立生态系统碳汇监测核算体系，开展森林、草原、湿地、海洋、土壤、冻土、岩溶等碳汇本底调查和碳储量评估，实施生态保护修复碳汇成效监测评估。

国家林业和草原局于2021年发布的《“十四五”林业草原保护发展规划纲要》也指出，需开展林草碳汇计量监测评估，做好服务国家温室气体清单编制和国家自主贡献目标进展评估与更新等技术支撑。

11.3 碳汇能力的内部审计实施

11.3.1 具体审计目标

碳汇能力审计目标，就是要保证碳汇项目主要环节决策审批机制贯彻落实，资金使用有效且规范，碳汇项目从立项、实施到验收等各个环节合规，碳汇数据计量监测有效，项目投入能够满足企业固碳增汇的战略目标等。

11.3.2　审计工作程序

关于碳汇能力内部审计，一般程序包括碳汇能力审前调查、初步评价、审计测试、审计沟通、审计评价、形成意见和审计结论等。具体审计程序如表 11-2 所示。

表 11-2　碳汇能力内部审计程序表

<table>
<tr><td>主责部门</td><td colspan="3"></td><td>索引编号</td><td></td><td>页次</td><td></td></tr>
<tr><td>审计类别</td><td colspan="3">碳汇能力</td><td>审计人</td><td></td><td>审计时间</td><td></td></tr>
<tr><td>审计期间</td><td></td><td>截止日期</td><td></td><td>复核人</td><td></td><td>复核时间</td><td></td></tr>
<tr><td>序号</td><td>审计程序</td><td colspan="3">具体审计程序</td><td colspan="2">工作底稿索引编码</td><td>执行情况说明</td></tr>
<tr><td>1</td><td>审前调查</td><td colspan="3">对企业碳汇能力管理机制及相关活动进行调查了解</td><td colspan="2">A</td><td></td></tr>
<tr><td>2</td><td>初步评价</td><td colspan="3">对碳汇能力初步评价，确定重要性水平及审计内容</td><td colspan="2">B</td><td></td></tr>
<tr><td>3</td><td>审计测试</td><td colspan="3">对碳汇能力进行审计测试</td><td colspan="2">C</td><td></td></tr>
<tr><td>4</td><td>审计沟通</td><td colspan="3">对碳汇能力存在的问题进行沟通、核实或确认</td><td colspan="2">D</td><td></td></tr>
<tr><td>5</td><td>审计评价</td><td colspan="3">对碳汇能力的合规性、有效性进行分析和评价</td><td colspan="2">E</td><td></td></tr>
<tr><td>6</td><td>形成意见</td><td colspan="3">在审计工作底稿中记录审计意见</td><td colspan="2">F</td><td></td></tr>
<tr><td>7</td><td>审计结论</td><td colspan="3">分析审计意见，总结、提炼形成审计结论</td><td colspan="2">G</td><td></td></tr>
<tr><td>说明</td><td colspan="7">1. 每一个审计程序可细分为若干具体程序
2. 上述审计程序可结合进行，以提高审计工作效率
3. 执行每一步骤后，应填写“执行情况说明”一栏</td></tr>
</table>

1. 审前调查

审前调查，就是对碳汇能力管理机制和项目实施情况进行调研了解，是对碳汇能力实施内部审计的重要环节。碳汇项目调查工作是在内部审计总体工作准备阶段进行的，涉及的调查方法很多，主要有规章制度审阅法、管理层访谈法、专题会议法、调查问卷法、现场观察法、政策分析法等，这些方法各有特点，适用于不同的审计环境，往往综合运用，以实现审计目的。本文以审计访谈为例，阐述对碳汇项目的调查了解，以便为内部审计工作提供翔实的工作路径。

（1）确定审计访谈目标。

通过碳汇项目审计访谈工作，审计人员可以多角度了解碳汇项目设计、实施与监测等内容，挖掘碳汇项目建设中的工作亮点和成绩，分析当前存在的不足和管理短板，为客观反映企业碳汇能力提供方向性线索。

（2）明确审计访谈对象。

审计访谈对象应根据企业碳汇能力组织设置和人员构成确定。一般而言，访谈对象从管理层面来看主要包括企业主要负责人及分管领导、环保部门负责人、财务部门负责人等；从业务层面来看主要包括单位重要岗位员工、环保部门人员、财务人员、法务人员等。具体而言，审计访谈对象选择范围和构成由项目审计组根据碳汇项目实际情况确定。

（3）编制审计访谈提纲。

项目审计组应根据审计工作计划和审前调查结果编制审计访谈提纲，访谈内容主要包括但不限于：碳汇项目管理制度、组织机构及管理职责、总体规划、项目立项、项目设计、项目实施与监测、竣工验收、后续管控等。此外，项目审计组也可结合审计关注重点及存在疑问进行访谈，深层次了解企业在碳汇能力方面采取的行动。碳汇能力的审计访谈提纲示例如下。

碳汇能力专项审计访谈提纲（示例）

被访人	××	**部门**	××部	**职务**	
时间	20××年××月××日	**地点**	办公室	**访谈人**	

访谈说明：

根据公司安排，项目审计组正在对单位的碳汇能力管理情况实施专项审计，此次访谈将通过对话交流的方式进行，主要目的是协助我们深入了解单位碳汇能力内部管理情况及存在的不足，借此提出客观、真实的审计结论，改善企业碳汇能力管理水平，实现“双碳”战略目标。

访谈内容：

- 单位碳汇项目管理机构设置是怎样的？您认为归口管理部门及参与部门职责是否明确？是否存在职责相互矛盾、冲突的情形？

- 是否制定碳汇计划？计划中是否包含植树造林、复垦绿化等生态保护修复工程？
- 碳汇项目是否制定项目建议书、可行性研究和设计方案？论证程序是怎样的？
- 碳汇项目的资金是如何进行控制的？哪些环节需要审批？资金使用过程是否有控制措施？大额资金支付标准是什么？审批流程是什么？
- 已建成的碳汇项目中，固碳效果和经济效果如何？在社会效益、环境影响等方面产生了怎样的影响？
- 是否制定碳汇计量监测实施方案和项目实施方案？落实情况如何？
- 对碳汇项目的项目质量是如何保证的？对项目进度、文明施工、工程安全、物资采购等关键领域采取了什么控制措施？
- 竣工验收工作流程是什么？都有哪些部门参加，是否形成验收报告等文件？
- 对已验收项目如何进行监测监管和后期管护？是否形成碳汇量监测报告，并进行数据分析？
- 除上述访谈内容外，企业碳汇能力管理中还存在哪些问题？您是否有改进的措施和建议？
- 您认为碳汇工作中最大的亮点或所取得的突出成绩是什么？
- 在碳汇项目管理过程中，您认为最大的风险是什么？

……

（4）整理访谈成果。

访谈过程中，审计人员应完整记录与被访谈对象的全部访谈内容，形成访谈记录。访谈结束后，应于两个工作日内整理、完善访谈记录，并交由被访谈对象确认签字确认，签字后与其他审计资料一同存档备查，之后将访谈形成的全部访谈记录按领导层级或业务领域分类整理，形成访谈工作底稿。

项目审计组应在全部访谈工作结束后，对访谈内容进行汇总、总结，提炼碳汇项目核心内容、关键因素和审计关注的重大事项，并对可能出现的审计风险进行预判，提出调整审计程序和方法的建议。

2. 初步评价

审计人员对碳汇能力初步评价，可以通过初步评价表、问题调查表等方式进行，也可以采取其他方式评价。本节以初步评价表的形式阐述评价内容，并细化具体的审计工作计划、调整审计实施方案，其主要目的是初步识别审计风险及审计重点测试的领域，并决定实质性测试的方法和样本量。

审计人员在实施风险评估初步评价程序时，应当运用分析程序，了解碳汇能力基本情况及其环境，管理层风险偏好和可承受度，以及管理层对国家环保政策的认知和积极态度等。风险评估初步评价除了关注本章风险识别与控制所列举的可能发生的风险外，还应当关注已经发生的风险事件，分析影响程度并决定是否将其作为审计工作底稿审计发现的风险事项揭示。

审计初步评价可以降低审计成本，提高审计工作效率。如合理分析并判断公司对碳汇量进行了监测计量，获得具有说服力的外部证据，从而可能无须利用其他细节测试做进一步验证。初步评价可以结合调查了解程序一起进行，也可以独立开展。碳汇能力初步评价表如表 11-3 所示。

表 11-3　碳汇能力初步评价表

<table>
<tr><td>主责部门</td><td colspan="3"></td><td>索引编号</td><td>B</td><td>页次</td><td></td></tr>
<tr><td>审计类别</td><td colspan="3">碳汇能力</td><td>审计人</td><td></td><td>审计时间</td><td></td></tr>
<tr><td>审计期间</td><td></td><td>截止日期</td><td></td><td>复核人</td><td></td><td>复核时间</td><td></td></tr>
<tr><td>初评领域</td><td>评价事项</td><td colspan="4">描述评价事项</td><td>重要性水平</td><td>是否披露</td></tr>
<tr><td rowspan="3">风险评价</td><td>潜在风险事项</td><td colspan="4">缺乏有效、长效的监控监管机制，未采取必要管护，生态系统可能再次发生损毁或破坏，林地、草原等面积减少，碳汇量也会随之减少</td><td>—</td><td>—</td></tr>
<tr><td>已经发生的风险事件</td><td colspan="4">示例：由于A土地复垦项目验收后未进行监测监管，未采取复垦后期管护措施以及过度放牧，导致土地退、沙化，造成碳汇能力大幅下降</td><td>—</td><td>—</td></tr>
<tr><td></td><td colspan="4">……</td><td>—</td><td>—</td></tr>
<tr><td rowspan="2">碳汇项目立项申请</td><td>项目建议书</td><td colspan="4">示例：项目建议书编制合规，内容完整，初步明确了植被选择、固碳效果、经济效果和社会效益等目标，项目投资估算和进度安排合理，产生碳汇量与计划匹配</td><td>重要</td><td>是</td></tr>
<tr><td>可行性研究</td><td colspan="4">示例：已按要求编制可行性研究报告并进行审核，对技术的先进性、适用性和经济可行性进行了论证，为提升碳汇能力提供保证</td><td>重要</td><td>是</td></tr>
</table>

（续表）

碳汇项目设计	项目设计文件	提示：关注设计合理性、自然条件的调查结果、障碍分析情况、计量监测方案和项目实施方案编制情况，确保方案切实可行	重要	是
碳汇项目施工	工程质量	可参照基建工程审计有关程序执行		
	工程进度			
	工程安全			
	文明施工			
	工程物资			
	工程验收			
	其他			
碳汇项目监测	监测记录	提示：根据监测工作组组建情况、监测计划的落实情况和监测报告的编制和分析情况，了解碳汇项目碳汇量是否达到预期	重要	是
说明	1. 初步评价是在调查了解的基础上对碳汇主要事项的初步判断 2. 初步评价工作程序不能代替实质性测试的程序，但可以简化（如减少样本抽样数量等）或为实质性测试提供线索、指引 3. 初步评价可根据碳汇项目实际工作流程调整后确定			

通过“碳汇能力初步评价表”分析评价后，审计人员合理判断审计重点、高风险领域，修订内部审计实施方案，调整审计内容，并重新定义样本量选取规则，以便获取充分、适当的审计证据。

【示例引导】

对内部审计实施方案审计内容的调整

经审前调查、初步评价后，碳汇专项审计主要内容调整为项目的合规性、碳资金使用的有效性和规范性、碳汇监测计量体系的完整性三个方面。

1. 碳汇项目的合规性

调整后的审计内容包括：（1）项目立项的合规性，主要是指是否编制项目建议书和可行性研究报告，建议书是否对投资估算、项目进度、建设规模、植被选择、固碳效果、经济效果、社会效益、环境影响等方面进行初步估计；可行性研究报告是否结合本企业实际、是否能保证项目技术的先进性、适用性、经济的可行性，采用的生态保护修复技术与当地生态条件是否契合等，是否组建项目评审组或委托具有资质的专业机构对可行性研究报告进行评审。（2）项目实施的合规性，主要是指是否有开工证明、是否选用了合适的项目方法学、施工企业是否具备相应的专业资质、是否建立全面的质量控制制度，根据相应的计量标准、项日方法学和本单位质量控制体系进行建设。（3）项目验收的合规性，主要是指竣工验收是否履行制度规定的程序，是否存在有章不循的情形，是否对项目价值、质量进行评估，对竣工决算进行严格审核。

2. 碳资金使用的规范性和有效性

调整后的审计内容包括：（1）碳资金使用的规范性，主要是指是否结合时间进度编制资金使用计划，作为资产管控和价款结算的重要依据，是否存在虚列项目成本或者隐匿结余资金问题。（2）碳资金使用的有效性，主要是指是否对资金使用情况采取控制措施，对资金使用管理、项目资金落实情况及时进行跟踪，是否根据增汇量、碳汇项目为企业带来的经济效益、社会效益等指标评估资金的使用有效性。

3. 碳汇监测计量体系的完整性

调整后的审计内容包括：（1）监测流程的完整性，主要是指项目立项时，设计文件中是否包含监测计划的设计，项目实施过程中，是否按设计文件采取了相应的监测措施，是否对已验收项目进行监测监管和后期管护，是否形成碳汇量监测报告，并进行数据分析。（2）监测计划的完整性，主要是指监测计划的设计是否具有可操作性、监测方法是否符合方法学要求，所采取的数据管理、质量保证和质量控制程序足以保证项目活动产生的增汇量或减排量可以事后报告，并且可核证。（3）监测报告的完整性，主要是指监测报告是否包括项目监测活动执行情况、所采用的方法学等基本信息，是否对监测计划临时或永久变更情况进行记录并说明原因，是否正确计算并报告项目的减排增汇量。

3. 审计测试

审计人员通过实施审计程序，获取充分、适当的审计证据，能够对碳汇能力目标发表审计意见。

对碳汇能力的内部审计属于管理审计的范畴，分为两个层面：一是内部控制制度设计有效性层面；二是碳汇项目执行层面，即是否遵循法律法规、制度规定，是否满足合规要求等。具体实践过程中，审计人员对碳汇项目内部控制设计有效性和管理活动合规性及运行有效性一并进行测试，以提高工作效率，节约审计资源。其中，内部控制设计有效性可以为运行测试提供方向，决定运行测试的样本量和深度、广度。

在审计碳汇能力内部控制设计有效性时，审计人员应当综合运用检查、询问、对标、横纵向对比、逻辑判断等方法进行测试，测试重点包括组织机构和职责是否清晰、是否存在职能交叉部分；规章制度是否建立健全，制度内容是否符合相关法律法规，制度之间是否存在内容交叉甚至矛盾的地方，制度管理逻辑、行文表述是否容易引起歧义；审批权限是否明确，流程是否清晰明了等。

在碳汇项目运行或管理有效性审计时（也可以称为实质性测试），审计人员应当综合运用询问、检查、观察、比较、分析性复核、重复验证、计算、穿行测试等方法进行测试，测试重点是碳汇能力的关键性环节，主要验证法规的遵循情况、风险控制措施的落实情况、规章制度及审批程序的执行情况、会计处理等。碳汇能力内部审计控制矩阵表如表 11-4 所示。

表 11-4　碳汇能力内部审计控制矩阵表

<table>
<tr><td>主责部门</td><td colspan="3"></td><td>索引编号</td><td colspan="2">C</td><td>页次</td><td></td></tr>
<tr><td>审计类别</td><td colspan="3">碳汇能力</td><td>审计人</td><td colspan="2"></td><td>审计时间</td><td></td></tr>
<tr><td>审计期间</td><td></td><td colspan="2">截止日期</td><td>复核人</td><td colspan="2"></td><td>复核时间</td><td></td></tr>
<tr><td>关键控制环节</td><td>控制方式</td><td>控制频率</td><td>抽样数量</td><td>审计测试要点</td><td>证据名称</td><td>测试程序</td><td>测试结果</td><td>索引</td></tr>
<tr><td rowspan="3">建章建制</td><td></td><td></td><td></td><td>企业是否根据国家碳汇有关政策，结合本企业实际情况，建立碳汇项目管理制度</td><td></td><td></td><td></td><td></td></tr>
<tr><td></td><td></td><td></td><td>碳汇项目管理制度是否存在内容缺失、内容矛盾或冲突、逻辑不清、表述不确切、审批权限不明、流程混乱等管理缺陷</td><td></td><td></td><td></td><td></td></tr>
<tr><td></td><td></td><td></td><td>规章制度是否经企业法律部门开展合规审查</td><td></td><td></td><td></td><td></td></tr>
<tr><td rowspan="3">组织机构</td><td></td><td></td><td></td><td>是否设立碳汇项目管理机构，明确议事程序和管理权限</td><td></td><td></td><td></td><td></td></tr>
<tr><td></td><td></td><td></td><td>归口部门及参与部门职责是否明确，管理边界是否清晰</td><td></td><td></td><td></td><td></td></tr>
<tr><td></td><td></td><td></td><td>部门职能或岗位设置上是否存在不相容职务未分离情况</td><td></td><td></td><td></td><td></td></tr>
<tr><td rowspan="2">重大事项</td><td></td><td></td><td></td><td>碳汇项目建议书、可行性研究和设计方案是否经相关部门进行评审论证，是否进行审批</td><td></td><td></td><td></td><td></td></tr>
<tr><td></td><td></td><td></td><td>碳汇项目资金预算是否进行有效审批，资金是否充足</td><td></td><td></td><td></td><td></td></tr>
</table>

（续表）

重大事项				重大决策是否经集体决策，决策前是否经党组织前置研究，首席合规官是否签署合规意见，风控部门是否开展风险评估				
总体规划				是否制定年度计划，是否和企业碳中和战略匹配				
				开展了哪些生态保护修复工程，是否有整体规划				
碳汇项目立项				是否编制项目建议书，对投资估算、项目进度、建设规模、植被选择、固碳效果、经济效果、社会效益、环境影响等方面规划是否合理，项目是否合规，项目是否能满足碳汇计划需要				
				是否进行可行性研究，是否具备相关技术，经济可行性如何，采用的生态保护修复技术与当地生态条件是否契合				
				是否对可行性研究报告进行评审，决策过程中是否对重点环节、重点事项进行关注，是否形成完整的书面记录及签字审批记录				
碳汇项目设计				设计方案是否包含计量监测实施方案和项目实施方案				
				方案是否对碳汇量进行事前预估				
				是否考虑自然条件并进行调查，是否有相关数据和调查文件记录				
				是否对采用的技术和流程进行确定，确定依据是什么				
				是否对项目建设可能会产生温室气体以及问题进行障碍分析，是否制定了应对措施				
碳汇项目实施监测				是否成立监测工作组落实监测计划，是否编制监测报告				
				是否对项目进度采取控制措施，定期汇报项目进度				
				是否对资金使用情况采取控制措施				
碳汇项目竣工验收				是否按规定程序进行竣工验收，竣工验收项目中是否包含碳汇指标				

（续表）

碳汇项目后续管控				对碳汇项目是否有长期管控措施，是否能够保持生态系统和碳汇量的稳定				
				是否编制和分析碳汇量监测报告，并根据分析结果对相关计划进行调整完善				
其他				其他有关审计内容				
说明	1. 本矩阵根据碳汇项目主要程序编制，审计人员可根据碳汇项目实际工作流程调整后确定 2. 重要环节或高风险领域应当取得 100% 的样本进行测试							

碳汇能力内部审计工作底稿如表 11-5 所示。

表 11-5　碳汇能力内部审计工作底稿

<table>
<tr><td>主责部门</td><td colspan="3"></td><td>索引编号</td><td>C</td><td>页次</td><td></td></tr>
<tr><td>审计类别</td><td colspan="3">碳汇能力</td><td>审计人</td><td></td><td>审计时间</td><td></td></tr>
<tr><td>审计期间</td><td></td><td>截止日期</td><td></td><td>复核人</td><td></td><td>复核时间</td><td></td></tr>
<tr><td colspan="2">类别</td><td colspan="5">审计事项记录</td><td>证据索引</td></tr>
<tr><td colspan="2">一、审计依据及上级文件或制度</td><td colspan="5">1. 国家法律法规及政策，如《中共中央　国务院关于完整准确全面贯彻新发展理念做好碳达峰碳中和工作的意见》《企业内部控制应用指引第 11 号——工程项目》
2.《× × 集团公司关于碳汇项目管理规定》（× × 第 X 号）
……</td><td></td></tr>
<tr><td colspan="2">二、企业规章制度及文件</td><td colspan="5">规章制度制定情况。例如：公司建立了《× × 公司碳汇项目管理办法（试行）》，简要记录制度核心内容</td><td></td></tr>
<tr><td colspan="2">三、碳汇项目管理情况</td><td colspan="5">提示：
1. 组织机构设置及部门职责情况
阐述企业碳汇项目归口管理部门及职责权限，批准文件简述，明确内部决策机制和归口管理部门，明确决策层、管理层及各参与部门的职责权限、工作程序及汇报机制
2. 碳汇项目基本情况
简述审计期间内企业开展碳汇项目建设事项，如截至 20× × 年末，公司共开展碳汇项目 × × 个，生态修复面积 × × 公顷等
3. 制定年度碳汇计划
取得年度碳汇计划，检查生态保护修复工程的实施规划及日常维护计划
4. 项目立项
取得项目建议书、可行性研究报告、决策过程的书面记录文件。检查立项过程合规性，立项文件是否齐全，是否有财务、法律等部门组成的项目评审组或具有资质的专业机构对可行性研究报告的评审记录，是否按制度进行审批；检查内容的完整性，是否对投资估算、项目进度、技术适用性、固碳效果、经济效果、社会效益等问题进行分析研究</td><td></td></tr>
</table>

（续表）

三、碳汇项目管理情况	5. 项目设计 取得项目设计文件，检查是否编制项目实施方案和计量监测方案；项目设计是否关注自然条件、水土保持问题，并采取相应的技术和流程；是否估算项目产生的碳汇量，是否进行了投资、技术、生态条件等方面的障碍分析 6. 项目实施监测 取得项目实施的阶段报告和监测记录，检查项目进度和资金使用情况，是否与计划匹配；检查是否落实了计量监测计划，产生的碳汇量是否符合预期，有无重大事项对碳汇量产生较大影响 7. 竣工验收 取得竣工验收报告。检查竣工验收流程是否合规，竣工验收过程中是否对碳汇指标制定验收标准，将碳汇相关指标作为检验建设项目质量的关键环节 8. 后续管控 取得后续管控治理规划和相关监测、管控文件报告。检查生态系统是否保持长期稳定，是否有土地退化、沙化等情况发生，碳汇量是否保持稳定，若产生明显波动是否进行原因分析 9. 其他影响审计结论的情况 关注影响碳汇能力的其他重要环节，并分析对审计结论的影响	
四、存在的问题	提示：分类揭示碳汇能力存在的问题，一般而言先从制度、机制入手，然后是计划规划、碳汇项目的立项、审批、项目设计、项目实施监测、竣工验收、后续管控等	
五、问题产生的原因分析	提示： 1. 审计组应当基于审计发现的问题类型、涉及的业务领域、问题严重程度及影响后果进行深层次的原因分析 2. 审计人员可从碳汇政策、管理体制、碳汇项目管理、数据检测等方面入手，从企业经营理念、法治观念、治理环境、发展思路与战略目标、员工胜任能力、管理基础水平、环境保护的积极态度等方面查找原因，重点分析是主观原因还是客观原因、是制度缺失还是有章不循、是体制机制不合理还是故意行为、是缺乏经验还是明知故犯、是探索性失误还是我行我素，分析碳汇项目合法依规意识是否牢固等	
六、造成的影响、损失	提示：结合审计发现的问题对造成的影响、损失进行判断，若存在《××公司碳汇项目管理办法》“第×条至第××条”所列内容，以及与反映项目质量有关的问题、有禁不止以及违反规定存在明知故犯情形或动机不纯问题、管理不到位致使形成较大运营风险等问题，应在审计过程中对“决策审批情况、违规情况、损失情况、责任界定情况”进行详细记录	
七、审计发现的风险事项及管理建议	提示：风险事项主要指事项已发生，但结果具有不确定性，同时应不违规、不违法，尚未造成不良后果但若不及时纠正就存在损失风险可能性的事项 风险事项标题：审计发现的风险事项应当按照不同事项分条列示，每个风险事项均需提炼出标题。标题要体现风险事项的实质内容，不能简单地以提纲的形式描述 管理建议：针对揭示的风险事项，提出有针对性的管理建议	

（续表）

八、重要事项披露	提示：披露重要事项主要为审计事项客观存在而无法凭借自身解决，需要提请上级管理层予以关注的事项，以及对碳汇能力有重大影响的事项，如重大诉讼，以往审计、巡视巡察发现的重要问题中未完成实质性整改的相关事项等 对以往审计发现问题的处理原则如下： 1. 已完成实质性整改的不重复反映 2. 对于造成损失或严重不良后果的问题，未予以追责的，可作为新问题另行反映，但需对问题事实、违规点及后果重新梳理并相应反映 3. 对于处于整改中的重大问题作为披露事项进行反映，并将此情况纳入审计评价的基础信息范围	
九、审计建议	提示： 1. 审计建议应坚持标本兼治原则，从总体或长远的角度，针对审计反映的政策、体制、制度及其执行中存在的普遍性、倾向性、苗头性问题，提出加强管理、预防和堵塞漏洞、防范风险、促进整改等解决问题的具体措施和建设性的建议 2. 审计建议应当紧密结合被审计事项实际情况，操作性强，从根本上解决问题 3. 审计建议根据发现的问题按管理强度和重要性提出，如可从项目决策效率、质量，以及决策执行力提出；从项目方案的执行、碳汇工程管理、碳汇数据计量等薄弱环节等提出	

审计测试工作结束后，项目审计组应当对绿色低碳科技创新项目管理情况进行综合评价，经分析、提炼后将成为审计报告的主要内容。审计评价工作底稿由项目审计组自行拟定，本章略。

【示例引导】

某碳汇项目内部审计评价示例

经审计测试后，审计人员整理有关证据资料，客观评价碳汇能力管理取得的成绩和存在的问题，审计评价内容主要包括如下几个方面。

（一）总体评价单位碳汇项目的合规性。先描述碳汇项目管理过程中取得的重要业绩及工作亮点，然后评价公司碳汇项目管理能力和实际执行情况。

（二）评价治理层面合规性和有效性。包括但不限于制度建设、组织机构设置、部门职责和授权机制、重大决策部署和执行等情况。重点关注碳汇项目对公司生产经营的影响，有关操作是否符合国家有关政策要求等。

（三）评价有关业务层面的合规性和有效性。包括但不限于制定年度碳汇计划、项目立项、审批、项目设计、项目实施监测、竣工验收、后续管控等，具体评价内容根据公司的碳汇项目管理程序确定。

（四）评价碳汇项目管理体系的健全性和有效性。重点关注是否有效贯彻落实上级单位对碳汇项目的总体要求，以及碳汇项目中重点事项落实的规范性和有效性。

（五）其他重点关注的事项。

以上阐述了碳汇能力审计实施中的审前调查、初步评价、审计测试工作程序，审计沟通、审计评价（基本要求）、形成意见、审计结论、审计报告等内容详见 1.5 节，具体内容本章略。

11.3.3 碳汇项目内部审计常见问题

（1）着眼于眼前，未站在前瞻性、发展性的高度进行碳汇项目的选择。

（2）碳汇项目的可行性、长远性未经科学论证，项目建议书缺少必要内容，实际审批程序与制度文本规定不相符。

（3）项目开展前期对气候、水文、地质、森林等自然资源的综合调查研究不足，对土地、植被等资源的规划未实现最优化配置，造成资源浪费和成本增加。

（4）未制定碳汇项目资金使用计划，用于固碳技术研发、固碳设备购置、碳汇专业人才引进的资金比例分配不合理。

（5）碳汇数据计量监测设备未定期进行校正、维护，维护记录不完整，影响数据的准确性。

（6）碳汇数据系统维护不到位，数据保存周期短（如只能保存最近 3 个月的数据），增加了碳汇数据统计、分析的工作量。

（7）碳汇专业人才不足，项目设计、成本测算、监测等具体操作方面缺乏专业性工作方法和指导。

（8）碳汇项目实施管控差、后期监管不严，抚育、复垦、补植补造等措施未到位，可能导致产生的碳汇量不及预期。

【案例介绍】

A 集团公司碳汇项目内部审计

一、案例背景

A 集团深入贯彻落实国家的碳汇政策，积极开展碳汇造林项目，通过植树造林，利用森林的碳汇功能，减少了大气中二氧化碳的总体含量，达到了减缓气候变暖趋势的目的。截至 20×× 年 6 月，造林规模达 38252 亩，造林树种主要为马尾松、杉木和灌木丛，设计归还了 32 亩职工休闲景观带，湖景面积 4.38 亩，在发挥造林增汇效益的同时，将森林的保护生物多样性、改善当地生态环境和自然景观、增加群众收入等多重效益都发挥得淋漓尽致。

二、审计范围

A 集团公司碳汇项目。

三、审计目标

（一）确保碳汇项目符合碳达峰碳中和目标。

（二）确保碳汇项目前期论证充分，项目设计文件编制科学、可行。

（三）确保碳汇项目实施顺利，碳汇监测到位。

四、审计工作过程

（一）收集资料。

审计工作组收集了国家、地方有关碳汇的政策，如国务院《关于完整准确全面贯彻新发展理念做好碳达峰碳中和工作的意见》、国家林业和草原局发布《“十四五”林业草原保护发展规划纲要》等，作为外部法规遵循的依据。取得 A 集团“十四五”规划文件，作为内部合规义务履行的依据。

（二）管理层访谈。

审计工作组根据审前调查了解的情况，确定了访谈对象，制定了管理人员访谈计划和时间控制表，按高层领导、中层领导及业务骨干分类编制访谈提纲 17 份，根据计划进行访谈，并根据访谈内容整理访谈记录，提炼出 30 项重点关注的审计领域。

（三）审计测试。

为确保集团碳汇项目程序符合规范要求，审计工作组取得经集团审议批准的项目设计文件和可行性研究报告，检查报告是否符合国家、地方绿色低碳的要求；调阅 20××

年×月×日专家选取记录，审计专家组成人员、专业技术资格及项目签署的意见专业性。取得环保、工程、技术部门前期调查研究有关资料、网络信息资料、部门档案资料等，审计前期调研的充分性；调阅20××年×月×日关于碳汇项目审批立项会议纪要，审计项目设计文件审批程序的合规性；调阅20××年×月×月碳汇项目监测原始记录，核实是否按监测计划进行监测报告，将监测报告中的信息与其他数据来源进行交叉核对，重新计算项目增汇量，核实增汇量计算是否符合方法学和监测计划的要求。

（四）编制工作底稿。

审计工作组编制内部审计工作底稿，对审计工作内容进行书面记录。

（五）形成审计意见。

（六）审计结论。

1.经审计，碳汇项目实施前期对气候、水文、地质、森林等自然资源进行了综合调查研究，并广泛征求职工的意见，前期准备工作充分、规范。

2.经审计，公司碳汇项目立项评审组7名专家来自集团公司专家数据库。专家主要由工程、法律、环保、技术、财务等领域的专业人士组成，同时配有水文、地质等方面专业人才，对碳汇项目进行全面、综合的评审，程序符合有关规定。

3.经审计，碳汇项目后续碳汇计量监测并非由专业技术人员进行，未依托专业监测核算体系进行监测记录，无法为碳汇交易提供数据支撑，碳汇监测报告内容不完整，数据不准确，存在后续监测、跟踪工作不到位的问题。

五、审计报告

略。

第 12 章

碳排放及碳交易审计

【导读摘要】

截至 2019 年，全球大气二氧化碳浓度创世纪新高，世界多地出现极端气候。澳大利亚山火持续近半年，烧毁了植被、动物的同时，将大量二氧化碳释放到大气中；南极温度第一次突破 2 字头，成为史上最高温度；研究员在北极发现约 200 万个甲烷点，其温室效应是二氧化碳的 30 倍左右。以上种种都说明减少温室气体排放、发展低碳经济刻不容缓。

我国在 2020 年第七十五届联合国大会上承诺力争在 2030 年实现碳达峰，2060 年实现碳中和，意味着企业不能再固守煤炭等化石燃料，应积极发展清洁可再生能源，规范碳排放及碳交易活动，努力实现“绿色经济”，从而减少对环境的影响。而煤炭企业作为高碳排放量的典型代表，碳排放及碳交易审计实践的有效开展，将有助于发现其在能源使用以及碳排放方面存在的诸多问题，克服其在能源利用方面的浪费和不足，从而挖掘节能潜力，提高能源利用效率，促进低碳清洁发展。

12.1　碳排放及碳交易活动内部控制

12.1.1　碳排放及碳交易活动概述

对于煤炭企业而言，碳排放主要指的是生产环节与碳有关的温室气体的排放。碳交易主要指的是碳排放权的交易。碳排放权作为一种稀缺的经济资源，以它为基础会形成一些经济关系，这些关系中都存在一定程度的信息不对称，在信息经济学看来，它们属于委托代理关系。

【术语解释】

碳排放权：是指参与碳排放权交易的单位和个人依法取得向大气排放温室气体的权利。

配额：是指参与碳排放权交易的单位和个人依法取得，可用于交易和重点排放单位温室气体排放量抵扣的指标。1个单位配额代表持有的重点排放单位被允许向大气中排放1吨二氧化碳当量的温室气体的权利。

清缴：是指清理应缴未缴配额的过程。

【政策法规】

《碳排放权交易管理办法（试行）》（生态环境部令〔2020〕19号）第二十条规定：全国碳排放权交易市场的交易产品为碳排放配额，生态环境部可以根据国家有关规定适时增加其他交易产品。

第二十三条规定：全国碳排放权注册登记机构应当根据全国碳排放权交易机构提供的成交结果，通过全国碳排放权注册登记系统为交易主体及时更新相关信息。

第二十四条规定：全国碳排放权注册登记机构和全国碳排放权交易机构应当按照国家有关规定，实现数据及时、准确、安全交换。

第二十五条规定：重点排放单位应当根据生态环境部制定的温室气体排放核算与报告技术规范，编制该单位上一年度的温室气体排放报告，载明排放量，并于每年3月31日前报生产经营场所所在地的省级生态环境主管部门。排放报告所涉数据的原始记录和管理台账应当至少保存五年。

重点排放单位对温室气体排放报告的真实性、完整性、准确性负责。

重点排放单位编制的年度温室气体排放报告应当定期公开，接受社会监督，涉及国家秘密和商业秘密的除外。

12.1.2 碳排放及碳交易管理机制

碳排放及碳交易活动涉及碳排放总量的分配、碳排放及交易数据的记录、碳排放及碳交易系统的维护、碳排放报告的编制、碳排放的考核和奖惩、碳排放及碳交易资金的使用及监督、碳排放配额的取得、碳排放配额交易的会计处理、碳排放及碳交易相关信息披露等。煤炭企业作为能源基地和产能大户，为实现其低碳清洁高效安全发展目标，确保碳交易市场健康安全发展，应当结合自身发展需要，通过建立健全组织架构、建立健全规章制度、标准化业务流程、明确的审批权限等，来对其碳排放及碳交易行为进行有效管控。

1. 碳排放及碳交易组织机构

为确保碳排放及碳交易工作的顺利进行，各煤炭企业应当结合自身实际，指定专门的机构负责开展碳排放及碳交易活动，建立各部门协同、反馈、共享的有效运行机制，促进企业低碳、可持续发展。

企业碳排放及碳交易组织机构主要由董事会（可授权碳排放及碳交易工作领导小组行使决策权）、碳排放及碳交易工作领导小组、碳排放及碳交易工作机构和各碳排放及碳交易业务执行单位组成。

2. 碳排放及碳交易机构工作职责

煤炭企业应当根据碳排放及碳交易活动的需要设立相关的部门和职责，确定具体的岗位名称和岗位职责，梳理各个岗位的权限和相互关系，对工作要求进行恰当、准确、详细的描述和说明，使各岗位负责人胜任工作的同时明晰管理边界。

（1）碳排放及碳交易工作领导小组。企业应当设立碳排放及碳交易工作领导小组，可由董事会授权行使碳活动管理决策机构职能。

碳排放及碳交易工作领导小组的职责：构建碳排放及碳交易管理体系；制定并颁布企业的碳排放及碳交易管理制度或专项管理办法；协调解决碳排放及碳交易活动中的重大问题；审查企业的环境信息披露报告；审议碳排放、碳交易的考核和奖惩方案；董事会授权的其他碳审计管理事宜。

（2）碳排放及碳交易工作机构。企业应当在碳排放及碳交易工作领导小组下设碳排放及碳交易工作机构，作为归口管理部门，由其履行碳排放及碳交易工作领导小组的日常管理职责。碳排放及碳交易工作机构一般设在环境保护部门（碳活动管理部门）或生产、运营管理部门，主任一般由分管碳活动的领导担任，工作人员除了碳活动管理部门的部分人员外，还应当由企业经营管理、物资管理、财务管理、生产部门、其他相关部门等业务部门人员兼职组成。

碳排放及碳交易工作机构的主要职责：设计企业的碳排放及碳交易统计核算体系；拟定企业碳排放及碳交易活动的规章制度或专项管理办法，并对制度的实施情况进行指导、监督、检查；建立碳排放及碳交易数据管理台账；对碳排放及碳交易业务执行单位碳活动数据进行汇总及上报；对企业的碳排放及碳交易信息系统进行维护，监督和管理系统的运行；进行年度碳排放及碳交易报告的编制，提交碳排放及碳交易工作领导小组进行审议；对企业的环境信息进行披露；配合地方政府生态环境主管部门对企业的碳排放及碳交易活动数据进行核查；提出碳排放及碳交易考核、奖惩方案，报碳排放及碳交易工作领导小组审议；组织开展对各执行单位上年度碳排放及碳交易活动的考核，提出考核结果及奖惩意见；根据企业的碳排放量确定碳排放配额的交易方式，由碳排放及碳交易工作领导小组进行审议；碳排放及碳交易工作领导小组授权的其他事情。

（3）各碳排放及碳交易业务执行单位。主要指企业内部各职能部门、所属分（子）公司。企业内部职能部门职责如下。

①财务部门职责：对企业用于碳排放及碳交易的资金进行审核、下拨等操作；制定年度碳排放配额、核证自愿减排量、森林碳汇等履约配额购买计划并组织实施；会同碳排放及碳交易工作机构制定碳排放及碳交易活动的资金使用计划，明确用于低碳技术研发、低碳专业人才引进、低碳设备购置等的资金比例，并对资金的使用情况进行跟踪和监督；对碳排放配额相关交易业务进行会计处理；负责在国家碳排放配额交易系统和履约系统进行年度履约操作；负责提供各部门及分（子）公司的成本报表，以备碳排放及碳交易核查需要；在财务报表中披露企业的碳排放及碳交易信息；负责研究国家有关碳财税优惠政策，提出企业享受优惠政策的建议，并组织开展申报工作。

【政策法规】

《碳排放权交易有关会计处理暂行规定》（财会〔2019〕22号）有如下规定。

（一）“碳排放权资产”科目的借方余额在资产负债表中的“其他流动资产”项目列示。

（二）重点排放企业应当在财务报表附注中披露下列信息：1. 列示在资产负债表“其他流动资产”项目中的碳排放配额的期末账面价值，列示在利润表“营业外收入”项目和“营业外支出”项目中碳排放配额交易的相关金额。2. 与碳排放权交易相关的信息，包括参与减排机制的特征、碳排放战略、节能减排措施等。3. 碳排放配额的具体来源，包括配额取得方式、取得年度、用途、结转原因等。4. 节能减排或超额排放情况，包括免费分配取得的碳排放配额与同期实际排放量有关数据的对比情况、节能减排或超额排放的原因等。5. 碳排放配额变动情况。

具体披露格式如表 12-1 所示。

表 12-1　具体披露格式

项目	本年度		上年度	
	数量（单位：吨）	金额（单位：元）	数量（单位：吨）	金额（单位：元）
1. 本期期初碳排放配额				
2. 本期增加的碳排放配额				
（1）免费分配取得的配额				
（2）购入取得的配额				
（3）其他方式增加的配额				
3. 本期减少的碳排放				
（1）履约使用的配额				
（2）出售的配额				
（3）其他方式减少的配额				
4. 本期期末碳排放配额				

②设备物资管理部门职责：保管、更新与碳排放及碳交易业务相关的设备（如碳排放数据监测设备）、材料；定期校准相关仪器设备；协助碳排放及碳交易管理部门开展碳排放及碳交易工作；做好碳排放监测设备管理台账等。

3. 碳排放及碳交易管理规章制度

规章制度是煤炭企业相关活动顺利开展的基础性保障，是碳行为（碳排放及碳交易）遵循的标准和合法、规范性要求，是进行碳处罚的准绳和法律依据。因此，煤炭企业应当根据国家有关法律法规的规定，制定相关制度。制度应当有针对性且切实可行，内容应当全面且具体，实施流程及审批权限等都应有明确的规定。同时企业应当根据碳排放及碳交易活动实际情况定期进行制度的修订和废止，确保制度的时效性、实用性，碳排放及碳交易活动的合法性和合规性。制度具体包括但不限于碳排放及碳交易的基本制度、碳排放及碳交易实施细则等，其中碳排放及碳交易基本制度是指导企业碳排放及碳交易活动的依据；碳排放及碳交易实施细则应明确各部门工作职责、详细的工作程序、相关活动审批流程、碳排放及碳交易信息系统维护、数据管理、信息披露及考核、奖惩等内容。此外，企业还应建立和完善碳排放及碳交易方面的监测制度和突发事故应急预案机制，以有效监测企业的碳排放及碳交易情况和处理突发事件，防治或减少损失发生的可能性。

【政策法规】

《碳排放权交易管理办法（试行）》（生态环境部令〔2020〕19号）第三十三条规定：全国碳排放权注册登记机构和全国碳排放权交易机构应当遵守国家交易监管等相关规定，建立风险管理机制和信息披露制度，制定风险管理预案，及时公布碳排放权登记、交易、结算等信息。

全国碳排放权注册登记机构和全国碳排放权交易机构的工作人员不得利用职务便利谋取不正当利益，不得泄露商业秘密。

《企业环境信息依法披露管理办法》第四条规定：企业是环境信息依法披露的责任主体。

企业应当建立健全环境信息依法披露管理制度，规范工作规程，明确工作职责，建立准确的环境信息管理台账，妥善保存相关原始记录，科学统计归集相关环境信息。

4. 碳排放及碳交易授权审批机制

建立规范高效的授权审批机制应从规范审批程序、推进审批电子化、强化审批监督机制三个方面入手。首先，煤炭企业应当根据碳排放及碳交易相关制度中规定的程序和权限，严格履行审批程序，实现分级管理、逐级审批，按照“三重一大”决策事项管理规定，实行集体决策机制，并根据内部有关规定，履行党组织前置研究程序，充分发挥党组织“把方向、管大局、促落实”的政治核心作用，如5000吨二氧化碳当量交易由分管领导审批、5000吨（含）~ 10000吨二氧化碳当量交易由总经理审批、10000吨（含）以上二氧化碳当量交易由党委会前置讨论后，经总经理办公会审议批准；其次，煤炭企业应当充分利用现代网络信息技术和企业搭建的信息化管理平台（如OA系统、ERP系统等），推进审批电子化，解决审批等待时间长、审批量大的问题，实现审批的统筹管理；最后，煤炭企业应当积极落实审监分离制度和责任追究制度，切实提高碳排放及碳交易活动的审批质量和效率。只有完善的审批机制，才可以将责任明确落实到个人，才可以避免推诿扯皮现象发生，才可以将企业风险控制在可承受的范围之内，达到内部控制的真正目的。

5. 规范碳排放及碳交易业务流程

对碳排放及碳交易实施内部控制，本质是对碳排放及碳交易风险的控制。因此，煤炭企业应当梳理碳排放及碳交易活动的核心业务流程，确定每一个环节、每一个步骤的工作内容和应当履行的程序，并将其落实到具体部门，明确各部门的职责和相互关系。同时通过流程图识别法，辨识碳排放及碳交易相关活动的风险点，拟定控制措施，将风险控制在可承受的范围内。

【流程示例】

碳排放监测设备采购业务流程

需求部门根据工作需要提出碳排放监测设备购置需求，归口管理部门根据年度碳排放采购计划进行审核，公司领导按照规定的权限进行审批，采购部门根据采购管理规程选择采购方式，实施采购行为，设备采购业务流程如图 12-1 所示。碳排放监测设备到货后，归口管理部门组织物资管理部门、需求部门进行验收，合格后入库。需求部门提

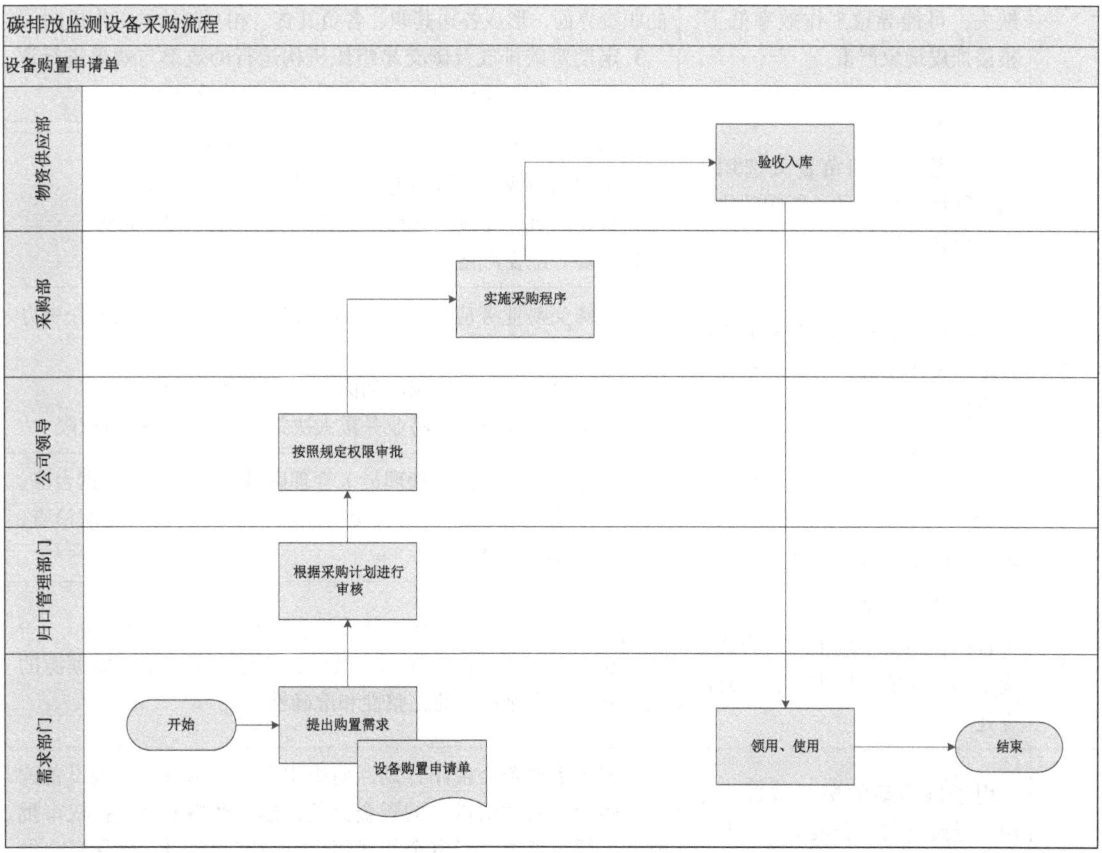

图 12-1　碳排放监测设备采购业务流程（示例）

出设备领用申请，经有关领导签字后领用使用，并加强设备日常管理。

12.1.3 风险识别与控制

煤炭企业应当做好碳排放及碳交易系统的维护，对碳排放及碳交易数据进行汇总与保存，时刻关注国家及地方出台的碳排放及碳交易政策，对在碳排放及碳交易过程中存在的风险及风险管理相关的内外部信息进行收集，识别风险，运用风险评估规定的方法对风险影响程度和发生的可能性进行分析，准确描述风险特征，制定针对性的风险应对措施，防范碳排放及碳交易领域风险事件的发生。碳排放及碳交易风险识别表如表 12-2 所示。

表 12-2 碳排放及碳交易风险识别表

序号	风险描述	应对措施
1	碳排放及碳交易组织机构设置不合理，责权不明确，职能交叉缺失，可能导致工作效率低下，推诿扯皮现象严重	1. 内部机构设置要严格按照公司章程规定的权限审议批准 2. 深入分析碳排放及碳交易管理程序，从业务流程中梳理出不相容职务，按照内部控制的要求，合理切分归口部门及相关部门的职责界面，形成各司其职、各负其责、相互制约的工作机制 3. 定期对碳排放及碳交易组织机构运行的效率与效果进行评价，持续优化组织机构，不断提升经营管理效能
2	归口管理部门负责人选用不当，胜任能力不足，影响碳排放及碳交易正常开展	1. 制定后备人才培养计划，明确后备人才发展方向 2. 组织部门或人力资源部门对选聘人员深入考察 3. 重要人事任命应当按照“三重一大”决策程序办理 4. 党委、纪委严格把关
3	碳排放及碳交易相关业务审批权限设置不明确，可能导致操作不合规	1. 特殊交易业务应当按照内部授权机制，签订授权委托书办理业务 2. 日常业务应当通过制度和岗位说明书赋予责权 3. 明确碳排放及碳交易业务重大决策事项的集体决策权限
4	碳排放及碳交易数据管理台账登记不详细，原始数据记录不全，影响信息的完整性	指定专人（如碳数据管理员）管理碳排放及碳交易数据台账，认真、准确记录碳排放及碳交易数据，部门负责人定期检查，发现问题及时整改
5	碳排放报告及碳交易报告编制不合理，格式不规范，内容真实度不高，可能被碳审计管理部门查处	1. 严格按照国家发展和改革委员会发布的报告模板编制 2. 建立数据的内部审核和交叉验证程序，通过不同数据源的交叉验证，确保数据的完整性和准确性
6	用于碳活动的资金被挪为他用，导致公司资金浪费，同时影响碳活动的顺利开展	制定碳活动资金使用计划，明确用于碳技术研发、碳设备购置、碳专业人才引进等的资金比例，建立严格的资金授权审批机制，层层把关，对资金的使用进行跟踪和监督，确保资金做到专款专用

（续表）

序号	风险描述	应对措施
7	碳排放及碳交易系统维护不到位，导致系统被不法分子入侵，公司的数据遭到泄露	1. 制定系统维护机制，定期对系统进行维护，并对系统维护情况进行监督和检查 2. 建立防护墙，当系统遭受外部信号入侵时，可以及时报警 3. 聘请专业的信息技术管理人员
8	用于碳排放数据监测的设备位置不准确，未定期进行校准和维护，影响数据的准确性	1. 设备物资管理部门应当按照公司的设备管理相关规定，定期对设备进行校准和检查，加强对设备仪器的管理和维修，确保设备的使用价值达到最大 2. 各设备使用者应当通过多次测量的方法确定设备的放置位置，以减小数据的测量偏误
9	未经授权或越权发出交易指令，给公司造成资金损失	双人控制，交易价格及指令须经授权后方可交易
10	用于碳活动的资金融资方案经济性评估不到位，风险分析不足，融资方式选择不当，可能给企业造成沉重的财务负担	1. 融资方案应明确筹资金额、筹资形式、利率、筹资期限、资金用途等内容，组织相关专家进行可行性论证，重点关注融资期限等是否经济合理，资金成本水平是否在企业可承受的范围之内等 2. 按照分级授权审批的原则进行审批，重大融资方案应贯彻集体决策的原则，实行集体讨论并做出决策
11	碳交易活动中未及时关注碳排放权注册登记系统提供的相关信息，可能错失交易机会	指定专人密切关注碳排放权注册登记系统提供的相关信息，关注政策、交易规则的变化，系统交易量及价格走势，不定期向领导提供有价值的信息
12	碳交易中发生交易纠纷，由于证据保全不当，交易数据及各种证明材料准备不齐备，可能导致诉讼或仲裁失败，给公司造成损失	发生交易纠纷时，首先通过友好协商，自行解决；协商不成的，应当进行证据保全，收集有关交易数据及各种证明材料，按照企业法务管理规定，提出仲裁或诉讼方案，经公司决策机构审定后，向仲裁机构申请仲裁或向人民法院提起诉讼
13	制定的碳排放考核奖惩方案形同虚设，未严格执行，导致碳排放量超标	严格执行碳排放考核奖惩方案，将考核奖惩方案与管理层的业绩相挂钩
14	未及时足额清缴碳排放配额或在碳排放配额清缴过程中与交易员勾结，违规交易	严格按照交易所的规则进行碳排放配额的清缴，遵守市场交易规则
15	出于商业机密保护的考虑，企业对碳排放及碳交易相关信息披露不规范，社会公众无法获取企业的相关数据，同时也不满足环境部门监管的要求	按照生态环境部《企业环境信息披露管理办法》的相关规定，对相关信息进行完整披露

（续表）

序号	风险描述	应对措施
16	利用国家核证自愿减排量的漏洞，与第三方机构合作，弄虚作假，虚报减排量来抵消超额的碳排放量	严格按照国家碳排放相关规定，对碳排放相关数据进行准确记录和报告
17	未及时关注碳排放配额变动情况，对碳排放配额的取得方式不明确，可能导致会计处理出现错误	1. 时刻关注碳排放交易系统碳排放配额的数据变动情况 2. 对财务人员加强培训，在明确碳排放配额取得方式的前提下正确进行会计处理
18	……	……

12.2 碳排放及碳交易审计重点

通常来说，碳排放及碳交易作为碳活动的主要内容，审计重点即碳排放及碳交易相关信息、相关行为、相关制度。本节主要罗列碳排放及碳交易在信息及行为方面主要关注的内容。

1. 碳排放量确定

确定碳排放量是判断有无必要进行碳排放权交易的关键，所以煤炭企业的碳排放量数据必须准确。在碳排放量确定过程中，涉及碳排放源的确认、碳排放基础数据的记录、碳排放核算方法的选择、相关碳排放因子数据的获取、碳排放量的计算、碳排放报告的编制与审批、碳减排目标的响应等。在碳排放量确定过程中，审计重点为：企业选择的碳排放源认证机构资质手续是否齐全、认证过程是否充分，出具的认证报告是否具有说服力；碳管理部门是否制定了数据质量控制计划，数据监测计划是否可行；选择的碳排放核算方法是否简单明了、准确性高且认可度高；获取的相关碳排放因子数据是否真实可靠；最终计算出来的碳排放量数据是否经过内部审核和交叉验证；碳排放报告审批流程是否清晰，审批权限是否明确，最终计算出来的碳排放量是否响应了企业的碳减排目标；是否按照碳减排目标的落实情况对相关负责人进行了奖惩等。

【政策法规】

《企业环境信息依法披露管理办法》第四条规定：企业披露环境信息所使用的相关数

据及表述应当符合环境监测、环境统计等方面的标准和技术规范要求，优先使用符合国家监测规范的污染物监测数据、排污许可证执行报告数据等。

2. 碳排放及碳交易系统管理

碳排放和碳交易涉及的数据较多，仅仅依靠碳数据管理员无法保证数据的准确性和完整性。因此，依托现代化信息技术的系统是必不可少的，但是仅仅有系统而不加以管理也会导致系统形同虚设。在碳排放和碳交易系统管理中，审计重点为：企业是否定期对系统进行维护和升级，设立防火墙技术，为数据的安全性提供了保证；是否对数据进行分类管理，提高了数据的使用效率和便捷性；是否对数据进行实时记录和保存，记录和保存的数据的周期性是否符合规范；系统中关于碳领域的数据分类是否齐全、规范；系统是否设置搜索功能，提高了数据查找的速度；数据是否有备份；重要数据是否进行加密处理，是否设置访问权限，以此来保证数据的安全性等。

3. 碳排放及碳交易资金管理

企业进行碳排放和碳交易活动离不开资金的支持，而资金是企业一切活动的支撑。规范的资金管理是企业良好运行的关键。因此，在企业碳排放和碳交易的资金管理活动中，主要关注资金活动的规范性和安全性，审计重点为：企业编制的用于碳领域的资金申请是否合理，理由是否充分；资金申请审批流程是否清晰，审批权限是否明确；企业是否对申请的用于碳领域的资金制定了使用计划，明确了分配比例，如用于低碳技术研发的资金、用于低碳设备购买的资金、用于低碳专业人才引进的资金等是否设定了权重比例；是否对用于碳领域的资金使用情况进行了跟踪和监督，确保资金做到专款专用；是否建立了责任追究机制等。

4. 碳排放及碳交易信息披露

企业对碳排放及碳交易的相关信息进行披露，不仅是对市场监管规定的回应，也是企业主动承担社会责任的体现，更是社会公众获取企业相关信息的渠道之一。因此，企业应当按照规定在企业财务报告中对碳排放及碳交易的相关信息进行披露。在碳排放及碳交易信息披露中，审计重点为：碳排放及碳交易相关信息内容是否详细完整，格式是否规范；碳排放及碳交易相关信息内容是否真实，是否存在弄虚作假的现象；碳排放及碳交易相关信息是否履行相应的审批程序，审批流程是否规范等。

【政策法规】

《碳排放权交易管理办法（试行）》（生态环境部令〔2020〕19号）第三十五条规定：鼓励公众、新闻媒体等对重点排放单位和其他交易主体的碳排放权交易及相关活动进行监督。

重点排放单位和其他交易主体应当按照生态环境部有关规定，及时公开有关全国碳排放权交易及相关活动信息，自觉接受公众监督。

第三十六条规定：公民、法人和其他组织发现重点排放单位和其他交易主体有违反本办法规定行为的，有权向设区的市级以上地方生态环境主管部门举报。

接受举报的生态环境主管部门应当依法予以处理，并按照有关规定反馈处理结果，同时为举报人保密。

第三十九条规定：重点排放单位虚报、瞒报温室气体排放报告，或者拒绝履行温室气体排放报告义务的，由其生产经营场所所在地设区的市级以上地方生态环境主管部门责令限期改正，处一万元以上三万元以下的罚款。逾期未改正的，由重点排放单位生产经营场所所在地的省级生态环境主管部门测算其温室气体实际排放量，并将该排放量作为碳排放配额清缴的依据；对虚报、瞒报部分，等量核减其下一年度碳排放配额。

第四十条规定：重点排放单位未按时足额清缴碳排放配额的，由其生产经营场所所在地设区的市级以上地方生态环境主管部门责令限期改正，处二万元以上三万元以下的罚款；逾期未改正的，对欠缴部分，由重点排放单位生产经营场所所在地的省级生态环境主管部门等量核减其下一年度碳排放配额。

《企业环境信息依法披露管理办法》第六条规定：企业披露涉及国家秘密、战略高新技术和重要领域核心关键技术、商业秘密的环境信息，依照有关法律法规的规定执行；涉及重大环境信息披露的，应当按照国家有关规定请示报告。

任何公民、法人或者其他组织不得非法获取企业环境信息，不得非法修改披露的环境信息。

12.3　碳排放及碳交易内部审计实施

12.3.1　具体审计目标

碳审计目标，就是要保证碳排放及碳交易有关决策的正确性，内部控制设计和运行的有效性，主要环节授权审批的规范性，会计处理的准确性以及碳排放及碳交易活动各环节的合规性等。

【政策法规】

《碳排放权交易有关会计处理暂行规定》（财会〔2019〕22 号）有如下规定。

（一）重点排放企业购入碳排放配额的，按照购买日实际支付或应付的价款（包括交易手续费等相关税费），借记“碳排放权资产”科目，贷记“银行存款”“其他应付款”等科目。重点排放企业无偿取得碳排放配额的，不作账务处理。

（二）重点排放企业使用购入的碳排放配额履约（履行减排义务）的，按照所使用配额的账面余额，借记“营业外支出”科目，贷记“碳排放权资产”科目；重点排放企业使用无偿取得的碳排放配额履约的，不作账务处理。

（三）重点排放企业出售碳排放配额，应当根据配额取得来源的不同，分别对以下情况进行账务处理：1. 重点排放企业出售购入的碳排放配额的，按照出售日实际收到或应收的价款（扣除交易手续费等相关税费），借记“银行存款”“其他应收款”等科目，按照出售配额的账面余额，贷记“碳排放权资产”科目，按其差额，贷记“营业外收入”科目或借记“营业外支出”科目。2. 重点排放企业出售无偿取得的碳排放配额的，按照出售日实际收到或应收的价款（扣除交易手续费等相关税费），借记“银行存款”“其他应收款”等科目，贷记“营业外收入”科目。

（四）重点排放企业自愿注销购入的碳排放配额的，按照注销配额的账面余额，借记“营业外支出”科目，贷记“碳排放权资产”科目；重点排放企业自愿注销无偿取得的碳排放配额的，不作账务处理。

12.3.2 审计工作程序

关于碳排放及碳交易内部审计，一般程序包括碳排放及碳交易业务审前调查、初步评价、审计测试、审计沟通、审计评价、形成意见和审计结论等。具体审计程序如表12-3所示。

表 12-3 碳排放及碳交易内部审计程序表

主责部门			索引编号	页次	
审计类别	碳排放及碳交易		审计人	审计时间	
审计期间		截止日期	复核人	复核时间	
序号	审计程序	具体审计程序	工作底稿索引编码	备注情况	
1	审前调查	对碳排放及碳交易业务管理机制及相关活动进行调查了解	A		
2	初步评价	对碳排放及碳交易活动初步评价，确定重要性水平及审计内容	B		
3	审计测试	对碳排放及碳交易活动进行审计测试	C		
4	审计沟通	对碳排放及碳交易活动存在的问题进行沟通、核实或确认	D		
5	审计评价	对碳排放及碳交易活动的合规性、有效性进行分析和评价	E		
6	形成意见	在审计工作底稿中记录审计意见	F		
7	审计结论	形成审计结论，发表审计意见	G		
说明	1. 每一个审计程序可细分为若干具体程序 2. 上述审计程序可结合进行，以提高审计工作效率 3. 执行每一步骤后，应填写“执行情况说明”一栏				

1. 审前调查

审前调查，就是对碳排放及碳交易活动管理机制和运行情况进行调研了解，是对碳排放及碳交易活动实施内部审计的首要环节。碳排放及碳交易活动调查工作是在内部审计总体工作准备阶段的基础上进行的，涉及的调查方法很多，主要有规章制度审阅法、流程分析法、管理层访谈法、专题会议法、调查问卷法、观察法、政策分析法等，这些方法各有特点，适用于不同的审计环境，往往综合运用，以实现审计目的。本文以审计访谈为例，阐述对碳排放及碳交易活动的调查了解，以便为内部审计工作提供翔实的工作路径。

（1）确定审计访谈目标。

通过访谈，审计人员可以多角度了解企业碳排放及碳交易活动中碳排放源识别、实际碳排放量计算、碳排放报告编制与审批、碳排放权交易方式确认、碳排放权交易协议签订、配额清缴等内容，发掘碳排放及碳交易活动中的工作亮点和工作成绩，分析当前活动中存在的不足和薄弱环节，为客观反映企业碳排放及碳交易活动合规性、有效性提供方向性线索。

（2）明确审计访谈对象。

审计访谈对象应根据企业碳排放及碳交易组织机构设置和人员构成确定。一般而言，访谈对象从管理层面来看主要包括企业主要负责人及分管领导、碳排放及碳交易归口管理部门负责人、涉及的相关部门负责人（如财务部门负责人、经营部门负责人、设备物资管理部门负责人等）；从业务层面来看主要包括碳排放及碳交易管理员、信息系统维护人员等。具体来讲，审计访谈对象选择范围和构成由项目审计组根据碳排放及碳交易的实际情况进一步确定

（3）编制审计访谈提纲。

审计人员应根据审计工作计划和审前调查结果编制审计访谈提纲，访谈内容应当紧紧围绕审计目标，重点询问企业碳排放及碳交易相关事项、存在疑惑的领域或规章制度尚未规定的内容。碳排放及碳交易的审计访谈提纲示例如下。

碳排放及碳交易专项审计访谈提纲（示例）

被访人	××	**部门**	××部	**职务**	部长
时间	20××年××月××日	**地点**	办公室	**访谈人**	××

访谈说明：

根据公司安排，项目审计组正在对企业碳排放及碳交易情况实施专项审计，此次访谈将通过对话交流的方式进行，主要目的是协助我们深入了解公司碳排放及碳交易管理情况及存在的不足，借此提出客观、真实的审计结论，改善企业碳排放管理水平，实现“双碳”战略目标。

访谈内容：

- 碳排放及碳交易的管理组织机构设置是否科学、合理？是否存在职责不清、推诿

扯皮、工作效率低下等问题？

- 在碳排放及碳交易的管理过程中，您认为最大的风险是什么？
- 您怎样理解碳排放及碳交易领域的合规管理？
- 碳排放报告、碳排放交易方案的审批程序是怎样的？审批权限是否明确？
- 碳排放及碳交易的系统维护记录是否保存完整？
- 是否制定了碳排放及碳交易的数据质量控制计划？对于出现风险较高的错误数据是如何进行风险防范的？
- 用于碳排放权交易的资金来源是什么？资金预算编制依据是什么？是否对资金的使用情况进行跟踪和监督？是否有进行融资？融资方案的论证程序、审批是怎样的？
- 是否制定碳排放及碳交易的考核、奖惩方案？落实情况如何？
- 是否对碳排放及碳交易重要数据进行了加密处理并设置访问权限？
- 是否在规定时限向省级主管部门清缴履约周期内的碳排放配额，清缴量是否低于经省级主管部门核查确认的温室气体实际排放量？
- 是否对财务人员定期进行培训，以确保在明确碳排放配额取得方式的前提下准确进行会计处理？
- 除上述访谈内容外，您觉得关于碳排放及碳交易的管理中还存在哪些问题？您是否有改进的措施和建议？
- 您认为碳排放及碳交易管理工作中最大的亮点或所取得的突出成绩是什么？

……

（4）整理访谈成果。

访谈过程中，审计人员应当完整记录与被访谈对象的全部访谈内容，形成访谈记录。访谈结束后，应于两个工作日内整理、完善访谈记录，并交由被访谈对象签字确认，签字后与其他审计资料一同存档备查。

项目审计组应在全部访谈工作结束后，对访谈情况进行汇总、总结，梳理、分析访谈主要内容，判断审计关注的重大事项、高风险领域、审计程序和方法运用建议等。

2. 初步评价

审计人员对碳排放及碳交易活动初步评价，可以通过初步评价表、问题调查表等方式进行，也可以采取其他方式评价。本节以初步评价表的形式阐述评价内容，并细化具体的审计工作计划、调整审计实施方案，其主要目的是初步识别审计风险及审计重点测试的领域，并决定实质性测试的方法和样本量。

审计人员在实施风险评估初步评价程序时，应当运用分析程序，了解碳排放及碳交易基本情况及其环境，管理层风险偏好和可承受度，以及管理层对国家环保政策的认知和积极态度等。风险评估初步评价除了关注本章风险识别与控制所列举的可能发生的风险外，还应当关注已经发生的风险事件，分析影响程度并决定是否将其作为审计工作底稿中审计发现的风险事项揭示。

审计初步评价可以降低审计成本，提高审计工作效率。如合理分析并判断公司严格按照认证机构识别的碳排放源进行碳排放数据的记录，按照交易所规则进行交易，获得具有说服力的外部证据，从而可能无须利用其他细节测试做进一步验证。初步评价可以结合调查了解程序一起进行，也可以独立开展。碳排放及碳交易管理初步评价表如表 12-4 所示。

表 12-4　碳排放及碳交易活动初步评价表

<table>
<tr><td>主责部门</td><td colspan="3"></td><td>索引编号</td><td>B</td><td>页次</td><td></td></tr>
<tr><td>审计类别</td><td colspan="3">碳排放及碳交易活动</td><td>审计人</td><td></td><td>审计时间</td><td></td></tr>
<tr><td>审计期间</td><td></td><td>截止日期</td><td></td><td>复核人</td><td></td><td>复核时间</td><td></td></tr>
<tr><td>初评领域</td><td>评价事项</td><td colspan="4">描述评价事项</td><td>重要性水平</td><td>是否披露</td></tr>
<tr><td rowspan="4">风险评价</td><td rowspan="3">潜在风险事项</td><td colspan="4">碳排放权交易经验不足，方案论证不充分，做出错误的交易决策</td><td>—</td><td>—</td></tr>
<tr><td colspan="4">碳排放核算方法选择不当，缺少必要的证据资料，导致碳排放量核算不准确</td><td>—</td><td>—</td></tr>
<tr><td colspan="4">……</td><td>—</td><td>—</td></tr>
<tr><td>已经发生的风险事件</td><td colspan="4">示例：由于国家实行碳交易年度总量控制，企业未能及时关注碳排放权交易市场交易情况，9 月份全国碳排放权可交易量锐减，无法从市场上购买碳排放配额，11 月份公司某产品停产</td><td>重要</td><td>是</td></tr>
<tr><td rowspan="2">碳排放量确定</td><td>碳排放源识别</td><td colspan="4">提示：专业认证机构采用专业方法对企业的碳排放源进行识别，出具认证报告，作为碳排放数据监测及记录的依据</td><td>重要</td><td>是</td></tr>
<tr><td>碳排放数据记录</td><td colspan="4">提示：碳排放数据记录员按照规定和识别的碳排放源，对碳排放数据进行及时、准确的记录，确保最终核算的碳排放量准确</td><td>重要</td><td>是</td></tr>
</table>

（续表）

碳排放量确定	碳排放核算方法	提示：碳管理部门按照国家发展和改革委员会公布的碳排放核算方法，选择一种简单且认可度高的方法	重要	是
碳排放量确定	碳排放因子	提示：可以依据最新公布的碳排放因子数据，确保碳排放量的可信度和真实性	重要	是
	碳排放量核实	提示：可以通过不同数据源的交叉验证等内部审核和验证程序，确保碳排放量的真实性和准确性	重要	是
	碳排放业务会计处理	提示：在企业碳排放及碳交易系统中取得企业的碳排放量数据，根据碳排放量确定碳排放配额的方式，然后进行会计处理	重要	是
	碳排放报告审批	提示：碳排放报告应当经碳管理部门负责人审批后由公司分管领导进行审批，实现逐级审批、分级管理	重要	是
	碳减排目标的落实	提示：将最终计算出来的碳排放量与企业的碳减排目标进行对比，并按照对比情况对相关负责人进行奖惩	重要	是
系统管理	系统维护	提示：系统的升级和维护记录	重要	是
	系统数据	提示：按照一定的标准对系统数据进行分类管理。对于重要数据进行加密处理并设置访问权限	重要	是
	系统功能	提示：设置搜索功能	一般	是
资金管理	资金申请	提示：资金申请理由应当充分	重要	是
	申请审批	提示：资金的审批流程应当清晰，审批权限应当明确	重要	是
	使用跟踪	提示：制定资金的使用计划，并对资金的流向进行跟踪和监督	重要	是
信息披露	披露内容	提示：披露的内容应当真实完整，格式应当规范	重要	是
	披露程序	提示：披露内容应当履行审批程序，由公司管理层进行讨论确定	重要	是
交易实施	交易准备	提示：入场交易协议书签订情况、交易账户开立情况、核证自愿减排量申请情况、市场行情跟踪情况等	一般	是
	交易记录	提示：申报、报价记录	重要	是
	交易申请	提示：协议转让交易申请应当按照规定的程序和权限进行审批	重要	是

（续表）

配额清缴	配额清缴	在规定时限内向升级主管部门清缴履约周期内的碳排放配额	一般	是
说明	1. 初步评价是在调查了解的基础上对碳排放及碳交易主要事项的初步判断 2. 初步评价工作程序不能代替实质性测试的程序，但可以简化（如减少样本抽样数量等）或为实质性测试提供线索、指引 3. 初步评价可根据碳排放及碳交易实际工作流程调整后确定			

通过“碳排放及碳交易活动初步评价表”分析评价后，审计人员合理判断审计重点、高风险领域，修订内部审计实施方案，调整审计内容，并重新定义样本量选取规则，以便获取充分、适当的审计证据。

【示例引导】

对内部审计实施方案审计内容的调整

经审前调查、初步评价后，碳排放及碳交易活动专项审计主要内容调整为以下三个方面，分别为碳排放及碳交易管理机制建立和运行的有效性、碳排放及碳交易授权审批和决策的规范性、碳排放及碳交易活动主要环节的规范性，主要内容如下。

1. 碳排放及碳交易管理机制建立和运行的有效性

调整后的审计内容包括：第一，组织架构的合理性，主要是指组织机构设置是否科学合理，是否能够高效开展工作，部门职责是否清晰，各部门协作是否协调顺畅，职责权限是否涵盖碳排放及碳交易各活动过程；第二，规章制度的合理性、实用性、合规性，主要是指是否建立了碳排放及碳交易的相关制度，制度内容是否全面，是否规定了碳排放及碳交易活动的程序和相关标准，流程是否规范，审批权限是否明确，制度文本表述是否准确、是否存在歧义等管理缺陷，制度设计是否违背国家、地方有关碳排放及碳交易政策法规要求；第三，规章制度的落实情况，主要是指企业的碳排放及碳交易相关活动是否严格按照制定规定有效执行，是否存在有章不循导致制度形同虚设的情形。

2. 碳排放及碳交易授权审批和决策的规范性

调整后的审计内容包括：第一，授权审批设置的合理性和决策的规范性，主要是指审批程序设置是否合理，是否做到了分级管理、逐级审批；资金使用、碳排放权交易等重大决策是否明确集体决策机制，决策是否经财务、法律、专业部门把关。第二，决策机制落实的有效性，主要是指碳排放源识别、碳排放权交易方案是否经过充分论证，是否对有关风险进行评估，是否对决策落实情况进行督导与跟踪，是否建立了责任追究机制，是否有定期反馈、汇报机制等。

3. 碳排放及碳交易活动主要环节的规范性

调整后的审计内容包括：碳排放及碳交易活动主要环节的合规情况，有企业碳排放源的认证，碳排放数据的记录，碳排放核算方法的选择，碳排放因子的获取，碳排放量的计算，碳排放报告的编制与审批，碳减排目标的落实；碳排放权交易协议的签订，交易账户的开立，交易方式的选择，额度的授权交易，申报及报价记录的妥善保管，配额清缴等主要环节的合规情况。具体审计内容应当根据企业在碳排放及碳交易活动中的实际情况以及法律法规规定来确定。

3. 审计测试

审计人员通过实施审计程序，获取充分、适当的审计证据，以此对碳排放及碳交易审计目标发表意见。

对碳排放及碳交易的内部审计实质上属于管理审计范畴，分为两个层面：一是内部控制制度设计有效性层面，二是碳排放及碳交易实际执行层面，即是否遵循法律法规、制度规定，是否满足合规性要求等。审计实践中，审计人员对碳排放及碳交易活动内部控制设计有效性和管理活动合规性及运行有效性一并进行测试，以节约时间和审计资源。其中，内部控制设计有效性可以为运行测试提供方向，决定运行测试的样本量和深度、广度。

在碳排放及碳交易内部控制设计有效性审计时，审计人员应当综合运用检查、询问、对标、横向比较、逻辑推断等方法进行测试，测试重点是组织机构和职责是否清晰、边界是否明确；规章制度是否建立健全，制度是否符合有关法律法规，相关制度之间是否存在矛盾或冲突，制度管理逻辑、行文表述等是否容易引起歧义；审批权限是否明确，流程是否简洁、清晰等。

在碳排放及碳交易运行或管理有效性审计时（也可以称为实质性测试），审计人员应当综合运用询问、检查、观察，比较、分析性复核、重复验证、计算、穿行测试等方法进行测试。测试重点是碳排放及碳交易活动的关键环节，主要验证法规的遵循、风险控制措施的落实情况、规章制度及重要决议文件的执行情况、越权交易行为、会计系统控制等。碳排放及碳交易活动内部审计控制矩阵表如表 12-5 所示。

表 12-5　碳排放及碳交易活动内部审计控制矩阵表

主责部门			索引编号	C	页次	
审计类别	碳排放及碳交易活动		审计人		审计时间	
审计期间		截止日期	复核人		复核时间	

关键控制环节	控制方式	控制频率	抽样数量	审计测试要点	证据名称	测试程序	测试结果	索引
建章建制				企业是否根据国家碳排放及碳交易有关规则，结合本企业实际情况，建立碳排放及碳交易管理制度				
				碳排放及碳交易管理制度是否存在内容缺失、内容矛盾或冲突、逻辑不清、表述不确切、审批权限不明、流程混乱等管理缺陷				
				碳排放及碳交易管理制度是否经法律部门实施合规审查				
组织机构				是否设立碳排放及碳交易组织机构，明确议事程序和管理权限				
				归口部门及参与部门职责是否明确，管理边界是否清晰				
				部门职能或岗位设置上是否存在不相容职务未分离情况				
重大事项				碳排放权交易是否进行融资，融资方案是否经论证并按规定程序审议				
				碳排放报告及碳排放权交易方案是否经有效审批				
				重大事项是否经企业风控部门开展风险评估，出具风险评估专题报告				
				重大事项是否由企业法律部门进行合规审查，首席合规官是否签署合规意见				
				授权交易额度是否恰当，是否经集体决议，是否建立超越权限的交易处理程序				
碳排放量确定				是否聘请资质手续齐全的认证机构对本企业的碳排放源进行认证，并出具认证报告				
				是否按照认证的碳排放源对数据进行记录，数据记录的频次、单位是否符合规定，数据原件是否保存完好				

（续表）

碳排放量确定				选择的碳排放核算方法是否简单明了、准确性高，且认可度高					
				获取的碳排放因子的真实性和准确度是否可以保证					
				最终计算出来的碳排放量是否经过了内部审核和交叉验证，是否响应了企业的碳减排政策					
				是否根据碳排放量对碳排放配额的购买与出售方式进行审议，并作出正确的会计处理					
				碳排放报告审批流程是否清晰，审批权限是否明确					
				是否按照碳减排目标的落实情况对相关负责人进行了奖惩					
系统管理				企业是否定期对系统进行了升级和维护					
				是否对数据进行了分类管理。数据分类是否齐全					
				是否设置了搜索功能，提高数据的查找速度					
				重要数据是否进行了加密处理并设置了访问权限					
资金管理				资金申请是否合理，理由是否充分					
				资金审批流程是否清晰，审批权限是否明确					
				是否制定了资金的使用计划					
				大额资金运作是否按照“三重一大”决策办法的要求履行集体决策或联签程序					
				是否对资金的使用情况进行了跟踪和监督					
				是否建立了责任追究机制					
信息披露				信息披露内容是否真实完整，格式是否规范					
				披露的信息是否履行了相应的审批程序，是否经过了管理层的讨论					
交易实施				是否签订入场交易协议书，是否开立交易账户					
				碳管理部门是否定期编制交易信息报告					
				是否妥善保管申报、报价记录					

（续表）

交易实施				协议转让交易申请是否按照规定的程序和权限审批				
配额清缴				是否在规定时限向省级主管部门清缴履约周期内的碳排放配额，清缴量是否低于经省级主管部门核查确认的温室气体实际排放量				
说明	1. 本矩阵根据碳排放及碳交易主要程序编制，审计人员可根据碳排放及碳交易实际工作流程调整后确定 2. 重要环节或高风险领域应当取得 100% 的样本进行测试							

碳排放及碳交易活动内部审计工作底稿如表 12-6 所示。

表 12-6　碳排放及碳交易活动内部审计工作底稿

主责部门			**索引编号**	C	**页次**	
审计类别	碳排放及碳交易活动		**审计人**		**审计时间**	
审计期间		**截止日期**	**复核人**		**复核时间**	

类别	**审计事项记录**	**证据索引**
一、审计依据及上级文件或制度	1. 国家法律法规，如《企业内部控制应用指引第 4 号——社会责任》《碳排放权交易管理暂行办法》（国家发改委令 17 号） 2.《×× 集团公司关于规范碳排放及碳交易活动的通知》（×× 第 8 号） ……	
二、企业规章制度及文件	规章制度制定情况。例如：公司建立了《×× 公司碳排放管理办法（试行）》《×× 公司碳排放权交易办法（试行）》，简要记录制度核心内容及存在的问题等	
三、碳排放及碳交易管理情况	提示： 1. 组织机构设置及部门职责情况 阐述企业明确碳排放及碳交易归口管理部门及职责权限，批准文件简述，明确内部决策机制和归口管理部门，明确决策层、管理层及各参与部门的职责权限、工作程序及汇报机制 2. 碳排放及碳交易活动基本情况 简述审计期间内企业开展碳排放及碳交易事项，如截至 20×× 年末，公司统计碳排放量 × 吨，编制碳排放报告 × 份，共发生碳排放权交易 6 起，成交 ×× 吨二氧化碳当量，平均交易价每吨 ×× 元等 3. 重大事项决策及执行情况 逐一获取企业碳排放报告、重大碳排放权交易事项决议文件，记录文件名称和文号，实施 100% 检查，描述各项决议的主要内容，执行情况和实施效果，决议跟踪与督导情况，差异分析与汇报等。如碳排放量、交易方案审议情况、授权情况、其他重大交易事项决议情况等	

（续表）

三、碳排放及碳交易管理情况	4. 碳排放量确定 取得碳排放源认证报告，检查报告内容的完整性，认证方式的合法性，碳排放源种类的齐全性；取得碳排放数据记录原件，检查数据记录的时间、频次、单位等是否标注齐全，是否有涂改记录等；取得企业下发的碳排放核算方法，检查该方法的过程是否简单明了；取得碳排放因子一览表，检查数据的真实性和完整性以及对缺失数据的处理方法等；取得碳排放数据原件和企业内部审核、验证的碳排放量数据，判断数据是否相吻合；取得会计凭证，检查碳排放配额的相关会计处理是否与实际相一致；取得碳排放报告，关注其审批环节的合规性；取得企业对相关负责人下发的奖惩通知公告，检查相关处理结果的合规性 5. 系统管理 取得企业系统维护和升级记录，检查记录的准确性；对企业系统进行实地检查，检查其是否对数据进行了分类处理，是否对重要数据进行了加密处理 6. 资金管理 取得资金申请表，检查申请理由的充分性，审批流程的规范性；取得资金计划使用表，检查计划的合理性及对资金的流向记录情况 7. 信息披露 取得企业的年度报告，检查报告中关于碳排放及碳交易的内容是否真实完整，审批流程是否清晰等 8. 碳交易活动情况 抽样获取 × 份典型的碳交易活动资料，检查碳交易活动的合规性，可采用穿行测试方法，将一笔碳排放权交易从决议开始至交易结算全过程检查，验证交易的合规性、有效性 9. 配额清缴情况 企业应当在规定时间内向主管机关申报清缴碳排放配额，逾期未足额完成履约申请的提交工作的，将面临行政处罚，因此，审计人员应当调取有关配额清缴方面的资料，检查企业是否足额申报清缴配额 10. 其他影响审计结论的情况 关注碳排放及碳交易其他重要的环节，并分析对审计结论的影响	
四、存在的问题	提示：分类揭示碳排放及碳交易活动中存在的问题，一般而言先从制度、机制入手，然后是交易过程等	
五、问题产生的原因分析	提示： 1. 审计组应基于对审计发现问题的类型、涉及的业务领域、问题严重程度及影响后果进行深层次的原因分析 2. 审计人员可从政策法规、管理体制、交易模式等方面入手，从注重碳排放及碳交易事项经营理念、可持续发展、法治观念、治理环境及结构、发展思路与目标、建章立制、考核激励措施、员工胜任能力、基础管理水平、内部控制与风险管理机制等方面查找原因，重点分析是主观原因还是客观原因、是制度缺失还是有章不循、是体制机制不合理还是故意行为、是缺乏经验还是明知故犯、是探索性失误还是我行我素，分析碳排放及碳交易合法依规意识是否牢固等	

（续表）

六、造成的影响、损失	提示：结合审计发现的问题对造成的影响、损失进行判断，若存在《× × 公司违规经营投资责任追究实施办法》“第 × 条至第 × × 条”所列内容，以及与反映经济质量有关的业绩真实性问题、有禁不止以及违反规定存在明知故犯情形或动机不纯问题、管理不到位致使形成较大运营风险等问题，应在审计过程中对“决策审批情况、违规情况、损失情况、责任界定情况”进行详细记录	
七、审计发现的风险事项及管理建议	提示：风险事项主要指事项已发生，但结果具有不确定性，同时应不违规、不违法，尚未造成不良后果但若不及时纠正就存在损失风险可能性的事项 风险事项标题：审计发现的风险事项应当按照不同事项分条列示，每个风险事项均需提炼出标题。标题要体现风险事项的实质内容，不能简单地以提纲的形式描述 管理建议：针对揭示的风险事项，提出有针对性的管理建议	
八、重要事项披露	提示：披露重要事项主要为审计事项客观存在而自身又无法解决，需要提请上级管理层予以关注的事项，以及对碳排放及碳交易有重大影响的事项，如重大诉讼，以往审计、巡视巡察发现的重要问题中未完成实质性整改的相关事项等 对以往审计发现问题的处理原则如下： 1. 已完成实质性整改的不重复反映 2. 对于造成损失或严重不良后果的问题，未予以追责的，可作为问题另行反映，但需对问题事实、违规点及后果重新梳理并相应反映 3. 对于处于整改中的重大问题作为披露事项进行反映，并将此情况纳入审计评价的基础信息范围	
九、审计建议	提示： 1. 审计建议应坚持标本兼治原则，从总体或长远的角度，针对审计反映的政策、体制、制度及其执行中存在的普遍性、倾向性、苗头性问题，提出加强管理、预防和堵塞漏洞、防范风险、促进整改等解决问题的具体措施和建设性的建议 2. 审计建议应当紧密结合被审计事项实际情况，操作性强，从根本上解决问题 3. 审计建议可从涉碳决策、资金保障、数据管理、碳配额管理等与碳排放、碳交易密切相关的问题事项入手，提出具有针对性的审计建议，并将分析情况在报告中恰当地反映	

审计测试工作结束后，项目审计组应当对碳排放及碳交易活动管理情况进行综合评价，有关内容经分析、提炼后详细记录在评价工作底稿中，并根据情况在审计报告中反映。审计评价工作底稿由项目审计组自行拟定，本章略。

以上阐述了碳排放及碳交易活动审计实施中的审前调查、初步评价、审计测试工作程序，审计沟通、审计评价（基本原则）、形成意见、审计结论、审计报告等内容详见 1.5

节，具体内容本章略。

12.3.3 煤炭企业碳排放及碳交易审计常见问题

（1）企业制定的碳排放及碳交易相关制度内容过于繁杂，纲领性内容较多，指导实际操作的内容较少，导致企业实际操作过程中困难重重。责任和审批权限划分不明确，推诿扯皮现象严重，影响碳排放及碳交易活动顺利实施。

（2）归口管理部门未制定碳排放及碳交易数据质量控制计划，导致碳排放数据监测员在进行碳数据记录过程中随心所欲，记录的数据无论在时间上还是频次上都不具有说服力，无法显示企业碳排放数据的特征，导致最终计算出来的碳排放量数据出现差错，影响了企业碳减排目标的落实情况。

（3）企业未对用于碳排放及碳交易的资金制定使用计划，也未对资金的流向进行跟踪和监督，导致用于碳排放及碳交易的资金被挪作他用，影响碳排放及碳交易活动的顺利开展，最终导致企业的低碳发展目标受到阻碍。

（4）企业未聘请专业水平高的技术人员对其信息系统进行维护和升级，导致其系统数据不完整、分类不合理，使用效果差，影响查找数据的速度，同时也导致企业的碳排放权交易过程缓慢，甚至出现交易失败的现象。

（5）财务人员未及时对碳排放配额的变动情况进行统计、整理，导致会计账务处理存在差错，与实际碳排放配额交易情况不相符。

（6）企业出于信息保密的考虑，对碳排放及碳交易的相关信息披露不全面、不完整、不详细，导致披露内容无法满足第三方核查机构的检查要求。同时社会公众也无法获取企业在碳减排方面做出的举措，无法了解企业的碳减排成就，对企业的碳减排监督面临困难，影响企业的声誉。

【案例介绍】

A 集团碳排放及碳交易内部专项审计

一、案例背景

A 集团是集煤炭开采、洗选加工、销售、运输为一体的大型煤炭企业。在“创新、协调、绿色、开放、共享”“绿色生活，低碳经济”等发展理念的指引下，A 集团积极开展审计工作，确保集团生产经营活动合规，实现可持续发展目标。集团根据 2021 年 6 月中央审计委员会办公室、审计署发布的《"十四五"国家审计工作发展规划》对资源环境审计提出的要求，经A集团领导层决策，安排集团审计部组织相关人员，对其碳排放及碳交易进行了专项审计，促进集团健康、稳定发展。

二、审计工作过程

略。

三、审计结论

（一）集团用于碳排放及碳交易的资金管理不善。

经审计，20××年，归口管理部门提出碳排放及碳交易资金预算××××万元，经决策机构综合平衡确定年度预算金额为××××万元，主要用于碳排放设备更新、设施建设、低碳技术研发、新能源开发、矸石山绿化、乏风余热项目建设及碳交易等。财务部门根据采购计划制定了月度资金计划，并按规定的程序和权限进行了审批。

同年8月，公司决定兴建物资储备仓库，由于年初没有将该项目列入预算，没有履行预算调整程序，将用于碳排放及碳交易的资金挪用673万元，导致碳排放资金出现缺口，影响公司碳排放活动正常开展。

（二）碳排放及碳交易的信息披露不规范。

经审计，公司20××年编制的财务报表附注中披露的碳排放及碳交易相关信息不符合《碳排放权交易有关会计处理暂行规定》，未严格按照信息披露指南进行有关内容的披露，不符合地方政府生态环境主管部门的审查要求。

附录 1

国家适应气候变化战略 2035

前　言

近百年来，受人类活动和自然因素的共同影响，世界正经历着以全球变暖为显著特征的气候变化。国际社会已日益认识到气候变暖对人类当代及未来生存与发展造成的严重威胁和挑战，采取积极措施应对气候变化已成为全球共识。减缓和适应是应对气候变化的两大策略，二者相辅相成，缺一不可。

减缓是指通过能源、工业等经济系统和自然生态系统较长时间的调整，减少温室气体排放，增加碳汇，以稳定和降低大气温室气体浓度，减缓气候变化速率。在此过程中，已经发生的气候风险不会消除，潜在的气候风险仍在不断累积，甚至在全球实现碳达峰与碳中和后一定时期内仍将持续。

适应是指通过加强自然生态系统和经济社会系统的风险识别与管理，采取调整措施，充分利用有利因素、防范不利因素，以减轻气候变化产生的不利影响和潜在风险。气候变化影响和风险具有显著的区域性，切实有效的适应行动能够降低国家和地区面临的气候变化不利影响和风险，对于保障经济社会发展和生态环境安全更加具有现实迫切性。

我国一贯坚持减缓和适应并重，实施积极应对气候变化国家战略。为统筹推进适应气候变化工作，2013 年我国首次发布《国家适应气候变化战略》，明确了 2014 至 2020 年适应气候变化的总体要求、重点任务、区域格局和保障措施，为开展适应气候变化工作提供了指导和依据。《国家适应气候变化战略》发布以来，我国适应气候变化工作取得积极成效，但面对气候变化长期性、复杂性等特点，当前对气候变化影响和风险的分析评估仍然不足，对适应气候变化的重视程度和行动力度仍亟待提升。

当前至 2035 年，是我国基本实现社会主义现代化和建设美丽中国的关键时期。《中华人民共和国国民经济和社会发展第十四个五年规划和 2035 年远景目标纲要》明确提出要加强全球气候变暖对我国承受力脆弱地区影响的观测和评估，提升城乡建设、农业生产、基础设施适应气候变化能力。《中共中央国务院关于深入打好污染防治攻坚战的意见》将制定国家适应气候变化战略 2035、大力推进适应气候变化试点工作作为一项重要任务。

为落实党中央国务院决策部署，强化我国适应气候变化行动举措，提高气候风险防范和抵御能力，本战略在深入评估气候变化影响风险和适应气候变化工作成效与挑战机遇的基础上，提出新时期我国适应气候变化工作的指导思想、基本原则和主要目标，依据各领域、区域对气候变化不利影响和风险的暴露度和脆弱性，进一步明确我国适应气候变化工作重点领域、区域格局和保障措施。本战略目标期到 2035 年，在具体实施中将根据形势变化和工作需要适时调整。

第一章 基本形势

第一节 影响和风险

全球气候正在显著变暖。20 世纪中叶以来，全球平均温度增速达 0.15℃ /10 年，预计到 21 世纪中期，气候系统的变暖仍将持续，气候变化不利影响和风险将不断加剧。与全球气候变化整体趋势一致，我国气温上升明显，1951 至 2020 年平均气温升温速率达 0.26℃ /10 年，高于同期全球平均水平。

气候变化已对我国自然生态系统带来严重不利影响，并不断向经济社会系统蔓延渗透。洪涝干旱、冰川退缩、冻土减少、冰湖扩大，水资源安全风险明显上升；植被带分布北移，生物入侵增多，陆地生态系统稳定性下降；沿海海平面上升趋势高于全球平均水平，海洋灾害趋频趋强，海洋和海岸带生态系统受到严重威胁。农业种植方式和作物布局改变，气象灾害和病虫害加剧；与高温热浪等极端天气气候事件相关的健康风险增加，媒传疾病增多，并可能诱发多种过敏性及慢性疾病；能源、交通等基础设施和重大工程建设运营环境变化，易导致安全稳定性和可靠耐久性降低；城市生命线系统运行、人居环境质量和居民生命财产安全受到严重威胁；气候变化还引起资源利用方式、环境容量和消费需求改变，进而通过产业链影响敏感二三产业布局和运行安全，甚至可能引发系统性金融风险和经济风险。

我国气候类型复杂，气候变化及其不利影响呈现显著区域差异。东北地区变暖程度大于全国平均水平，积温增加有利于农业生产，但也面临夏季洪涝风险加重、湿地面积减少、冻土脆弱性增加等风险。华北地区暖干化显著，水资源供需矛盾突出，超大城市热岛效应严重。华东地区台风强度增强，城市暴雨内涝和高温热浪事件增多，海平面上升威胁沿海城市安全。华中地区旱涝灾害频发，湖泊和湿地面积萎缩与生态退化风险增大，生物多样性下降。华南地区高温热浪、暴雨洪涝、台风、风暴潮等极端天气气候事件频发，咸潮与海水入侵等灾害加剧。西北地区冰雪消融加速，融雪性洪水频发，水资源与生态系统脆弱性加剧。西南地区冬春干旱加重，水土保持、石漠化治理、生物多样性保护压力增大。青藏高原呈现暖湿化，冰川退缩、冻土退化、湖泊扩张、河流径流增加明显，冰雪灾害、地质灾害和链式灾害风险加大。此外，京津冀、长江经济带、粤港澳大湾区、长三角、黄河流域等重大战略区域气候问题与人口、资源、环境等问题交织叠加，气候风险聚集、连锁、放大效应明显。

未来一段时间全球变暖的趋势仍将持续，极端天气气候事件发生频次和强度预计将进一步增加，气候变化影响和风险的广度深度也会进一步扩大。随着经济总量增长和全球经济一体化进程加深，气候变化对我国经济社会发展和人民生产生活安全造成的风险将日益增加。作为重要的非传统安全因素，气候变化所带来的长期不利影响和突发极端事件，已经成为我国基本实现社会主义现代化和建设美丽中国进程中面临的重要风险。

第二节　现状和成效

适应气候变化政策体系初步搭建。2013 年我国发布《国家适应气候变化战略》，为各部门、地方开展适应气候变化工作提供了战略指导，推动了重点领域、区域适应气候变化工作积极开展。2014 年出台的《国家应对气候变化规划（2014—2020 年）》提出坚持减缓和适应气候变化同步推动原则，进一步助推强化重点领域和区域适应气候变化行动。2016 年相继发布城市、林业等领域适应气候变化行动方案，气象、农业、水利、海洋、基础设施、城乡建设、生态环境保护等相关政策文件也纳入了适应气候变化理念和要求。有关部门还发布气候可行性论证规范及技术指南，在修订水利、建筑、公路和航道等技术标准规范时考虑气候变化因素。

气候监测预警水平不断提高。建成由地面自动气象站、雷达、气象卫星等组成的综合气象观测系统。建立区域性干旱、暴雨、高温、沙尘、台风、雪灾、低温冻害等多种气象灾害长时间序列灾情数据库，推进风险普查数据库建设，完成全国气象灾害危险性区划和风险区划。森林、水文、海洋、生态环境、卫生健康等领域监测网络布局不断完善，已建立起我国近海与南海观测、岛屿与近岸水文气象监测、黄海和渤海观测网络。建立地质灾害监测与预警预报体系，完善全国县、乡、村、组四级群测群防体系，开展地质灾害气象预警工作，初步实现高中风险易发区预警全覆盖。

重点领域适应气候变化能力有效提升。实施以南水北调工程为代表的跨流域区域水资源调蓄和配置工程，优化水资源配置，提高水资源调控能力。推进江河湖泊治理骨干工程建设，防洪减灾体系不断完善。积极推进绿色农业和气候智慧型农业，完善农田基础设施，农田防灾抗灾减灾能力显著增强。实施重要生态系统保护和修复重大工程，生态恶化趋势基本得到遏制，自然生态系统总体稳定向好，国家生态安全屏障骨架基本构筑。截至 2020 年底，已完成 8 亿亩高标准农田建设任务，农田灌溉水有效利用系数达到 0.565，森林覆盖率达到 23.04%，草原综合植被盖度达到 56.1%，湿地保护率达到 52%。

适应气候变化试点示范扎实推进。印发《关于开展气候适应型城市建设试点工作的通知》，在全国范围内遴选 28 个城市（区、县）开展气候适应型城市建设试点，探索符合各地实际的城市适应气候变化建设管理模式，城市适应气候变化理念明显提升，防灾救灾能力不断加强。在 30 个城市开展海绵城市试点建设，形成一批可复制可推广的经验，启动系统化全域推进海绵城市建设示范工作。以 60 个内涝灾害较为严重的城市为重点，在 1116 个易涝积水区段实施城市易涝积水区段整治工程。开展国家节水型城市、生态园林城市和生态文明建设示范区等示范创建工作，强化与适应气候变化工作协同增效。

适应气候变化意识逐步增强。推动重点城市开展气候变化影响分析和风险评估，提升适应气候变化意识。充分利用世界气象日、国际减灾日、全国防灾减灾日、世界水日、中国水周、植树节、世界防治荒漠化与干旱日、生物多样性日、世界环境日等契机，全方位多渠道开展适应气候变化相关培训和宣传教育。积极组织开展联合国生物多样性十年中国行动，以自然保护区、动物园、植物园、森林公园等为依托，系统性开展生物多样性保护与适应气候变化宣传。积极开展学校、社区综合防灾减灾宣教活动，形成全社会广泛参与的良好局面。

适应气候变化国际合作日益深化。积极参与《联合国气候变化框架公约》等国际谈判与历次政府间气候变化专门委员会（IPCC）评估报告编制，发挥建设性作用，推动国际社会坚持减缓与适应并重，强化全球适应气候变化行动。与有关国家共同发起全球适应委员会，促进大规模适应气候变化行动和伙伴关系，加强适应气候变化国际合作，宣传推介我国适应气候变化经验和典型案例，讲好中国适应气候变化故事。积极推动适应气候变化南南合作，向埃塞俄比亚、玻利维亚、乌拉圭等国赠送微小卫星和气象机动站等设备，帮助其他发展中国家提高适应气候变化能力，彰显负责任大国形象。

第三节 机遇和挑战

从国际看，世界正经历百年未有之大变局，全球气候治理成为凝聚各国力量、推动构建人类命运共同体的重要领域，积极防范和抵御气候风险、提高适应气候变化能力成为全球共识。近年来，极端高温、干旱、强降雨、森林大火等极端天气气候事件和灾害频发、多发，引发全球普遍关注，进一步凸显适应气候变化的重要性与紧迫性。

从国内看，党的十八大以来，在以习近平同志为核心的党中央坚强领导下，我国坚定实施积极应对气候变化国家战略，全力推动绿色低碳发展，成为全球生态文明建设的重要参与者、贡献者和引领者。2020 年 9 月，国家主席习近平在第七十五届联合国大会一般性辩论上郑重宣布，我国将力争于 2030 年前实现碳达峰、2060 年前实现碳中和，这是中国基于推动构建人类命运共同体的责任担当和可持续发展的内在要求作出的重大战略决策。党中央、国务院发布《关于完整准确全面贯彻新发展理念做好碳达峰碳中和工作的意见》，出台《2030 年前碳达峰行动方案》，构建“1+N”政策体系，形成了全社会扎实推进碳达峰碳中和、积极应对气候变化的浓厚氛围。

党的十九大明确气候变化是人类共同面临的非传统安全威胁之一。《中华人民共和国国民经济和社会发展第十四个五年规划和 2035 年远景目标纲要》明确提出要加强全球气候变暖对我国承受力脆弱地区影响的观测和评估，提升城乡建设、农业生产、基础设施适应气候变化能力，对下一阶段适应气候变化工作提出了新的要求。经济转型升级和科技创新进步催生的新型基础设施和新技术，丰富了适应气候变化的手段，为强化适应气候变化工作提供了有利条件。

当前和未来一段时期我国适应气候变化工作仍面临诸多挑战。一是对气候变化影响和风险的分析评估不足，对气候变化直接和间接威胁自然生态系统和经济社会系统的复杂性、广域性和深远性的认识亟待提升。二是适应气候变化治理体系有待完善，适应气候变化工作尚未全面纳入相关部门、地方工作重点，也未形成气候系统观测—影响风险评估—采取适应行动—行动效果评估的工作体系。三是现有适应气候变化行动力度仍不足以支撑高质量发展和美丽中国目标实现，重点领域、区域适应气候变化能力仍有待提升。四是适应气候变化基础性工作欠账较多，相关理论研究与技术研发相对薄弱，知识和经验供给仍不充分，全社会适应气候变化意识和能力仍有较大提升空间。

第二章　总体要求

第一节　指导思想

以习近平新时代中国特色社会主义思想为指导，全面贯彻党的十九大和十九届历次全会精神，深入贯彻习近平生态文明思想，按照党中央、国务院决策部署，紧紧围绕统筹推进“五位一体”总体布局和协调推进“四个全面”战略布局，坚持以人民为中心的发展思想，完整、准确、全面贯彻新发展理念，统筹发展与安全，实施积极应对气候变化的国家战略，坚持减缓和适应并重，把握扎实开展碳达峰碳中和工作契机，将适应气候变化全面融入经济社会发展大局，推进适应气候变化治理体系和治理能力现代化，强化自然生态系统和经济社会系统气候韧性，构建适应气候变化区域格局，有效应对气候变化不利影响和风险，降低和减少极端天气气候事件灾害损失，助力生态文明建设、美丽中国建设和经济高质量发展，为实现中华民族伟大复兴作出积极贡献。

第二节　基本原则

主动适应，预防为主。充分认识强化适应气候变化行动的重要性和紧迫性，主动投入、积极作为，利用有利因素、防范不利因素，最大限度采取趋利避害的适应行动。坚持预防为主，树立底线思维，提升自然生态系统和经济社会系统气候韧性，努力防范和化解气候变化的不利影响和风险。

科学适应，顺应自然。科学评估气候变化影响和风险，基于经济社会发展状况和资源环境承载能力，采取合理有效的适应举措。将基于自然的解决方案与适应气候变化有机结合，通过加强生态系统保护、修复和可持续管理，有效发挥生态系统服务功能，增强气候变化综合适应能力。

系统适应，突出重点。将适应气候变化与生态文明建设、美丽中国建设和经济高质量发展相关部署有机衔接，逐步形成全社会、各领域、各区域积极适应气候变化的局面。聚焦气候敏感脆弱领域和关键区域，重点开展适应气候变化行动，提升重点领域和重大战略区域适应气候变化水平。

协同适应，联动共治。坚持适应和减缓协同并进，优先采取具有减缓和适应协同效益的行动举措。统筹考虑国内和国际、全局和局部、远期中期近期之间的关系，强化协调联动和资源共享，强化信息互通和交流互鉴，推动多主体参与，形成适应气候变化工作合力。

第三节　主要目标

到 2025 年，适应气候变化政策体系和体制机制基本形成，气候变化和极端天气气候事件监测预警能力持续增强，气候变化不利影响和风险评估水平有效提升，气候相关灾害防治体系和防治能力现代化取得重大进展，各重点领域和重点区域适应气候变化行动有效开展，适应气候变化区域格局基本确立，气候适应型城市建设试点取得显著进展，先进适应技术得到应用推广，全社会自觉参与适应气候变化行动的氛围初步形成。

到 2030 年，适应气候变化政策体系和体制机制基本完善，气候变化观测预测、影响评估、风险管理体系基本形成，气候相关重大风险防范和灾害防治能力显著提升，各领域和区域适应气候变化行动全面开展，自然生态系统和经济社会系统气候脆弱性明显降低，全社会适应气候变化理念广泛普及，适应气候变化技术体系和标准体系基本形成，气候适应型社会建设取得阶段性成效。

到 2035 年，气候变化监测预警能力达到同期国际先进水平，气候风险管理和防范体系基本成熟，重特大气候相关灾害风险得到有效防控，适应气候变化技术体系和标准体系更加完善，全社会适应气候变化能力显著提升，气候适应型社会基本建成。

第三章　加强气候变化监测预警和风险管理

加强气候变化观测网络建设，强化监测预测预警和影响风险评估，提升气候风险管理和综合防灾减灾能力。

第一节　完善气候变化观测网络

完善大气圈观测网络。建立气候观测系统需求动态评估机制，建设对大气圈基本气候变量的长期、稳定、连续观测系统，形成完整的大气圈三维立体观测能力。升级以卫星、雷达为主的观测设备和“地空天”协同观测技术，提高观测自动化、智能化水平。健全观测质量管理体系，提升观测精度和数据质量。推进青藏高原气候系统综合观测能力建设。

建设多圈层及其相互作用观测网络。建立部际协调机制，统筹资源，统一布局，共同建设集约、协同、高效的多圈层观测系统。推进青藏高原地表多圈层作用观测网络建设，开展冰川、多年冻土、积雪、湖泊、生态系统等连续监测，完善我国高寒区气候环境变化观测系统。构建岸基、海基、空基、天基一体化的海洋和气象综合观测系统及相应的配套保障体系，实现全球关键海区海洋和气候要素的实时监测。加强生态系统观测，开展人类活动排放、下垫面变化以及重要人工生态系统变化等观测。到 2025 年，实现我国所有气候区主要气候变量观测全覆盖。到 2035 年，构建起具有高时空分辨率、观测要素齐备的“地空天”一体化国家气候观测网，对全球天气气候事件的监测率大幅提高。

专栏 1　气候及气候变化观测网

建设结构完善、布局合理、功能完备、业务规范、流程科学、运行稳定可靠的基准辐射观测、大气本底观测、臭氧立体观测、温室气体及碳监测、青藏高原冰冻圈与生态系统观测站网。加强气象探测环境建设和保护。到 2025 年，着力加强全球气候变暖对我国承载力脆弱地区影响的观测能力建设，增强对基本气候变量的观测能力，强化温室气体观测能力，实现全国全部气候区及关键气候变量观测全覆盖。到 2035 年，提升全球气候变化及其影响监测能力，基于气候观测系统需求动态评估，持续优化调整国家天气、气候观测网的结构、布局和功能。

第二节　强化气候变化监测预测预警

提升气候系统监测分析能力。依托多圈层多源观测资料和基础数据产品，完善定量化监测指标体系，规范区域气候变化监测技术方法，开展对气候系统变化事实和主要天气气候事件的全过程监测。加强全球气候变暖对我国典型脆弱地区影响的监测。开展西北干旱半干旱地区、黄河流域与长江流域重点生态区的水文水资源、植被覆盖、荒漠化等动态监测。强化人类社会经济活动气候环境效应监测。聚焦生态保护和修复，加强气象灾害、气候变化对生态安全影响监测。

提高精准预报预测水平。深化气候系统多圈层、多时间尺度相互作用及其影响的机理研究。研发天气气候一体化数值预报系统，开展精细化网格预报预测。提高对全球范围臭氧、气溶胶、植被生态过程等的模拟和预测。加强东亚季风、厄尔尼诺 / 南方涛动、热带大气季节内振荡等预测能力，实现提前 1 月预报重大天气过程、提前 1 年预测全球气候异常。构建年代际气候预测系统，提高对未来 10 至 30 年的气候预测水平。到 2035 年，形成以无缝隙全覆盖、智能数字为主要特征的天气气候预报预测完整业务体系。

强化极端天气气候事件预警。开展重大极端天气气候事件归因分析，发展极端天气气候事件和复合型灾害预测预警技术。建设气候变化风险早期预警平台和分灾种气象灾害监测预报预警系统，提升极端天气气候事件和中小河流洪水、山洪灾害、地质灾害、森林草原火灾等预警准确率、精细度和提前量，实现提前 1 小时预警局地强天气、提前 1 周预报灾害性天气，强化预警信息发布和风险防范。到 2035 年，预报预测准确率和精细化程度达到国际先进水平。

第三节　加强气候变化影响和风险评估

提升评估技术水平和基础能力。推进气候变化数据中心体系建设，建立涵盖多圈层及人类活动的大数据共享平台，实现气候变化及其社会经济影响数据联通共用。制作全球百年以上气温、降水等关键气候变量分析产品，研制基于地面观测和卫星遥感的全球及中国区域多圈层长时间序列气候数据集并向社会开放。开展气候变化影响和风险归因定量分析，建立气候变化及其影响和风险、气候承载力评估指标体系和技术体系。建立气候变化适应效果评价技术标准。

加强敏感领域和重点区域气候变化影响和风险评估。推进面向重点领域和气候敏感行业的定量化、动态化气候变化影响和风险评估。推动将温室气体排放管控及应对气候变化要求纳入环境影响评价。开展风能、太阳能等气候资源普查、区划、监测和精细化评估。加强重大规划、重大工程建设气候可行性论证。提升青藏高原等重点脆弱地区和重大战略区域气候变化影响和风险评估能力。强化城市和城市群气候变化风险评估。到 2035 年，建成较为健全的涵盖自然生态、经济社会等多领域和覆盖我国承受力脆弱地区的气候变化影响和风险评估体系。

第四节　强化综合防灾减灾

强化灾害风险管理理念。加强全球气候变化对自然灾害孕育、发生、发展及其影响机理研究，把握气候变化引起的自然灾害新特点与演变趋势，树立灾害风险管理和综合减灾理念，坚持以防为主、防抗救相结合，坚持常态减灾和非常态救灾相统一，努力实现从注重灾后救助向注重灾前预防转变、从应对单一灾种向综合减灾转变、从减少灾害损失向减轻灾害风险转变，全面提升灾害综合防范和适应气候变化能力。

强化防范化解重大风险。加强气候变化影响下灾害综合风险监测预警和评估制度建设，强化灾害综合风险形势会商研判，提升多灾种、灾害链风险综合监测评估预警能力。有效衔接常态化灾害隐患排查与周期性综合风险普查，开展动态风险评估，更新自然灾害风险区划和综合防治区划，强化与相关规划的融合。推动重点行业领域健全风险管理体系，在重大工程安全风险评估中，强化气候变化影响和风险评估，制定落实风险管控措施。

强化自然灾害综合治理。针对气候变化影响调整防灾减灾部署，重点加强气候灾害加重地区和灾害风险可能发生显著变化区域的综合治理。改善城乡防灾基础条件，提升城市重要建筑、基础设施系统和基层防灾能力及标准，加强城市灾害综合治理，逐步实施农村抗灾能力提升计划，推进高风险地区移民搬迁。优化重大基础设施空间布局，严格限制高风险区域建设活动。积极推进智能化防控技术应用，提升极端条件下抗损毁和快速恢复能力。

强化应急机制和处置力量建设。完善应急响应机制，不断优化灾害应急响应救援扁平化组织指挥模式、防范救援救灾一体化运作模式。立足“全灾种、大应急”，全面提升国家综合性消防救援队伍的正规化、专业化、职业化水平。加大先进适用装备配备力度，加强新技术应用，提高极端天气气候事件下综合救援能力。充分利用国家相关部门、地方政府和企业所属各类专业化救援力量。推动社会应急力量有序参与防灾减灾和应急处置工作。

第四章　提升自然生态系统适应气候变化能力

统筹推进山水林田湖草沙一体化保护和系统治理，全方位贯彻“四水四定”原则，统筹陆地和海洋适应气候变化工作，实施基于自然的解决方案，提升我国自然生态系统适应气候变化能力。

第一节　水资源

构建水资源及洪涝干旱灾害智能化监测体系。优化水文等监测站网体系布局，完善大江大河及其重要支流、中小河流、中小型水库等重点监测体系，提升地下水、取水计量、河湖生态流量、水土保持等监测能力。实施国家基本水文站提档升级，推广新型监测手段应用，扩大实时在线监测范围，提升水安全智能监测感知能力。推进数字孪生流域建设，推进空天地一体化的流域全覆盖监测，推进西部高寒区冰川、冻土、积雪和水资源涵养区的水文监测体系建设。到2035年，江河湖泊流域防洪减灾的监测、预报、预警、预演、预案和防洪调度水平大幅提升，水安全保障智慧化水平大幅提高。

推进水资源集约节约利用。深入实施国家节水行动，建立水资源刚性约束制度，严控水资源开发利用上限，全面建设节水型社会，推动用水方式进一步向节约集约转变。健全节水标准和用水定额体系，完善水价形成机制，推进用水权市场化交易和水资源税改革，深入推进农业水价综合改革。强化水资源刚性约束，实施最严格的水资源管理制度，健全省、市、县三级行政区用水总量和强度控制指标体系，坚决遏制不合理用水需求。到2025年，水资源刚性约束制度基本建立，水资源利用效率和效益大幅提高，全国用水总量控制在6400亿立方米以内，万元国内生产总值用水量较2020年下降16%。到2035年，节水型社会全面建成，全国用水总量控制在7000亿立方米以内，水资源节约和循环利用达到世界先进水平。

实施国家水网重大工程。立足流域整体和水资源空间配置，加强重大水资源工程建设，提高水资源优化配置能力。推进重大引调水工程建设，推进南水北调后续工程高质量发展，实施跨流域跨区域重大引调水工程，加强重点水源和区域供水工程建设，全面提高水资源统筹调配和供水安全保障能力。多措并举建设应急备用水源，提高应对特大干旱、突发水安全事件的能力。加快大中型灌区续建配套和现代化改造，推进城乡供水一体化、农村供水规模化发展及小型供水工程标准化改造。到2025年，水资源配置工程体系更加完善，全国规模化供水工程覆盖农村人口的比例达到55%，农村自来水普及率达到88%。到2035年，经济社会发展与水资源承载能力基本协调，城乡供水保障能力明显增强。

完善流域防洪工程体系与洪水风险防控体系。加强江河湖泊治理，开展堤防达标建设和河道整治，提高河道泄洪能力。加快控制性枢纽工程建设，实施病险水库水闸除险加固，加强流域水库群联合调度，增强洪水调控能力。加快蓄滞洪区布局优化调整与建设，确保分蓄洪区分蓄洪功能。加强山洪灾害防治、城市防洪能力建设等，补齐防洪短板弱项。充分考虑气候变化引发的极端天气气候事件影响和防洪形势变化，科学提高洪水防御工程标准，提高洪水风险防控能力。到 2035 年，江河湖泊流域防洪减灾体系基本完善，防灾减灾能力显著增强。

强化大江大河大湖生态保护治理能力。加大江河湖泊保护治理力度，统筹做好水土保持、地下水超采治理、受损河湖生态修复等工作，保护和扩大河湖生态空间。科学治理水土流失，提升水土保持率，强化黄河中游、长江上游、东北黑土区等重点区域治理。实施水系连通及水美乡村建设。以水资源超载区、水生态脆弱区、水生态退化区为重点，以流域为单元，加强大江大河和重要湖泊生态保护治理，强化河湖生态流量保障。严控地下水开发强度，多渠道增加水源补给，持续推进地下水超采综合治理。到 2025 年，重点河湖基本生态流量达标率达 90% 以上，全国水土保持率提高到 73% 以上。到 2035 年，水生态空间得到有效保护，水土流失得到有效治理，河湖生态水量得到有效保障，美丽健康水生态系统基本形成。

第二节　陆地生态系统

构建陆地生态系统综合监测体系。持续进行全国范围内自然资源与生态状况调查监测，以第三次全国国土调查成果为底图，统筹开展森林、草原、湿地、海洋、土壤、冻土、岩溶、冰川、荒漠综合调查监测，构建植被物候、野生动物及其栖息地保护监测评估体系，开展水土流失、荒漠化、沙化、石漠化等调查监测评价，加强重点生态功能区、生态保护红线及重点违法领域的监管。以自然资源科学和地球系统科学为理论基础，建立以自然资源分类标准为核心的自然资源调查监测标准体系。以空间信息、人工智能、大数据等先进技术为手段，构建高效的自然资源调查监测技术体系。依托基础测绘成果和各类自然资源调查监测数据，建立自然资源三维立体时空数据库和管理系统，实现调查监测数据集中管理。

建立完善陆地生态系统保护与监管体系。逐步形成以国家公园为主体、自然保护区为基础、各类自然公园为补充的自然保护地分类系统，显著提高管理效能和生态产品供给能力，使自然保护地规模和管理达到世界先进水平，总面积达到陆域国土面积 18% 以上。加强适应气候变化的林草种质资源保存库建设，保护珍稀濒危和特有林草植物种质资源。推动出台《生态保护补偿条例》，健全生态保护补偿制度，加大自然生态系统保护。落实国家生态系统保护相关法律法规，明确属地管理责任，依法严格实施生态保护监管工作，加强自然保护地和生态保护红线监管，加大生态破坏问题监督和查处力度，持续推进自然保护地“绿盾”专项行动，严厉查处和遏制各类违法违规行为。

加强典型生态系统保护与退化生态系统恢复。持续增加森林资源总量，强化天然中幼林抚育，开展退化次生林修复，提高人工林树种多样性。努力转变草原畜牧业生产方式，修复退化草原。开展湿地修复，提升重要湿地生态功能。建立荒漠化、水土流失、石漠化等退化生态系统的恢复治理技术体系，加强沙区天然植被保护。到2035年，森林覆盖率达到26%，草原综合植被盖度达到60%，湿地保护率提高到60%，75%以上的可治理沙化土地得到治理。提升对冰川冻土的关注与保护力度，规范冰川旅游开发，制定冰川冻土专门保护政策。实施历史遗留废弃矿山生态修复示范工程，改善区域生态状况，提升生态系统质量和服务功能。针对重要生态系统保护和修复需求，科学开展重点区域生态修复型人工影响天气活动，推动生态保护修复治理能力现代化。统筹推进山水林田湖草沙一体化保护和系统治理，权衡保护和利用的关系，合理进行整体保护、系统修复、综合治理。

提升灾害预警、防御与治理能力。严格管控野外火源，建立完善全国森林草原火险综合预警体系，全面提升森林草原火灾风险识别能力，实现重点区域火情瞭望率达到95%以上。提高生物病虫害检疫监管能力，建立生物病虫害监测预警站点网络体系，推广生物防治、生态调控等绿色防控技术。制定完善外来入侵物种名录和管理办法，严格外来物种引入审批，强化引入后使用管控，加强对重点区域外来入侵物种的调查、监测、预警、控制、评估、清除以及生态修复等工作。推动林草火灾、低温冰雪、生物病虫害与生物入侵等灾害的保险制度设计，转移分散生态系统灾害风险，提升灾后恢复能力。加强沙尘暴灾害预测预报监测能力建设，强化沙尘暴区沙化土地状况调查监测，增加地面站点布设，全面开展综合监测，提升沙尘暴灾害预警预测预报的精准性和应急处置能力。

实施生态保护和修复重大工程规划与建设。以国家重点生态功能区、生态保护红线、国家级自然保护地等为重点，突出对国家重大战略的生态支撑，扎实推进生态保护和修复重大工程建设。实施《全国重要生态系统保护和修复重大工程总体规划（2021-2035年）》以及国家公园等自然保护地建设及野生动植物保护、生态保护和修复支撑体系重大工程专项建设规划，加强青藏高原生态屏障区、黄河重点生态区（含黄土高原生态屏障）、长江重点生态区（含川滇生态屏障）、东北森林带、北方防沙带、南方丘陵山地带、海岸带生态保护和修复，全面提升国家生态安全屏障质量，提高生态系统质量和稳定性，保护和恢复生物多样性。

加强陆地生态系统生物多样性保护。建立国家层面的生物多样性监测保护网络，对生物多样性保护优先区域开展本底调查与评估。健全生物多样性保护和监管制度，确保重要生态系统、生物物种和生物遗传资源得到全面保护，提高各类生态系统的稳定性。不断完善生物多样性保护政策法律体系和生物资源可持续利用机制，形成统一、有序的全国生物多样性保护空间格局。

第三节　海洋与海岸带

完善海洋灾害观测预警与评估体系。完善海洋观测预报体系，加强近海及沿岸地区重大气候灾害早期预测、预警和风险综合评估，提高重大海洋灾害、极端天气气候事件和沿海城市洪涝风险预警能力，持续加强海平面变化的监测和评估。建立健全海洋生态预警监测体系，开展业务化海洋生态调查、监测、评估和预警，强化赤潮、浒苔绿潮等生态灾害监测预警。

提升海岸带及沿岸地区防灾御灾能力。加强气候变化大背景下海平面上升等导致的海洋灾害风险防范，推动沿海城市强化适应气候变化和防灾减灾能力建设。加强沿海城市防灾减灾硬件建设，构建更具韧性的海岸带综合防护体系，到 2035 年，全面消除沿海地区重点防洪城市严重易涝积水区段。强化沿海重大工程除险加固措施，更新完善沿海堤坝、公路、电厂、机场、港口码头等工程应对气候灾害设计标准。

加强沿海生态系统保护修复。继续完善海洋自然保护地建设，推进典型海岸带生态系统一体化保护与修复，到 2035 年，滨海湿地整治修复面积约 5 万公顷，沿海防护林基干林带达标率不低于 98%。加强海岸线保护与修复，到 2025 年岸线整治修复长度约 400 公里，大陆自然岸线保有率不低于 35%，到 2035 年岸线整治修复长度约 1200 公里。实施海洋生态保护修复工程，改善海洋生态环境质量，提升海洋生态碳汇能力。坚持稳定并严格执行海洋伏季休渔制度，推进实施海洋渔业资源总量管理制度，加强渔业执法监督检查，强化海洋渔业资源保护，促进海洋渔业资源可持续利用。

持续改善海洋生态环境质量。系统推进美丽海湾保护与建设，加强陆海统筹的综合治理、系统治理和源头治理，持续改善近岸海域环境质量。严格实施海洋自然保护地和生态保护红线监管，加强海洋生物多样性保护和外来物种管控，进一步削减河流入海污染物，探索开展海上绿色养殖，布局海洋酸化和缺氧监测，缓解气候变化下富营养化、海洋酸化和缺氧等生态环境风险恶化的趋势，提升海洋生态系统质量、稳定性及气候韧性。到2025年，海洋生态环境质量持续稳定改善，近岸海域水质优良比例达到79%左右。到2035年，海洋生态环境质量实现根本好转，海洋生态系统防灾减灾水平有效提升。

专栏2　海洋与海岸带生态系统重点工程

海湾生态环境综合治理工程：巩固深化渤海综合治理成果，实施长江口—杭州湾、珠江口邻近海域综合治理行动，以上述海域存在的突出生态环境问题为导向，坚持精准治污、科学治污、依法治污，深入实施陆海统筹的综合治理、系统治理、源头治理。重点推进黄渤海区、长三角区、海峡西岸区、粤港澳大湾区、北部湾区、南海岛礁区等的美丽海湾示范建设，探索增强气候韧性与减污降碳协同增效。

海岸带生态系统保护和修复工程：以海岸带生态系统结构恢复和服务功能提升为导向，兼顾强化海岸带生态系统适应气候变化能力水平，立足海岸带重点海洋生态区，全面保护自然岸线，开展退围还海还滩、岸线岸滩修复、河口海湾生态修复、红树林、珊瑚礁、柽柳等典型海洋生态系统保护修复，加强互花米草等外来入侵物种灾害防治。重点提升粤港澳大湾区和渤海、长江口、黄河口等重要海湾、河口生态环境，推进陆海统筹、河海联动治理，促进近岸局部海域海洋水动力条件恢复；维护海岸带重要生态廊道，保护生物多样性；恢复北部湾典型滨海湿地生态系统结构和功能；保护海南岛热带雨林和海洋特有动植物及其生境，加强水生态保护修复，提升海岸带生态系统服务功能和防灾减灾能力。

第五章　强化经济社会系统适应气候变化能力

防范气候风险从自然生态系统向经济社会系统的传递，以对气候变化影响敏感的关键领域为抓手，坚持减缓、适应与可持续发展协同理念，增强我国经济社会系统气候韧性。

第一节　农业与粮食安全

优化农业气候资源利用格局。开展农业气候资源动态评估和精细区划，调整优化产业布局、种植结构和作物品种配置，合理规划调整农产品贸易格局。中高纬度适度提高复种指数，北扩喜温作物，调整作物品种熟性；低纬度地区扩大冬种规模，充分挖掘农业生产潜力。选育高产优质抗逆作物、畜禽水产和林果花草适应性良种。开展气候友好型低碳农产品认证，开发地方特色地理标志农产品，促进农民增收。

强化农业应变减灾工作体系。针对旱涝、低温冻害、高温热害、风雹等极端天气气候事件导致农业灾害发生与危害的新特点，健全灾害监测预警和响应机制，完善灾害诊断技术与标准。编制不同区域、不同灾种和农业物种的减灾预案，提高防护标准，加强防灾减灾物资储备。发展农田智能化排灌、气候适应型作物、林果应变栽植和畜禽、水产健康养殖技术体系，推广节水灌溉、旱作农业、抗旱保墒、排涝去渍等适应技术。加强农业生产者和经营者防灾减灾与适应技术培训。

增强农业生态系统气候韧性。坚持农业发展生态优先，加强水土保持与生态防护，在适宜地区推广保护性耕作，发展混林农业和山区立体农业，推广合理的间作套作体系。根据气候变化引起的生态关系改变和病虫害新特点，推进农药减量增效，推行统防统治与绿色防控技术。做好外来入侵生物防控，保护农业生物多样性。推进化肥减量增效，集成推广科学施肥技术。加强耕地质量建设，实施耕地保护与质量提升行动计划，增加土壤有机质，提升土壤肥力。加强适应气候变化的种质资源保护基地和种子库建设，保护农业动植物濒危物种。保护传统农业文化遗产，优化农田景观设计，提升农业生态系统服务功能。

建立适应气候变化的粮食安全保障体系。落实“藏粮于地、藏粮于技”战略，根据农业气候资源和气候相关灾害时空分布的改变，调整农业基础设施建设布局。建立完善国内外主产区粮食产量和生产潜力监测、预测、供需及风险预估系统。加强耕地保护与质量建设，坚守 18 亿亩耕地红线，落实最严格的耕地保护制度，加强耕地用途管制，实施永久基本农田特殊保护。推进高标准农田建设，到 2025 年建成高标准农田 10.75 亿亩。大力发展气候智慧型农业，提高农业综合生产能力。强化农业适应气候变化技术创新，实现农业适应气候变化颠覆性技术的突破，在农业主产区建立适应气候变化技术示范基地。完善农业气象服务体系和风险分担机制，逐步推广天气指数保险，探索农业巨灾保险机制。

专栏3　农业与粮食系统适应气候变化专项行动

开展农业适应气候变化技术示范：2025年，结合国家农业高新技术产业示范区、国家现代农业科技示范展示基地等建设，在气候变化影响的典型敏感脆弱区开展种植业适应气候变化技术示范，建设国家级示范基地。2035年，结合国家农业科技园区、国家现代农业科技示范展示基地等建设，建立一批国家级农林牧渔业及养殖业适应气候变化技术示范基地。

开展气候智慧型农业试验示范：2025年，初步构建气候智慧型农作物种植技术体系，在华北、东北等粮食主产区建立一批试验示范基地。2035年，构建完善的气候智慧型农业技术体系，并在全国农业优势产区推广。

开展气候友好型低碳农产品认证：2025年，制定气候友好型低碳农产品认证标准，充分体现适应与减缓的协同效应，选择高附加值经济作物开展气候友好型低碳优质农产品认证试点，在重点农业县市推出具有地方特色的优质气候友好型低碳农产品品牌。2035年，气候友好型低碳农产品认证工作全面推进。

第二节　健康与公共卫生

开展气候变化健康风险和适应能力评估。研究制定气候变化健康风险评估方案和指南，建立全面性、经常性评估机制，有效厘清和识别气候变化健康风险及脆弱人群。基于气候变化健康风险评估结果，充分考虑各地区气候特征和脆弱人群健康风险暴露水平，开展医疗卫生系统及重点脆弱人群适应气候变化能力评估，制定适应能力提升计划。

加强气候敏感疾病的监测预警及防控。加强部门联动和数据共享，充分整合利用新技术，完善气候敏感疾病和人兽共患病的监测网络和数据报告系统，加强实时监测、检疫和早期预警，有效提升鼠疫、登革热、乙脑等重点传染病和心血管疾病、呼吸系统疾病等慢性非传染病的监测和预警能力。加强对气候敏感疾病和极端天气气候事件下健康风险的防控规划，制定应急预案、应急救治管理办法，提高卫生应急能力。提高高温热浪等极端天气气候事件环境下作业的劳动防护标准。

增强医疗卫生系统气候韧性。在加快优质医疗资源扩容和区域均衡布局中，充分考虑气候敏感疾病和极端天气气候事件引发的健康风险。建立健全国家公共卫生应急物资与医疗物资储备体系，提升制药与医疗器械生产系统的应急产能储备，保障流动应急医疗设备的研发和配备。推进医疗卫生系统能源资源管理信息化建设。建立针对气候敏感疾病的分级分层急救、治疗、护理与康复网络。建立针对极端天气气候事件的心理健康和精神卫生服务体系。

全面推进气候变化健康适应行动。制定并实施气候变化健康适应行动方案，全面提升气候变化和极端天气气候事件下健康适应水平。开展气候变化健康适应城市、乡村、社区、重点场所（学校、医院、养老机构等）行动试点，总结可推广的适应模式。建立气候变化与健康专家咨询委员会、技术联盟、重点实验室等平台，加强气候变化及极端天气气候事件下健康风险与应对的基础性和应用性研究。通过多种形式开展气候变化和极端天气气候事件健康风险的宣传教育，提供气候变化条件下重点人群的保健与营养指南，提升公众认知水平及适应气候变化能力。

专栏 4　气候变化健康适应专项行动

开展气候变化健康适应专项研究：2025 年，针对气候变化及高温热浪、洪涝灾害等主要极端天气气候事件，开展健康影响研究，厘清极端天气气候事件的主要健康风险、脆弱地区和脆弱人群特征，建立适应策略、技术和措施等。2035 年，针对气候变化和主要极端天气气候事件，开展适应策略和技术基础性、应用性研究，形成气候变化和主要极端天气气候事件适应策略、技术和方案。

研制气候变化和极端天气气候事件健康风险评估指南、标准与适应实施方案：2025 年，制定我国气候变化健康风险评估指南、标准与适应实施方案。2035 年，制定我国不同地区主要极端天气气候事件如高温热浪、洪涝灾害与极寒天气等健康风险的评估指南、标准与适应实施方案。

开展气候变化和极端天气气候事件健康适应行动示范：2025 年，结合我国各地气候、生态环境和人群特征等因素，建立气候变化和极端天气气候事件健康适应的城市、农村、社区、重点场所（学校、医院、养老机构等）行动试点，总结适应模式，编制气候变化健康风险人群的保健与营养指南。2035 年，在全国范围内全面推广实施气候变化和极端天气气候事件健康适应的城市、社区、农村、重点场所（学校、医院、养老机构等）行动，各地适应气候变化能力显著提升。

第三节 基础设施与重大工程

加强基础设施与重大工程气候风险管理。结合物联网、大数据和人工智能等新一代信息技术，加强基础设施与重大工程气候变化影响监测和风险预警，有效监控薄弱环节和各类风险点，动态评估风险等级与强度。实施基础设施与重大工程气候变化风险区划，因地制宜、分类施策，形成“实时监测—信息传递—风险评估—动态调度—效果分析”的全链条风险管理体系。

推动基础设施与重大工程气候韧性建设。加强韧性交通基础设施建设，将温室气体排放管控及适应气候变化要求有效融入交通基础设施建设过程，到2035年，基本建成现代化高质量国家综合立体交通网。构建数字化、网络化、智能化的智慧水利体系，提升应对不同等级和不同强度的水灾害能力。加强能源基础设施正常运行保障，提高耐受风暴潮、高温、冰冻等极端天气气候事件能力。通过“能源+气象”信息深度融合，提升能源供应安全保障水平。将城乡基础设施建设与基于自然的解决方案有机结合，推动城乡基础设施更新改造，建设智慧城市和数字乡村。充分考虑气候变化对重大工程的不利影响，调整工程布局，提高建设和调度运营水平。

完善基础设施与重大工程技术标准体系。基于全生命周期理念，将适应气候变化有效融入基础设施与重大工程技术标准制修订过程。结合气候变化及其影响和风险评估情况，对现行技术标准进行复审，依据复审情况及时修订，逐步完善与气候变化相适应的基础设施与重大工程技术标准体系。结合对中长期气候变化趋势的预估，编制未来工程技术标准调整和修订计划并开展预研究。

突破基础设施与重大工程关键适应技术。重点研发基础设施与重大工程气候影响监测和风险预警技术，提高监测预警能力。交通基础设施领域重点突破冻土消融、低温冰雪和风暴潮等预防技术、产品材料和装置设备研发技术，提升青藏、川藏和滇藏铁路及公路地基稳定性能技术。水利基础设施领域重点研发适应干旱高温、旱涝急转、极端低温等不利工况的耐腐蚀性新型筑坝材料和适应技术。能源工程与电网安全设施重点提升多电网联合并网、消纳和调度技术。城乡基础设施重点提升供水、供电、交通和应急通讯等的综合适应能力技术。

第四节 城市与人居环境

强化城市气候风险评估。科学分析城市气候变化现状，根据区域气候变化趋势预估，识别气候变化对城市社会、经济与生态的主要影响和风险，合理评估城市不同领域、区域和人群的脆弱性。建立健全“一年一体检、五年一评估”的城市体检评估制度。推动地级及以上城市编制城市气候风险地图。

调整优化城市功能布局。充分考虑气候承载力，统筹安排城市建设、产业发展、生态涵养、基础设施和公共服务，合理规划城市布局与功能，遏制可能导致区域气候恶化、灾害风险增大与城市病加剧的无序扩张。城市建筑和基础设施建设项目规划、设计、审批时充分考虑气候变化中长期影响。统筹城乡基础设施和公共服务设施，促进城乡设施联动发展。合理布局公共消防、人防设施以及防灾避险场所，合理配建社区基本公共服务设施，加强无障碍环境建设。

保障城市基础设施安全运行。全面开展城市基础设施普查归档和体检评估，摸清底数、排查风险、找准短板、精准施策。根据气候变化对城市降水、温湿度、风速、地下水位、土壤含水率和地基基础稳定性的影响，制定或修订城市地下工程在排水、通风、墙体强度和地基稳定等方面的建设标准。根据海平面变化情况调整沿海城市相关防护设施的设计要求。推进城市电力电缆通道建设和具备条件地区架空线入地，持续实施城镇老旧燃气管网设施更新改造。推进新型城市基础设施建设，保障基础设施体系化、智能化、绿色化建设和安全稳定运行。

完善城市生态系统服务功能。构建蓝绿交织、清新明亮的复合生态网络和连续完整、功能健全的生态安全屏障，增强生态系统在涵养水源、净化水质、蓄洪抗旱、调节气候和维护生物多样性等方面的服务功能，有效缓解城市热岛效应、内涝和重污染天气等问题。优先实施基于自然的解决方案，严格保护森林、河湖、湿地、草原等重要生态系统，科学规划布局城市绿环绿廊绿楔绿道，持续推进城市生态修复，优化提升城市绿地系统。丰富城市公园类型，构建大中小结合、系统联通、分布均衡、特色鲜明的公园体系，实现“300 米见绿、500 米见园”。

加强城市洪涝防御能力建设与供水保障。建设源头减排、蓄排结合、排涝除险、超标应急的城市防洪排涝体系。系统化全域推进海绵城市建设。到 2025 年，有效应对城市内涝防治标准内的降雨，历史上严重影响生产生活秩序的易涝积水点全面消除，新城区不再出现“城市看海”现象。到 2035 年，各城市排水防涝工程体系进一步完善，排水防涝能力与建设气候适应型城市、海绵城市、韧性城市要求更加匹配。构建城市多水源供水格局，加强供水应急备用水源建设。推进节水型城市建设，控制城市公共供水管网漏损，推进城镇污水资源化利用。

提升城市气候风险应对能力。建立跨部门、跨区域联防联控的常态化管理体系，完善应急处置和救灾响应机制，提升城市气候风险治理科学化、精细化、智能化水平。加强城市极端天气气候事件下老旧楼宇、窨井盖、隧道、桥梁、地下空间、农村危房等承灾体危险源监控、风险排查和隐患治理。建立完善极端天气气候事件信息管理系统和预警信息发布平台，确保预警信息发布可达性、及时性、有效性。推动政务服务平台、社区感知设施和家庭终端联通，发展智能预警、应急救援救护、灾后心理恢复和智慧养老等社区惠民服务。重点提高儿童、孕妇、各类慢性疾病患者、65 岁以上老人、城市贫困人口等脆弱人群的风险防护能力。

专栏 5　城市适应气候变化专项行动

城市群和都市圈：推进城市群和都市圈基础设施互联互通、公共服务互认互享、生态环境共保联治、气候风险联防联控。

气候适应型城市建设试点：针对城市适应气候变化面临的突出问题，分类指导，统筹推进，积极探索符合各地实际的城市适应气候变化建设管理模式。到 2035 年，地级及以上城市全面开展气候适应型城市建设，打造一批人与自然和谐共生的美丽中国样板。

城市防洪排涝：以 31 个重点防洪城市和大江大河沿岸沿线城市为重点，提升改造城市蓄滞洪空间、堤防、护岸、河道、防洪工程、排水管网等防洪排涝设施，因地制宜建设海绵城市，全部消除城市严重易涝积水区段。

县城补短板：推进县城、县级市城区及特大镇补短板，完善综合医院、疾控中心、养老中心、幼儿园、市政管网、市政交通、停车场、充电桩、污水垃圾处理设施和产业平台配套设施。

第五节　敏感二三产业

提升气象服务保障能力。开发基于大数据和人工智能的气象服务产品，打造智慧气象服务新模式，提高气象服务智慧化水平。构建“智能预报 + 气象服务”业务体系，发展商业性气象服务。推动构建覆盖多领域的气象服务保障体系，提升敏感二三产业应对极端天气气候事件及其次生灾害的能力。

防范气候相关金融风险。分步分类建立覆盖各类金融机构和融资主体的气候和环境信息强制披露制度，推动上市公司、发债企业依法披露气候环境信息。健全碳排放信息披露框架，鼓励金融机构披露高碳资产敞口和建立气候相关风险及突发事件应急披露机制。推广金融机构气候风险压力测试，支持银行业、证券业、保险业制定针对气候风险的监管措施和应对方案。鼓励运用金融科技等手段开展气候风险动态管理。鼓励企业与金融机构制定符合碳达峰碳中和目标的转型战略、路径和目标。到 2035 年，气候变化相关风险的预警机制全面推广，金融机构识别、评估和管理气候变化相关金融风险的能力显著增强。

提高能源行业气候韧性。重点针对高温、冰冻、暴雨等极端天气气候事件，开展气候变化对能源生产、运输、存储和分配的影响及风险评估。根据气候资源和能源需求变化，优化能源结构和用地布局。加强极端天气气候事件下输配电系统保护和应急调度，强化电力设备监测和巡视维护，推动储能、智能电网和数字化等技术应用，完善应急预案体系，提高电力基础设施安全风险预测预警、防御应对和快速恢复能力。

发展气候适应型旅游业。完善旅游目的地极端天气气候事件应急处置和游客安全管理制度。识别并评估气候敏感型旅游资源的潜在风险，科学开展古树名木、桥梁、村落、古建筑、遗址遗迹等旅游资源保护的人工干预。科学把握气候变暖机遇，发掘气候资源潜力，合理开发避暑避寒、赏花赏叶、冰雪云雾等气温敏感型旅游观光、科普、度假新业态。鼓励各地实施温湿度指数、风效指数和着衣指数等旅游地气候舒适度指数发布制度。

加强交通防灾和应急保障。推动适应气候变化与交通相结合，健全以气象预警信息为先导的应急联动机制，健全完善极端天气气候事件情况下科学有效的停工、停课、停业、停运制度，建立自然灾害交通防治体系，提高交通防灾抗灾能力。完善交通运输安全风险预警、防控机制，健全交通安全监管体系和搜救打捞系统，建立健全综合交通应急运输管理协调机制和保障预案体系。统筹陆域、水域和航空应急救援能力建设，加强重要区域应急装备、应急通信、物资储运等设施建设，提高重要基础设施防灾减灾水平。

第六章 构建适应气候变化区域格局

考虑各地气候变化、自然条件和经济社会发展状况不同，兼顾气候特征相对一致性和行政区域相对完整性原则，推动构建全面覆盖、重点突出的适应气候变化区域格局。

第一节 构建适应气候变化的国土空间

统筹考虑自然资源分布、资源环境承载能力和气候适应能力，在国土空间规划中充分考虑气候要素，加强气候资源条件、气候变化影响和风险评估，科学有序统筹布局农业、生态、城镇等功能空间，划定耕地和永久基本农田、生态保护红线、城镇开发边界等空间管控边界及各类海域保护线。加强气候影响、灾害综合风险评估信息与国土空间信息融合，丰富全国国土空间规划“一张图”。

完善和落实主体功能区战略，全面提升不同主体功能区的适应能力，保障国土空间安全。城镇空间以降低人口、社会经济和基础设施的气候风险为重点，建设气候适应型城市，提升城市气候风险防控能力。农业空间以增强农业生产适应气候变化能力为重点，保障国家粮食安全和重要农产品供应。生态空间以保护生态环境、增强生物多样性、提供生态产品供给为重点，维护国家生态安全。

第二节 强化区域适应气候变化行动

东北地区 适时调整作物品种布局并适度北扩，辽南地区适当提高复种指数。防控虫害北扩。实施国家黑土地保护工程，建立病黑土地保护长效机制，巩固国家粮食安全压舱石地位。统筹规划重点水源与水资源配置工程，缓解中西部缺水。加强生态修复与林草防火，保护生物多样性和珍稀候鸟栖息湿地。发展生态旅游，建成全国最大避暑及世界级冰雪旅游目的地。针对春旱夏涝、冬季极寒、西部风沙和台风路径奇异等灾害新特点，加强监测预警，提高风险管控能力。根据冬季变暖程度调整建筑和交通工程布局，修订技术标准。

华北地区 落实水资源刚性约束要求，建设节水型社会，开发利用非常规水源，推进华北地区地下水超采综合治理，改善水生态环境。加强极端天气气候事件监测预警，完善应急预案和响应，修订防灾工程技术标准，提高防洪排涝和调蓄抗旱能力。推广节水灌溉与农艺，防控有害生物入侵蔓延，构筑农业减灾与适应技术体系，建成黄淮海平原高产优质农产品、全国最大绿色食品加工制造和优质口粮供应基地。加强气候变化健康影响监测，防控媒传疾病北扩。健全突发公共卫生事件社区应急管理机制。牧区强化草畜平衡管理，加强草地防火和鼠虫害防治。统筹推进林草植被恢复、京津风沙源综合治理等重点任务，建成生态农牧业与旅游产业体系和生态屏障绿色长城。

华东地区　坚持科学规划城市群布局，健全基础设施，提高蓝绿空间占比，创建气候适应型社区，建设韧性宜居城市。提升台风、内涝、热浪、寒潮、龙卷风与风暴潮监测预警和应急防范能力，推广以水调温减轻高温热浪危害的经验。提高海岸防护标准，控制人工岸线扩张，防控近海赤潮、海水侵蚀与咸潮上溯，提高应对海平面上升与海洋灾害能力。实施基于自然的解决方案，提高黄海滨海湿地与海草床、东南沿海红树林与珊瑚礁保护水平。发展气候智慧型农业，适度扩大双季稻种植，减轻越冬作物湿害与夏季水稻热害。提高海洋经济活动、交通、旅游等气象安全保障水平。

华中地区　加强山区水土保持与水利建设，提高水体及蓄滞洪区联合调度能力，平原加固堤防，清除行洪障碍，完善排灌系统和应急预案。调整建筑物供暖、制冷和劳动保护标准，城市实施立体绿化覆盖，改善住宅隔热、通风与遮荫。适度退田还湖，保护湿地生物多样性。双季稻适度北扩，山区发展立体特色林果，建成南方最大粮油渔高产优质基地。完善疾病防控体系，防控血吸虫等媒传疾病与有害生物北扩。加强脆弱人群气候敏感疾病发病条件监测预警和气象舒适度预测，提高居民健康水平。

华南地区　加强气象与海洋灾害监测预警、风险评估和防护设施建设，减轻台风、风暴潮与赤潮危害。实施基于自然的解决方案，保护南海自然岸线、红树林、珊瑚礁与海洋生物多样性。建成具有世界先进水平的大湾区现代气象业务、服务、科技创新和管理体系并辐射整个华南地区。监控登革热等媒传疾病与生物入侵，加强高温热浪预警与脆弱人群保护气象服务。推广循环高效生态农渔模式，扩大冬种农业生产，建成国际先进种业基地。生物措施与工程措施相结合治理水土流失与石漠化，适度北扩热带亚热带经济林果，振兴山村经济。发展越冬避寒旅游和滨海海洋旅游。

西北地区　黄土高原巩固水土保持成果，推广集雨补灌、覆盖与保护性耕作，提高水分利用效率，防止出现土壤干层。利用热量增加调整作物品种与播期，发展特色林果。保护秦巴山地珍稀物种与南水北调中线水源涵养地，打造山清水秀、宜业宜游的美丽宜居乡村。统筹推进农业节水增效、工业节水减排和城市节水降损。甘新干旱区兴修山谷水库，完善输调水与灌区工程，推进西北区域人工影响天气能力建设，全流域统筹水资源开发利用。建成粮食和棉花、瓜果等优质特色农产品基地。提高防沙治沙水平和灾害监测预警能力，因地制宜发展沙产业。加强融雪性洪水、沙尘暴、暴风雪、热浪、冰川灾害（冰川跃动、冰崩、融水等）等灾害监测预警与应急管理。保护生物多样性与自然遗产，发展特色景观、生态与历史民族文化旅游。

西南地区　加强自然保护区管理，建立缓冲区，限制人类活动干扰。保护濒危物种，建立种子库和基因库，防控生物入侵，必要时迁移保护，建成世界高水平生物多样性保护样板。根据林线上升调整造林与旱季森林防火部署。恢复岩溶山区植被，综合治理石漠化。加强气候敏感生态脆弱地区特色景观、自然遗产、历史文化与民族风俗保护，建成世界知名生态与民族文化旅游地。开展农业气候精细区划，发展高效立体农业，以集雨、拦蓄、提水与节水灌溉等小型工程为主减轻高原冬春干旱，建成特色经济作物优势产区。改善城乡基础设施，加强高原山地基础设施与重大工程建设气候可行性论证，修订工程技术标准。

青藏高原　全面加强高原气候系统与生态环境状况监测。加强水源地生态、冰雪灾害与地质灾害监测预警和应急响应，针对冻土变浅、不稳定和多灾频发，加强气候风险评估与气象保障服务，调整布局与技术标准，确保重大工程与基础设施安全运行。健全高原生态保护体系，建设生态廊道，改善珍稀动物栖息地环境，保护高原生物多样性和藏族生态文化遗产。加强高寒草地保护和气候承载力评估，以草定畜。改善林分结构，防控森林火灾与虫鼠害，综合治理土地沙化与草原退化。调整作物与品种布局，适度扩大河谷平原种植规模和灌溉面积。适度开发生态旅游与民族文化旅游，推广气候敏感产业适应技术，拓宽农牧民生计，加快城市化进程，繁荣发展铁路经济带。

第三节　提升重大战略区域适应气候变化能力

京津冀协同发展战略区域　在区域国土空间规划中深化水资源、气候承载力与环境容量等重要内容，合理配置京津冀人口承载，探索人口经济密集地区优化开发新模式，率先实现气候智慧型经济转型。实施最严格水资源管理政策，实施取用水总量红线预警机制，加强京津冀大城市雨水资源化利用，推动海水淡化产业发展。协调保护和治理生态环境，衔接国土空间规划分区和用途管制要求，严格落实“三线一单”要求。强化极端天气气候事件监测预警，加强防灾减灾协调联动。发挥京津冀科技、教育、文化资源优势，引领全国适应气候变化科学研究与技术研发。2035 年基本建成国际先进的气候适应型宜居城市群。

长江经济带发展战略区域　持续提升长江流域生态环境质量，坚持自然恢复为主，统筹推进水系连通、退耕退养还林还湿等重要生态系统保护修复工程。开展流域水生态系统完整性调查与评价，加强水生生物多样性保护和恢复。保障水资源安全，加强长江流域水资源统一管理和调配，深入开展水工程联合调度，加强重点河湖生态流量保障监测预警，保障河湖生态流量。建立健全生态产品价值实现机制政策制度体系，推动生态产品价值实现。依托长江黄金水道，完善综合立体交通网络，加强铁水、江海联运等各种交通运输方式协调发展和有机衔接，提高支撑畅通国内国际双循环的能力。

粤港澳大湾区战略区域　构建粤港澳生态廊道和生物多样性保护网络，强化自然生态空间用途管制，开展滨海湿地跨境联合保护。优化城市绿道、森林湿地步道等公共慢行系统，建设环境优美的宜居宜业宜游优质生活圈。完善粤港澳三地灾害会商、信息互通、协同处置机制，重点加强对海平面上升、台风与海洋灾害的协同监测、预警和应急响应。扩大珠江上游水库容量，增强枯水季节以淡压咸能力。加强实时高温健康监测，针对不同人群阈值发布高温预警信息，加强气候敏感疾病传播风险监测预警，规划健康行动。统一规划、科学部署粤港澳三地城市绿化空间建设，增加城市湿地、绿地与水体缓解热岛效应。优化城市间高效连接的网络化空间格局，打造充满活力的世界级气候适应型城市群。

长三角一体化战略区域　建立政府间生态环境联合监测、联合执法创新机制，实施城市群横向生态保护补偿、异地开发等行动。加强长三角区域海洋保护地建设，优化生态功能空间布局，提升生态环境品质，打造崇明世界级生态岛。加高加固海堤工程，建设黄浦江口防潮堤工程，防止海平面上升淹没，防控咸潮上溯。推进落实区域风险数据共享、预测预警、联防联控和科研协作等联合行动，建立气候变化风险监测与气候治理技术数字平台，完善高温热浪与气候敏感疾病监测应急响应平台。建立健全应对极端天气气候事件的应急预案和配套制度，提升专业搜救打捞能力，健全应急联动和社会响应体系。建立长三角协调机制，充分发挥规模效应，引领气候智慧型经济转型发展和气候适应型社会构建。

黄河流域生态保护和高质量发展战略区域　全面实施黄河流域深度节水控水行动，推进水资源集约节约利用。精准识别生态空间功能，强化生态恢复和治理，统筹推进山水林田湖草沙一体化保护和系统治理。推动全流域气候变化联网式综合监测评估、精细化预估，深化区域间数据共享与技术合作，提高灾害预警能力。完善公共安全、健康、灾害防范和应急管理等基础设施，做到以防为主、以治为辅。防范气候返贫，上游地区着力生态保护与水源涵养，开发区域特色产业，推进重点生态功能区和欠发达地区生态建设。构建流域一体化的交通路网、基础设施、公共服务系统，全面推动跨区域协同发展和跨产业衔接。

第七章　战略实施

坚持党的全面领导，健全战略实施保障机制，强化科技支撑，促进国际合作，最大程度激发各类主体的活力和创造力，形成全面适应气候变化的积极氛围。

第一节　加强组织实施

强化组织领导。生态环境部负责牵头协调本战略实施工作，研究制定地方适应气候变化行动方案编制指南，协调推动各有关部门、地方强化适应气候变化行动。各有关部门要按照职责分工，进一步细化落实举措，编制本领域适应气候变化行动方案，认真贯彻执行。各省、自治区、直辖市及新疆生产建设兵团生态环境厅（局）要结合本地实际，牵头研究编制省级适应气候变化行动方案，并会同有关部门做好组织实施。

加强机制建设。建立完善适应气候变化相关法律法规和制度体系。强化统筹指导与协调配合，健全适应气候变化协调工作机制，形成适应气候变化政策与行动合力。探索建立国家适应气候变化信息共享机制和平台，推动资源、信息、数据交流共享。建立适应气候变化工作成效评估机制，定期开展适应气候变化政策与行动评估，抓好任务落实和监督检查，分析实施效果，及时研究解决问题。

推动试点示范。综合考虑气候类型、地域特征、城市定位、工作基础等因素，因地制宜，分类指导，深化气候适应型城市建设试点，到 2035 年形成试点城市适应气候变化理念广泛普及、能力显著提升、经验有效推广的良好局面。探索在重点脆弱领域和区域开展适应气候变化相关试点示范行动，总结推广可复制的经验做法。

第二节　加强财政金融支撑

完善财政金融支持政策。构建有利于应对气候变化的财政政策体系。通过碳减排支持工具引导金融机构扩大绿色资金投放。引导银行、证券、保险、基金等商业性金融机构投资气候适应项目建设。加快研究制定转型金融标准，推动金融体系对应对气候变化目标做出系统性响应。

推动绿色金融市场创新。鼓励发展可持续发展挂钩债券、巨灾保险、重点领域气候风险保险等创新型产品，发挥金融市场提供适应气候变化资金的积极作用。完善多元化资金支持适应气候变化机制，引导创业投资基金、私募股权投资基金、信托基金等市场资源，争取国际资金及双边或多边合作的贷款和赠款，投资适应气候变化领域。

构建气候投融资保障体系。开展气候投融资地方试点，建立气候投融资项目库，推动气候投融资模式机制创新。发挥国家产融合作平台作用，引导金融机构精准对接企业融资需求。构建适应投融资保障体系，建立气候风险防范化解机制，强化气候适应数据统计和信息披露。

第三节　强化科技支撑

加强基础科研。组织开展中长期气候变化情景预估和预研究，改进气候变化观测和重建数据质量，精确刻画模拟气候变化关键过程和趋势。系统开展适应气候变化基础研究，加强气候变化监测预警、影响分析和风险评估、脆弱性与适应能力评估等重大问题研究。加强适应气候变化相关标准研究。

加快技术研发推广。加强适应气候变化关键技术研发，推进适应技术集成创新，熟化适应核心技术，构建分领域分产业分区域的适应气候变化技术体系。强化适应气候变化技术成果转化平台建设，开展适应气候变化示范技术遴选，促进适应技术转化推广。开展基于未来长期气候变化情景的适应技术预研究，进行必要的技术储备。

强化科技资源配置。加强重点行业与区域适应气候变化科技资源协同共享，提升科研基础设施和科技平台建设水平，强化适应气候变化科技资源长期性、稳定性、基础性支撑。加强国际、区域间适应气候变化科技交流，推动经验借鉴与信息共享。

第四节　加强能力建设

加强宣传教育。结合重要时间节点，开展适应气候变化主题宣传活动。编制适应气候变化科普教育系列丛书，通过学科教育、课外活动、讲座研讨等方式推动适应气候变化进校园。加强适应气候变化典型案例的经验交流与宣传推广。创新宣传手段和模式，普及适应气候变化理念，引导绿色消费和气候适应型生活方式，同时加强我国适应气候变化措施和成效的对外宣传工作。

加强队伍建设。加强适应气候变化基层人才队伍建设，形成一支政治坚定、业务精通、纪律严明、作风过硬的干部队伍。建立跨领域、多层次的适应气候变化专家库，开展适应气候变化专家帮扶专项行动。定期组织适应气候变化知识和业务培训，提高适应气候变化决策实施能力。

加强公众参与。广泛动员企业、社区、社团、公民积极参与适应气候变化工作，推动适应行动主体多元化。组织形成社区、企业网格化协调机制，发展壮大志愿者队伍，动员全社会力量，形成全社会广泛参与氛围。

第五节　深化国际合作

积极参与多边框架下适应气候变化工作。深入参与《联合国气候变化框架公约》及其《巴黎协定》等主渠道下全球适应治理进程，做好国际国内工作统筹协调。深度参与政府间气候变化专门委员会（IPCC）评估进程，提升我国气候变化科学评估能力。提升救援能力，积极参与气候变化引起的灾害国际人道主义救援行动。加强应对气候变化国际人才培养和交流。

拓宽适应气候变化国际合作机遇。积极参与适应气候变化国际合作，讲好我国适应气候变化故事，提升我国在适应气候变化领域的影响力。进一步拓展与全球适应中心、联合国环境规划署等国际机构的合作领域，加强与发达国家及世界银行、亚洲开发银行、亚洲基础设施投资银行、新开发银行等多边金融机构和绿色气候基金、全球环境基金等履约资金机制的务实合作，强化与其他国际环境公约履约的协同增效，提升适应气候变化能力。

加强适应气候变化南南合作。加强与有关发展中国家政策交流和经验互鉴，开展适应气候变化人才交流培训。加强农业生产、水资源管理、灾害监测预警、基础设施建设等领域适应气候变化的南南合作，在力所能及范围内对最不发达国家、小岛屿国家、非洲国家等受气候变化不利影响严重的发展中国家加大支持力度。

附录 2

中共中央 国务院关于完整准确全面贯彻新发展理念做好碳达峰碳中和工作的意见

实现碳达峰、碳中和，是以习近平同志为核心的党中央统筹国内国际两个大局作出的重大战略决策，是着力解决资源环境约束突出问题、实现中华民族永续发展的必然选择，是构建人类命运共同体的庄严承诺。为完整、准确、全面贯彻新发展理念，做好碳达峰、碳中和工作，现提出如下意见。

一、总体要求

（一）指导思想。以习近平新时代中国特色社会主义思想为指导，全面贯彻党的十九大和十九届二中、三中、四中、五中全会精神，深入贯彻习近平生态文明思想，立足新发展阶段，贯彻新发展理念，构建新发展格局，坚持系统观念，处理好发展和减排、整体和局部、短期和中长期的关系，把碳达峰、碳中和纳入经济社会发展全局，以经济社会发展全面绿色转型为引领，以能源绿色低碳发展为关键，加快形成节约资源和保护环境的产业结构、生产方式、生活方式、空间格局，坚定不移走生态优先、绿色低碳的高质量发展道路，确保如期实现碳达峰、碳中和。

（二）工作原则

实现碳达峰、碳中和目标，要坚持“全国统筹、节约优先、双轮驱动、内外畅通、防范风险”原则。

——全国统筹。全国一盘棋，强化顶层设计，发挥制度优势，实行党政同责，压实各方责任。根据各地实际分类施策，鼓励主动作为、率先达峰。

——节约优先。把节约能源资源放在首位，实行全面节约战略，持续降低单位产出能源资源消耗和碳排放，提高投入产出效率，倡导简约适度、绿色低碳生活方式，从源头和入口形成有效的碳排放控制阀门。

——双轮驱动。政府和市场两手发力，构建新型举国体制，强化科技和制度创新，加快绿色低碳科技革命。深化能源和相关领域改革，发挥市场机制作用，形成有效激励约束机制。

——内外畅通。立足国情实际，统筹国内国际能源资源，推广先进绿色低碳技术和经验。统筹做好应对气候变化对外斗争与合作，不断增强国际影响力和话语权，坚决维护我国发展权益。

——防范风险。处理好减污降碳和能源安全、产业链供应链安全、粮食安全、群众正常生活的关系，有效应对绿色低碳转型可能伴随的经济、金融、社会风险，防止过度反应，确保安全降碳。

二、主要目标

到 2025 年，绿色低碳循环发展的经济体系初步形成，重点行业能源利用效率大幅提升。单位国内生产总值能耗比 2020 年下降 13.5%；单位国内生产总值二氧化碳排放比 2020 年下降 18%；非化石能源消费比重达到 20% 左右；森林覆盖率达到 24.1%，森林蓄积量达到 180 亿立方米，为实现碳达峰、碳中和奠定坚实基础。

到 2030 年，经济社会发展全面绿色转型取得显著成效，重点耗能行业能源利用效率达到国际先进水平。单位国内生产总值能耗大幅下降；单位国内生产总值二氧化碳排放比 2005 年下降 65% 以上；非化石能源消费比重达到 25% 左右，风电、太阳能发电总装机容量达到 12 亿千瓦以上；森林覆盖率达到 25% 左右，森林蓄积量达到 190 亿立方米，二氧化碳排放量达到峰值并实现稳中有降。

到 2060 年，绿色低碳循环发展的经济体系和清洁低碳安全高效的能源体系全面建立，能源利用效率达到国际先进水平，非化石能源消费比重达到 80% 以上，碳中和目标顺利实现，生态文明建设取得丰硕成果，开创人与自然和谐共生新境界。

三、推进经济社会发展全面绿色转型

（三）强化绿色低碳发展规划引领。将碳达峰、碳中和目标要求全面融入经济社会发展中长期规划，强化国家发展规划、国土空间规划、专项规划、区域规划和地方各级规划的支撑保障。加强各级各类规划间衔接协调，确保各地区各领域落实碳达峰、碳中和的主要目标、发展方向、重大政策、重大工程等协调一致。

（四）优化绿色低碳发展区域布局。持续优化重大基础设施、重大生产力和公共资源布局，构建有利于碳达峰、碳中和的国土空间开发保护新格局。在京津冀协同发展、长江经济带发展、粤港澳大湾区建设、长三角一体化发展、黄河流域生态保护和高质量发展等区域重大战略实施中，强化绿色低碳发展导向和任务要求。

（五）加快形成绿色生产生活方式。大力推动节能减排，全面推进清洁生产，加快发展循环经济，加强资源综合利用，不断提升绿色低碳发展水平。扩大绿色低碳产品供给和消费，倡导绿色低碳生活方式。把绿色低碳发展纳入国民教育体系。开展绿色低碳社会行动示范创建。凝聚全社会共识，加快形成全民参与的良好格局。

四、深度调整产业结构

（六）推动产业结构优化升级。加快推进农业绿色发展，促进农业固碳增效。制定能源、钢铁、有色金属、石化化工、建材、交通、建筑等行业和领域碳达峰实施方案。以节能降碳为导向，修订产业结构调整指导目录。开展钢铁、煤炭去产能“回头看”，巩固去产能成果。加快推进工业领域低碳工艺革新和数字化转型。开展碳达峰试点园区建设。加快商贸流通、信息服务等绿色转型，提升服务业低碳发展水平。

（七）坚决遏制高耗能高排放项目盲目发展。新建、扩建钢铁、水泥、平板玻璃、电解铝等高耗能高排放项目严格落实产能等量或减量置换，出台煤电、石化、煤化工等产能控制政策。未纳入国家有关领域产业规划的，一律不得新建改扩建炼油和新建乙烯、对二甲苯、煤制烯烃项目。合理控制煤制油气产能规模。提升高耗能高排放项目能耗准入标准。加强产能过剩分析预警和窗口指导。

（八）大力发展绿色低碳产业。加快发展新一代信息技术、生物技术、新能源、新材料、高端装备、新能源汽车、绿色环保以及航空航天、海洋装备等战略性新兴产业。建设绿色制造体系。推动互联网、大数据、人工智能、第五代移动通信（5G）等新兴技术与绿色低碳产业深度融合。

五、加快构建清洁低碳安全高效能源体系

（九）强化能源消费强度和总量双控。坚持节能优先的能源发展战略，严格控制能耗和二氧化碳排放强度，合理控制能源消费总量，统筹建立二氧化碳排放总量控制制度。做好产业布局、结构调整、节能审查与能耗双控的衔接，对能耗强度下降目标完成形势严峻的地区实行项目缓批限批、能耗等量或减量替代。强化节能监察和执法，加强能耗及二氧化碳排放控制目标分析预警，严格责任落实和评价考核。加强甲烷等非二氧化碳温室气体管控。

（十）大幅提升能源利用效率。把节能贯穿于经济社会发展全过程和各领域，持续深化工业、建筑、交通运输、公共机构等重点领域节能，提升数据中心、新型通信等信息化基础设施能效水平。健全能源管理体系，强化重点用能单位节能管理和目标责任。瞄准国际先进水平，加快实施节能降碳改造升级，打造能效“领跑者”。

（十一）严格控制化石能源消费。加快煤炭减量步伐，“十四五”时期严控煤炭消费增长，“十五五”时期逐步减少。石油消费“十五五”时期进入峰值平台期。统筹煤电发展和保供调峰，严控煤电装机规模，加快现役煤电机组节能升级和灵活性改造。逐步减少直至禁止煤炭散烧。加快推进页岩气、煤层气、致密油气等非常规油气资源规模化开发。强化风险管控，确保能源安全稳定供应和平稳过渡。

（十二）积极发展非化石能源。实施可再生能源替代行动，大力发展风能、太阳能、生物质能、海洋能、地热能等，不断提高非化石能源消费比重。坚持集中式与分布式并举，优先推动风能、太阳能就地就近开发利用。因地制宜开发水能。积极安全有序发展核电。合理利用生物质能。加快推进抽水蓄能和新型储能规模化应用。统筹推进氢能“制储输用”全链条发展。构建以新能源为主体的新型电力系统，提高电网对高比例可再生能源的消纳和调控能力。

（十三）深化能源体制机制改革。全面推进电力市场化改革，加快培育发展配售电环节独立市场主体，完善中长期市场、现货市场和辅助服务市场衔接机制，扩大市场化交易规模。推进电网体制改革，明确以消纳可再生能源为主的增量配电网、微电网和分布式电源的市场主体地位。加快形成以储能和调峰能力为基础支撑的新增电力装机发展机制。完善电力等能源品种价格市场化形成机制。从有利于节能的角度深化电价改革，理顺输配电价结构，全面放开竞争性环节电价。推进煤炭、油气等市场化改革，加快完善能源统一市场。

六、加快推进低碳交通运输体系建设

（十四）优化交通运输结构。加快建设综合立体交通网，大力发展多式联运，提高铁路、水路在综合运输中的承运比重，持续降低运输能耗和二氧化碳排放强度。优化客运组织，引导客运企业规模化、集约化经营。加快发展绿色物流，整合运输资源，提高利用效率。

（十五）推广节能低碳型交通工具。加快发展新能源和清洁能源车船，推广智能交通，推进铁路电气化改造，推动加氢站建设，促进船舶靠港使用岸电常态化。加快构建便利高效、适度超前的充换电网络体系。提高燃油车船能效标准，健全交通运输装备能效标识制度，加快淘汰高耗能高排放老旧车船。

（十六）积极引导低碳出行。加快城市轨道交通、公交专用道、快速公交系统等大容量公共交通基础设施建设，加强自行车专用道和行人步道等城市慢行系统建设。综合运用法律、经济、技术、行政等多种手段，加大城市交通拥堵治理力度。

七、提升城乡建设绿色低碳发展质量

（十七）推进城乡建设和管理模式低碳转型。在城乡规划建设管理各环节全面落实绿色低碳要求。推动城市组团式发展，建设城市生态和通风廊道，提升城市绿化水平。合理规划城镇建筑面积发展目标，严格管控高能耗公共建筑建设。实施工程建设全过程绿色建造，健全建筑拆除管理制度，杜绝大拆大建。加快推进绿色社区建设。结合实施乡村建设行动，推进县城和农村绿色低碳发展。

（十八）大力发展节能低碳建筑。持续提高新建建筑节能标准，加快推进超低能耗、近零能耗、低碳建筑规模化发展。大力推进城镇既有建筑和市政基础设施节能改造，提升建筑节能低碳水平。逐步开展建筑能耗限额管理，推行建筑能效测评标识，开展建筑领域低碳发展绩效评估。全面推广绿色低碳建材，推动建筑材料循环利用。发展绿色农房。

（十九）加快优化建筑用能结构。深化可再生能源建筑应用，加快推动建筑用能电气化和低碳化。开展建筑屋顶光伏行动，大幅提高建筑采暖、生活热水、炊事等电气化普及率。在北方城镇加快推进热电联产集中供暖，加快工业余热供暖规模化发展，积极稳妥推进核电余热供暖，因地制宜推进热泵、燃气、生物质能、地热能等清洁低碳供暖。

八、加强绿色低碳重大科技攻关和推广应用

（二十）强化基础研究和前沿技术布局。制定科技支撑碳达峰、碳中和行动方案，编制碳中和技术发展路线图。采用“揭榜挂帅”机制，开展低碳零碳负碳和储能新材料、新技术、新装备攻关。加强气候变化成因及影响、生态系统碳汇等基础理论和方法研究。推进高效率太阳能电池、可再生能源制氢、可控核聚变、零碳工业流程再造等低碳前沿技术攻关。培育一批节能降碳和新能源技术产品研发国家重点实验室、国家技术创新中心、重大科技创新平台。建设碳达峰、碳中和人才体系，鼓励高等学校增设碳达峰、碳中和相关学科专业。

（二十一）加快先进适用技术研发和推广。深入研究支撑风电、太阳能发电大规模友好并网的智能电网技术。加强电化学、压缩空气等新型储能技术攻关、示范和产业化应用。加强氢能生产、储存、应用关键技术研发、示范和规模化应用。推广园区能源梯级利用等节能低碳技术。推动气凝胶等新型材料研发应用。推进规模化碳捕集利用与封存技术研发、示范和产业化应用。建立完善绿色低碳技术评估、交易体系和科技创新服务平台。

九、持续巩固提升碳汇能力

（二十二）巩固生态系统碳汇能力。强化国土空间规划和用途管控，严守生态保护红线，严控生态空间占用，稳定现有森林、草原、湿地、海洋、土壤、冻土、岩溶等固碳作用。严格控制新增建设用地规模，推动城乡存量建设用地盘活利用。严格执行土地使用标准，加强节约集约用地评价，推广节地技术和节地模式。

（二十三）提升生态系统碳汇增量。实施生态保护修复重大工程，开展山水林田湖草沙一体化保护和修复。深入推进大规模国土绿化行动，巩固退耕还林还草成果，实施森林质量精准提升工程，持续增加森林面积和蓄积量。加强草原生态保护修复。强化湿地保护。整体推进海洋生态系统保护和修复，提升红树林、海草床、盐沼等固碳能力。开展耕地质量提升行动，实施国家黑土地保护工程，提升生态农业碳汇。积极推动岩溶碳汇开发利用。

十、提高对外开放绿色低碳发展水平

（二十四）加快建立绿色贸易体系。持续优化贸易结构，大力发展高质量、高技术、高附加值绿色产品贸易。完善出口政策，严格管理高耗能高排放产品出口。积极扩大绿色低碳产品、节能环保服务、环境服务等进口。

（二十五）推进绿色“一带一路”建设。加快“一带一路”投资合作绿色转型。支持共建“一带一路”国家开展清洁能源开发利用。大力推动南南合作，帮助发展中国家提高应对气候变化能力。深化与各国在绿色技术、绿色装备、绿色服务、绿色基础设施建设等方面的交流与合作，积极推动我国新能源等绿色低碳技术和产品走出去，让绿色成为共建“一带一路”的底色。

（二十六）加强国际交流与合作。积极参与应对气候变化国际谈判，坚持我国发展中国家定位，坚持共同但有区别的责任原则、公平原则和各自能力原则，维护我国发展权益。履行《联合国气候变化框架公约》及其《巴黎协定》，发布我国长期温室气体低排放发展战略，积极参与国际规则和标准制定，推动建立公平合理、合作共赢的全球气候治理体系。加强应对气候变化国际交流合作，统筹国内外工作，主动参与全球气候和环境治理。

十一、健全法律法规标准和统计监测体系

（二十七）健全法律法规。全面清理现行法律法规中与碳达峰、碳中和工作不相适应的内容，加强法律法规间的衔接协调。研究制定碳中和专项法律，抓紧修订节约能源法、电力法、煤炭法、可再生能源法、循环经济促进法等，增强相关法律法规的针对性和有效性。

（二十八）完善标准计量体系。建立健全碳达峰、碳中和标准计量体系。加快节能标准更新升级，抓紧修订一批能耗限额、产品设备能效强制性国家标准和工程建设标准，提升重点产品能耗限额要求，扩大能耗限额标准覆盖范围，完善能源核算、检测认证、评估、审计等配套标准。加快完善地区、行业、企业、产品等碳排放核查核算报告标准，建立统一规范的碳核算体系。制定重点行业和产品温室气体排放标准，完善低碳产品标准标识制度。积极参与相关国际标准制定，加强标准国际衔接。

（二十九）提升统计监测能力。健全电力、钢铁、建筑等行业领域能耗统计监测和计量体系，加强重点用能单位能耗在线监测系统建设。加强二氧化碳排放统计核算能力建设，提升信息化实测水平。依托和拓展自然资源调查监测体系，建立生态系统碳汇监测核算体系，开展森林、草原、湿地、海洋、土壤、冻土、岩溶等碳汇本底调查和碳储量评估，实施生态保护修复碳汇成效监测评估。

十二、完善政策机制

（三十）完善投资政策。充分发挥政府投资引导作用，构建与碳达峰、碳中和相适应的投融资体系，严控煤电、钢铁、电解铝、水泥、石化等高碳项目投资，加大对节能环保、新能源、低碳交通运输装备和组织方式、碳捕集利用与封存等项目的支持力度。完善支持社会资本参与政策，激发市场主体绿色低碳投资活力。国有企业要加大绿色低碳投资，积极开展低碳零碳负碳技术研发应用。

（三十一）积极发展绿色金融。有序推进绿色低碳金融产品和服务开发，设立碳减排货币政策工具，将绿色信贷纳入宏观审慎评估框架，引导银行等金融机构为绿色低碳项目提供长期限、低成本资金。鼓励开发性政策性金融机构按照市场化法治化原则为实现碳达峰、碳中和提供长期稳定融资支持。支持符合条件的企业上市融资和再融资用于绿色低碳项目建设运营，扩大绿色债券规模。研究设立国家低碳转型基金。鼓励社会资本设立绿色低碳产业投资基金。建立健全绿色金融标准体系。

（三十二）完善财税价格政策。各级财政要加大对绿色低碳产业发展、技术研发等的支持力度。完善政府绿色采购标准，加大绿色低碳产品采购力度。落实环境保护、节能节水、新能源和清洁能源车船税收优惠。研究碳减排相关税收政策。建立健全促进可再生能源规模化发展的价格机制。完善差别化电价、分时电价和居民阶梯电价政策。严禁对高耗能、高排放、资源型行业实施电价优惠。加快推进供热计量改革和按供热量收费。加快形成具有合理约束力的碳价机制。

（三十三）推进市场化机制建设。依托公共资源交易平台，加快建设完善全国碳排放权交易市场，逐步扩大市场覆盖范围，丰富交易品种和交易方式，完善配额分配管理。将碳汇交易纳入全国碳排放权交易市场，建立健全能够体现碳汇价值的生态保护补偿机制。健全企业、金融机构等碳排放报告和信息披露制度。完善用能权有偿使用和交易制度，加快建设全国用能权交易市场。加强电力交易、用能权交易和碳排放权交易的统筹衔接。发展市场化节能方式，推行合同能源管理，推广节能综合服务。

十三、切实加强组织实施

（三十四）加强组织领导。加强党中央对碳达峰、碳中和工作的集中统一领导，碳达峰碳中和工作领导小组指导和统筹做好碳达峰、碳中和工作。支持有条件的地方和重点行业、重点企业率先实现碳达峰，组织开展碳达峰、碳中和先行示范，探索有效模式和有益经验。将碳达峰、碳中和作为干部教育培训体系重要内容，增强各级领导干部推动绿色低碳发展的本领。

（三十五）强化统筹协调。国家发展改革委要加强统筹，组织落实 2030 年前碳达峰行动方案，加强碳中和工作谋划，定期调度各地区各有关部门落实碳达峰、碳中和目标任务进展情况，加强跟踪评估和督促检查，协调解决实施中遇到的重大问题。各有关部门要加强协调配合，形成工作合力，确保政策取向一致、步骤力度衔接。

（三十六）压实地方责任。落实领导干部生态文明建设责任制，地方各级党委和政府要坚决扛起碳达峰、碳中和责任，明确目标任务，制定落实举措，自觉为实现碳达峰、碳中和作出贡献。

（三十七）严格监督考核。各地区要将碳达峰、碳中和相关指标纳入经济社会发展综合评价体系，增加考核权重，加强指标约束。强化碳达峰、碳中和目标任务落实情况考核，对工作突出的地区、单位和个人按规定给予表彰奖励，对未完成目标任务的地区、部门依规依法实行通报批评和约谈问责，有关落实情况纳入中央生态环境保护督察。各地区各有关部门贯彻落实情况每年向党中央、国务院报告。

附录 3

2030 年前碳达峰行动方案

为深入贯彻落实党中央、国务院关于碳达峰、碳中和的重大战略决策，扎实推进碳达峰行动，制定本方案。

一、总体要求

（一）指导思想。以习近平新时代中国特色社会主义思想为指导，全面贯彻党的十九大和十九届二中、三中、四中、五中全会精神，深入贯彻习近平生态文明思想，立足新发展阶段，完整、准确、全面贯彻新发展理念，构建新发展格局，坚持系统观念，处理好发展和减排、整体和局部、短期和中长期的关系，统筹稳增长和调结构，把碳达峰、碳中和纳入经济社会发展全局，坚持“全国统筹、节约优先、双轮驱动、内外畅通、防范风险”的总方针，有力有序有效做好碳达峰工作，明确各地区、各领域、各行业目标任务，加快实现生产生活方式绿色变革，推动经济社会发展建立在资源高效利用和绿色低碳发展的基础之上，确保如期实现 2030 年前碳达峰目标。

（二）工作原则。

——总体部署、分类施策。坚持全国一盘棋，强化顶层设计和各方统筹。各地区、各领域、各行业因地制宜、分类施策，明确既符合自身实际又满足总体要求的目标任务。

——系统推进、重点突破。全面准确认识碳达峰行动对经济社会发展的深远影响，加强政策的系统性、协同性。抓住主要矛盾和矛盾的主要方面，推动重点领域、重点行业和有条件的地方率先达峰。

——双轮驱动、两手发力。更好发挥政府作用，构建新型举国体制，充分发挥市场机制作用，大力推进绿色低碳科技创新，深化能源和相关领域改革，形成有效激励约束机制。

——稳妥有序、安全降碳。立足我国富煤贫油少气的能源资源禀赋，坚持先立后破，稳住存量，拓展增量，以保障国家能源安全和经济发展为底线，争取时间实现新能源的逐渐替代，推动能源低碳转型平稳过渡，切实保障国家能源安全、产业链供应链安全、粮食安全和群众正常生产生活，着力化解各类风险隐患，防止过度反应，稳妥有序、循序渐进推进碳达峰行动，确保安全降碳。

二、主要目标

“十四五”期间，产业结构和能源结构调整优化取得明显进展，重点行业能源利用效率大幅提升，煤炭消费增长得到严格控制，新型电力系统加快构建，绿色低碳技术研发和推广应用取得新进展，绿色生产生活方式得到普遍推行，有利于绿色低碳循环发展的政策体系进一步完善。到 2025 年，非化石能源消费比重达到 20% 左右，单位国内生产总值能源消耗比 2020 年下降 13.5%，单位国内生产总值二氧化碳排放比 2020 年下降 18%，为实现碳达峰奠定坚实基础。

“十五五”期间，产业结构调整取得重大进展，清洁低碳安全高效的能源体系初步建立，重点领域低碳发展模式基本形成，重点耗能行业能源利用效率达到国际先进水平，非化石能源消费比重进一步提高，煤炭消费逐步减少，绿色低碳技术取得关键突破，绿色生活方式成为公众自觉选择，绿色低碳循环发展政策体系基本健全。到 2030 年，非化石能源消费比重达到 25% 左右，单位国内生产总值二氧化碳排放比 2005 年下降 65% 以上，顺利实现 2030 年前碳达峰目标。

三、重点任务

将碳达峰贯穿于经济社会发展全过程和各方面，重点实施能源绿色低碳转型行动、节能降碳增效行动、工业领域碳达峰行动、城乡建设碳达峰行动、交通运输绿色低碳行动、循环经济助力降碳行动、绿色低碳科技创新行动、碳汇能力巩固提升行动、绿色低碳全民行动、各地区梯次有序碳达峰行动等“碳达峰十大行动”。

（一）能源绿色低碳转型行动。

能源是经济社会发展的重要物质基础，也是碳排放的最主要来源。要坚持安全降碳，在保障能源安全的前提下，大力实施可再生能源替代，加快构建清洁低碳安全高效的能源体系。

1. 推进煤炭消费替代和转型升级。加快煤炭减量步伐，“十四五”时期严格合理控制煤炭消费增长，“十五五”时期逐步减少。严格控制新增煤电项目，新建机组煤耗标准达到国际先进水平，有序淘汰煤电落后产能，加快现役机组节能升级和灵活性改造，积极推进供热改造，推动煤电向基础保障性和系统调节性电源并重转型。严控跨区外送可再生能源电力配套煤电规模，新建通道可再生能源电量比例原则上不低于 50%。推动重点用煤行业减煤限煤。大力推动煤炭清洁利用，合理划定禁止散烧区域，多措并举、积极有序推进散煤替代，逐步减少直至禁止煤炭散烧。

2. 大力发展新能源。全面推进风电、太阳能发电大规模开发和高质量发展，坚持集中式与分布式并举，加快建设风电和光伏发电基地。加快智能光伏产业创新升级和特色应用，创新“光伏 +”模式，推进光伏发电多元布局。坚持陆海并重，推动风电协调快速发展，完善海上风电产业链，鼓励建设海上风电基地。积极发展太阳能光热发电，推动建立光热发电与光伏发电、风电互补调节的风光热综合可再生能源发电基地。因地制宜发展生物质发电、生物质能清洁供暖和生物天然气。探索深化地热能以及波浪能、潮流能、温差能等海洋新能源开发利用。进一步完善可再生能源电力消纳保障机制。到 2030 年，风电、太阳能发电总装机容量达到 12 亿千瓦以上。

3. 因地制宜开发水电。积极推进水电基地建设，推动金沙江上游、澜沧江上游、雅砻江中游、黄河上游等已纳入规划、符合生态保护要求的水电项目开工建设，推进雅鲁藏布江下游水电开发，推动小水电绿色发展。推动西南地区水电与风电、太阳能发电协同互补。统筹水电开发和生态保护，探索建立水能资源开发生态保护补偿机制。“十四五”、“十五五”期间分别新增水电装机容量 4000 万千瓦左右，西南地区以水电为主的可再生能源体系基本建立。

4. 积极安全有序发展核电。合理确定核电站布局和开发时序，在确保安全的前提下有序发展核电，保持平稳建设节奏。积极推动高温气冷堆、快堆、模块化小型堆、海上浮动堆等先进堆型示范工程，开展核能综合利用示范。加大核电标准化、自主化力度，加快关键技术装备攻关，培育高端核电装备制造产业集群。实行最严格的安全标准和最严格的监管，持续提升核安全监管能力。

5. 合理调控油气消费。保持石油消费处于合理区间，逐步调整汽油消费规模，大力推进先进生物液体燃料、可持续航空燃料等替代传统燃油，提升终端燃油产品能效。加快推进页岩气、煤层气、致密油（气）等非常规油气资源规模化开发。有序引导天然气消费，优化利用结构，优先保障民生用气，大力推动天然气与多种能源融合发展，因地制宜建设天然气调峰电站，合理引导工业用气和化工原料用气。支持车船使用液化天然气作为燃料。

6. 加快建设新型电力系统。构建新能源占比逐渐提高的新型电力系统，推动清洁电力资源大范围优化配置。大力提升电力系统综合调节能力，加快灵活调节电源建设，引导自备电厂、传统高载能工业负荷、工商业可中断负荷、电动汽车充电网络、虚拟电厂等参与系统调节，建设坚强智能电网，提升电网安全保障水平。积极发展“新能源＋储能”、源网荷储一体化和多能互补，支持分布式新能源合理配置储能系统。制定新一轮抽水蓄能电站中长期发展规划，完善促进抽水蓄能发展的政策机制。加快新型储能示范推广应用。深化电力体制改革，加快构建全国统一电力市场体系。到 2025 年，新型储能装机容量达到 3000 万千瓦以上。到 2030 年，抽水蓄能电站装机容量达到 1.2 亿千瓦左右，省级电网基本具备 5% 以上的尖峰负荷响应能力。

（二）节能降碳增效行动。

落实节约优先方针，完善能源消费强度和总量双控制度，严格控制能耗强度，合理控制能源消费总量，推动能源消费革命，建设能源节约型社会。

1. 全面提升节能管理能力。推行用能预算管理，强化固定资产投资项目节能审查，对项目用能和碳排放情况进行综合评价，从源头推进节能降碳。提高节能管理信息化水平，完善重点用能单位能耗在线监测系统，建立全国性、行业性节能技术推广服务平台，推动高耗能企业建立能源管理中心。完善能源计量体系，鼓励采用认证手段提升节能管理水平。加强节能监察能力建设，健全省、市、县三级节能监察体系，建立跨部门联动机制，综合运用行政处罚、信用监管、绿色电价等手段，增强节能监察约束力。

2. 实施节能降碳重点工程。实施城市节能降碳工程，开展建筑、交通、照明、供热等基础设施节能升级改造，推进先进绿色建筑技术示范应用，推动城市综合能效提升。实施园区节能降碳工程，以高耗能高排放项目（以下称“两高”项目）集聚度高的园区为重点，推动能源系统优化和梯级利用，打造一批达到国际先进水平的节能低碳园区。实施重点行业节能降碳工程，推动电力、钢铁、有色金属、建材、石化化工等行业开展节能降碳改造，提升能源资源利用效率。实施重大节能降碳技术示范工程，支持已取得突破的绿色低碳关键技术开展产业化示范应用。

3. 推进重点用能设备节能增效。以电机、风机、泵、压缩机、变压器、换热器、工业锅炉等设备为重点，全面提升能效标准。建立以能效为导向的激励约束机制，推广先进高效产品设备，加快淘汰落后低效设备。加强重点用能设备节能审查和日常监管，强化生产、经营、销售、使用、报废全链条管理，严厉打击违法违规行为，确保能效标准和节能要求全面落实。

4. 加强新型基础设施节能降碳。优化新型基础设施空间布局，统筹谋划、科学配置数据中心等新型基础设施，避免低水平重复建设。优化新型基础设施用能结构，采用直流供电、分布式储能、“光伏 + 储能”等模式，探索多样化能源供应，提高非化石能源消费比重。对标国际先进水平，加快完善通信、运算、存储、传输等设备能效标准，提升准入门槛，淘汰落后设备和技术。加强新型基础设施用能管理，将年综合能耗超过1万吨标准煤的数据中心全部纳入重点用能单位能耗在线监测系统，开展能源计量审查。推动既有设施绿色升级改造，积极推广使用高效制冷、先进通风、余热利用、智能化用能控制等技术，提高设施能效水平。

（三）工业领域碳达峰行动。

工业是产生碳排放的主要领域之一，对全国整体实现碳达峰具有重要影响。工业领域要加快绿色低碳转型和高质量发展，力争率先实现碳达峰。

1. 推动工业领域绿色低碳发展。优化产业结构，加快退出落后产能，大力发展战略性新兴产业，加快传统产业绿色低碳改造。促进工业能源消费低碳化，推动化石能源清洁高效利用，提高可再生能源应用比重，加强电力需求侧管理，提升工业电气化水平。深入实施绿色制造工程，大力推行绿色设计，完善绿色制造体系，建设绿色工厂和绿色工业园区。推进工业领域数字化智能化绿色化融合发展，加强重点行业和领域技术改造。

2. 推动钢铁行业碳达峰。深化钢铁行业供给侧结构性改革，严格执行产能置换，严禁新增产能，推进存量优化，淘汰落后产能。推进钢铁企业跨地区、跨所有制兼并重组，提高行业集中度。优化生产力布局，以京津冀及周边地区为重点，继续压减钢铁产能。促进钢铁行业结构优化和清洁能源替代，大力推进非高炉炼铁技术示范，提升废钢资源回收利用水平，推行全废钢电炉工艺。推广先进适用技术，深挖节能降碳潜力，鼓励钢化联产，探索开展氢冶金、二氧化碳捕集利用一体化等试点示范，推动低品位余热供暖发展。

3. 推动有色金属行业碳达峰。巩固化解电解铝过剩产能成果，严格执行产能置换，严控新增产能。推进清洁能源替代，提高水电、风电、太阳能发电等应用比重。加快再生有色金属产业发展，完善废弃有色金属资源回收、分选和加工网络，提高再生有色金属产量。加快推广应用先进适用绿色低碳技术，提升有色金属生产过程余热回收水平，推动单位产品能耗持续下降。

4. 推动建材行业碳达峰。加强产能置换监管，加快低效产能退出，严禁新增水泥熟料、平板玻璃产能，引导建材行业向轻型化、集约化、制品化转型。推动水泥错峰生产常态化，合理缩短水泥熟料装置运转时间。因地制宜利用风能、太阳能等可再生能源，逐步提高电力、天然气应用比重。鼓励建材企业使用粉煤灰、工业废渣、尾矿渣等作为原料或水泥混合材。加快推进绿色建材产品认证和应用推广，加强新型胶凝材料、低碳混凝土、木竹建材等低碳建材产品研发应用。推广节能技术设备，开展能源管理体系建设，实现节能增效。

5. 推动石化化工行业碳达峰。优化产能规模和布局，加大落后产能淘汰力度，有效化解结构性过剩矛盾。严格项目准入，合理安排建设时序，严控新增炼油和传统煤化工生产能力，稳妥有序发展现代煤化工。引导企业转变用能方式，鼓励以电力、天然气等替代煤炭。调整原料结构，控制新增原料用煤，拓展富氢原料进口来源，推动石化化工原料轻质化。优化产品结构，促进石化化工与煤炭开采、冶金、建材、化纤等产业协同发展，加强炼厂干气、液化气等副产气体高效利用。鼓励企业节能升级改造，推动能量梯级利用、物料循环利用。到 2025 年，国内原油一次加工能力控制在 10 亿吨以内，主要产品产能利用率提升至 80% 以上。

6. 坚决遏制“两高”项目盲目发展。采取强有力措施，对“两高”项目实行清单管理、分类处置、动态监控。全面排查在建项目，对能效水平低于本行业能耗限额准入值的，按有关规定停工整改，推动能效水平应提尽提，力争全面达到国内乃至国际先进水平。科学评估拟建项目，对产能已饱和的行业，按照“减量替代”原则压减产能；对产能尚未饱和的行业，按照国家布局和审批备案等要求，对标国际先进水平提高准入门槛；对能耗量较大的新兴产业，支持引导企业应用绿色低碳技术，提高能效水平。深入挖潜存量项目，加快淘汰落后产能，通过改造升级挖掘节能减排潜力。强化常态化监管，坚决拿下不符合要求的“两高”项目。

（四）城乡建设碳达峰行动。

加快推进城乡建设绿色低碳发展，城市更新和乡村振兴都要落实绿色低碳要求。

1. 推进城乡建设绿色低碳转型。推动城市组团式发展，科学确定建设规模，控制新增建设用地过快增长。倡导绿色低碳规划设计理念，增强城乡气候韧性，建设海绵城市。推广绿色低碳建材和绿色建造方式，加快推进新型建筑工业化，大力发展装配式建筑，推广钢结构住宅，推动建材循环利用，强化绿色设计和绿色施工管理。加强县城绿色低碳建设。推动建立以绿色低碳为导向的城乡规划建设管理机制，制定建筑拆除管理办法，杜绝大拆大建。建设绿色城镇、绿色社区。

2. 加快提升建筑能效水平。加快更新建筑节能、市政基础设施等标准，提高节能降碳要求。加强适用于不同气候区、不同建筑类型的节能低碳技术研发和推广，推动超低能耗建筑、低碳建筑规模化发展。加快推进居住建筑和公共建筑节能改造，持续推动老旧供热管网等市政基础设施节能降碳改造。提升城镇建筑和基础设施运行管理智能化水平，加快推广供热计量收费和合同能源管理，逐步开展公共建筑能耗限额管理。到 2025 年，城镇新建建筑全面执行绿色建筑标准。

3. 加快优化建筑用能结构。深化可再生能源建筑应用，推广光伏发电与建筑一体化应用。积极推动严寒、寒冷地区清洁取暖，推进热电联产集中供暖，加快工业余热供暖规模化应用，积极稳妥开展核能供热示范，因地制宜推行热泵、生物质能、地热能、太阳能等清洁低碳供暖。引导夏热冬冷地区科学取暖，因地制宜采用清洁高效取暖方式。提高建筑终端电气化水平，建设集光伏发电、储能、直流配电、柔性用电于一体的“光储直柔”建筑。到 2025 年，城镇建筑可再生能源替代率达到 8%，新建公共机构建筑、新建厂房屋顶光伏覆盖率力争达到 50%。

4. 推进农村建设和用能低碳转型。推进绿色农房建设，加快农房节能改造。持续推进农村地区清洁取暖，因地制宜选择适宜取暖方式。发展节能低碳农业大棚。推广节能环保灶具、电动农用车辆、节能环保农机和渔船。加快生物质能、太阳能等可再生能源在农业生产和农村生活中的应用。加强农村电网建设，提升农村用能电气化水平。

（五）交通运输绿色低碳行动。

加快形成绿色低碳运输方式，确保交通运输领域碳排放增长保持在合理区间。

1. 推动运输工具装备低碳转型。积极扩大电力、氢能、天然气、先进生物液体燃料等新能源、清洁能源在交通运输领域应用。大力推广新能源汽车，逐步降低传统燃油汽车在新车产销和汽车保有量中的占比，推动城市公共服务车辆电动化替代，推广电力、氢燃料、液化天然气动力重型货运车辆。提升铁路系统电气化水平。加快老旧船舶更新改造，发展电动、液化天然气动力船舶，深入推进船舶靠港使用岸电，因地制宜开展沿海、内河绿色智能船舶示范应用。提升机场运行电动化智能化水平，发展新能源航空器。到 2030 年，当年新增新能源、清洁能源动力的交通工具比例达到 40% 左右，营运交通工具单位换算周转量碳排放强度比 2020 年下降 9.5% 左右，国家铁路单位换算周转量综合能耗比 2020 年下降 10%。陆路交通运输石油消费力争 2030 年前达到峰值。

2. 构建绿色高效交通运输体系。发展智能交通，推动不同运输方式合理分工、有效衔接，降低空载率和不合理客货运周转量。大力发展以铁路、水路为骨干的多式联运，推进工矿企业、港口、物流园区等铁路专用线建设，加快内河高等级航道网建设，加快大宗货物和中长距离货物运输“公转铁”、“公转水”。加快先进适用技术应用，提升民航运行管理效率，引导航空企业加强智慧运行，实现系统化节能降碳。加快城乡物流配送体系建设，创新绿色低碳、集约高效的配送模式。打造高效衔接、快捷舒适的公共交通服务体系，积极引导公众选择绿色低碳交通方式。“十四五”期间，集装箱铁水联运量年均增长 15% 以上。到 2030 年，城区常住人口 100 万以上的城市绿色出行比例不低于 70%。

3. 加快绿色交通基础设施建设。将绿色低碳理念贯穿于交通基础设施规划、建设、运营和维护全过程，降低全生命周期能耗和碳排放。开展交通基础设施绿色化提升改造，统筹利用综合运输通道线位、土地、空域等资源，加大岸线、锚地等资源整合力度，提高利用效率。有序推进充电桩、配套电网、加注（气）站、加氢站等基础设施建设，提升城市公共交通基础设施水平。到 2030 年，民用运输机场场内车辆装备等力争全面实现电动化。

（六）循环经济助力降碳行动。

抓住资源利用这个源头，大力发展循环经济，全面提高资源利用效率，充分发挥减少资源消耗和降碳的协同作用。

1. 推进产业园区循环化发展。以提升资源产出率和循环利用率为目标，优化园区空间布局，开展园区循环化改造。推动园区企业循环式生产、产业循环式组合，组织企业实施清洁生产改造，促进废物综合利用、能量梯级利用、水资源循环利用，推进工业余压余热、废气废液废渣资源化利用，积极推广集中供气供热。搭建基础设施和公共服务共享平台，加强园区物质流管理。到 2030 年，省级以上重点产业园区全部实施循环化改造。

2. 加强大宗固废综合利用。提高矿产资源综合开发利用水平和综合利用率，以煤矸石、粉煤灰、尾矿、共伴生矿、冶炼渣、工业副产石膏、建筑垃圾、农作物秸秆等大宗固废为重点，支持大掺量、规模化、高值化利用，鼓励应用于替代原生非金属矿、砂石等资源。在确保安全环保前提下，探索将磷石膏应用于土壤改良、井下充填、路基修筑等。推动建筑垃圾资源化利用，推广废弃路面材料原地再生利用。加快推进秸秆高值化利用，完善收储运体系，严格禁烧管控。加快大宗固废综合利用示范建设。到 2025 年，大宗固废年利用量达到 40 亿吨左右；到 2030 年，年利用量达到 45 亿吨左右。

3. 健全资源循环利用体系。完善废旧物资回收网络，推行“互联网 +”回收模式，实现再生资源应收尽收。加强再生资源综合利用行业规范管理，促进产业集聚发展。高水平建设现代化“城市矿产”基地，推动再生资源规范化、规模化、清洁化利用。推进退役动力电池、光伏组件、风电机组叶片等新兴产业废物循环利用。促进汽车零部件、工程机械、文办设备等再制造产业高质量发展。加强资源再生产品和再制造产品推广应用。到 2025 年，废钢铁、废铜、废铝、废铅、废锌、废纸、废塑料、废橡胶、废玻璃等 9 种主要再生资源循环利用量达到 4.5 亿吨，到 2030 年达到 5.1 亿吨。

4. 大力推进生活垃圾减量化资源化。扎实推进生活垃圾分类，加快建立覆盖全社会的生活垃圾收运处置体系，全面实现分类投放、分类收集、分类运输、分类处理。加强塑料污染全链条治理，整治过度包装，推动生活垃圾源头减量。推进生活垃圾焚烧处理，降低填埋比例，探索适合我国厨余垃圾特性的资源化利用技术。推进污水资源化利用。到 2025 年，城市生活垃圾分类体系基本健全，生活垃圾资源化利用比例提升至 60% 左右。到 2030 年，城市生活垃圾分类实现全覆盖，生活垃圾资源化利用比例提升至 65%。

（七）绿色低碳科技创新行动。

发挥科技创新的支撑引领作用，完善科技创新体制机制，强化创新能力，加快绿色低碳科技革命。

1. 完善创新体制机制。制定科技支撑碳达峰碳中和行动方案，在国家重点研发计划中设立碳达峰碳中和关键技术研究与示范等重点专项，采取“揭榜挂帅”机制，开展低碳零碳负碳关键核心技术攻关。将绿色低碳技术创新成果纳入高等学校、科研单位、国有企业有关绩效考核。强化企业创新主体地位，支持企业承担国家绿色低碳重大科技项目，鼓励设施、数据等资源开放共享。推进国家绿色技术交易中心建设，加快创新成果转化。加强绿色低碳技术和产品知识产权保护。完善绿色低碳技术和产品检测、评估、认证体系。

2. 加强创新能力建设和人才培养。组建碳达峰碳中和相关国家实验室、国家重点实验室和国家技术创新中心，适度超前布局国家重大科技基础设施，引导企业、高等学校、科研单位共建一批国家绿色低碳产业创新中心。创新人才培养模式，鼓励高等学校加快新能源、储能、氢能、碳减排、碳汇、碳排放权交易等学科建设和人才培养，建设一批绿色低碳领域未来技术学院、现代产业学院和示范性能源学院。深化产教融合，鼓励校企联合开展产学合作协同育人项目，组建碳达峰碳中和产教融合发展联盟，建设一批国家储能技术产教融合创新平台。

3. 强化应用基础研究。实施一批具有前瞻性、战略性的国家重大前沿科技项目，推动低碳零碳负碳技术装备研发取得突破性进展。聚焦化石能源绿色智能开发和清洁低碳利用、可再生能源大规模利用、新型电力系统、节能、氢能、储能、动力电池、二氧化碳捕集利用与封存等重点，深化应用基础研究。积极研发先进核电技术，加强可控核聚变等前沿颠覆性技术研究。

4. 加快先进适用技术研发和推广应用。集中力量开展复杂大电网安全稳定运行和控制、大容量风电、高效光伏、大功率液化天然气发动机、大容量储能、低成本可再生能源制氢、低成本二氧化碳捕集利用与封存等技术创新，加快碳纤维、气凝胶、特种钢材等基础材料研发，补齐关键零部件、元器件、软件等短板。推广先进成熟绿色低碳技术，开展示范应用。建设全流程、集成化、规模化二氧化碳捕集利用与封存示范项目。推进熔盐储能供热和发电示范应用。加快氢能技术研发和示范应用，探索在工业、交通运输、建筑等领域规模化应用。

（八）碳汇能力巩固提升行动。

坚持系统观念，推进山水林田湖草沙一体化保护和修复，提高生态系统质量和稳定性，提升生态系统碳汇增量。

1. 巩固生态系统固碳作用。结合国土空间规划编制和实施，构建有利于碳达峰、碳中和的国土空间开发保护格局。严守生态保护红线，严控生态空间占用，建立以国家公园为主体的自然保护地体系，稳定现有森林、草原、湿地、海洋、土壤、冻土、岩溶等固碳作用。严格执行土地使用标准，加强节约集约用地评价，推广节地技术和节地模式。

2. 提升生态系统碳汇能力。实施生态保护修复重大工程。深入推进大规模国土绿化行动，巩固退耕还林还草成果，扩大林草资源总量。强化森林资源保护，实施森林质量精准提升工程，提高森林质量和稳定性。加强草原生态保护修复，提高草原综合植被盖度。加强河湖、湿地保护修复。整体推进海洋生态系统保护和修复，提升红树林、海草床、盐沼等固碳能力。加强退化土地修复治理，开展荒漠化、石漠化、水土流失综合治理，实施历史遗留矿山生态修复工程。到 2030 年，全国森林覆盖率达到 25% 左右，森林蓄积量达到 190 亿立方米。

3. 加强生态系统碳汇基础支撑。依托和拓展自然资源调查监测体系，利用好国家林草生态综合监测评价成果，建立生态系统碳汇监测核算体系，开展森林、草原、湿地、海洋、土壤、冻土、岩溶等碳汇本底调查、碳储量评估、潜力分析，实施生态保护修复碳汇成效监测评估。加强陆地和海洋生态系统碳汇基础理论、基础方法、前沿颠覆性技术研究。建立健全能够体现碳汇价值的生态保护补偿机制，研究制定碳汇项目参与全国碳排放权交易相关规则。

4. 推进农业农村减排固碳。大力发展绿色低碳循环农业，推进农光互补、“光伏 + 设施农业”、“海上风电 + 海洋牧场”等低碳农业模式。研发应用增汇型农业技术。开展耕地质量提升行动，实施国家黑土地保护工程，提升土壤有机碳储量。合理控制化肥、农药、地膜使用量，实施化肥农药减量替代计划，加强农作物秸秆综合利用和畜禽粪污资源化利用。

（九）绿色低碳全民行动。

增强全民节约意识、环保意识、生态意识，倡导简约适度、绿色低碳、文明健康的生活方式，把绿色理念转化为全体人民的自觉行动。

1. 加强生态文明宣传教育。将生态文明教育纳入国民教育体系，开展多种形式的资源环境国情教育，普及碳达峰、碳中和基础知识。加强对公众的生态文明科普教育，将绿色低碳理念有机融入文艺作品，制作文创产品和公益广告，持续开展世界地球日、世界环境日、全国节能宣传周、全国低碳日等主题宣传活动，增强社会公众绿色低碳意识，推动生态文明理念更加深入人心。

2. 推广绿色低碳生活方式。坚决遏制奢侈浪费和不合理消费，着力破除奢靡铺张的歪风陋习，坚决制止餐饮浪费行为。在全社会倡导节约用能，开展绿色低碳社会行动示范创建，深入推进绿色生活创建行动，评选宣传一批优秀示范典型，营造绿色低碳生活新风尚。大力发展绿色消费，推广绿色低碳产品，完善绿色产品认证与标识制度。提升绿色产品在政府采购中的比例。

3. 引导企业履行社会责任。引导企业主动适应绿色低碳发展要求，强化环境责任意识，加强能源资源节约，提升绿色创新水平。重点领域国有企业特别是中央企业要制定实施企业碳达峰行动方案，发挥示范引领作用。重点用能单位要梳理核算自身碳排放情况，深入研究碳减排路径，“一企一策”制定专项工作方案，推进节能降碳。相关上市公司和发债企业要按照环境信息依法披露要求，定期公布企业碳排放信息。充分发挥行业协会等社会团体作用，督促企业自觉履行社会责任。

4. 强化领导干部培训。将学习贯彻习近平生态文明思想作为干部教育培训的重要内容，各级党校（行政学院）要把碳达峰、碳中和相关内容列入教学计划，分阶段、多层次对各级领导干部开展培训，普及科学知识，宣讲政策要点，强化法治意识，深化各级领导干部对碳达峰、碳中和工作重要性、紧迫性、科学性、系统性的认识。从事绿色低碳发展相关工作的领导干部要尽快提升专业素养和业务能力，切实增强推动绿色低碳发展的本领。

（十）各地区梯次有序碳达峰行动。

各地区要准确把握自身发展定位，结合本地区经济社会发展实际和资源环境禀赋，坚持分类施策、因地制宜、上下联动，梯次有序推进碳达峰。

1. 科学合理确定有序达峰目标。碳排放已经基本稳定的地区要巩固减排成果，在率先实现碳达峰的基础上进一步降低碳排放。产业结构较轻、能源结构较优的地区要坚持绿色低碳发展，坚决不走依靠“两高”项目拉动经济增长的老路，力争率先实现碳达峰。产业结构偏重、能源结构偏煤的地区和资源型地区要把节能降碳摆在突出位置，大力优化调整产业结构和能源结构，逐步实现碳排放增长与经济增长脱钩，力争与全国同步实现碳达峰。

2. 因地制宜推进绿色低碳发展。各地区要结合区域重大战略、区域协调发展战略和主体功能区战略，从实际出发推进本地区绿色低碳发展。京津冀、长三角、粤港澳大湾区等区域要发挥高质量发展动力源和增长极作用，率先推动经济社会发展全面绿色转型。

长江经济带、黄河流域和国家生态文明试验区要严格落实生态优先、绿色发展战略导向，在绿色低碳发展方面走在全国前列。中西部和东北地区要着力优化能源结构，按照产业政策和能耗双控要求，有序推动高耗能行业向清洁能源优势地区集中，积极培育绿色发展动能。

3. 上下联动制定地方达峰方案。各省、自治区、直辖市人民政府要按照国家总体部署，结合本地区资源环境禀赋、产业布局、发展阶段等，坚持全国一盘棋，不抢跑，科学制定本地区碳达峰行动方案，提出符合实际、切实可行的碳达峰时间表、路线图、施工图，避免“一刀切”限电限产或运动式“减碳”。各地区碳达峰行动方案经碳达峰碳中和工作领导小组综合平衡、审核通过后，由地方自行印发实施。

4. 组织开展碳达峰试点建设。加大中央对地方推进碳达峰的支持力度，选择 100 个具有典型代表性的城市和园区开展碳达峰试点建设，在政策、资金、技术等方面对试点城市和园区给予支持，加快实现绿色低碳转型，为全国提供可操作、可复制、可推广的经验做法。

四、国际合作

（一）深度参与全球气候治理。大力宣传习近平生态文明思想，分享中国生态文明、绿色发展理念与实践经验，为建设清洁美丽世界贡献中国智慧、中国方案、中国力量，共同构建人与自然生命共同体。主动参与全球绿色治理体系建设，坚持共同但有区别的责任原则、公平原则和各自能力原则，坚持多边主义，维护以联合国为核心的国际体系，推动各方全面履行《联合国气候变化框架公约》及其《巴黎协定》。积极参与国际航运、航空减排谈判。

（二）开展绿色经贸、技术与金融合作。优化贸易结构，大力发展高质量、高技术、高附加值绿色产品贸易。加强绿色标准国际合作，推动落实合格评定合作和互认机制，做好绿色贸易规则与进出口政策的衔接。加强节能环保产品和服务进出口。加大绿色技术合作力度，推动开展可再生能源、储能、氢能、二氧化碳捕集利用与封存等领域科研合作和技术交流，积极参与国际热核聚变实验堆计划等国际大科学工程。深化绿色金融国际合作，积极参与碳定价机制和绿色金融标准体系国际宏观协调，与有关各方共同推动绿色低碳转型。

（三）推进绿色“一带一路”建设。秉持共商共建共享原则，弘扬开放、绿色、廉洁理念，加强与共建“一带一路”国家的绿色基建、绿色能源、绿色金融等领域合作，提高境外项目环境可持续性，打造绿色、包容的“一带一路”能源合作伙伴关系，扩大新能源技术和产品出口。发挥“一带一路”绿色发展国际联盟等合作平台作用，推动实施《“一带一路”绿色投资原则》，推进“一带一路”应对气候变化南南合作计划和“一带一路”科技创新行动计划。

五、政策保障

（一）建立统一规范的碳排放统计核算体系。加强碳排放统计核算能力建设，深化核算方法研究，加快建立统一规范的碳排放统计核算体系。支持行业、企业依据自身特点开展碳排放核算方法学研究，建立健全碳排放计量体系。推进碳排放实测技术发展，加快遥感测量、大数据、云计算等新兴技术在碳排放实测技术领域的应用，提高统计核算水平。积极参与国际碳排放核算方法研究，推动建立更为公平合理的碳排放核算方法体系。

（二）健全法律法规标准。构建有利于绿色低碳发展的法律体系，推动能源法、节约能源法、电力法、煤炭法、可再生能源法、循环经济促进法、清洁生产促进法等制定修订。加快节能标准更新，修订一批能耗限额、产品设备能效强制性国家标准和工程建设标准，提高节能降碳要求。健全可再生能源标准体系，加快相关领域标准制定修订。建立健全氢制、储、输、用标准。完善工业绿色低碳标准体系。建立重点企业碳排放核算、报告、核查等标准，探索建立重点产品全生命周期碳足迹标准。积极参与国际能效、低碳等标准制定修订，加强国际标准协调。

（三）完善经济政策。各级人民政府要加大对碳达峰、碳中和工作的支持力度。建立健全有利于绿色低碳发展的税收政策体系，落实和完善节能节水、资源综合利用等税收优惠政策，更好发挥税收对市场主体绿色低碳发展的促进作用。完善绿色电价政策，健全居民阶梯电价制度和分时电价政策，探索建立分时电价动态调整机制。完善绿色金融评价机制，建立健全绿色金融标准体系。大力发展绿色贷款、绿色股权、绿色债券、绿色保险、绿色基金等金融工具，设立碳减排支持工具，引导金融机构为绿色低碳项目提供长期限、低成本资金，鼓励开发性政策性金融机构按照市场化法治化原则为碳达峰行动提供长期稳定融资支持。拓展绿色债券市场的深度和广度，支持符合条件的绿色企业上市融资、挂牌融资和再融资。研究设立国家低碳转型基金，支持传统产业和资源富集地区绿色转型。鼓励社会资本以市场化方式设立绿色低碳产业投资基金。

（四）建立健全市场化机制。发挥全国碳排放权交易市场作用，进一步完善配套制度，逐步扩大交易行业范围。建设全国用能权交易市场，完善用能权有偿使用和交易制度，做好与能耗双控制度的衔接。统筹推进碳排放权、用能权、电力交易等市场建设，加强市场机制间的衔接与协调，将碳排放权、用能权交易纳入公共资源交易平台。积极推行合同能源管理，推广节能咨询、诊断、设计、融资、改造、托管等“一站式”综合服务模式。

六、组织实施

（一）加强统筹协调。加强党中央对碳达峰、碳中和工作的集中统一领导，碳达峰碳中和工作领导小组对碳达峰相关工作进行整体部署和系统推进，统筹研究重要事项、制定重大政策。碳达峰碳中和工作领导小组成员单位要按照党中央、国务院决策部署和领导小组工作要求，扎实推进相关工作。碳达峰碳中和工作领导小组办公室要加强统筹协调，定期对各地区和重点领域、重点行业工作进展情况进行调度，科学提出碳达峰分步骤的时间表、路线图，督促将各项目标任务落实落细。

（二）强化责任落实。各地区各有关部门要深刻认识碳达峰、碳中和工作的重要性、紧迫性、复杂性，切实扛起责任，按照《中共中央　国务院关于完整准确全面贯彻新发展理念做好碳达峰碳中和工作的意见》和本方案确定的主要目标和重点任务，着力抓好各项任务落实，确保政策到位、措施到位、成效到位，落实情况纳入中央和省级生态环境保护督察。各相关单位、人民团体、社会组织要按照国家有关部署，积极发挥自身作用，推进绿色低碳发展。

（三）严格监督考核。实施以碳强度控制为主、碳排放总量控制为辅的制度，对能源消费和碳排放指标实行协同管理、协同分解、协同考核，逐步建立系统完善的碳达峰碳中和综合评价考核制度。加强监督考核结果应用，对碳达峰工作成效突出的地区、单位和个人按规定给予表彰奖励，对未完成目标任务的地区、部门依规依法实行通报批评和约谈问责。各省、自治区、直辖市人民政府要组织开展碳达峰目标任务年度评估，有关工作进展和重大问题要及时向碳达峰碳中和工作领导小组报告。